베르사유체제, 샌프란시스코체제, 그리고 한일관계

김숭배(金崇培; KIM Soongbae)

연세대 정치학과에서 정치학 박사학위를 받았다. 게이오기주쿠대학 방문연구원, 연세대학교 통일연구원 전문연구원, 충남대 초빙교수를 거쳐, 국립부경대학교 일어일문학부 일본학전공 조교수로 재직 중이다. 논저로『한일관계의 궤적과 역사인식』(공저, 2020),『한미일중 100년 Ⅰ』(공저, 2023),「한일관계 체제론: 1910년 체제와 1965년 체제의 의미구조」등이 있다.

베르사유체제, 샌프란시스코체제, 그리고 한일관계

초판 인쇄 2025년 11월 3일
초판 발행 2025년 11월 10일
지 은 이 김 숭 배
펴 낸 이 변 선 웅
펴 낸 곳 그물
출판등록 2012년 2월 8일 제312-2012-00006호
서울특별시 서대문구 통일로25길 30, 102동 1502호(홍제동 한양아파트)

https://blog.me.naver.com/wsun1940
전화   070 8703 1363
팩스   02 725 1363
ISBN 979-11-86504-20-8 93340
값   29,000원
ⓒ 김숭배, 2025

베르사유체제, 샌프란시스코체제, 그리고 한일관계

김숭배

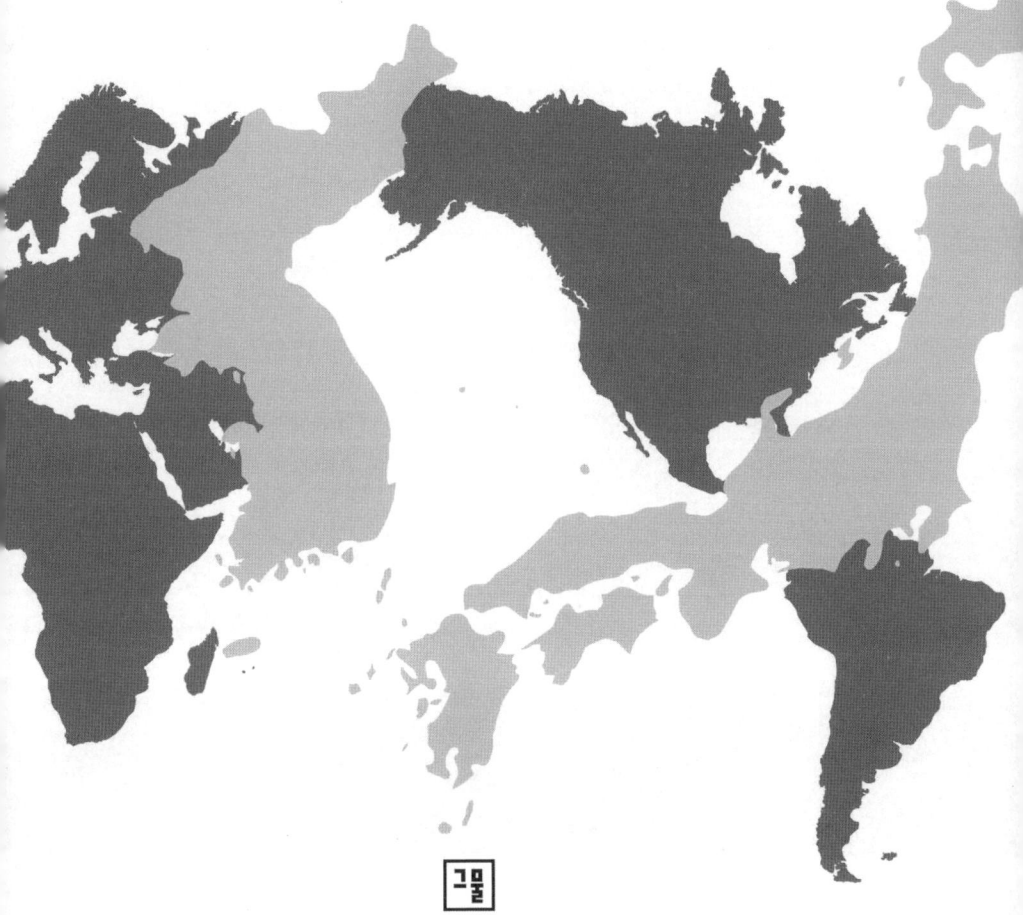

머리말

본서는 필자가 2016년 2월 연세대학교에 제출한 박사학위 논문『베르사유평화체제와 샌프란시스코평화체제 속의 한일관계』를 재구성하고 일부 수정한 것이다. 이미 10년 가까운 세월이 지났기 때문에, 당시 필자의 결과물은 2025년 현시점에서 본다면 또 다른 문제의식을 통해 접근할 수도 있다. 그렇지만 이 책에서 다루었던 '있었던 그대로의 시대'는 사라지지 않았고, 이를 보는 필자의 관점과 주장 역시 변함이 없다.

일본에서 출생한 재일한국인 3세인 필자는 연세대학교 대학원 정치학과에 입학했을 때부터 막연하게 한일관계에 관심을 가지고 있었다. 물론 한일관계 분야에는 다양한 논제가 존재하지만, 당시나 지금이나 한일관계에서 주된 쟁점의 하나는 '역사인식 문제'였다. 그런데 현재에서 인식의 문제를 언급하기 위해서는 일차적으로 과거의 구조를 알아야 한다는 전제적이면서도 근본적인 문제를 이해할 필요성이 있음을 통감했다.

본서는 제1차 세계대전을 마무리하면서 탄생한 1919년 베르사유평화체제와 아시아-태평양전쟁을 마무리하면서 탄생한 1951년 샌프란시스코평화체제를 다루고, 이에 포함된 한일관계를 고찰했다. 두 평화체제를 각각 지탱한 것은 베르사유평화조약과 샌프란시스코평화조약이었다. 전자의 조약은 1919년 6월 28일에 서명되었고, 1920년 1월 10일에 발효되었다.

후자의 조약은 1951년 9월 8일에 서명되었고, 1952년 4월 28일에 발효되었다. 단, 평화체제 탄생의 결정적인 순간은 1919년과 1951년에 있었다. 이러한 두 평화체제와 한일관계를 입체적으로 보려고 한 의도와 실제로 집필을 시도한 이유는 다음과 같다.

첫째, 분명히 한일관계에는 양자관계가 존재하지만, 한일관계를 규정한 상위 영역이 있었다. 국제정치학에서는 이른바 국제질서 혹은 국제체제라는 학문적 개념이 있는데, 본서에서는 이와 별도로 전쟁을 공식적으로 마감한 평화조약을 중심으로 탄생한 '평화체제'에 보다 무게를 두었다. 본서의 제목에는 '베르사유체제'와 '샌프란시스코체제'라고 명기했지만, 본문에서는 국제질서 및 국제체제와 구별하기 위해서라도, 그리고 '평화조약을 통해 만들어진 체제'라는 측면에서 '베르사유평화체제' 및 '샌프란시스코평화체제'라는 명칭과 개념을 사용했다. 물론 평화체제에서 '평화'란 절대적인 평화가 아니라, 전쟁을 공식적으로 마감함으로써 탄생한 평화체제를 의미하는 것이며, 평화체제 속에서도 갈등이나 마찰이 잔존했다. 한일관계는 이러한 평화체제를 통해 연결되어 있었다.

둘째, 관찰자에 의한 인위적인 근대사와 현대사라는 시대구분을 존중하되, 보편적인 시간의 흐름은 단절보다 연속성을 지닌다는 데 두었다. 비록 국제사회에서는 1945년을 표준적 지표로 삼겠지만, 달라지지 않았던 시대정신이 있었다. 두 평화체제 중에서 먼저 탄생한 베르사유평화체제는 후일 샌프란시스코평화체제 형성에 수직적인 영향을 미쳤으나, 후자의 조약이 전자의 평화체제의 효력을 취소한 측면이 있었다. 또한 1919년을 경험한 역사적인 인물들은 1951년을 바라보는 데 있어서 1919년이라는 과거를 참고한 흔적이 있었다. 따라서 베르사유평화체제와 샌프란시스코평화체제를 개별적으로 고찰하면서도 결국 두 평화체제에 내재한 권력구조와 함께 인간 세계의 연속성을 볼 필요가 있다.

셋째, 국제정치학의 발전 경위에는 '전쟁과 평화'라는 명제가 있었다. 그러나 한국의 역사에서는 주권이 상실된 시기가 있었고, 세계적인 '전쟁과 평화'의 영역과 별도로 '전쟁과 식민지', '식민지와 평화', 최종적으로 '전쟁과 평화 그리고 식민지'라는 영역을 고려해야 할 것이다. 현재 '광복'과 '전후'를 내세우는 한국과 일본의 시선은 각각 식민지 시기와 전쟁 시기를 염두에 두고 있는데, 평화체제는 한일관계의 근본적인 문제들을 부각시킨다. 결국 두 평화체제를 통해 한일관계를 보는 것은, 한일관계가 두 평화체제의 기능과 구조를 조명할 수 있는 변수가 되며, 두 평화체제가 한국과 일본의 관계를 형성시킨 것으로 간주할 수 있기 때문이다.

이 책은 총 4부로 구성되었다. 우선 제1부에서는 베르사유평화체제와 샌프란시스코평화체제 관련 연구서에서 한국/조선, 대한민국과 일본에 주목한 주요 관련 기존 연구들을 검토했다. 기존 연구들에 대한 건설적, 비판적 고찰을 통해 한계점을 지적함으로써 본서의 관점과 위치를 확인했다. 이어서 평화조약 및 평화체제에 대한 개념적 검토와 탐구를 시도하고, 개념적 정의를 시도했다. 그 개념 정의가 이 연구를 관통하기 때문이다. 평화체제의 개념은 흔히 국제정치학에서 등장하는 국제질서나 국제체제와는 어떠한 차이가 있고, 어떠한 속성을 가진 것인지 검토한 뒤에, 평화체제에 내재된 이념의 의미를 규정하고, 평화체제와 연계된 한국과 일본에 대한 분석의 시각을 제기했다. 그리고 후속의 역사적 사실을 설명하기 위한 틀을 제공했다.

제2부에서는 제1부에서 제시한 개념과 관점을 통해 베르사유평화체제에 대한 한국/조선과 일본의 수용과 변용을 분석했다. 첫째, 국제연맹과 국제연합이라는 국제기구의 창립과 이에 따른 안보 문제다. 둘째, 평화조약에 따른 영토적 변동과 주권 문제다. 셋째, 전쟁 책임 및 배상 문제다. 역사적으로 평화조약은 패전국에 배상을 요구하는 권리가 명시된 경우도 있었다. 베르사유평화조약은 독일에 대한 징벌주의적 전쟁 책임과 이에 따른 배상과 보상을 명시했다. 베르사유평화체제에 대한 비판은 특히 이에 기인한다.

제3부에서는 샌프란시스코평화체제에 대한 한국과 일본의 수용과 변용을 분석했다. 앞서 언급한 것처럼 두 평화체제에 공통되는 영토적 경계선, 국제기구, 즉 국제연합과 전쟁 책임론을 분석 대상으로 했다. 베르사유평화체제에 관한 제3장처럼 개별적으로 샌프란시스코평화체제를 다루고 분석함으로써 샌프란시스코평화체제가 지닌 특징들을 드러낸다.

제4부는 이 연구의 핵심이 된다. 제2부 베르사유평화체제와 제3부 샌프란시스코평화체제에서 드러난 내용들을 종합하여 분석했다. 두 평화체제에 대한 비교의 관점을 통해 평화체제의 성격을 드러낼 수 있다. 이어서 두 평화체제가 한국/조선, 대한민국과 일본에 끼친 수직적 영향을 분석함으로써 평화체제에 내재된 한일관계를 정리했다. 결론 부분은 서론에서 제기한 문제제기에 응답하는 결론을 압축적으로 도출했다.

본서는 필자의 박사논문을 심사해 준 다섯 분의 집중적인 지적을 통해 이루어졌다. 지도교수이신 연세대 김명섭 교수님을 비롯하여, 김기정 교수님, 김상준 교수님, 국방대 박영준 교수님, 그리고 서울대 故 신욱희 교수님께 감사드린다. 논문에 대한 건설적인 비판과 발전을 위한 학문적 관용함은 넓은 지도(地圖) 위에서 방향을 제시하는 나침반처럼 학문적 지향성을 제시해 주었다.

긍정적이든 부정적이든 선행 연구자들의 문제의식을 심화시키는 것은 후속 연구자들의 역할이기도 하다. 본서는 수많은 연구자와의 교류와 더불어 직접 만나지 못했지만, 남겨준 연구물이 있기 때문에 진행할 수 있었다. 마지막으로 연세대 중앙도서관, 국립중앙도서관, 국회도서관 등에서만 열람할 수 있는 필자의 박사논문을 발견해 주시고, 책 출판을 권유해 주신 그물 출판사 변선웅 대표님께 감사드린다.

2025년 10월
국립부경대 인문사회경영관에서
金崇培

차 례

머리말 ···5
서론 ··15

제1부 기존 연구와 개념 정의 • 39

제1장 기존 연구의 성과와 경향 ···41
　1. 베르사유체제와 한일관계 ···41
　2. 샌프란시스코체제와 한일관계 ··52

제2장 개념의 탐구와 정의 ··66
　1. 평화조약의 계보와 특징 ···66
　2. 평화체제의 구조와 개념 ···79

제3장 비교사라는 관점 ·· 110

제2부 베르사유평화체제 속의 한국/조선과 일본 • 119

제4장 베르사유평화체제의 구조 ·· 121
　1. 집단안보체제의 확립과 지역성 ···121

2. 민족자결 원칙에 따른 영토 획정 …………………………… 131
  3. 전쟁 책임의 규정과 배상 논리 …………………………… 145

제5장 평화체제에 대한 일본의 수용과 변용 …………………………… 160
  1. '지역적 양해'에 대한 이해 …………………………… 160
  2. 민족자결 원칙에 대한 논리 …………………………… 176
  3. 전쟁 책임에 대한 지지와 조건 …………………………… 187

제6장 평화체제에 대한 한국/조선의 수용과 변용 …………………… 192
  1. 아시아-먼로주의에 대한 비판 …………………………… 192
  2. 민족자결 원칙의 영향과 분화 …………………………… 201
  3. 전쟁 책임에 대한 지지와 조건 …………………………… 216

제3부 샌프란시스코평화체제 속의 한국과 일본 • 223

제7장 샌프란시스코평화체제의 구조 …………………………… 225
  1. 집단안보체제의 발전과 지역성 …………………………… 225
  2. 영토의 분리와 획정 …………………………… 242
  3. 전쟁 책임의 규정과 배상 논리 …………………………… 258

제8장 평화체제에 대한 일본의 수용과 변용 …………………………… 274
  1. 지역적 양자동맹에 대한 이해 …………………………… 274

2. 주권회복과 영토 획정 ···288
3. 전쟁 책임에 대한 이해와 배상 논리 ·····························295

제9장 평화체제에 대한 한국의 수용과 변용 ·······················306
1. 지역적 양자동맹에 대한 이해 ······································306
2. 국제적 승인과 주권 문제 ··319
3. 전쟁 책임에 대한 이해와 배상 논리 ·····························338

제4부 두 평화체제의 구조와 한일관계 • 359

제10장 두 평화체제의 의미 구조 ·······································361

제11장 한국/조선-대한민국과 일본 ····································374
1. 베르사유평화체제의 구조와 한일관계 ··························374
2. 샌프란시스코평화체제의 구조와 한일관계 ···················· 381

결 론 ···397
참고문헌 ···403
찾아보기 ···457

서 론

한일관계에서 세계적인 전쟁을 종료시킨 평화조약은 무엇이었으며, 그 평화조약으로 탄생한 평화체제의 구조와 한일관계에는 어떠한 연계성이 있었을까?

이 책은 베르사유평화체제(Versailles Peace System)와 샌프란시스코평화체제(San Francisco Peace System)의 주요 이념을 비교하려는 데 그 목적이 있다. 평화조약(peace treaty)은 전후처리 체제를 구축하기 위해 당대를 지배하고 있었던 이념을 반영하여 작성된다. 이러한 조약은 이념을 포섭하고, 구현하며, 명문화함으로써 구조적 체제를 창출한다. 평화조약은 전후처리 체제의 중심축이 되어 새로운 평화체제(peace system)를 탄생시키며, 그 체제는 특정 지역이나 국가에 자율성과 구속성을 동시에 부여하거나 변용적으로 수용하게 만든다.

한일관계는 두 나라 간에 이어져온 독특한 양자관계가 존재했을 뿐만 아니라, 두 평화체제를 매개로 한 관계도 맺고 있었다. 따라서 두 평화체제와의 관계성을 밝히는 것은 양국의 갈등과 상충 요인이 평화체제의 요체에 있다는 것을 밝히는 데 중요한 의미가 있는 것이다.

이 책은 두 평화체제의 비교와 이에 대한 한국/조선[1] 및 대한민국과 일본의 수용을 '종횡적인 연계성(連繫性, linkage)'의 관점으로 검토한다. 이는 베르사유평화체제와 샌프란시스코평화체제의 비교를 통해 평화체제 간의 공통성과 상이성을 부각시킴으로써 동아시아 지역을 포함한 평화체

---

1) 이 연구에서 한반도를 둘러싼 명칭 표기의 분류법은 기본적으로 대한제국(1897-1910), 한국/조선(1910-1945), 남한(1945-1948), 대한민국(한국, 1948-)으로 한다. 단, 한국/조선(1910-1945)에 관해서는 미리 주의점을 밝혀둔다. 1897년 고종은 조선 국호를 대한으로 바꾸고 몸소 황제에 오르면서 대한제국의 수립을 선포했다. 1910년 한국병합조약에 관해서는 여전히 법적 논쟁이 있으나, 대한제국이 일본의 '실체적 식민지'가 된 것은 사실이다. 한국병합조약 조문에는 대한제국을 줄인 명칭인 "한국"이 사용되었다. 이 조약의 발효와 더불어 1910년 8월 29일 일본에 의해 '한국의 국호를 고쳐 조선이라 칭하는 건(韓國ノ國號ヲ改メ朝鮮ト稱スルノ件)'이 즉시 발령되었다. '한국'은 '조선'이라는 명칭으로 격하되었다. 일본 학계에서는 1910년부터 1945년 또는 1948년까지를 거의 조선이라고 표기한다. 한국 학계에서는 한국이나 조선 또는 '식민지조선'이라고도 표기할 경우가 있다. 그러한 표기법에 대해, 이 연구에서 '한국/조선'이라고 복합적으로 표기하는 이유는 다음과 같다. 첫째, 1965년 체결된 한일기본조약 제2조에는 "1910년 8월 22일 및 그 이전에 대한제국과 대일본제국 간에 체결된 모든 조약 및 협정이 이미 무효임을 확인한다"고 있다. 제2조에 규정된 "이미 무효(already null and void)"가 1910년 당시부터 무효인지, 병합조약은 합법이었으며, 1948년 대한민국의 출범에 따라 1965년 기본조약은 그것을 무효라고 확인한 것인지에 관해서는 한국과 일본 정부 간의 해석이 서로 상충한다. 둘째, 본고에서는 1919년에 탄생한 베르사유평화체제에 초점을 맞추고 있고, 세계사적 흐름과 더불어 탄생한 대한민국임시정부의 '한국'을 중요시했다. 현행 헌법에는 "3·1운동으로 건립된 대한민국임시정부의 법통"이라고 규정되어 있다. 후술하겠지만, 당시 임시정부가 '대한'이란 명칭을 사용한 데에는 일본이 대한제국의 국호를 빼앗았기 때문에 이를 다시 살리려는 의도도 있었다. 그러나 1910년 직후부터 이미 '한국'을 사용한 광복운동가들이 있었던 한편 '조선'을 사용한 자도 있었다. 상대적으로 짧았던 대한제국의 기간과 기억에 비해 500년 이어진 조선(1392-1897)이라는 명칭이 가지는 친숙함과 침투성을 생각해볼 필요가 있다. 셋째, 조선이라는 명칭은 특히 볼셰비키의 국제적 대두와 공산주의의 영향으로 이데올로기적 요소를 가지게 된 변용적 측면이 있다. 그러한 의미에서 '한국'과 '조선'이라는 명칭 사용에는 이념적 분화의 양상이 있었다. 본서에서는 그러한 구도에 주의를 기울이면서 다른 한편 정치학적 개념 명칭인 '한국/조선'과 지역 명칭인 '한반도'와에 존재하는 교집합에도 주목했다. 필자가 확인한 바에 따르면, 근대에서 "韓半島"라는 명칭은 적어도 1900년 8월 8일자 『황성신문』에서 사용되고 있었다. 한국언론진흥재단, http://www.mediagaon. or.kr/ 그렇지만, 광복운동가들은 자신들을 '한반도인'이라고는 하지 않았다. 이들의 정체성은 지역명칭이 아니라 나라 이름과 관련된 '한국인' 또는 '조선인'이었다. 다음과 같은 연구들이 '한국/조선'이라는 명칭에 시사하는 바가 크다. 김명섭, 「조선과 한국: 두 지정학적 관념의 연속과 분화」, 한국정치연구』 제25집 1호 (2016). 윤병석, 『대한과 조선의 위상: 격동과 시련의 조선말·대한제국·대한민국시대』 (서울: 선인, 2011), pp. 23-35. 임대식, 「일제시기·해방 후 나라 이름에 반영된 좌우갈등: 右'대한'·左'조선'과 南'대한'·北'조선'의 대립과 통일」, 『역사비평』 23호 (1993). 이완범, 「국호 '대한민국'의 명명」, 『황해문화』 제60호 (2008).

제의 성격을 밝히고자 하는 것이다. 그리고 평화체제에 속해 있었던 한국/조선, 대한민국과 일본을 고찰함으로써 한일관계를 초월한 상위적 평화체제에 따른 두 나라의 관계 규정을 밝히려고 했다. 이러한 연계적인 관점을 통해 역사적 정치 현상을 입체적으로 분석한다.

1965년 한국과 일본은 국교를 정상화했지만 갈등적 요소들이 잔존해 왔다. 한일관계에 관한 연구들은 사료들의 발굴을 기반으로 다원적인 시각과 방법, 그리고 문제에 대한 성찰을 통해 진행되어 왔다. 그리고 갈등과 마찰의 근본적인 해명 혹은 협력적 관계의 구축과 추진 방안이 탐구되어 왔다.[2] 그러나 양국은 건설적인 관계를 맺으려고 하는 시도와 노력에도 불구하고 역사적 유산으로 인해 충돌을 반복해 왔으며, 과거는 여전히 현재에 영향력을 미치고 있다.[3] 그러한 한일관계의 과거사 원점은

---

[2] 20세기에 관한 한일관계 연구들에서 연구 범위의 시기를 보았을 때, 크게 세 가지로 분류할 수 있다. 첫째, 과거사 원점이 된 식민지 시대에 관한 연구들. 둘째, 과거사에 대한 과거사 처리의 문제점으로서의 냉전기 한일관계에 관한 연구들. 셋째, 탈냉전에서의 미래지향적 한일 협력관계 구축 방안에 관한 연구들. 탈냉전기에서 한일관계 관련 연구들의 특징은 한국과 일본 학자들의 교류에 따른 상호인식의 심화 및 공동연구에 있다. 한일역사공동연구위원회나 한일공동연구 포럼이 대표적이다. 이들 연구는 미래지향적 관계 구축을 위한 과제가 과거사의 극복에 있다는 것을 전제로 해왔다. 다음과 같은 연구서들의 머리말에 미래의 한일관계를 언급하기 전에 과거에 대한 언급부터 시작했다는 것은 한일관계의 양상을 보여주는 것이다. 현대일본학회(엮음), 『21세기 한일관계와 동북아시아의 새로운 비전 I』(파주: 한울, 2007). 한국 오코노기 연구회(편), 『新한·일관계론: 과거에서 미래로』(서울: 오름, 2005).

[3] 세계사에서 한국과 일본의 관계성과 유사한 국가 간 관계의 사례를 찾아내 일반화 혹은 유형화할 수도 있을 것이다. 그렇지만 엄밀하게 말하자면 다음과 같은 두 가지로 한일관계는 다른 국가간 사례와 일치하지 않는다. 첫째, 일본은 서구와 달리 상대적으로 늦은 20세기 초라는 시점에 지리적으로 가장 근접한 나라를 식민지화했다. 서구는 식민지에서 노동과 생산력을 동원, 착취하여 경제력을 강화했지만, 일본은 안보를 위해 한국의 지정학적 위치를 중요시했다. 둘째, 세계사에서 전쟁의 전후처리 문제는 전승국과 패전국의 권력구도에 따라 처리된 경우가 많았다. 한일관계는 식민지 문제와 일본이 일으킨 아시아·태평양전쟁의 피해라는 복합적인 측면들이 있다. 제2차 세계대전 직후, 한국처럼 식민지였던 국가가 종주국에 식민지 문제의 배상과 보상을 요구했다는 것은 드문 일이었다.

20세기 초의 근·현대사, 특히 1904년 혹은 1910년부터 1945년에 있을 것이다.[4] 과거사에 관한 연구들은 주로 일국사(一國史), 이국사(二國史) 혹은 한반도와 일본의 관계에 초점을 맞추고 있다. 본서는 전쟁을 마감한 평화체제라는 전후처리 체제와 이에 대한 한국/조선, 대한민국과 일본의 양상을 세계사적인 맥락에서 파악하려고 시도한 것이다.

베르사유평화체제는 1914년 7월 28일에 발발, 1918년 11월 11일 독일이 연합국과 휴전했고, 1919년 6월 28일 베르사유평화조약을 통해 마감된 제1차 세계대전 후에 탄생했다.[5] 베르사유평화체제는 1919년부터 1920년

---

4) 1910년 한국병합조약이 무효라고 주장하면서 1897년에 독립한 대한제국(大韓帝國)이 1910년에 소멸되었다고 보는 것은 논리적으로 상충한다. 이 논리와 주장에 관해서는, 김명섭, 「대한제국의 역사적 종점에 관한 재고찰」, 『한국정치외교사논총』 제32집 (2)호 (2011). 한일관계에서 1910년은 중요한 시점에 틀림없고, 일본의 대한제국에 대한 식민지 지배 시작으로 이미 상징적인 의미를 지니고 있다. 그러나 1904년 2월 8일 러일전쟁이 발발한 직전인 1월 대한제국은 중립선언을 했음에도 불구하고, 일본군은 서울에 주둔하여 강압적으로 1904년 2월 23일에 한일의정서를 체결했다. 한일의정서는 1910년 한국병합조약의 체결에 이르는 중요한 출발 시점이며 문서이다. 한일의정서 제1조에는 한국과 일본의 권력관계가 일본 중심적이라는 것을 규정했다. 제1조: 한일 양 제국은 영원히 변함없는 친교를 유지하고 동양평화를 확립하기 위하여 대한제국정부는 대일본제국정부를 확신하고 시정개선에 관한 충고를 들을 것. 이 조문은 다음 1904년 8월 22일에 체결된 제1차 한일협약과 연속되어 있다. 一: 大韓政府는 大日本政府가 推薦한 바 外國人 一名을 外交顧問으로 하야 外部에 傭聘하야 外交에 關하는 要務는 一切 其意見을 詢하야 施行할 事. 그리고 1905년 11월 17일 대한제국이 외교권을 박탈된 '을사늑약' 제2조는 다음과 같다. 제2조: 일본국정부는 한국과 타국 간에 현존하는 조약의 실행을 완수하는 임무를 담당하고 한국정부는 금후 일본국정부의 중개를 거치지 않고서는 국제적 성질을 가진 어떤 조약이나 약속을 맺지 않을 것을 서로 약속함. 1907년 7월 24일 체결된 정미7조약 중 네 번째에는, 한국 정부의 고관대작을 임명할 시, 한국통감의 동의가 선결 조건이라고 명시되어 있다. 최종적으로 1910년 8월 22일에 체결된 한국병합조약 전문(前文)에는 다음과 같이 규정되었다. "일본국 황제폐하 및 한국 황제폐하는 양국간에 특수하고도 친밀한 관계를 고려하여 상호의 행복을 증진하며 동양평화를 영구히 확보하고자 하며 이 목적을 달성하기 위하여 한국을 일본제국에 병합함이 선책이라고 확신하고 이에 양국간에 병합조약을 체결하기로 결정…" 한일의정서는 동양평화를 명분으로 체결되었고, 이후 조약들은 단계적으로 전(前) 조약을 계승했다. 결국 1904년 한일의정서와 1910년 한국병합조약 전문에서 알 수 있듯이 두 문서의 유사성과 지속성은 1904년의 의미를 재확인시킨다.
5) 제1차 세계대전은 제2차 세계대전이 발발하기 전에 세계전쟁(World War), 대전쟁(Great War), 제(諸)국민들의 전쟁(War of the Nations), 구주대전(War in Europe)이라는 명칭들이

사이에 체결된 패전국 오스트리아에 대한 생 제르망-앙-레이조약, 불가리아에 대한 뇌이조약, 헝가리에 대한 트리아농조약, 오스만투르크제국에 대한 세브르조약(1923년에 로잔조약으로 대체)을 근거로 지탱된 평화체제였지만, 베르사유평화체제는 베르사유평화조약이 근간이었다. 베르사유평화조약은 제1장에 국제연맹규약을 포함했다. 이에 따라 국제평화기구인 국제연맹(League of Nations)이 발족되었다. 하지만 이 조약은 독일에 대한 징벌적이며, 가혹한 성격으로 인하여 제2차 세계대전을 촉발시킨 원인 중 하나로 간주되어 왔다. 제1차 세계대전 패전국이 보유했던 식민지에는 새로운 대체안으로서 위임통치제도가 채용되었다. 이 평화체제의 전제조건이 되었던 '평화원칙 14개조(Fourteen Points)'는 한국/조선의 주권 회복과 관련하여 일어난 3·1운동의 동력이 되었다. 다만, 일본은 5대 전승국으로 베르사유평화조약 서명국이었기 때문에 한국/조선은 광복을 실현하지 못했다. 한국/조선 광복운동의 1차적 대상은 일본이었지만 평화체제는 일본의 식민통치를 뒷받침했다.

한편 샌프란시스코평화체제의 중심축이었던 샌프란시스코평화조약은 1951년 9월 8일에 일본과 48개국의 연합국이 조인한 평화조약으로 일본이 일으킨 아시아-태평양전쟁을 공식적으로 마감시킨 것이었다.6) 한국은 대

있었다. 개전 직후인 1914년 8월 허버트 조지 웰스(Herbert George Wells, 1866-1946)는 "모든 전쟁을 끝내기 위한 전쟁(The war to end all wars)"이라는 기사를 발표했고, 이는 당시 널리 유포되었다.
6) 아시아-태평양전쟁은 대동아전쟁(大東亞戰爭), 십오년전쟁(十五年戰爭), 태평양전쟁(太平洋戰爭 Pacific War) 등, 일본의 이데올로기 또는 일본의 이데올로기를 거부한 미국의 시각에 따라 다양한 명칭들이 사용되었으나, 일본 학계에서는 1980년대 중반부터 제창되었던 아시아-태평양전쟁(アジア・太平洋戰爭)이라는 명칭이 서서히 정착되고 있는 듯 보인다. 다만 아시아-태평양전쟁이 1945년 9월 2일 도쿄 만(東京灣)에 정박한 미주리(Missouri)호에서

일강화(對日講和), 즉 샌프란시스코평화조약 성립 과정에서 일본의 전쟁 책임과 식민지 책임의 청산을 추구했고, 청산에 따른 관계 변화를 겨냥했지만, 한국이 일본과의 전쟁 당사자가 아니었다는 논리로 서명국에서 제외되었다. 그러나 실제적으로 한국에 관한 내용이 평화조약 조문에 규정됨으로써 평화체제와 무관하지 않았다.[7] 샌프란시스코평화조약의 주요 당사자였던 일본은 평화조약을 통해 동아시아 지역의 새로운 중심 국가로서 재등장하게 되었다. 냉전의 세계적 심화와 6·25전쟁이라는 열전 와중에 체결된 샌프란시스코평화조약은 일본의 경제적 부활을 가능하게 했다. 이 조약은 1945년 이후 한일관계 연구에서 가장 주목을 받아온

실시된 항복 조인으로 종전을 맞이했지만, 다음과 같은 관점은 중요할 것이다. 1931년설은 쓰루미 슌스케(鶴見俊輔)가 주창한 십오년전쟁이 대표적이다. 이 설은 1931년 만주사변부터 전쟁이 시작했다는 점을 강조해서 십오년전쟁이라는 명칭을 붙였지만, 1933년 만주사변의 정전협정인 탕구협정(塘沽協定)이 체결되면서 물리적인 충돌이 계속되지 않았다는 점에서 설득력이 희박하다. 다만, 이 설은 일본 학계에서 '천황제 파시즘'이나 '국가독점자본주의'라는 일본 국내의 정치경제적 구조를 주목했다는 점에서 여전히 주목할 만하다. 高岡裕之, 「「十五年戰爭」·「總力戰」·「帝国」日本」, 歷史学研究会, 『歷史学における方法的転回: 現代歷史学の成果と課題 I』東京: 青木書店, 2002. pp. 38-39. 요시다 유타카(吉田裕)는 일반적으로 사용된 태평양전쟁이라는 명칭이 미일전쟁 중심의 명칭이며, 중국 대륙에서의 전쟁, 동남아 점령지의 중요성이 희박하게 된다는 것으로 아시아-태평양전쟁을 제창하지만, 1937년설이 아니라 1941년설을 강조했다. 요시다 유타카, 최혜주(옮김), 『아시아 태평양전쟁』(서울: 어문학사, 2012), p. 12. 흔히 유럽 중심적 시각이라는 비판을 받게 되지만, 쏜(Christopher G. Thorne)은 1941-45년까지의 전쟁을 '극동전쟁(Far Eastern War)'이라고 명명한 바 있다. 그가 말하는 '극동' 개념에는 동아시아, 동남아, 서태평양, 오스트랄라시아, 인도 등이 포함되고, 지리적, 지정학적으로 광범위한 성격을 드러낸다고 했다. Christopher G. Thorne, *The Issue of War: States, Societies, and the Far Eastern Conflict of 1941-1945* (New York: Oxford University Press, 1985), pp. ix-x. 본고에서는 아시아-태평양전쟁은 1937년부터 1945년까지 진행된 아시아대륙과 태평양에서의 집단적 무력 전쟁이라는 뜻으로 사용한다. 정치학적 관점에서 전쟁 명명의 문제를 다룬 연구로서, 김명섭, 「전쟁명명의 정치학: "아시아·태평양전쟁"과 "6·25전쟁"」, 『한국정치외교사논총』 제30집 (2)호 (2009).
7) 샌프란시스코평화조약은 "코리아"가 이익들을 받을 권리가 있다고 규정했다. Article 21. Notwithstanding the provisions of Article 25 of the present Treaty, China shall be entitled to the benefits of Articles 10 and 14(a)2; and Korea to the benefits of Articles 2, 4, 9 and 12 of the present Treaty.

한일교섭, 그리고 그 결과 체결된 한일기본조약과 연동되고 있다.[8] 1965년 한국과 일본의 국교정상화를 실현시킨 한일기본조약 전문(前文)에는 샌프란시스코평화조약을 중시한 내용이 담겨져 있다. 무엇보다도 샌프란시스코평화체제는 지속과 변동이라는 측면들이 있으면서도 오늘날까지도 동아시아를 규정하고 있다.[9]

베르사유평화체제가 탄생한 1919년과 샌프란시스코평화체제가 탄생한 1951년은 국제적 환경과 배경, 그리고 이에 따른 한국/조선, 대한민국과 일본의 내적 상황과 국제적 위상에 있어서 상이점들이 존재한다. 그럼에도 불구하고 두 평화체제와 한국/조선, 대한민국 및 일본의 연계성을 분석하는 것은 다음과 같은 이유와 의의가 있다.

첫째, 두 평화체제의 시간적 측면이다. 두 평화체제의 탄생에는 33년의 간격이 존재했지만, 단절보다 연속성에 주목할 필요가 있다. 베르사유평화체제의 원동력이었던 국제연맹은 1919년 6월 28일에 성립되어, 1946년 4월 20일에 폐지되었다. 샌프란시스코평화조약 및 평화체제 탄생의 기둥이었던 국제연합은 1945년 4월 샌프란시스코회의에서 국제연합헌장이 채택되어 10월 24일 발족했다. 국제연맹 존속과 국제연합 발족은 중첩되어

---

8) 이원덕의 연구는 1945년 이후 한일관계의 구조를 규명한 대표적인 연구서이다. 이원덕, 『한일 과거사 처리의 원점: 일본의 전후처리 외교와 한일회담』(서울: 서울대학교출판부, 1996). 과거사 처리의 원점을 다룬 이원덕의 연구는 주로 한일회담에 초점을 맞추고 있지만, 연구 범위는 샌프란시스코평화조약 체결 전후부터다.

9) 김명섭, 「샌프란시스코평화체제의 변동과 6자회담」, 『국방연구』 제50권 제(2)호 (2007). 김명섭의 글에서 지적해야 하는 점은 샌프란시스코평화체제에 대한 성찰뿐만 아니라 현재적 의미, 즉 북핵 문제를 포함한 6자회담의 성격이 변동하는 샌프란시스코평화체제의 불안정성과 연결되어야 한다는 것이다. 이를 더욱 부각시킨 것으로서, 김명섭, 「북핵문제와 동북아 6자회담의 지정학: 역사적 성찰과 전망」, 『한국과 국제정치』 제27권 제(1)호 (2011).

있었지만, 국제연맹은 국제연합의 전신(前身)이었다.10) 두 평화체제의 제도적 표상이며, 핵심 국제기구로서 발족된 국제연맹과 국제연합은 긴밀한 연속성을 가지고 있었다. 1945년이라는 시점은 제2차 세계대전 및 아시아-태평양전쟁의 종전이라는 점에 있어 시기 구분을 한다면 선(線)을 그을 수 있는 전환점이다. 전환점이란 그 이전의 시대에 있었던 기본적 구조가 계속성보다 단절성을 강조하는 경향이 있다. 그러나 시간이 표상하는 과거, 현재, 미래로 이어지는 보편성을 부정할 수도 없다. 따라서 이 책은 1945년 전후(前後)를 기준으로 연구 범위를 한정하는 한일관계에 관한 대부분 연구들의 일반적 경향과 달리, 1945년을 중요 시점이라고 생각해서, 이 시점을 관통하는 연구를 진행하고자 한다.11) 시간의 연속성에 주목함으로써 두 평화체제의 변화와 불변성, 아울러 평화체제의 이념에 대한 한국/조선, 대한민국과 일본의 수용과 변용을 추적하는 것은 양국의 상호관계뿐만 아니라, 평화체제의 특성도 부각시킬 수 있다고 생각된다.

둘째, 두 평화체제의 공간적 범위다. 시간과 더불어 모든 사상(事象)의 근본적 존재양식을 표상하는 공간은 장소보다 더 추상적이고, 전방향(全方

---

10) United Nations, http://www.un.org/en/aboutun/history/
11) 박영준은 1945년이라는 시점을 포함하면서도 "일본형 국제질서관"의 변화를 추적하기 위해 메이지시대, 제국시대, 전후시대, 냉전시대, 탈냉전시대라는 시기 구분을 했다. 이러한 통사(通史)적 고찰은 일본의 시대적 "자기정체성(self-identity)"을 밝히며, '무엇이' 일본의 대외정책 결정요인이었는지를 제시할 수 있는 강점을 가진다. 박영준, 「일본형 국제질서관의 전개와 아시아정책론의 변화: 『문명론지개략』(1875)에서 『새로운 중세』(1997)까지」, 『국제정치논총』 제51집 (4)호 (2011). 전상숙은 식민지 시대의 법, 정책, 그리고 인간의 삶이 1945년 이후의 한국사회에 영향을 끼쳤기 때문에 시대의 연속성을 주목해야 한다고 했고, 통사적, 총체적인 관점으로 연구할 필요성을 주창했다. 전상숙, 「서장: '한국 근·현대 정치와 일본' 연구에 관한 소고」, 이창훈·전상숙·한국정치외교사학회(편), 『한국 근·현대 정치와 일본 Ⅰ: 한말, 일제하』 (서울: 선인, 2010), pp. 22-23.

向)으로 확대하는 의미를 지닌다. 평화체제를 지탱했던 평화조약은 어떤 특정적으로 위치한 지역들 혹은 국가들에 의해 한정적으로 체결되지 않았다. 동양과 서양이라는 지리적 경계선을 초월한 다국 간 평화조약이며, 평화체제였다.[12] 한국/조선과 일본의 관계에서 본다면, 일본은 베르사유평화체제와 샌프란시스코평화체제의 중심 국가의 일원이었다. 일본의 식민지 지배하에 있었던 한국 역시 베르사유평화체제의 표준에 공명했다. 이때 한국/조선의 광복은 실현하지 못했지만, 일본이 베르사유평화체제의 중심 국가였기 때문에 일본의 지배하에 있었던 한국/조선은 평화체제와 무관하지 않았다. 한국은 샌프란시스코평화체제에 있어서는 더욱 관련이 많았다.

셋째, 평화체제를 바라본 인간들의 인식이다. 1919년 베르사유평화체제 탄생을 직접 체험한 인간들 중에 1951년 샌프란시스코평화체제의 출범을 맞이하지 못한 사람들은 상당히 많았다. 그러나 한편으로 1919년 베르사유평화체제와 함께 삶을 보낸 인간들이 1951년 샌프란시스코평화체제 탄생 시기에 인생의 정상을 맞이한 경우도 있었다. 이 책은 전자의 인간들이 어떻게 평화체제를 인식했는지를 간과하지는 않지만, 후자의 인간들이 베르사유평화체제를 어떻게 인식하여, 그 기억과 경험을 샌프란시스코평화체제 탄생에 어떻게 적용하였는지에도 주목한다. 예컨대 1949년 3월

---

12) 역사학자들은 국가 중심으로 사고하는 경우가 있으나, 더 거대한 단위로 서술하는 경우는 슈펭글러(Oswald Spengler, 1880-1936)나 프랑크푸르트 학파(Frankfurter Schule) 비트포겔(Karl August Wittfogel, 1896-1988)처럼 서양이나 동양이라는 개념을 사용했다. Tessa Morris-Suzuki, "Anti-Area Studies," *Communal/Plural: Journal of Transnational & Crosscultural Studies* Vol. 8 Issue 1 (Apr. 2000), pp. 13-14.

한국 정부가 출간한 「대일배상요구조서」의 성격은 베르사유평화조약을 참고로 한 흔적이 있고,13) 일본 정부는 1946년 제국의회(帝國議會)14)에서 다가올 샌프란시스코평화조약 체결을 위해 독일에 가혹했던 베르사유평화조약의 성격을 논의했다. 독일에 대한 베르사유평화조약의 가혹성이 제2차 세계대전의 원인이 되었다는 견해는 이미 지배적이었기 때문에 아시아-태평양전쟁의 전후처리는 베르사유평화조약을 참고하는 경향이 있었다는 것이다. 일본에 관대했던 샌프란시스코평화조약에는 독일에 징벌적이었던 베르사유평화조약에 대한 인간들의 기억과 경험이 작동되었다고 보아야 한다. 세계적 변동은 인간들의 인식에 영향을 끼친다. 인간들은 새로운 사상과 사물들을 거부 또는 수용하여, 때로는 변용적으로 받아들인다. 두 평화체제에 대한 분석은 과거의 기억과 경험에서 크게 벗어날 수 없는 역사적 구속성, 또는 과거의 기억과 경험에서 벗어나려고 하는 인간들의 양상을 보여주고자 한다.

이 책은 미래지향적 한일관계의 구축을 위한 제안・제언적 성격을 지닌 것이 아니고, '평화적 체제' 구축을 목표로 하지 않는다. 또는 한국과 일본 간의 과거사에 대한 청산, 화해15)를 모색하거나 감정의 충돌을 분석하는

---

13) 「대일배상요구조서」에는 베르사유평화조약에 관한 언급이 없었으나, 이 조서에 영향을 끼친 것이 1948년 1월에 이상덕이 작성한 「대일배상요구의 정당성」이라는 글이었다. 이상덕의 글은 베르사유평화조약을 참고로 하여, 일본에 요구하는 항목들을 제시했다. 「대일배상요구의 정당성」은 「대일배상요구조서」의 원형이기도 했다. 오오타 오사무, 송병권・박상현・오미정(옮김), 『한일교섭: 청구권문제 연구』(서울: 선인, 2008), pp. 54-64.

14) 제국의회는 대일본제국헌법(大日本帝國憲法)이 시행된 1890년 11월 29일 제1회 의회부터 1947년 3월 31일 제92회 의회까지 이어졌다. 5월 3일에는 일본국헌법(日本國憲法)이 시행되었다.

15) 한일관계의 과거사 문제는 청산(liquidation)이라는 용어가 많이 사용되어 왔다. 한편 국가 간의 적대관계를 해소하는 화해(reconciliation)가 국제정치학에서 주목을 받고 있고, 전쟁이

연구도 아니다.16) 전쟁 후의 평화체제를 틀로 하여, 과거의 한국과 일본이 가지게 된 이상과 좌절, 그리고 현실적 노선을 선택하게 된 궤적을 추적했을 뿐이다. 한국과 일본의 과거 관계를 뒤돌아보는 것은 오늘날 공통의 가치와 다른 역사적, 정치적 상황이 있었다는 것을 재확인하기 위함이다. 그것은 '전쟁과 평화'라는 문제와 더불어 '식민지 문제를 다시 생각한다'는 의미를 가진다.

이 책은 두 평화체제의 특징과 이에 대한 한국/조선, 대한민국과 일본의 수용·변용을 분석하기 위해 정치학, 특히 국제정치학 영역에서 역사적

나 분쟁, 그리고 식민지 문제 등, 국가 간의 갈등 관계를 평화적인 관계로 전환시키는 요인 분석 연구로서 중요한 학문 영역으로 자리잡고 있다. 內海愛子·山脇啓造(編), 『歷史の壁を越えて: 和解と共生の平和学』(京都: 法律文化社, 2004); 菅英輝(編), 『東アジアの歷史摩擦と和解可能性: 冷戰後の國際秩序と歷史認識をめぐる諸問題』(東京: 凱風社, 2011). 국가들은 공통적 인식을 공유할 수 있고, 서로 비난하지 않는 상황을 만들 필요성을 주장하는 연구도 있다. Jennifer Lind, "Memory, Apology, and International Reconciliation," *The Asia-Pacific Journal* Vol. 47-7-08 (November 2008), p. 6. 화해의 이론적 탐구에 관해서는, 김학성, 「증오와 화해의 국제정치: 한일간 화해의 이론적 탐색」, 『국제정치논총』 제51집 (1)호 (2011); 천자현, 「화해의 국제정치: 화해 이론의 발전과 중일관계에 대한 비판적 적용」, 『국제정치논총』 제53집 (2)호 (2013). 그런데 화해하기 위해서는 충돌을 일으킨 책임성(responsibility)의 소재(所在)와 이에 따른 행위의 방향성이 전제 조건이 되어야 한다. 한일 간의 식민지 문제는 일본에 책임이 있다고 한다면, 식민지 문제에 관해 한국은 일본과 '화해'한다고 하더라도 일본이 한국에 대해 '화해'한다고는 하지 않을 것이다. 따라서 우선 책임성의 소재를 명확히 하는 것이 요구된다. 화해는 먼저 책임성을 가진 국가가 인식과 행위의 측면에서 피해를 입은 국가에 책임을 자인하여, 이것을 피해국이 받아들이고 화해 의사를 보여주었을 때 가능하게 될 것이다.

16) 프랑스의 국제정치학자 모이지(Dominique Moïsi)는 공포, 굴욕, 희망의 감정권(感情圈)으로 세계를 분류했다. 그에 의하면 아시아권, 특히 중국과 인도는 희망, 이슬람권은 굴욕, 미국과 유럽의 서양권은 공포를 타자인 다른 지역권에 대해 가지고 있다고 한다. 그는 일본을 예외적으로 보았는데, 일본은 아시아권에 속하고 있으면서도 1990년대의 경제정체 이후, 희망보다 공포를 가지게 되었고, 감정적으로는 서양과 유사하다고 보았다. 그리고 일본에 의해 굴욕을 당한 역사적 경험을 가진 한국의 1980년대 경제부흥은 일본에 대한 저항의 감정이라는 측면이 있었다고 했다. 도미니크 모이지, 유경희(옮김), 『감정의 지정학: 공포의 서양, 굴욕의 이슬람, 희망의 아시아』(서울: 랜덤하우스, 2010), pp. 84-85, 93. 감정에 대한 측량 방법이나 감정과 민족주의의 차이에 대한 의문을 제기할 수도 있으나, 국제정치학에서 감정을 다루었다는 점에서 새로운 패러다임을 제공했다.

접근 방법을 취한다. 국제정치학에서 한일관계 관련 연구들의 특징은 사회과학적 연구 방법보다 역사적 접근 방법을 선호해 왔다는 데 있다. 이는 여전히 역사적으로 밝혀야 되는 연구 공간이 있다는 것과 한일관계에서 반복되는 협력과 갈등의 이면성을 일반화시켜 예측 가능한 이론으로 설명하기가 어렵다는 것을 말해주고 있다.17)

미국 학계에서 정치학 영역의 응용정치학 분야에 해당되는 국제정치학과 외교사를 포함한 역사학 사이에는 연구 방법과 관련해서 간극이 있다.18) 일반적으로 미국의 국제정치학자들은 과학성을 추구하며, 적은 변수로 많은 현상들을 설명하는 명시적인 이론연구를 중시한다. 한편 미국 역사학자들은 어떤 특정적인 하나의 현상을 많은 변수들에 의해 분석하는 과잉 요인 설명(overdetermined explanations)에 대해 관대하다.19) 그러나 두 학문 영역에 보이는 공통점도 주목받고 있다. 역사학과 국제정치학을 구별하는 기준으로 서술적 설명과 이론적 설명에 차이가 있다고 하지만

---

17) 다만 한국과 일본의 대미(對美)동맹이나 미국을 매개로 한 한국과 일본의 의사(疑似)동맹의 성격을 이론화시킨 연구들이 있다. 21세기 초의 동맹관계에 관해서는, 김순태・문정인・김기정, 「한국과 일본의 대미동맹 정책 비교연구: 미국의 군사전환 전력을 중심으로」, 『국제정치논총』 제49집 (4)호, 2009. 빅터 차(Victor D. Cha)의 연구는 한국과 일본의 국교정상화 이후를 다루고 있다. 빅터 D. 차, 김일영・문순보(옮김), 『적대적 제휴: 한국, 미국, 일본의 삼각 안보체제』 (서울: 문학과지성사, 2004). 그러나 차의 연구는 1965년 이후부터 1990년대 초의 한일관계에만 해당되는 이론이기 때문에 이론이 지향하는 다양한 현상의 일반화, 즉 1965-1990년 한일관계 이외의 국가 간 관계를 설명하기 어렵다.
18) 외교사 연구와 국제정치학 연구의 역사적 관계, 두 학문 분야 간의 학문적 교량 가능성을 조망한 것으로서, 김기정, 「외교정책 이론과 외교사 연구: 학제간 연구의 현황과 전망」, 김달중(편), 『외교정책의 이론과 이해』 (서울: 오름, 1998).
19) Colin Elman and Miriam Fendius Elman, "Negotiating International History and Politics," in Colin Elman and Miriam Fendius Elman (eds.), *Bridge and Boundaries: Historians, Political Scientists, and the Study of International Relations* (Cambridge, Mass.: MIT Press, 2000), pp. 7-8.

역사학자가 이론적으로 설명할 수도 있고, 국제정치학자가 역사적 서술을 중요시하기도 한다.[20]

사례 연구에 관해서는 더욱더 역사학과 국제정치학은 공통점을 가지고 있다. 두 분야의 연구자들이 어떤 사례에 대한 인과적 관계의 가설을 연구하기 위해 과정 추적(process tracing)의 방법을 취하는 것은 역사적, 이론적 설명을 구축하거나 검증하는 것이 중요하다는 신념을 공유하고 있기 때문이다.[21] 역사 연구의 목적 중 하나는 '설명'이고, 사례의 설명을 통해 이론을 원용하기도 한다. 물론 국제정치학자는 역사학자와 달리 이론을 검증하고, 정치 현상을 일반화시키는 일에 더 치중하고 있지만, 역사학자가 자신의 서술을 통해 기존 이론의 검증을 시도하는 연구도 있다. 이러한 역사학자들의 방법은 국제정치학 이론에 유익한 증거들을 제공한다.[22] 역사학과 국제정치학 간에는 차이점들이 있음에도 불구하고,

---

20) 역사학자 테일러(A. J. P. Taylor)는 1848년부터 1918년까지의 유럽외교사를 세력균형 변화의 관점으로 분석했다. 정치학의 질적(qualitative) 방법론은 서술적인 역사적 설명을 분석적 설명으로 전환시키는 것인데, 정치학자 조지(Alexander L. George)는 어떤 특정적인 하나의 사례로 다른 사례들을 설명할 수 있도록 계통적·중점적 비교(structured focused comparison)의 방법론을 제창했다. Jack S. Levy, "Explaining Events and Developing Theories: History, Political Science, and the Analysis of International Relations," in Colin Elman and Miriam Fendius Elman (2000), pp. 73-77.
21) Andrew Bennett and Alexander L. George, "Case Studies and Process Tracing in History and Political Science: Similar Strokes for Different Foci," in Colin Elman and Miriam Fendius Elman (2000), p. 137. 이러한 관점은 역사학자와 국제정치학자에 공통되는 '중간점'을 강조하고 있다.
22) Andrew Bennett and Alexander L. George (2000), pp. 151-152. 역사적 현상을 다각적으로 설명하기 위해 시스템, 국가, 정부조직, 개인 수준의 이론을 명시적 혹은 암묵적으로 설명하는 역사학자들은 다음과 같다. 개디스(John Lewis Gaddis), 졸(James Joll), 케네디(Paul Kennedy), 슈뢰더(Paul W. Schroeder), 터크먼(Barbara W. Tuchman) 등. 역사가의 연구 원점은 인간에 있고, 인간을 이해하는 것에 있다고 한 이거스(Georg G. Iggers)는 고전적 역사주의에서 분석적 사회과학으로서의 역사학에 대해 절충적인 입장에 있다. 그에 의하면 역사가들은 이론적 논의를 바탕으로 한 구체적인 연구를 통해 많은 것을 얻을 수 있고,

그 간극은 결정적인 것이 아니다. 오히려 상호보완성이 있으며, 또한 상호 보완적이 되어야 한다는 것이다. 국제관계에 관한 연구들은 다양한 학문 영역에서 이루어지고, 특정 학문에 대해 배타적이지 않다. 과정 추적, 경로 의존, 인과관계의 탐구에 관해서는 역사학과 국제정치학 간에 상이성보다 공유되어 있는 시각들이 많다.23)

이러한 역사학과 국제정치학의 소통은 이 책 연구의 방법인 국제정치사적 분석에 기여한다. 다만 국제정치학과 역사학이 서로 상호보완성이 있다는 것을 인정하면서도, 이 책은 정치학적, 국제정치학적 관점에서 역사적으로 서술하는 방법을 취한다. 국제정치사가 역사학에만 해당되는 학문 영역이 아니라 국제정치학 분야에도 해당되는 것이기 때문이다. 이 책은 국제정치학적으로 분석하는 것이며, 역사학의 국제정치사가 아니라 국제정치학의 국제정치사라는 것이다. 이 책의 연구 목적은 특정한 시기에 탄생한 평화체제의 성격과 이에 대한 한국/조선, 대한민국과 일본의 수용과 변용을 고찰한다. 따라서 역사적 이해를 바탕으로 하고, 권력관계를 중요시하는 국제정치학적인 규명과 관점이 중요하게 된다. 다음과 같은 지적은 한일관계의 국제정치학에도 적용되는 제언이기도 하다.

국제정치학에 있어서 자기와 타자에 대한 구별적 인식은 보다 인문학적인 접근 방법을 필요로 한다. 인식의 주체가 기반하고 있는 역사적, 사상적

그러한 자세는 어떤 이론적 방법에 대한 비판도 가능하게 한다고 했다. 조지 이거스, 임상우·김기봉(옮김), 『20세기 사학사: 포스트모더니즘의 도전, 역사학은 끝났는가?』 (서울: 푸른역사, 1999), pp. 36-37.
23) Colin Elman and Miriam Fendius Elman (2000), p. 29.

토대에 대한 보다 면밀한 검토가 없이는 자국과 타국 간의 상호작용의 문제를 다루는 국제정치학이 정립될 수 없고, 자국의 문제와 타국의 문제가 혼재된 제국정치학적 인식 틀에 함몰될 우려가 있다.24)

평화체제라는 추상적 개념에 주목한 본서는 평화체제가 가진 법규범에 인간들의 집합체인 국가 혹은 특정 지역이 영향을 받아 구속성과 자율성을 가지게 된다는 정치학적 관점을 가지고 역사적으로 한일관계를 설명한다.25) 정치학적 개념의 틀과 아울러 역사적 현상들을 탐구하여, 국제정치학적 함의를 도출하는 것이 중요하다. 역사적으로 서술하는 방식은 결코 역사학에만 해당되는 것이 아니다. 역사적 탐구와 서술로 진행하는 것은 국제정치학에서도 유익한 방법이다.26)

---

24) 김명섭, 「제국정치학과 국제정치학: 한국적 국제정치학을 위한 모색」, 『세계정치연구』 1권 (1)호 (2001), p. 36. 제국정치학이란 일본, 미국 중심적 학문체계, 즉 자국 중심 학문적 표준을 통해 세계를 보도록 유인하는 것이다. 보다 자세한 개념적 정의에 관해서는 같은 논문, pp. 4-5를 참조.
25) 역사적으로 설명하는 것은 인간의 행동이나 경험을 다루는 것이다. Paul W. Schroeder, "History and International Relations Theory: Not Use or Abuse, but Fit or Misfit," *International Security* Vol. 22, No. 1 (Summer 1997), p. 67.
26) 한국의 국제정치학은 미국의 국제정치학을 수용 경로로 했고, 일본의 국제정치학은 유럽의 학문을 수용 경로로 하면서 미국식 국제정치학을 부분적으로 채용하고 있다. 문정인·니시노 준야, 「국제정치학의 수용과 변용: 한일 비교」, 문정인·오하타 히데키(공편), 『한일 국제정치학의 신지평: 안전보장과 국제협력』(서울: 아연출판부, 2007), pp. 378-379. 그러나 서구 강대국 중심의 국제정치학과 달리 한국의 국제정치학은 한국이 체험한 역사적 현실을 기반으로 해야 한다는 견해가 있다. 하영선·김영호, 「한국외교사와 국제정치학: 한국국제정치학 바로 세우기」, 하영선·김영호·김명섭(편), 『한국외교사와 국제정치학』(서울: 성신여자대학교 출판부, 2005). 김형국은 한국적 국제정치학 이론을 추구하기 위해서는 서구식 이론을 가지고 한국이 경험한 역사적 현상을 설명하지 못한다고 한다. 그는 한국 근세 외교사에 천착하고, 한국외교사의 재발굴을 통해 한국적 국제정치학을 모색할 수 있다고 주장했다. 김형국, 「한국의 국제정치학 연구: 성찰과 전망」, 『국제정치논총』 제46집 특별호 (2007), pp. 22-27. 박상섭은 한국의 정치학에서 중요한 것은 정치학과 연결되는 기초작업, 즉 철학, 역사학, 다른 언어의 구사 등이 선행되어야 한다고 주장한다. 박상섭, 「한국 정치학, 자아준거적 정치학은 영원한 숙제인가」, 권영민(외), 일송기념사업회(편), 『한국 인문·사회

국제정치를 권력투쟁이라고 간주한 모겐소(Hans Joachim Morgenthau)는 현실주의자의 대표적인 인물이었으며, 미국의 학문적 지표를 세웠다. 그는 국제정치학이란 단순히 최근에 일어난 것이나 시사 문제 이상의 학문이라고 했다.

관찰자는 늘 이동되고, 전망이 바뀌는 현대적 상황 속에 있다. 최근에 일어난 것과 그것보다 먼 과거와의 상호관계에 의하여, 더구나 이 쌍방의 기저에 있는 인간성의 영속적인 특질에 의하여 처음으로 밝혀지는 기본원리에 전심(專心)하지 않으면, 관찰자는 입각해야 하는 견고한 기반이나 평가에 대한 객관적 기준을 발견할 수 없다.

모겐소는 미국사, 경제사, 정치학, 사회학 등 다양한 학문 영역에 관한 저작들을 남긴 섬너(William Graham Sumner, 1840-1910)가 언급한 "있는 그대로의 사물, 있는 그대로의 인간성"을 정확히 검토해야 한다는 주장을 지지했다. 그들은 국가의 제도나 역사를 연구하는 것보다 가설에 의거하는 방법론을 비판했다.[27]

연구에 있어 방법은 중요한 수단이다. 그러나 이 수단은 문제 제기

과학 연구, 이대로 좋은가』(서울: 푸른역사, 2013), pp. 199-202.
27) Hans J. Morgenthau, *Politics Among Nations: The Struggle for Power and Peace* 5th ed. (New York: Knopf, 1973), pp. 17-18. 역사학자인 펠츠(Stephen Pelz)는 역사학자들도 세력균형이론을 사용한다고 했다. 다만 분석적 역사학을 주창하는 그가 말하는 세력균형이론이란 월츠(Kenneth Waltz)와 같은 "비역사적"인 세력균형이론이 아니라 시대와 더불어 변화하는 국제체제의 본질을 고려한 모겐소의 전통적인 현실주의 정치이론이다. Stephen Pelz, "Toward a New Diplomatic History: Two and a Half Cheers for International Relations Methods," in Colin Elman and Miriam Fendius Elman (2000), pp. 92-94.

및 연구 목적에 따라 결정해야 할 것이다. 앞서 언급한 이 연구의 문제 제기와 연구 목적에 부합하는 방식으로 연구의 결론을 도출하기 위해서는 이론의 구축이나 검증이 아니라 역사적 접근방법이 적합하다. 이러한 접근 방법은 영국학파(English School)의 관점과 유사한 점이 있을 것이다. 전통적으로 영국학파는 국제정치학을 이해하는 관점에서 사상, 국제법, 역사를 중요시했다. 물론 영국학파에도 각 연구자마다 다양한 견해와 관점, 연구의 방향성이 있다. 불(Hedley Bull)에 의해 영국학파가 주목을 받게 되었으나, 버터필드(Herbert Butterfield)와 불의 스승이며, 영국학파의 부조(父祖)로 간주되는 와이트(Martin Wight)는 미국의 국제정치학이 현상(現狀), 과학, 방법론, 정책에 관심을 보여주는 반면, 영국학파란 역사, 규범, 철학, 원리를 중요시해야 함을 강조했다.[28]

영국학파의 국제정치학에 대한 특징을 집약하자면 국가 간의 관계를 국제사회(international society)로 파악한다는 것이다. 여기서 유의해야 할 것은 영국학파가 '이론'이라는 용어를 사용했다는 점이다.[29] 영국학파는

---

[28] Herbert Butterfield and Martin Wight (eds.), *Diplomatic Investigations: Essays in the Theory of International Politics* (Cambridge, Mass.: Harvard University Press, 1966), p. 12. 이 저서는 미국에서 1959년에 출간된 William T. R. Fox (ed.), *Theoretical Aspects of International Relations* (Notre Dame: University of Notre Dame Press, 1959)를 의식하여 출간된 것이다.

[29] 와이트는 1966년에 출간된 저서에서 "정치학: 국제정치학=정치이론: 역사해석"이라는 등식을 세웠고, 자신의 이론을 국제관계론이 아닌 국제이론(international theory)이라고 명명했다. 국제이론은 국가들로 형성되는 사회 혹은 국제공동체에 관한 고찰이며, 역사철학, 정치철학적 접근방법을 선호한다. Martin Wight, "Why is there no International Theory?," in Herbert Butterfield and Martin Wight (1966), p. 33. 와이트가 사거한 후에 출간된 저서에서는 국제이론이란 세계정부가 존재하지 않는 가운데에서 국가 간 관계, 국가를 구성원으로 하는 공동체의 의무, 특질, 원칙을 고찰한 서구사상사적 특징이 강조되었다. Martin Wight, edited by Gabriele Wight and Brian Porter, *International Theory: The Three Traditions* (New York: Holmes & Meier, 1992).

세계정치의 구조를 체계적으로 설명한다는 뜻으로 독자적인 국제정치의 이론을 가지고 있고, 논리적으로 이해할 수 있도록 국가들로 구성되는 국제사회를 설명하려 한다. 다양한 정치현상들을 하나의 이론으로 설명하거나 이론을 검증하는 미국식 국제정치학에 반해, 영국학파는 기계론적 인과관계의 구조를 부정적 시각으로 본다.[30] 즉 국제정치의 이해에 대해 사상적 관점과 국제법에 따른 제도의 역할을 강조하여, 이들을 포섭한 역사에 주목했다는 측면이 미국의 국제정치학과 맥을 달리했다.

물론 영국학파의 국제사회에 대한 인식과 방법론을 그대로 한국과 일본에 적용할 수는 없을 것이다. 영국학파는 주권 국가를 주요 단위로 설정했고, 서구 중심적 국제사회의 구조를 밝히는 것을 목적으로 했다.[31] 1648년 베스트팔렌체제는 주권 국가의 독립 의지를 존중하여 상호내정불가침의 원칙을 확립했다. 1897년에 탄생한 대한제국은 베스트팔렌적 국가주권 개념을 수용했다. 비록 대한제국의 탄생은 군주주권적 형태였지만, 한반도 최초의 근대적 주권을 확립했고, 국제적 인정을 받았다.[32] 그러나 일본에 의하여 대한제국은 주권을 상실했고, 베르사유평화체제 탄생 시기에 한국

---

30) Hidemi Suganami, "The English School and International Theory," in Alex J. Bellamy (ed.), *International Society and its Critics* (Oxford: University Press, 2005), pp. 30-31 and 42.
31) 이러한 관점은 불에 따른 것이다. Hedley Bull, *The Anarchical Society: A Study of Order in World Politics* (New York: Columbia University Press, 1977). 불은 영국학파의 주요 연구자이며 대표적인 인물로 간주되고 있다. K. J. Holsti, "Theorising the Causes of Order: Hedley Bull's The Anarchical Society," in Cornelia Navari (ed.), *Theorising International Society: English School Methods* (Basingstoke [England]; New York: Palgrave Macmillan, 2009), p. 127.
32) 김명섭・김석원, 「독립의 지정학: 대한제국(1897-1910) 시기 이승만의 지정학적 인식과 개신교」, 『한국정치학회보』 제42집 제(4)호 (2008), p. 65.

/조선은 주권을 상실한 상태였다. 한편 일본은 아시아-태평양전쟁 패전국으로서 간접통치가 실시되었고, 샌프란시스코평화체제 탄생에 즈음하여 주권을 회복했다. 영국학파가 주안을 둔 주권국가로 이루어지는 국제사회와 다른 양상이었다고 보아야 할 것이다.33)

본서에서 다루는 두 평화체제에 속해 있었던 한국/조선과 일본은 주권을 상실한 공백 기간이 있었고, 이것이 평화체제와 어떤 관계가 있었는지를 밝히는 것도 중요한 목적이 된다. 다만 영국학파의 관점 자체는 두 평화체제와 이에 대한 한국/조선, 대한민국과 일본의 관계를 고찰하는 데, 유효한 관점들을 제공해준다. 본서 역시 인간들의 사상과 평화체제의 중심축이었던 평화조약이라는 국제법을 검토하여, 그러한 요소들을 포섭한 역사에 주목한다는 점에서 그러하다.

본서는 국제적 정치현상을 역사적으로 고찰한다. 따라서 당대의 1차 자료, 외교문서, 정치 지도자들의 회고록 등을 사용하고, 2차 문헌들에 대한 문헌분석도 행한다.34) 회고록을 사용할 때 유의해야 할 것은 이것이 과거에 대한 회고라는 점이다. 과거를 미화, 과장할 경우가 있기 때문에 객관성을 유지하기 위해서는 당시의 신문자료나 다른 인물들의 회고록

---

33) 영국학파의 시각을 지지하면서도 그것을 "한국적 국제정치이론"이나 "동아시아 국제이론"을 모색하기 위해 제언·시도한 것으로서, 신욱희, 「동아시아 국제이론의 모색: 국제사회론과 변형된 주권 논의를 중심으로」, 『세계정치』 제29집 (2)호 (2008).
34) 라슨(Deborah Welch Larson)은 정치학에서 2차 자료에만 의존하는 것에 주의를 주었다. 역사학이 1차 자료를 사용하는 것처럼 정치학에서도 1차 자료를 사용함으로써 다양한 정치현상의 인과관계를 설명할 수 있고, 어떤 동일한 정치적 현상이 나타났을 때, 이에 대한 해석들의 우열도 판단할 수 있게 된다. Deborah Welch Larson, "Source and Methods in Cold War History: The Need for a New Theory-Based Archival Approach," in Elman and Miriam Fendius Elman (2000).

등으로 교차분석해야 할 필요가 있다. 그럼에도 일기와 달리 회고록은 회고록 집필자가 과거에 일어났던 것을 집필 시점(후대)에 서술했다는 약점이 있다고 해도, 중요한 점은 회고록 집필자가 집필 시점에서 과거에 대해 어떤 인식을 했는지를 보여준다는 데 있다. 즉 과거에 일어난 것을 서술하는 회고록 집필자의 시각에는 과거와 집필 당시에 간극이 있다는 것을 유의해야 하지만, 회고록 집필자의 과거에 대한 시각은 회고록 집필 시점의 인식이라고 할 수 있기 때문에 이러한 점은 효과적으로 사용될 수 있다.

이는 인간의 사상이나 사고에 주목한 사상사(思想史)적 접근에 가깝다.[35] 특정한 정치 현상을 둘러싼 인간들의 사상 투쟁과 경합은 역사적 맥락에서 파악해야 한다. 이 책이 수록하는 주요 대상 가운데에는 국제관계를 담당했던 정치인이나 외교관,[36] 당대의 사회를 대표한 인간들이다.

---

35) 이 책에서 말하는 사상사(혹은 관념사; history of ideas)란 특히 인간의 생각에 초점을 맞춘 것이다. 스키너(Quentin Skinner)의 사상사에 관한 접근 방법은 비판을 받았음에도 불구하고, 본서는 그가 말한 "어떤 구체적 사상이라는 것이 존재하여 여러 사상가들이 이를 논의한 것이 아니라, 존재하는 것은 오직 다양한 의도를 가진 다양한 행위자들이 한 다양한 발언들뿐이라는 것을 알게 되면, 역사기술의 대상으로서 사상의 역사라는 것 역시 존재하지 않고 오직 그 사상을 이용하는 다양한 행위자들, 그리고 그들이 처한 다양한 상황과 이러한 행위에 대해 그들이 가졌던 다양한 의도에 초점을 맞출 수밖에 없는 그러한 역사만이 존재한다"는 지적에 동의한다. 퀜틴 스키너, 「사상사에서의 의미와 이해」, 제임스 탈리, 유종선(옮김), 『의미와 콘텍스트: 퀜틴 스키너의 정치사상사 방법론과 비판』 (서울: 아르케, 1999), pp. 119-120. 그는 텍스트의 자율성, 초(超)역사성, 신화성을 강조하는 접근 방법을 비판했고, 역사를 위한 사상사 연구 방법론을 제시했다. 사상사의 연장선으로 지성사(intellectual history)라는 개념과 용어도 있다. 지성사는 인간의 개념적·물질적 측면의 상호 연관성을 받아들이고, 과거의 인간들이 자신들의 세계를 이해하는 수단으로 말하는 방법에도 관심을 가진다. Annavel Brett, "What is Intellectual History Now?," in David Cannadine (eds.), *What is History Now?* (Houndmills, Basingstoke, Hampshire; New York: Palgrave Macmillan 2002), pp. 126-127.
36) 이기택, 『국제정치사』 제2개정판 (서울: 일신사, 2000), p. 14.

그러므로 인간 개인의 의도를 최대한 정확히 이해하여 서술할 필요가 있다. 인간들의 인식을 고찰하는 것은 어떤 지역이나 국가라는 집합체를 논하기 위해서라도 필요하고, 집합체를 구성했던 대표적인 인간들의 인식이 결국 어떤 지역이나 국가의 방향성을 결정한 측면이 있기 때문이다. 물론 한 인간의 사상에 따른 발언에는 이중적 심성이 작동될 경우가 있을 것이다. 이에 대해서는 심리학적 탐구가 개별적으로 요구되지만, 본서에서는 그러한 점을 가급적으로 유념하되, 인간들이 드러낸 문자적, 문서적 근거들을 최대한 사용하여 사상 혹은 사고를 추적한다.

또한 2차 자료를 활용할 경우, 그 문헌의 신빙성을 확인하여 사용해야 한다. 오류가 있는 2차 자료를 그대로 인용하게 된다면 오류를 전파시킬 우려가 있기 때문이다. 본서는 역사적 고찰 방법을 택했기 때문에 인용한 2차 자료도 실증적이며 역사적 고찰을 행한 문헌들을 중심으로 사용한다. 이러한 작업을 통해 사상(事象) 간의 연계성을 도출할 수 있다.[37]

마지막으로 역사적 고찰 방법을 취하는 본서는 제국사(帝國史, Imperial History)적 접근과 반제국사(反帝國史, Anti-imperial History)의 교차(交差)를 중요시한다. 제국사란 제국의 동향, 팽창, 해체, 붕괴 등에 집중하여 서술하는 것이다.[38] 국가의 군주적 제도 형태나 국가의 팽창주의적 성향에

---

[37] 전통적, 정통적 역사적 접근방법에 관해서는, 이완범, 「한국정치에 대한 역사적 접근과 사료: 전통의 계승」, 『정신문화연구』 제26권 제(1)호 (2003).
[38] 제국사 서술은 대영제국(British Empire) 관련 연구가 대표적이다. 제국사는 제국의 이데올로기, 작동, 영향 등, 광범위하고 학제적 연구의 경향을 지니고 있다. Linda Colley, "What is Imperial History," in David Cannadine (2002), p. 133. 콜리(Linda Colley)는 제국사는 비교의 관점을 도입함으로써 제국의 평가가 가능해진다고 주장했다. Linda Colley (2002), pp. 134-138. 영국의 제국사 연구는 일본 학계에 영향을 미치고 있다. 메이지유신(明治維新) 이후에 일본은 대영제국의 역사를 제국의 성공 모델로 삼았고, 아시아·태평양전쟁 이전까지

따라 제국에 대한 개념은 다변화되어 왔다. 그러나 근대사에서 제국을 지탱했던 기본 원동력은 식민지 보유에 있었다. 실체적인 제국의 팽창, 해체와 더불어 추상적인 제국주의적 인식을 부각시키며, 지배=피지배의 관계론적 전개를 통해 제국의식을 파악하여 제국사를 서술해야 한다는 것이다.

한편 제국사가 제국을 중심으로 서술된다면, 제국에 맞선 역사는 반제국사적 관점에서 서술할 필요가 있을 것이다. 즉, 주체와 관점의 변환이다. '식민지의 역사'를 서술하는 것은 중요하다. 또는 '무엇을 지향하는가'라는 적극적인 의미에서 '독립운동사' 역시 존중해야 하는 서술 방식이다. 그렇지만 '무엇에 반대하는가'라는 의미에서 반(反)제국사는 제국사와 쌍을 이룬다. 제국사의 특징이 제국의 맥락에서 피지배 지역의 구조와 관계성을 밝히는 것이라면, 반제국사 서술은 제국에 맞선 주체와 그 맥락을 서술해야 할 것이다.

이 책의 시간적 범위는 주로 1917년 제1차 세계대전 후반기부터 1920년대 초기, 그리고 1945년 전후(前後)부터 샌프란시스코평화체제 탄생 시기로 한다. 샌프란시스코평화체제는 1965년 한일국교정상화를 관통하여,

---

는 긍정적으로 평가했다. 1980년대 이후에 일본 학계에서는 왈러슈타인(Immanuel Wallerstein)의 세계체계론(world-systems theory)을 수용하여 새로운 제국사 탐구가 시작되었다. 川北稔,「帝国主義史から帝国史へ」, 木畑洋一(編),『現代世界とイギリス帝国』(京都: ミネルヴァ書房, 2007). pp. 356-374. 최근에서는 영국에 비중을 두고 있으면서도 영국과 일본을 비교하는 제국사 연구가 진행되어 있다. 木畑洋一,「イギリスの帝国意識: 日本との比較の視點から」, 木畑洋一(編),『大英帝国と帝国意識: 支配の深層を探る』(京都: ミネルヴァ書房, 1998); 木畑洋一,「二つの「島国帝国」: イギリスと日本」, 木畑洋一 (2007).

현재 한일관계는 물론 동아시아 지역 질서를 규정하면서 지속되고 있는 평화체제이지만, 본서는 특히 평화체제 탄생기에 집중하고 있다. 다만, 6·25전쟁 역시 샌프란시스코평화체제와 관련이 있기 때문에 1954년경까지를 연구 범위에 포함시켰다.

제1부
기존 연구와 개념 정의

제1장 기존 연구의 성과와 경향

1. 베르사유체제와 한일관계

이 책은 베르사유평화체제와 샌프란시스코평화체제에 관한 비교연구라는 것을 전제로 하고 있다. 따라서 한일관계를 포함한 베르사유평화체제와 샌프란시스코평화체제에 관한 기존 연구들을 개별적으로 검토했다. 기존 연구를 검토하는 데는 주로 두 가지의 의미가 있다. 이 책의 본론에 들어가기 전에 두 평화체제의 기본적 배경 및 기초 사실을 이해하기 위해서 기존 연구들에 대한 고찰과 설명이 필요하다. 이를 통해 이 책의 차별성을 부각시킬 수 있다. 그 작업을 통해 기존 연구들이 간과한 부분을 발견하고, 설명을 덧붙이고, 연구를 심화시키기 위해 기존 연구와는 다른 관점을 제공한다. 문명이 진보함에 따라 과학기술이 향상되면서 20세기의 전쟁에서는 대량살상무기가 개발, 사용되었다. 인간이 고민 끝에 생각해낸 어떤 주장이나 이데올로기는 때로는 그 명분을 이용하는 인간으로 인하여 물리적 폭력성 혹은 숙청 등을 일으키기도 했다.[1] 이러한 거대한 20세기의

---

1) 19세기부터 20세기의 기술혁명에 따른 무기의 위력 증대와 전쟁의 양상에 관해서는, Michael Howard, *War in European History* (London; New York: Oxford University Press,

전쟁과 평화에 관한 많은 연구자들의 문제의식은 이 연구와 맥을 같이하고 있다.

베르사유평화체제는 제1차 세계대전 후에 즈음하여 탄생한 평화체제였기 때문에 전쟁에 관한 연구들과 더불어 평화조약 혹은 평화체제에 관한 기존 연구들도 세계적으로 많이 축적되어 왔다. 최근에도 베르사유평화조약 작성과정, 즉 파리평화회의(Paris Peace Conference)에 관한 연구가 출판되어 있다.[2] 그러나 베르사유평화체제 관련 연구들은 제1차 세계대전의 5대 전승국이었던 일본이나 중일관계, 미일관계에 집중되어 있다. 한편, 한국/조선에 관해서는 파리평화회의 개최에 따른 광복운동과의 관련성이 논의되어 왔다. 다만 한국/조선의 경우, 국제적 조류와의 관련성, 즉 세계사적 맥락에서 한국/조선의 광복운동을 연결시킨 연구들은 비교적 최근에 이루어졌다. 여기서는 베르사유평화체제와 관련된 한국/조선과 일본에 초점을 맞춘 기존 연구들을 (1) 베르사유평화조약과 한국/조선, (2) 베르사

1976), chapter 6, 7을 참조. 하워드는 다른 저서에서 1918년부터 1989년까지를 이상주의자와 이데올로그(Idealists and Ideologues)의 시대라고 규정했다. Michael Howard, *The Invention of Peace: Reflections on War and International Order* (New Haven: Yale University Press, 2000), chapter 4.

2) 파리평화회의에 관한 대표적인 연구로서, Margaret MacMillan, *Paris 1919: Six Months that Changed the World* (New York: Random House, 2002). 오늘날도 베르사유평화조약은 많은 관심을 모으고 있고, 다음과 같은 연구들이 출판되어 있다. Manfred F. Boemeke, Gerald D. Feldman, Elisabeth Glaser (eds.), *The Treaty of Versailles: A Reassessment after 75 Years* (Cambridge: Cambridge University Press, 1998); David A. Andelman, *A Shattered Peace: Versailles 1919 and the Price We Pay Today* (New Jersey: John Wiley & Sons, Inc., Hoboken, 2007); Alan Sharp, *The Versailles Settlement: Peacemaking After the First World War, 1919-1923* (Basingstoke [England]; New York: Palgrave Macmillan, 2008); Norman A. Graebner, Edward M. Bennett, *The Versailles Treaty and Its Legacy: The Failure of the Wilsonian Vision* (New York: Cambridge University Press, 2011).

유평화조약과 일본, (3) 서구 중심적 베르사유(평화)체제와 한일관계라는 주제로 분류하여 검토한다.

1) 베르사유평화조약과 한국/조선:
  윌슨의 민족자결 원칙, 3·1운동, 광복운동

한국/조선은 제1차 세계대전 주요 당사자가 아니었지만, 세계사적 흐름과 무관하지 않았다. 1918년 윌슨(Woodrow Wilson, 1856-1924)의 민족자결 원칙 제창은 한국/조선인들에게 영향을 끼쳤고, 광복운동은 고양되었다. 한국/조선인들은 파리평화회의를 향해 광복을 호소했고, 그러한 활동을 활발하게 전개했다. 그러나 한국/조선은 베르사유평화조약 서명국이 아니었기 때문에 기존 연구들은 베르사유평화조약의 체결과 한국/조선이라는 관점보다 평화조약이 작성되어 있었던 시기, 즉 파리평화회의가 진행되고 있는 와중에 있었던 광복운동에 집중되었다. 특히 이 시기에 관한 기존 연구들의 주요 관심사는 3·1운동이었다.

신용하는 윌슨의 민족자결 원칙과 3·1운동이 관련되어 있었다고 인정하면서도 민족자결 원칙은 3·1운동에 결정적인 영향이나 원동력을 주지 않았다고 했다. 한국/조선은 민족자결주의의 영향보다 이미 강고한 "독립사상"을 가지고 있었다는 것이다. 그는 한국/조선의 내재적 동인(動因)에 무게를 두었고, 외재적 요인이 3·1운동의 동인이 되었다는 견해를 비판했다.[3]

파리평화회의와 한국/조선, 일본, 중국의 동향을 병렬적으로 서술한

이진일은 윌슨의 민족자결 원칙이 한국/조선에 끼친 영향에 관해서 재고할 여지가 있다고 주장했다. 그는 신용하처럼 광복운동가들이 윌슨의 민족자결 원칙을 '기회 포착론'으로 인식했다는 것을 뒷받침했다.4) 그러나 당시 광복운동가들 가운데서 윌슨의 민족자결 원칙에 기대하지 않았다는 것과 민족자결 원칙의 영향이 없었다는 것은 별도로 생각해야 한다. 윌슨의 민족자결 원칙에 전면적으로 기대하지 않았던 오세창(吳世昌, 1864-1953)조차 민족자결 원칙의 영향을 부정하지 않았기 때문이다. 물론 3·1운동은 외재적 요인이 절대적으로 영향을 준 것이 아니라 광복운동가들의 내재적 요인들도 작동한 것이다.5) '기회 포착론'의 입장 역시 윌슨의 민족자결 원칙이라는 세계적 흐름과 무관하지 않았다고 단언하지 못했다.

전상숙은 한국/조선과 윌슨 민족자결 원칙의 관련성을 거시적인 관점에서 서술했다. 제1차 세계대전 후의 국제질서의 변동과 파리평화회의에 대한 민족 지도자들, 특히 여운형, 김규식의 인식, 그리고 윤치호의 인식을 밝혔다.6)

나가타 아키후미(長田彰文)의 연구는 한미관계, 한일관계, 미일관계를

---

3) 신용하, 「3·1獨立運動의 歷史的 動因과 內因·外因論의 諸問題」, 『한국학보』 제58호 (1990), pp. 8-16.
4) 이진일, 「서구열강의 아시아 분할과 민족의 '자기결정'(self-determination) 원칙」, 『사림』 제39호 (2011), pp. 353-354.
5) 김숭배·김명섭, 「베르사유평화체제의 '보편적 표준'과 한국과 일본의 이몽(異夢): 민족자결 원칙과 국제연맹규약을 중심으로」, 『국제정치논총』 제52집 (2)호 (2012), p. 44.
6) 전상숙, 「제1차 세계대전 이후 국제질서의 재편과 민족 지도자들의 대외 인식」, 『한국정치외교사논총』 제26집 (1)호 (2004); 전상숙, 「파리강화회의와 약소민족의 독립문제」, 『한국근현대사연구』 제50집 (2009). 전상숙이 지적했듯이 윌슨 민족자결원칙과 3·1운동의 상관성에 관한 선구적이며 실증적인 연구로서는, 프랑크 볼드윈, 「윌슨, 민족자결주의, 3·1운동」, 동아일보사(편), 『3·1운동 50주년 기념논집』 (서울: 동아일보사, 1969).

실증적으로 분석했다. 20세기의 한국사에서 3·1운동은 6·25전쟁과 비견될 정도의 큰 사건이었다고 하는 그의 연구는 국제정치사적 측면에서 3·1운동을 분석했다. 특히 미국의 한국/조선에 대한 시각과 대응을 조명했다는 측면에서 큰 의미를 지닌다.[7] 나가타는 윌슨 민족자결주의만이 한국/조선의 3·1운동에 영향을 끼친 것이 아니라, 일본에 의한 "무단통치"의 실태나 다른 요인들도 고려할 필요가 있다고 했다. 윌슨 민족자결주의와 광복운동의 관계성이란 한국/조선의 입장에서 본다면 자율적, 능동적인 측면과 타율적, 수동적인 측면이 있었다고 한다. 국제사회는 일본의 한국/조선 통치를 기성사실로 받아들이고 있었던 가운데 미국에서는 한국/조선에 대한 동조론도 표출되었다. 그러나 미국은 일본과의 관계를 고려하여 크게 비판하지 않았다고 지적했다.[8]

이렇듯 기존 연구들은 한국/조선이 평화조약 서명국이 되지 못했으므로 베르사유평화조약과의 관계성에 대한 고찰은 윌슨 민족자결주의와 광복운동의 관련성에 집중되었다. 즉, 세계사적 흐름과 맥을 같이하면서 광복운동이 고양되었으나, 한편으로 광복을 포용하지 못했던 국제사회에 대한 한계를 지적하고 있다. 베르사유평화조약과 한국/조선 관련 연구는 일국사 중심적 연구에서 벗어나 미국 혹은 일본과의 관련성까지 연구범위를 확대하는 경향을 가지고 있다.

---

7) 나가타 아키후미, 박환무(옮김), 『일본의 조선통치와 국제관계: 조선독립운동과 미국 1910-1922』 (서울: 일조각, 2008), pp. 16-20.
8) 나가타 (2008), pp. 373-380.

2) 베르사유평화조약과 일본:
산둥반도 문제, 남양군도 문제, 인종 평등 조항 문제

파리평화회의에 임하는 당시 일본의 목표는 세 가지였다. 기존 연구도 이에 초점을 맞추었다. 첫째, 패전국 독일이 가지고 있었던 산둥반도(山東半島)의 이권을 일본이 계승하는 것이다. 산둥반도 문제는 제1차 세계대전의 전승국이 된 일본이 가장 우선시한 문제였다. 1915년 일본은 중국에 '21개조 요구'를 했고, 1917년에는 중국에서의 미국과 일본의 특수권익에 관한 랜싱-이시이 협정을 체결했다. 파리평화회의에서 다시 의제로 된 산둥반도 문제는 중일관계의 악화와 미일관계의 갈등을 초래했다. 중국에 호의적이었던 윌슨은 국제연맹 창설에 일본을 참여시키기 위해 결국 일본의 주장을 인정했지만, 이로 인해 중국에서는 베르사유평화조약에 대한 반대운동인 5·4운동이 일어났고, 일본에 대한 반감이 고양되었다.[9]

둘째, 캐롤라인(Caroline) 제도(諸島), 마리아나(Mariana) 군도(群島), 마셜(Marshall) 군도 등의 남양(南洋) 군도에 대한 독일의 영유권 계승이다. 일본의 남양 군도에 관한 본격적인 연구에는 피아티(Mark R. Peattie)의 연구가 있다. 보다 국제정치적 관점에서 1914년부터 1947년까지 일본과 남양 군도의 관계를 체계적으로 고찰한 연구도 있다.[10]

---

9) 산둥반도 문제에 관한 연구들은 다음과 같다. R. H. Fifield, *Woodrow Wilson and the Far East: The Diplomacy of the Shantung Question* (Hamden, CT: Archon Books, 1965); 住友豊,「パリ講和会議と日米関係: 山東問題を中心に」,『同志社アメリカ研究』36 (2000); 申春野,「パリ講和会議と日米中関係」,『国際公共政策研究』第9卷 2号 (2005); 山腰敏寛,「原敬の山東半島還付構想: パリにおけるウィルソンの誤解」,『立命館経済学』第57卷 4号 (2009).

셋째, 일본이 국제연맹규약에 삽입하려고 노력했던 인종 평등 원칙 문제다. 독일 권익 계승 문제였던 산둥반도와 남양 군도 문제가 일본의 참전 동기와 영토 확장에 관련이 있었다면, 인종 평등 문제는 국제연맹 창립과 관계된 것이었다. 전쟁 후 일본은 5대 강대국이 되었다. 그러나 일본은 아시아에서 확실한 지위를 확립했음에도 불구하고, 서양에 대해 고립감, 열등감을 가지고 있었다. 그러한 일본이 제안한 인종 평등 문제는 독특한 것이었기 때문에 가장 활발한 연구가 축적, 재생산되어 있다.[11] 처음에 윌슨은 일본의 인종 평등 조안이 자신의 민족자결 원칙과 일치하는 것으로서 이를 긍정적으로 생각했으나, 다른 서양 국가들의 반대, 미국에 유입하는 이민 문제로 인해 일본의 인종 평등 조안을 기각했다. 1919년 이후 일본은 서양 국가들과 행보를 맞춘 협조 외교를 하면서도 한편으로 미국에 대한 불만, 국제사회에 대한 불안감을 가지고 있었다는 것이다.

이러한 논의들을 포괄적으로 검토한 것이 다카하라 슈스케(高原秀介)의 연구와 버크먼(Thomas W. Burkman)의 연구다. 전자의 연구는 앞서 보았던 의제들을 미국의 관점, 특히 윌슨 정권의 대일정책을 실증적으로 해명한 것이다. 파리평화회의 내내 중국의 비호자라는 사명감을 가지고 있던 윌슨의 대일정책에는 당초 보편주의·이상주의적 특징이 있었고, 일본이

---

10) Mark R. Peattie, *Nan'yō: The Rise and Fall of the Japanese in Micronesia, 1885-1945* (Honolulu: Center for Pacific Islands Studies, School of Hawiian, Asian, and Pacific Studies, University of Hawaii; Honolulu: University of Hawaii Press, 1988). 等松春夫, 『日本帝国と委任統治: 南洋群島をめぐる国際政治, 1914-1947』(名古屋: 名古屋大学出版会, 2011).
11) 대표적인 연구로서, Naoko Shimazu, *Japan, Race and Equality: The Racial Equality Proposal of 1919* (London: Routledge, 2009). 많은 1차 자료를 활용하여, 영문으로 작성된 시마즈의 연구는 인종 평등 문제에 관한 기존 연구들을 더욱 심화시켰다.

국제연맹을 중심으로 한 보편적인 가치나 제도의 수용을 원했다. 그러나 일본의 세력 확대 지향에 경계심을 가지게 된 윌슨은 일본에 대해 미국의 동아시아 정책을 방해하는 "프로이센 형(型) 후진제국주의국가"라는 대일 인식을 가지게 되었다.12) 후자의 연구는 신체제에 대한 일본의 국제질서관, 일본과 국제연맹의 관계를 분석했다. 1914년부터 1938년까지를 고찰한 버크먼에 의하면, 일본은 국제연맹과의 관계를 통해 국제주의적 정신을 기르는 토양을 형성하였으나, 1931년 만주사변을 계기로 1933년에 국제연맹을 탈퇴한 일본은 중국과의 전쟁을 통해 일본 중심의 아시아주의로 경도하게 되었다고 한다.13) 버크먼은 1938년까지를 연구 범위로 삼았지만, 제2차 세계대전 이후의 일본의 위상을 지적했다. 그는 제1차 세계대전 이후 국제연맹에 따른 일본의 국제주의적 정신이 제2차 세계대전 이후 일본의 국제협조주의(international accommodationism)를 배양시켰다고 했다. 일본은 국제사회에서의 이탈, 외교적 고립이 초래하는 결말을 역사적 교훈으로 삼았다는 것이다.14)

3) 베르사유(평화)체제와 일본, 그리고 한국/조선

1)과 2)의 연구들은 베르사유평화조약을 중심으로 다양한 의제들을

---
12) 高原秀介, 『ウィルソン外交と日本: 理想と現実の間 1913-1921』(東京: 創文社, 2006), pp. 300-306.
13) Thomas W. Burkman, *Japan and the League of Nations: Empire and World Order, 1914-1938* (Honolulu: University of Hawai'i Press, 2008), pp. 211-218.
14) Burkman (2008), pp. 220-221.

고찰한 것이었다. 이에 대해 다음과 같은 연구들은 베르사유(평화)체제라는 하나의 국제체제를 거시적 관점에서 고찰했다. 마넬라(Erez Manela)의 연구는 윌슨의 민족자결주의의 확산이 1919년 이집트, 인도, 중국 그리고 한국/조선의 민족주의를 고양시켰다고 했다. 1919년은 마넬라의 표현에 따르면 "윌슨주의적 순간(Wilsonian Moment)"에 희망을 얻고 이에 공명한 한국/조선, 중국, 이집트, 인도의 양상을 밝혔다.15) 영미권에서 출판된 연구들은 주로 서구 국가들 혹은 미국과 일본, 미국과 중국 간 관계의 역사에 초점을 맞추어 왔지만, 마넬라의 연구는 수평적 비교의 관점을 통해 비서구 지역들의 역사를 고찰했다.

국제법학자인 이리에 게이시로(入江敬四郞)는 베르사유체제란 제1차 세계대전 후의 평화 처리 전반을 가리키는 것으로 여러 평화조약들로 구성되었지만, 특히 연합국은 독일에 대한 베르사유평화조약에 주력했기 때문에 이로 인해 체제의 기초가 형성되었다고 했다.16) 그에 의하면 베르사유체제의 붕괴는 일본의 국제연맹 이탈로부터 시작되었고, 베르사유체제에 대한 독일의 도전, 이탈리아의 무력 행동 등도 붕괴 원인이 되었다고 한다.17) 그러나 국제연맹의 정신은 국제연합으로 갱생되었다는 것이 그의 주장이다. 주목해야 할 점은 이리에 게이시로가 제2차 세계대전 종료에

---

15) Erez Manela, *The Wilsonian Moment: Self-Determination and the International Origins of Anticolonial Nationalism* (Oxford; New York: Oxford University Press, 2007).
16) 入江敬四郞,「ヴェルサイユ體制とその崩壞」, 創文社編集部,『廿世紀の展望』(東京: 創文社, 1953), pp. 2-3. 이리에 게이시로의 다른 연구서는 '베르사유체제의 붕괴'라는 이름으로 제1차 세계대전 이후부터 제2차 세계대전 종전까지를 다루고 있다. 入江敬四郞,『ヴェルサイユ體制の崩壞』上, 中, 下卷 (東京: 成文堂, 1974).
17) 물론 이러한 견해는 이리에 게이시로뿐만 아니라 많은 연구자들이 공유하고 있다.

따른 베르사유체제의 붕괴와 일본의 관계성에서 "조선"에 대한 언급을 한 부분에 있다.

> 일본은 이제 베르사유체제로 얻은 지위를 전혀 보유하지 않는다. 만주국을 상실한 것은 베르사유체제를 깨고 구축한 것이 다시 원상으로 회복했기 때문에 문제없지만, 베르사유체제 하에서 얻은 남태평양 지역은 완전히 일본에서 분리되었다. 국제연맹 시대의 위임통치제도는 일부 예외를 제외하고, 국제연합 하에 신탁통치제도로 전환되었지만, 결국 일본은 그러한 제도 밖으로 떠났다. 조선이 독립했다는 것도 베르사유체제와 관계없는 것이다.18)

즉, 이리에 게이시로의 인식에 따르면 베르사유평화체제 탄생기에 "조선"은 이미 일본의 통치를 받고 있었기 때문에 평화체제와 연동되지 않았고, "조선"의 광복 역시 베르사유체제 붕괴와 전혀 무관했다는 것이다.

김용구는 이리에 게이시로와 달리 "한국"과 베르사유체제의 관련성을 적극적으로 지적했다. 그는 민족자결 원칙이라는 개념은 '장소(topos)'와 '시간(tempo)'에 따라 상이한 성격을 지니게 된다는 맥락에서 3·1운동 역시 민족자결 원칙의 세계적 확산과 밀접히 관련되어 있다고 주장했다.19) 그는 베르사유체제를 다음과 같이 총괄했다.

---

18) 入江啓四郎 (1974), pp. 25-26.
19) 김용구, 「베르사유체제의 역사적 의의와 한반도」, 동북아역사재단(편), 『3·1운동과 1919년의 세계사적 의미』 (서울: 동북아역사재단, 2010), pp. 207-208.

베르사유체제의 역사적 의의는 세계 '주변'의 입장에서 조망한다면 그것은 하나의 비극이었다. '주변'의 희생 위에서 이룩한 '중심'의 평화였기 때문이다. 한국을 비롯해 세계의 주변 지역에서, 세계의 '장소(topos)'에서, 같은 시대의 '시간(tempo)'에서, 세계 역사상 처음으로 폭발한 민족자결운동은 1919년 역사적 시점에서는 처음부터 성공할 수는 없었다.[20]

베르사유체제를 중심 국가들(서구 열강들이나 일본)과 주변("한국")과의 관계로 파악한 그는 중심이 주변을 지배한다는 정신 구조에 주목했다.[21] 김용구의 연구에서 또 지적할 만한 부분은 다음과 같다.

베르사유평화체제는 볼셰비키 정권의 실체를 사상(捨象)한 반공체제였다. 베르사유회의에서 유럽 열강은 볼셰비키 세력에 대해서는 냉소적이고 접근을 회피하는 태도를 견지했다.[22]

베르사유평화체제 관련 기존 연구들에는 다음과 같은 경향이 있다. 첫째, 일본 학자들의 연구는 일본의 외교정책이나 미일관계를 중심으로 연구해 왔기 때문에 한국/조선에 관한 서술이 부족한 상태이다. 한편, 한국 학자들의 연구에서는 '한국/조선의 대일인식'이나 광복운동의 역사성에 집중하고 있기 때문에 베르사유평화체제에 대한 '일본의 시각'을 고찰하

---

20) 김용구 (2010), p. 219.
21) 김용구 (2010), p. 211.
22) 김용구 (2010), p. 215.

는 데 있어 일본 측의 자료를 활용한 흔적이 희박했다. 동시대(同時代)에 있었던 한국/조선과 일본이 평화체제를 통해 연계된 상황을 세밀하게 분석하지 못했다.

둘째, 베르사유평화체제의 이념에 대한 규정과 객체인 한국/조선과 일본의 수용·변용이다. 베르사유평화조약은 한국/조선과 일본에 영향을 끼쳤음에도 불구하고, 비교적 한국/조선과 일본을 포함한 연구는 앞서 보았듯이 많지 않은 편이다. 베르사유평화조약으로 일본은 동아시아에서 지위를 공고화시킴으로써 한국/조선의 광복이 무산되었다고 해도, 실제로 베르사유평화체제가 한국/조선과 일본에 어떠한 정치적 함의를 가지고 있었는지를 밝힐 필요가 있다.

2. 샌프란시스코체제와 한일관계

1945년에 종전한 아시아-태평양전쟁 역시 인류역사상 거대한 전쟁이었다. 그러나 아시아-태평양전쟁의 원인, 과정, 종전에 비해, 이 전쟁을 마감한 샌프란시스코평화조약 혹은 평화체제에 관한 선행 연구들은 세계적 규모로 연구가 진행되어왔다고 하기보다는 상대적으로 특정 지역에서 한정적으로 진행되어 왔다. 샌프란시스코평화체제는 1945년 이후 동아시아의 구조를 규정했지만, 무엇보다 전후 일본의 진로를 결정한 것이었기 때문에 그만큼 일본에서의 선행 연구는 대단히 많은 편이다. 한편 한국에서 샌프란시스코평화조약 관련 연구는 1990년대 후반부터 본격적으로 시작되었다. 여기서는 샌프란시스코평화체제 및 샌프란시스코평화조약에 관한 연구들에 관하여 한국, 일본 그리고 미국에서 출판된 선행 연구들을 (1) 한국의 샌프란시스코평화조약 서명·참가 문제와 한일회담, (2) 샌프란시스코체제와 미일관계, (3) 샌프란시스코평화조약과 영토 문제 등 세 가지로 분류하여 검토한다.

1) 한국의 샌프란시스코평화조약 서명, 참가 문제와 한일회담 전사(前史)

샌프란시스코평화체제와 한국의 관련성에 관해서는 우선 한국이 샌프란시스코평화조약의 서명국이 되지 못했으므로 일본에 대한 전쟁 책임 추구와 식민지 문제 청산이 양국 협상 방식인 한일회담으로 이행되었다는 논리가 주목받았다. 한국의 샌프란시스코평화조약 서명·참가 문제에 관해서는 정성화의 연구가 선구적이다.[23] 평화조약 준비 단계에서 미국은 당초 한국이 아시아-태평양전쟁 전승국이 아니었다는 이유로 서명국 자격에는 법적 문제가 있다는 견해를 가지고 있었다.[24] 그러나 미국은 냉전으로 인해 신생 반공국가로 한국의 국제적 위상을 높이기 위해 한국에 서명국

---

23) 정성화,「샌프란시스코 平和條約과 韓國·美國·日本의 外交政策의 考察」,『인문과학연구논총』제7호 (1990); Sung Hwa Cheong, *The Politics of Anti-Japanese Sentiment in Korea: Japanese-South Korea Relations under American Occupation, 1945-1952* (New York: Greenwood Press, 1991).
24) 그러나 예를 들면 제1차 세계대전 개전 시기에 폴란드는 독립국이 아니었음에도 전쟁 후, 독립국가로서 파리평화회의에 참석했다. 이러한 제1차 세계대전 이후의 폴란드 문제에 관해서는 이승만도 숙지하고 있었기 때문에 "폴란드 임시정부가 파리 강화회의에 참석하였기 때문에, 대한민국도 일본과 평화조약을 체결할 권리를 가지고 있다"고 주장했다. 정성화 (1990), pp. 145-146.

자격을 부여하려고 했으나, 결국 영국의 반대에 따라 덜레스(John Foster Dulles, 1888-1959)와 그의 부관 앨리슨(John Moore Allison, 1905-1978)의 정치적 판단으로 무산되었다.[25]

미국의 외교정책 관점에서 한국의 평화조약 서명·참가 문제를 실증적으로 고찰한 것이 김태기의 연구다. 그는 한국이 평화조약에 서명·참가하지 못했던 이유를 미국의 외교정책과 총합적 판단의 결과였다고 했다. 아울러 한국 정부의 미숙한 외교적 대응에도 문제점이 있었다고 평가했다. 한국의 평화조약 배제는 미국이 동아시아에서의 공산세력에 대한 방어막의 중심을 한국이 아니라 일본 중심으로 선택했다는 것이다.[26] 미국의 대한(對韓)정책을 밝힌 그의 연구는 특히 주한 미국대사 무초(John J. Muccio, 1900-1989)가 한국의 평화조약 참가·서명에 노력했다는 점을 강조했다. 무초는 한국과 일본의 관계 정상화를 양국에게 위임하는 것이 아니라 국제적 평화조약으로 해결하려는 인식을 가지고 있었다.[27]

아사노 토묘미(淺野豊美)의 연구는 샌프란시스코평화조약과 한일회담의 연속성에 주목하며 샌프란시스코평화조약의 법적 틀이 한일회담에서의 청구권 문제에 어떠한 영향을 끼쳤는지를 밝혔다.[28] 한국은 샌프란시스코평화조약 참가·서명에서 배제되었기 때문에 과거사 청산을 일본과

---

25) 정성화 (1990), p. 151.
26) 김태기, 「1950년대 초 미국의 대한외교정책: 대일강화조약에서의 한국의 배제 및 제1차 한일회담에 대한 미국의 정치적 입장을 중심으로」, 『한국정치학회보』 33집 (1)호 (1999), p. 375.
27) 김태기 (1999), pp. 360-361.
28) 아사노 토요미, 「제국청산 과정으로서의 한일교섭: 샌프란시스코 강화조약의 관련성을 중심으로」, 『아세아연구』 제55권 (4)호 (2012).

의 양국 간 교섭에서 논의하게 되었다. 그의 연구는 일본과 연합국 사이에서 체결된 평화조약의 청구권 관련 조문들에 주목했고, 이로 인해 한국과 일본은 한일회담에서 역사 인식을 배경으로 한 법적 논쟁이 발생했다고 보았다. 샌프란시스코평화조약에 대한 한국과 일본의 상이한 해석, 즉 재일(在日) 한국계 재산과 재한(在韓) 일본인 사유재산 문제를 둘러싸고 양국의 역사 인식과 국민의 감정이 대립되었는데, 중재자의 역할을 했던 미국이 한일회담 기간에 경제적, 법적 주도권을 발휘하여 한일관계를 조정했다는 것이다.29) 일본제국이 해체된 후, 한국과 일본은 새로운 관계를 구축하려고 했지만, 평화조약에 대한 상이한 법적 해석이 생겼고, 이것이 한일회담에서 청구권 문제로 분출·충돌했다는 것이 그의 주장이다.30) 정성화, 김태기, 아사노의 연구는 샌프란시스코평화조약과 한국의 관련성에 주목하고, 샌프란시스코평화조약에서 배제된 한국이 일본과 양국 간 교섭을 했다는 점을 강조함으로써 샌프란시스코평화조약이 한일회담의 전사(前史)적 성격이 있음을 강조한 것이다.31)

이러한 연구들에 비해, 김민수(金民樹)의 연구는 한국의 샌프란시스코평화조약 참가·서명 문제를 영국과 미국의 동아시아 정책과 비교, 식민지를

---

29) 아사노 (2012), pp. 110-113. 14년에 걸친 한일교섭에서 미국의 중재 또는 개입에 관해서는 다음과 같은 연구들도 있다. 김광옥,「한일회담 청구권의 성립과정과 전개에 대한 이해」,『동아시아역사연구』제1집 (1996); 박태균,「한일회담 시기 청구권 문제의 기원과 미국의 역할」,『한국사연구』131집 (2005).
30) 아사노의 논문은 제목에서 제국(帝國)이라는 용어를 사용했다. 이는 일제강점기에서의 일본의 제국법제(帝國法制)이나 제국, 제국주의였던 일본에 대한 한국의 인식, 역사관을 약간 설명할 뿐이고, 제국의 개념이나 일본의 제국적 인식의 지속성에 대한 언급은 없다.
31) 샌프란시스코평화조약과 초기 한일회담의 연속성에 관해서는 다음과 같은 연구들도 있다. 이종원,「한일회담의 국제정치적 배경」, 민족문제연구소(편),『한일협정을 다시 본다: 30주년을 맞이하여』(서울: 아세아문화사, 1995); 이원덕 (1996).

경험한 다른 국가들의 참가 · 서명 문제의 차원에서 고찰했다. 원래 한국이 배제된 이유는 일본과 교전국이 아니었다는 것이 하나였으나, 이것은 평화조약 참가 · 서명의 기준 때문이 아니라, 강대국의 정치적 이해관계로 좌우된 것이었다고 김민수는 지적했다. 즉 일본에 공식적으로 선전포고한 사실이 확인되지 않았거나 불명확한 국가들이 있어도 평화조약에 참가 · 서명할 수 있었다는 것이다.32) 한국의 참가 · 서명 문제에 관해서 김민수는 주로 두 가지를 주장했다. 하나는 미국은 일본의 식민지지배 책임을 논의하지 않으려고 의도하고 있었다는 것이고, 또 다른 하나는 영국의 강력한 반대로 인한 미국의 정책 전환이라는 것이다. 영국은 한국의 참가 · 서명 문제를 중화민국(타이완)과 중화인민공화국(중국)의 중국 대표권 문제와 연관시켜 고려하고 있었다. 샌프란시스코평화조약에 타이완과 중국을 참가 · 서명시키지 않으려고 결정한 영국과 미국은 두 개의 중국을 자극하지 않으려고 한국의 참가와 서명을 배제했다는 것이다.

그리고 일본의 한반도 지배를 평가하고 있었던 영국은 서구의 구(舊)식민지가 연합국의 자격 획득을 인정하는 것, 즉 전승국의 구식민지와 패전국(일본)의 구식민지를 구별하고 있었다. 미국은 당초부터 평화조약에 대한 한국의 법적 참가 · 서명 자격이 없다는 인식을 가지고 있었지만, 참가 · 서명 자체에 긍정적이었다. 그러나 미국은 영국의 법적 논리를 수용했다.33)

---

32) 金民樹, 「対日講和と韓国参加問題」, 『国際政治』 第131号 「『民主化』以後のラテンアメリカ政治」 (2002), pp. 134-137.
33) 金民樹 (2002), pp. 142-143.

한국의 대일인식, 샌프란시스코평화조약에 대한 인식을 밝힌 것으로 박진희의 연구가 있다.[34] FRUS를 인용함으로써 미국에 의한 샌프란시스코평화조약 작성, 영국의 관여 등에 관해 실증적으로 분석한 연구는 많이 축적되었다.[35] 박진희의 연구는 기존 연구들을 더 심화시킨 것인데, 대한민국 정부 수립 직후부터 한국의 일본에 대한 인식, 샌프란시스코평화조약 체결에 따라 부상된 한국의 참가와 서명 문제에 대한 미국, 영국, 일본의 입장을 세밀하게 서술했고, 결국 한국이 평화조약에 참가·서명하지 못했던 이유를 "냉전의 여파"로 결론지었다.[36] 기존 연구들을 관통하는 것은 역시 '냉전'이다. 냉전질서에서 탄생된 샌프란시스코평화조약은 일본에 관대한 평화조약으로 귀결되었다는 것이다.

샌프란시스코평화조약과 한일관계를 다른 관점에서 고찰한 것은 남기정의 연구다. 그의 연구는 샌프란시스코평화조약의 특징이었던 '관대한 평화'와 냉전의 상관성에 주목했다. 그는 냉전과 관대한 평화조약 사이에

---

34) 한국 학계에서 박진희의 연구는 1948년 이후 이승만 정권 하에서의 한일관계를 다룬 중요한 결과물이다. 미국과 일본의 자료를 활용했고, 한국 외교정책을 풍부한 자료를 통해 밝힌 체계적인 연구라고 할 수 있다. 박진희,『한일회담: 제1공화국의 對일정책과 한일회담 전개과정』(서울: 선인, 2008).
35) FRUS는 1991년 FRUS법(FRUS Statute, PL 102-138)을 법적 근거로 하여, 미국 외교정책의 결정, 활동을 "완전하고 정확하고 신뢰성 있는" 기록으로서 편찬되어 있다. 이상민,「미국의 외교문서집 발간 사례: Foreign Relations of the United States (FRUS) 시리즈」, 2012년 외교문서 공개와 외교사 연구 발표문 (2012), p. 89. FRUS는 체계적으로 정리된 정선된 공간자료지만, 미국의 안보 문제에 부정적 영향을 끼칠 가능성이 있는 부분에 관해서는 공개하지 않는다는 점도 유의해야 한다. 이완범,「한국형 외교문서집 발간의 필요성 및 의의: 기록보전 전통의 단절을 잇고 한국 외교사 연구의 활성화를 위해」, 2012년 외교문서 공개와 외교사 연구 발표문 (2012), p. 45.
36) 박진희,「戰後 韓日관계와 샌프란시스코 平和條約」,『한국사연구』131호 (2005). 박진희,「한국의 대일강화회담 참가와 대일평화조약 서명 자격 논쟁」, 이창훈·이원덕·한국정치외교사학회·사단법인 아셈연구원(편),『한국 근·현대 정치와 일본Ⅱ: 해방 후』(서울: 선인, 2010), pp. 152-154.

직접적인 인과관계가 있다고 보는 것은 문제를 단순화하려는 구도라고 했다.[37] 기존 연구들이 주로 미국 외교문서에 입각한 것과 달리 그의 연구는 일본 측의 자료를 활용하여 평화조약에 대한 한국과 일본의 준비과정을 대조적으로 서술했는데, 평화조약 작성 과정에서 한국의 의향이 기각되었다는 것에 반해, 일본의 의향은 대부분 반영되었다는 것이다. 무엇보다 중요한 점으로서 남기정은 "냉전의 전개를 일본 측 의도 전략으로 활용하려는 것은 확인되지 않는"다고 했다.[38] 일본의 샌프란시스코평화조약에 대한 전략은 단순히 냉전의 영향을 받은 것이 아니라 오히려 자국의 전후 경제적 자립을 위한 관대한 배상 원칙을 필요로 했다는 것이다. 이 연구가 제공하는 중요한 시사점은 결과적으로 냉전이라는 국제적 상황이 일본에 유리하게 되었지만, 당사자였던 일본은 냉전에 편승한 전략보다 경제적 부흥과 이에 관련된 배상 문제를 우선시했다는 것이다.

2) 샌프란시스코(평화)체제와 미일 관계

다우어(John W. Dower)의 연구는 요시다 시게루(吉田茂, 1878-1967)의 인물사(人物史)적 성격을 가지고 있지만, 요시다가 샌프란시스코평화조약에 크게 관여한 인물이기 때문에 샌프란시스코평화체제에 관한 언급도 하고 있다. "샌프란시스코체제(San Francisco System)"라는 용어[39]를 사용한 그는

---

37) 남기정, 「샌프란시스코 평화조약과 한일관계: '관대한 평화'와 냉전의 상관성」, 『동북아역사논총』 22호 (2008), p. 39.
38) 남기정 (2008), p. 54.
39) John W. Dower, *Empire and Aftermath: Yoshida Shigeru and the Japanese Experience*,

이 평화체제와 일본의 관계성에 관해서 주로 아시아의 공장 및 기지로서의 일본, 일본 국내에 있는 미군 기지에 대한 무기한 존속, 일본의 재군비, 일본의 경제적 시장이 중국에서 동남아시아에의 방향 전환 등을 포괄적으로 제시했다.[40] 다우어는 샌프란시스코평화조약 체결 직후에 프레시디오 국립공원(Presidio National Park) 내에 있는 클럽하우스에서 체결된 미일안전보장조약(Security Treaty Between the United States and Japan; 日本国とアメリカ合衆国との間の安全保障条約)이 샌프란시스코체제를 지탱했다고 강조했다.

샌프란시스코평화체제로 인한 일본의 경제적 부상의 배경에는 후원자였던 미국의 영향력이 컸다.[41] 캘더(Kent E. Calder)는 샌프란시스코평화조약과 미일관계, 특히 안보와 경제적 관계에 관한 연구를 했고, '샌프란시스코체제'에 대한 개념적 탐구와 정의를 시도했다. 그에 의하면 샌프란시스코평화체제는 일본에게 미국 시장에 대한 접근을 허용함으로써 일본의 경제부흥을 촉진시키는 것이었다. 물론 이 체제에 내재된 미국과 일본의 권력관계는 비대칭적이었으나, 동시에 태평양을 연결시키는 안보 협력이 긴밀해지면서 중국을 고립시키는 데에 일본도 협력했다.[42]

1878-1954 (Cambridge, Mass: Council on East Asian Studies, Harvard University: distributed by Harvard University Press, 1979), p. 371.
40) 경제학자 시바가키 가즈오(柴垣和夫)의 연구는 샌프란시스코평화조약을 출발점으로 삼아 1960년대 일본의 고도경제성장기까지를 체계적으로 서술한 것이다. 柴垣和夫, 『昭和の歴史〈9〉講和から高度成長へ』(東京: 小学館, 1989).
41) 샌프란시스코평화조약과 더불어 1953년 일본과 미국이 체결한 미일통상항해조약도 일본의 경제부흥을 촉진시켰다. William S. Borden, *The Pacific Alliance: United States Foreign Economic Policy and Japanese Trade Recovery, 1947-1955* (Madison, Wis.: University of Wisconsin Press, 1984), pp. 143-165.
42) Kent E. Calder, "Securing Security Through Prosperity: The San Francisco Peace Treaty in Comparative Perspective," *The Pacific Review* vol. 17 no. 1 (March 2004), pp. 152-153.

미국 연구자들과 마찬가지로 이가라시 다케시(五十嵐武士)도 평화조약과 안보조약을 하나로 묶어서 미일교섭을 거시적 관점에서 고찰했다. 이가라시의 연구에는 특히 두 가지 중요한 점이 있다. 하나는 1947년 냉전에 따른 미국의 일본에 대한 전략 전환을 케넌(George F. Kennan, 1904-2005)을 통해 증명했다는 점이다. 케넌은 미국의 동아시아에 대한 영향력에 한계가 있을 거라 생각하고, 미국의 이익을 위해서는 일본의 안정화를 중요시했기 때문에 봉쇄 전략에 대일점령 정책을 포함시켰다. 이로 인해 미국과 일본은 안보뿐만 아니라 경제, 문화 분야에서도 긴밀하고 복합적인 관계를 가지게 되었다는 점이 그의 연구에서 드러났다.[43]

또 하나는 일본 국내정치에 대한 고찰이다. 평화조약 체결에 즈음하여 일본 국내에서는 자유진영과 강화하자는 보수세력의 단독강화론과 공산진영도 같이 강화하는 혁신세력의 전면강화론(全面講和論)이 일본 여론을 이분했다. 이가라시에 따르면 일본 국내의 평화조약에 대한 이와 같은 두 개의 지향점 사이에는 대립만 존재하는 것이 아니라, 단독강화는 현실적인 국제정세에 적응하는 외교정책이고 전면강화는 평화국가라는 일본의 국가적 존립의 이념을 가지고 있었기 때문에 두 지향성에는 상호보완적인 측면이 있었다고 주장했다.[44]

---

43) 五十嵐武士,『戰後日米關係の形成: 講和·安保と冷戰後の視点に立って』(東京: 講談社, 1995), pp. 51-52, 85.
44) 五十嵐武士 (1995), p. 132, pp. 227-228.

3) 샌프란시스코평화조약과 영토 문제

동북아에 현존하고 있는 영토 문제는 샌프란시스코평화조약과 관련되어 있다. 전전(戰前)에 제국일본이 보유하고 있었던 영토 혹은 일본의 패전으로 분리된 영토에 관한 규정이 있기 때문이다. 한국과 관련하여, 샌프란시스코평화조약 제2조에 독도의 명칭이 명기되지 않았기 때문에 국제법적으로 한일간에 논쟁을 일으키고 있다. 이와 관련해서, 샌프란시스코평화조약 작성 과정에서 독도가 어떻게 처리되었는지에 집중한 것이 이석우의 연구다.45) 그는 독도 관련 초안들의 변화과정을 정밀하게 추적했다. 당초 독도는 평화조약에 명기되어 있었으나, 일본 정치고문 시볼드(William Joseph Sebald, 1901-1980)가 독도를 한국에서 일본으로 영유권 변경을 호소함으로써 1949년 12월 8일자 초안부터는 한국의 영토로 표시되지 않게 되었다.46) 시간의 경과에 따라 평화조약 작성 당사자였던 미국은 독도를 일본에 존속시킨다는 인식을 가지게 되었다는 것이다.

하라 기미에(原貴美惠)의 연구는 샌프란시스코평화체제의 관점에서 아시아·태평양 지역에 존재하는 영토 문제를 고찰했다.47) 그에 의하면 샌프

---

45) 이석우, 「1951년 샌프란시스코 평화조약에서 독도의 영토 처리 과정에 관한 연구」, 『동북아역사논총』 7호 (2005). 관련된 연구로서, 이석우, 「獨島 紛爭과 샌프란시스코 평화조약의 해석에 관한 소고」, 『서울국제법연구』 9권 (1)호, (2002); 이석우, 「샌프란시스코 平和條約에서의 쿠릴, 센카쿠섬의 地位와 獨島 紛爭과의 相關關係에 對한 소고」, 『서울국제법연구』 9권 (2)호 (2002); 이석우, 『동아시아의 영토분쟁과 국제법』 제3장 (서울: 집문당, 2007).
46) 이석우 (2005), pp. 114-115. 이석우는 시볼드의 제안이 어떠한 영향을 주었는지에 분명하지 않는 부분이 있다고 하지만, 시볼드의 제안 이후의 변경 결과를 강조했다.
47) 原貴美惠, 『サンフランシスコ平和条約の盲点: アジア太平洋地域の冷戦と「戦後未解決の諸問題」』 (東京: 溪水社, 2005); Kimie Hara, *Cold War Frontiers in the Asia-Pacific: Divided Territories in the San Francisco System* (London; New York: Routledge, 2007).

란시스코평화조약은 아시아-태평양 지역(한반도와 독도, 타이완 문제, 북방영토 문제, 미크로네시아, 남극, 스프래틀리 군도 및 파라셀 제도 문제)에 전후 국제질서를 결정지었던 다국간 합의 조약이었고, 그의 연구에서 이것으로 형성된 "샌프란시스코체제"가 현재까지 그러한 지역에 어떻게 관련되어 왔는지를 밝혔다.[48] 1951년에 체결된 샌프란시스코평화조약은 일본이 포기한 영토의 범위에 관해 명확한 정의를 내리지 않았기 때문에 장래 쟁점이 될 문제점을 내재했다. 평화조약 일본어 조약문에서 "Korea"는 "조선(朝鮮)"으로 표시되었는데, 그는 한국과 평화조약의 관련성으로 "조선(Korea)의 위치"와 "다케시마(Takeshima)의 문제"를 검토했다. '조선'이란 대한민국을 시사하는 것이었는데, 하라에 의하면 전후 미국은 한국의 위치에 특별한 전략이 없었고, 부차적인 것으로 보았다고 했다.[49]

하라는 이석우와 마찬가지로 시볼드의 제안이 독도에 영향을 주었고, 평화조약 작성에 관여한 덜레스도 시볼드의 제안을 수용했다고 했다.[50] 아울러 냉전의 심화로 미국은 공산주의 세력이 한반도를 지배할 가능성을 염두에 두고 있었기 때문에 독도를 일본에 귀속하는 것을 선호했다고 했다.[51] 평화조약에서 한국에 대한 처리안은 미국의 이해(利害)가 반영된 것이었다. 하라의 연구에서 중요한 것은 '연쇄(linkage)'라는 용어로 샌프란

---

48) Hara (2007), p. vi.
49) Hara (2007), pp. 48-49. 미국은 6·25전쟁 발발로 한국을 상실할 가능성도 염두에 두고 있었다.
50) 하라는 덜레스가 고의로 한국과 일본 사이에 영토적 분쟁이 일어날 원인 가능성을 남겼다고 지적했다. 공산화될 우려가 있었던 한반도와 일본 사이에 잠재적, 정치적 "쐐기(wedge)"가 독도였다는 것이다. Hara (2007), pp. 45-46.
51) Hara (2007), pp. 31-33.

시스코체제를 설명했다는 점이다. 즉, 샌프란시스코평화조약에서 의제가 된 모든 영토 문제들은 개별적으로 처리된 것이 아니라 다양한 영토 문제들과 연쇄적으로 관련되어 있었다는 것이다. 예를 들면 한반도 남북분할 점령이나 미크로네시아 신탁통치 처리 등은 북방 영토 문제, 즉 소련과의 교섭에서 중요한 변수가 되었다는 것, 한국이 평화회의에 참가하지 못했다는 것도 중국의 대표 문제와 연쇄되었다는 것이다.[52] 이러한 하라의 주장은 기존 연구들이 샌프란시스코평화조약으로 인해 생긴 영토 문제를 개별적으로 보았던 것과 달리 각 영토 문제들이 밀접한 관계를 유지하여 연쇄되어 있었다는 것을 주장한 것이다.

정병준의 연구는 1945년부터 1953년까지 독도 영유권을 둘러싼 한국, 미국, 일본의 삼각관계를 어떤 연구서보다도 풍부한 1차 문서나 지도를 활용하여 서술했다. 그는 6·25전쟁 발발과 이에 따른 중공군의 참전이 독도가 한국의 영토라는 평화조약 초안을 수정하게 된 결정적 계기가 되었다고 했다.[53] 그는 미국에 대한 일본의 로비도 영향력을 발휘했으나, 무엇보다 미국의 전후 질서 결정권이 작동된 결과라고 했다. 독도문제는 한국과 일본 간의 영유권 문제를 넘어 동북아에 대한 미국의 의향이 반영된 것이었고, 국제정치적 지역 문제였다는 것이다.[54] 그의 연구에서는 독도 문제를 다루기 전에 샌프란시스코평화조약의 성격을 밝혔다. 1949년 중국 대륙의 공산화, 1950년 6·25전쟁 발발이 지역 체제를 창출하는 동력이

---

52) Hara (2007), pp. 189-190.
53) 정병준,『독도 1947: 전후 독도문제와 한·미·일 관계』(파주: 돌베개, 2010), pp. 520-522.
54) 정병준 (2010), pp. 19-20, 73-75.

되었고, 독도에 영향을 끼치게 된 샌프란시스코평화조약이란 미국 주도에 의한 반공적, 반소적 성격이 있다고 했다. 그리고 아시아 국가들에 대한 일본의 전쟁 책임을 면제했다는 점을 강조했다. 이러한 샌프란시스코평화조약이 전후 동북아 지역질서의 기본원칙이 되며, 제2차 세계대전 이후 한일관계의 출발점이 되었다고 분석했다.[55]

샌프란시스코평화체제 관련 선행 연구들에는 다음과 같은 경향이 있다. 첫째, 일본 혹은 미국 측의 선행 연구들은 미일관계에 집중하고 있고, 한국 측의 연구는 영토 문제, 서명국이 되지 못했던 한국의 외교정책, 한일회담의 전사로서의 샌프란시스코평화조약을 실증적으로 분석했다. 일본에서 출간된 샌프란시스코평화조약 관련 선행 연구들은 샌프란시스코평화조약에 내재된 일본의 식민지에 대한 인식 결여를 지적했지만, 한편으로 한국의 인식 고찰에 관해서는 미흡한 상태였다.

둘째, 선행 연구들은 샌프란시스코평화조약과 베르사유평화조약을 비교하지 않았다. 샌프란시스코평화조약에 대한 분석에는 전사가 되었던 베르사유평화조약과의 비교가 필요하다. 물론 베르사유평화조약의 엄격함이 역사의 교훈으로 남아 샌프란시스코평화조약을 관대하게 했다는 선행 연구들이 존재한다.[56] 그러나 이 역사의 교훈은 잘 알려져 있음에도

---

55) 정병준 (2010), pp. 60-64. 샌프란시스코평화조약의 독도 문제로 인해 과거 일본의 침략주의는 희박하게 되었고, 이것이 일본의 역사 인식에도 영향을 끼쳤다는 주장은, 김영수, 「한일회담과 독도 영유권: 샌프란시스코 강화조약과 한일회담 '기본관계조약'을 중심으로」, 『한국정치학회보』 제42집 (2)호 (2008), p. 114.
56) James B. Crowley, "A New Deal for Japan and Asia: One Road to Peal Harbor," in James B. Crowley (ed.), *Modern East Asia: Essays in Interpretation* (New York: Harcourt, Brace & World, 1970), pp. 238-240. Dower (1979), pp. 44-48.

불구하고, 실제로 한국과 일본이 샌프란시스코평화조약 체결 당시에 얼마나 베르사유평화조약을 염두에 두어 역사적 교훈으로 삼았는지에 대한 분석은 부족하다.57) 이러한 관점은 기초적 작업으로서 베르사유평화체제와 샌프란시스코평화체제의 비교분석이 필요하다.

12세기 프랑스 학자 베르나르두스 카르노텐시스(Bernardus Carnotensis)의 '거인의 어깨에 선다(Standing on the shoulders of giants)'는 말이 있듯이, 본서는 수많은 기존의 연구들을 참고하여 성립한다. 따라서 축적된 연구들에 대한 존중과 비판을 통해, 분석 대상이 위치하는 시간과 공간을 재구축, 재고하여 진행한다. 이러한 작업은 기존 연구들을 심화시키면서도 새로운 관점을 제공할 수 있을 것이다. 어떤 연구든 다른 관점에서 본다면 한계점을 가지고 있기 마련이다. 이 책은 수많은 연구자들 스스로가 설정한 문제 제기, 연구 범위, 주장, 그리고 기존 연구들이 가지고 있는 사고대상(思考對象)의 성질·범위를 존중한다. 그러나 본서의 의도는 기존 연구들의 경향을 극복하려고 시도하는 것이다.

---

57) 과거에 일어난 정치현상을 비교하여 교훈을 도출하는 것은 의의가 있다. 교훈에 관해서 메이(Ernest R. May)는 다음과 같이 지적했다. "외교정책 결정자들은 역사에서 자신들이 믿는 것에서 영향을 받아, 현재의 문제를 처리할 때, 과거에서 유추한다. 그리고 미래를 예측할 때도 과거의 역사와 비교하고, 과거에서의 연장선에서 미래를 생각한다." Ernest R. May, *"Lessons" of the Past: The Use and Misuse of History in American Foreign Policy* (London: Oxford University Press, 1973), p. iv.

제2장 개념의 탐구와 정의

1. 평화조약의 계보와 특징

질 들뢰즈(Gilles Deleuze)와 펠릭스 가타리(Félix Guattari)는 "철학이란 개념들을 형성하고, 창안하고, 만드는 기술"이라고 하여, "개념은 철학에, 오로지 철학에만 속한다"고 했다.[58] 넓은 의미에서 보았을 때, 철학을 포함한 인문학과 밀접한 관계 하에 있는 정치학의 개념은 정치, 사회 운동을 함축하고 있는 역동적인 성격을 지니고 있으며, 분석의 전제가 된다.[59] 국제정치에서 나타난 현상들에는 역사성이 내재되어 있다. 이에 대해 개념을 창조하기보다는 역사적 현상들에 내재된 특징들을 발견, 정치학적으로 해석함으로써 현상의 전체상을 압축된 개념으로 표현하는 것은 국제정치학의 개념적 탐구 작업에서 필수적이라고 생각된다.

모든 전쟁이 평화조약으로 인해 공식적으로 종료되는 것은 아니었지만, 20세기 전반에 발발한 많은 전쟁은 평화조약의 체결을 통해 마감되었다.

---

58) 질 들뢰즈·펠릭스 가타리, 이정임·윤정임(옮김), 『철학이란 무엇인가』 (서울: 현대미학사, 1995), p. 9, 53.
59) 김용구, 「『한국개념사총서』 발간사」, 『만국공법』 (서울: 소화, 2008), p. 6.

라이트(Quincy Wright)의 전쟁에 관한 통계를 참고로 한다면, 적어도 명칭이 있는 평화조약의 존재를 확인할 수 있다. 연대기 순으로 전쟁의 횟수와 평화조약의 개수를 살펴보면, 1480-1600년 사이에 발발한 63번의 전쟁 중에는 23개의 평화조약이, 1600-1700년 사이에 발발한 77번의 전쟁 중에는 33개의 평화조약이, 1700-1800년 사이에 발발한 43번의 전쟁 중에는 24개의 평화조약이 있었고, 1800-1900년 사이에 발발한 97번의 전쟁 중에는 58개, 1900-1941년 사이에 발발한 29번의 전쟁 중에는 23개의 평화조약이 있었다.[60]

홀스티(Kalevi J. Holsti)는 평화조약의 목적이란 전쟁 원인의 해결, 장래에 당사국이 다시 무력 행위에 의존하지 않는 조건을 산출하는 것과 더불어 전쟁의 승패를 명확하게 하고, 법제화를 규정하는 것이라고 한다.[61] 전쟁이 끝난 후, 전쟁 당사자인 국가 혹은 지역적 공동체는 평화조약 또는 강화조약을 체결했다. 평화조약의 사전적 의미는 "전쟁의 종료, 평화의 회복을 선언함과 동시에 강화의 조건(영토의 할양, 배상금의 지불 등)을 규정하며 그 이행을 확보하기 위한 담보 수단을 정하는"[62] 것이다. 이러한 정의와 더불어 역사적인 주요 평화조약들을 고찰하면 다음과 같은 성격과 내용을 확인할 수 있다.

첫째, 전쟁의 종료에 따른 평화의 회복 혹은 선언이다. 평화를 위한

---

[60] Quincy Wright, *A Study of War* vol. 1 (Chicago: University of Chicago Press, 1942), pp. 642-646.
[61] K. J. Holsti, *Peace and War: Armed Conflicts and International Order, 1648-1989* (Cambridge: Cambridge University Press, 1990), pp. 21-24.
[62] 정치학대사전편찬위원회 엮음, 『(21세기) 정치학대사전 (상)』 (서울: 아카데미아리서치, 2002), p. 34.

새로운 관계 구축은 평화조약의 전문(前文)이나 제1조에서 규정되는 경우가 많다. 현재까지 전해지는 역사상 가장 오래된 최초의 평화조약은 기원전 1274년 시리아 오론테스 강(Orontes River) 부근에서 전개된 카데시 전투(Battle of Kadesh)를 마무리한 '히타이트-이집트(미르스) 평화조약(Hittite-Egyptian Peace Treaty)'이었다.[63] 제1조는 이집트와 히타이트 간의 영구적 평화를 선언했는데, 이 평화조약은 히타이트와 이집트 사이에 "평화와 우애"가 부여되는 것을 강조했다.[64] 이 평화조약은 상호불가침, 외부 세력에 대한 공동방위에 관해서도 결정을 내렸다. 인류사에서 전쟁을 종료시키는 평화조약은 고대로부터 찾아볼 수가 있다.

국제정치에서 중요한 평화조약 중, 베스트팔렌조약은 근대적 국제법 발전의 단서이며, 원조적 의미가 있을 것이다. 이 평화조약은 30년전쟁을 마무리한 뮌스터조약과 오스나브뤼크조약의 총칭이었다. 베스트팔렌조약은 "가장 신성하며, 불가분하는 삼위일체(三位一體)의 이름으로(In the name of the most holy and individual Trinity)"[65]라는 문구로 시작하여, 신의 영광 및 기독교 세계의 복리를 위한 내용들이 합의, 동의되었다고 규정하고 있다.[66] 합의된 뮌스터조약 제1조에는 기독교도의 보편적인 평화가

---

[63] 이 평화조약의 명칭은 때로는 '이집트-히타이트 평화조약'으로 표기된다. 이는 이집트가 히타이트보다 강대국이었기 때문에 그러한 표기로 사용된 경우가 있으나, 많은 연구서가 '히타이트-이집트 평화조약'으로 표기하는 이유는 이집타보다 히타이트가 평화조약 체결을 주도했기 때문이다. 김성, 「히타이트-이집트 평화조약'의 역사적 배경 연구: 히타이트 측 정황을 중심으로」, 『서양고대사연구』 제29집 (2011), p. 37.
[64] 조문 내용에 관해서는, 크리스티안 데로슈 노블쿠르, 우종길(옮김), 『태양을 삼킨 람세스』 (서울: 영림카디널, 1999), pp. 296-299.
[65] 영국과 미국의 미국독립전쟁(American War of Independence, 1775-1783)을 마무리한 1783년 파리조약(Treaty of Paris)의 전문 첫 문장은 성부(聖父), 성자(聖子) 및 성령(聖靈)의 삼위일체로 시작된다.

도래하기 위해서 '평화의 수립'이 필요하다고 규정했다. 그리고 근린관계에 있는 신성로마제국과 프랑스의 평화와 우정관계의 중요성을 선언했다. 베스트팔렌조약의 대부분은 영토의 교환, 왕조의 계승, 소유권의 변환, 배상금에 관한 내용들로 이루어졌지만, 중요한 점은 1555년 아우크스부르크 화의에서 용인한 제후에게 그 지배 지역에서 가톨릭 혹은 루터교를 선택하는 권리가 부여되었다는 것이다. 칼뱅파의 신앙이나 개인의 신앙을 인정한 것은 아니지만, 베스트팔렌조약에서는 아우크스부르크의 내용을 기독교 문명권 내에서 보편적으로 적용될 수 있도록 확대하여 규정했다.67)

종교전쟁이었던 30년전쟁을 마감한 베스트팔렌조약은 유럽의 지역질서에 새로운 원칙들을 만들었고, 다국 간에 의한 교섭을 통해 체결됨으로써 혼란스러웠던 유럽의 '17세기의 위기(the crisis of the 17th century)'를 매듭지었다. 이 평화조약은 평화를 형성하기 위해 기독교 문명권에서 기독교적 이념을 공통으로 하여 체결된 것이었다. 베스트팔렌조약은 이후의 유럽 사회나 유럽 국제법에 대한 영향, 즉 사절의 교섭을 통해 다국 간 조약이 형성되었다는 점, 조약 위반행위에 대한 개입이나 조약 보증국의 존재로 조약 체제가 유지되도록 하는 데에 기여했다.68)

둘째, 평화의 조건으로 패전국이 전승국에 지불하는 배상 문제는 평화조

---

66) 원문은 다음을 참조, http://avalon.law.yale.edu/17th_century/westphal.asp
67) 아우크스부르크 화의에서의 "한 지역의 종교는 그 지역 통치자의 종교를 따른다(Cuius regio, eius religio)"는 정신은 베스트팔렌조약을 통해 재확인, 확대, 발전된 것이다. 김명섭, 『대서양문명사: 팽창·침탈·헤게모니…』 (서울: 한길사, 2001), pp. 341-342.
68) 明石欽司, 『ウェストファリア条約: その実像と神話』 (東京: 慶應義塾大学出版会, 2009), pp. 541-542. 그렇지만 아카시는 이러한 내용에 관해서도 과대평가하는 것에 주의를 환기시키고 있다. 베스트팔렌조약으로 인해 근대적 국제관계가 확립되었다는 전통적인 견해들을 비판을 받고 있는데, 이에 관해서는 후술한다.

약에서 중요한 위치를 차지하지만, 배상이 평화의 상대적 조건이 된 것은 특히 19세기 이후다. 물론 엄격한 배상을 규정한 평화조약은 고대부터 존재했다. 기원전 264년부터 146년까지 세 번에 걸친 로마와 카르타고의 전쟁인 포에니 전쟁(Punic Wars)에서 승리한 로마는 주도권을 쥐고 평화조약을 기초(起草)했는데, 카르타고에 요구한 평화조약 내용과 배상금은 엄격했다.

카르타고에 대한 배상 요구처럼 엄격성은 없었으나, 근대 평화조약인 베스트팔렌조약에서도 신성로마제국은 스웨덴과 프랑스에 배상금을 지불한 역사적 사례가 있었다. 그러나 서구 평화조약에서 주목해야 하는 점은 '사면(amnesty)'에 관한 조문이 있었다는 점이다. 이것은 과거의 행위들을 서로 '망각(oblivion)'하고자 하는 장치로 사용되었다. 스위스는 베스트팔렌조약을 통해 법적으로 신성로마제국에서 독립했는데, 약 백 년 후에 스위스의 법학자이며 외교관이었던 바텔(Emerich de Vattel, 1714-1764)은 저명한 『국제법(Le droit des gens)』을 출간했다. 저서를 통해 주권 국가의 중요성, 불간섭 원칙을 주장했던 바텔은 평화조약으로 평화를 회복하기 위해서는 엄격한 정의의 원칙보다 양보, 타협, 상이한 주장과 주장의 정합성을 강조했다.

평화조약은 타협에 불과하다. 만일 엄격하고 엄중한 정의의 원칙으로 조약을 작성해야 하면 평화를 성취하지 못할 것이다. … 결국 우리는 평화의 회복에 관심을 기울이고, 유익한 목적을 위해 계속적으로 노력해야 한다. 우리가 유일하게 의지하는 것은 쌍방의 주장과 불만을 타협시키고,

도달할 수 있는 공정한 합의에 의하여 모든 의견 차이를 끝내는 것이다.69)

19세기부터의 평화구축, 평화조약을 분석한 토울(Philip Towle)에 의하면 서구 평화조약에는 종교적 색채가 있었는데, 패전국에 대한 징벌적 배상이나 전범(戰犯)의 처벌을 포함하지 않았고, 사면(赦免)의 성격이 있었다고 한다. 예를 들면 미국 독립전쟁에 따른 1783년 파리조약이나 1814년 프랑스제국과 제6차 대프랑스 동맹 국가들(영국, 프로이센, 러시아, 오스트리아, 스웨덴, 라인연방)이 체결한 제1차 파리조약(Treaty of Paris)은 과거를 망각하고자 하는 내용이었다는 것이다. 그러나 1814년에 체결된 제1차 파리평화조약은 무배상을 원칙으로 하고, 국경선의 재획정도 관대했지만, 나폴레옹전쟁을 마무리한 1815년 제2차 파리조약(Second Treaty of Paris)은 프랑스에 7억 프랑의 배상금을 요구했다.70) 프로이센-오스트리아 전쟁을 마감한 1866년 프라하조약(Peace of Prague), 프로이센-프랑스 전쟁을 마감한 1871년 프랑크푸르트조약(Treaty of Frankfurt)71)도 전쟁을 통해 전승국

---

69) E. de Vattel; translation by Charles G. Fenwick; with an introduction by Albert de Lapradelle, *The Law of Nations, or, The Principles of Natural Law: Applied to the Conduct and to the Affairs of Nations and of Sovereigns* v. 3, Translation of the edition of 1758 (Washington, D.C.: Carnegie Institution of Washington, 1916), p. 350. 바텔의 책은 서양의 국제법 관련 저서들 중에서 한문으로 번역된 최초의 저서이기도 했다. 영국과 아편문제로 마찰이 생겼을 때, 청의 린쩌쉬(林則徐)는 바텔의 저서에서 외국 상품 몰수에 관한 부분을 파커(P. Parker, 1804-1888)와 위안더후이(袁德輝)에게 한문으로 번역하도록 했으나, 린쩌쉬가 대신(欽差大臣)을 해임하였기 때문에 이 저서에 대한 관심은 사라졌다. 서양 국제법 이론이 중국에 본격적으로 전래된 것은 미국 선교사 마틴(W. A. Martin, 1827-1916)이 휘튼(H. Wheaton, 1785-1848)의 1836년에 출간된『국제법(Elements of International Law)』을 번역하여 1864년에 출간된『만국공법』이었다. 김용구 (2008), pp. 57-61.
70) Philip Towle, *Democracy and Peacemaking: Negotiations and Debates, 1815-1973* (London and New York: Routledge, 2000), pp. 1-6.
71) 서구 평화조약에는 군주의 이름이 평화조약 체결 당사자로 명시되었으나, 프랑크푸르트조

이 지불했던 전비(戰費)를 패전국이 배상하는 개념이 있었다.[72] 1815년은 평화조약에 응징성의 이념이 나타나기 시작했다는 시점에서 중요한 시사점을 제공해준다.[73]

그러나 빈체제는 비교적 안정적인 평화체제였다는 평가를 받고 있다.[74] 워털루 전투에서 나폴레옹의 결정적 패배를 계기로 체결된 1815년의 제2차 파리조약은 분명히 1814년 제1차 파리조약보다 엄격했지만, 프랑스에 대해 과도하게 징벌적, 복수적이지 않았다는 것이다. 키신저(Henry Kissinger)에 따르면 제2차 파리조약은 엄격했다고 해도, "프랑스를 영구적으로 불만을 가지게 될 국가로 만들 정도로 엄격하지는 않았다"는 견해를 제시했다.[75] 제2차 파리조약의 성격에도 불구하고, 프랑스에 대해 관대한 조치를 취한다는 방침은 여전히 강대국들의 합의된 공통인식이었다.[76] 중요한 것은

약은 국가명이 체결 당사자로서 최초로 명시되었다. 최진욱, 「평화조약의 역사적 변천과 사례: 한반도 평화체제에 주는 시사점」, KINU 정책연구시리즈 (2007), p. 12.
72) Heinhard Steiger, "Peace Treaties from Paris to Versailles," in Randall Lesaffer (ed.), *Peace Treaties and International Law in European History: From the Late Middle Ages to World War One* (Cambridge and New York: Cambridge University Press, 2004), pp. 84-85.
73) Towle (2000). 최진욱 (2007), pp. 12-13.
74) 빈체제가 '안정적'이었다는 주장은 특히 세력균형을 중시한 시각이다. 시한(Sheehan)은 1713년 위트레흐트조약이나 1919년 베르사유평화조약과 비교하여 빈체제가 보다 안정적이며, 위대한 성공이었다는 평가를 내렸다. Michael Sheehan, *The Balance of Power: History and Theory* (New York: Routledge, 1996), pp. 121-124.
75) 배상 이외에도 프랑스는 제1차 파리조약에서 자를루이(Saarlouis), 란다우(Landau), 사보이(Savoy)의 보유를 인정받았지만, 제2차 파리조약으로 이들 영토를 상실했고, 프랑스혁명 이전의 영토로 축소되었다. 그러나 프랑스가 상실한 영토는 경제적, 상징적 중요성을 가진 것이 아니라 전략적이었으며, 인구는 100만 명이 안 되는 지역이었다고 키신저는 지적했다. Henry Kissinger, *A World Restored* (New York: Grosset's Universal Library, 1964), p. 184. 키신저는 빈체제를 높이 평가한 인물이었는데, 그의 박사논문 주제가 빈체제에 관한 연구였다.
76) 오카 요시타케・김혜승(역), 『국제정치사』(서울: 博英社, 2002), pp. 47-48. 아편전쟁은 동아시아 근대사의 기점이었다는 평가가 있다. 권선홍, 「아편전쟁」, 문정인・김명섭(외),

평화조약에 배상이라는 상대방에 대한 제재적 조문 내용이 존재했다고 해도, 배상이 평화체제의 안정성에 대해 결정적 불안요인으로 발전되지 않았다는 것이 빈체제의 시사점이다.

한편 서구문명권에 속해 있었던 영국과 중화문명의 중심 청나라의 무력 충돌이었던 아편전쟁(First Anglo-Chinese War, 1839-1842)은 19세기 근대 동아시아의 전쟁과 평화라는 측면에서 중요한 계기가 된 전쟁이었다. 이 전쟁을 마무리하기 위해 1842년에 체결된 난징조약(南京條約; Treaty of Nanjing)은 영국과 청나라 간의 평화조약이었지만, 서구의 동아시아에 대한 불평등조약의 선구적 역할을 했다는 측면에서 큰 의미가 있었다. 이 평화조약은 불평등조약이었음에도 불구하고, 제1조에는 영국 및 아일랜드 여왕과 중국 황제 간의 관계를 평화와 우호의 관계로 규정했다. 난징조약은 청나라가 영국에 전비배상금과 몰수당한 아편의 보상금을 합친 2100만 불을 지불하도록 규정했다.

동아시아 지역에서 일어난 전쟁을 마감한 평화조약에서도 배상 문제는 평화의 조건으로 거론되었다. 시모노세키조약은 1895년 4월 1일 시모노세키의 춘범루(春帆樓)에서 개최된 회담의 결과로 체결되었다. 일본을 대표한 이토 히로부미(伊藤博文, 1841-1909)와 무쓰 무네미쓰(陸奧宗光, 1844-1897)는 청나라에 조선의 독립 승인을 요구했고, 랴오둥반도(遼東半島) 및 타이완의 할양, 군비 3억 냥(兩)의 배상금 지불 등 평화조약의 내용을 제시했다.

『동아시아의 전쟁과 평화』(서울: 연세대학교 출판부, 2006), p. 114. 그러나 다른 문명권 간의 첫 평화조약으로서 주목해야 하는 것은 1689년 남하하는 러시아제국과 청제국이 체결한 네르친스크조약(Treaty of Nerchinsk)이다. 국경획정, 양국의 통상, 월경자(越境者)에 대한 처리를 규정한 이 평화조약은 비교적 대등한 것이었다.

이에 대해 청나라 대표 이홍장(李鴻章, 1823-1901)은 랴오둥반도의 할양을 거부했고, 군비 3억 냥의 배상금 지불도 청나라는 승인할 수 없다고 했다.77) 결국 시모노세키조약은 배상금을 2억 냥으로 규정하는 수준에서 수정되었을 뿐, 다른 내용들은 일본의 주장이 거의 반영된 형태로 4월 17일에 체결되었다.78) 전쟁 비용이 증가함에 따라 배상금의 금액도 배상금도 막대해졌다.79) 1870년부터 1914년 사이에 거액의 배상금을 얻은 나라는 일본밖에 없었다.80)

러일전쟁 전승국이었던 일본의 러시아에 대한 배상금 요구 계획은 처음부터 상정되어 있었는데, 이러한 일본의 인식은 시모노세키조약과 마찬가지였다. 그러나 러시아 측 대표 비테(Sergei Witte, 1849-1915)는 러시아의 패전을 인정하지 않았고, 러일 간 교섭의 중개자였던 미국 대통령 시어도어 루스벨트(Theodore Roosevelt, 1858-1919)도 일본의 러시아에 대한 배상 요구를 부정적으로 생각했다. 루스벨트는 러시아보다 일본에 친화적이었음에도 불구하고 "러시아는 배상을 절대 하지 않을 것이고, 문명 세계의 감정도 배상을 거부하고 있는 러시아에 공감한다"고 일본에 조언했다.81)

---

77) 田保橋潔, 『日淸戰役外交史の硏究』(東京: 東洋文庫, 1965).
78) 배상금 수정에 관해서는 청나라 외교 고문이었던 존 W. 포스터(John Watson Foster, 1836-1917)의 영향이 컸다. 그는 멕시코, 러시아, 스페인 대사를 역임했고, 짧은 시간이었지만 벤저민 해리슨(Benjamin Harrison, 1833-1901) 정권의 국무장관(1892.6-1893.2)이었다.
79) 당시 청나라 정부의 연 국가 수입은 8천만 냥이었다. 따라서 청나라가 지불한 2억 냥이란 아편전쟁을 마감한 1842년 난징조약에서 청나라가 영국에 지불한 배상금의 몇 십 배였다. 또는 제2차 아편전쟁을 마감한 1858년 텐진조약(天津條約)의 배상금과 1860년 베이징조약(北京條約)에서 청나라가 영국과 프랑스에 지불한 총 배상금의 15배였다. 이 배상금액은 일본의 연 국가수입의 4배였다. 戴逸·楊東梁·華立(共著), 岩田誠一·高美蘭(共訳), 『日清戰爭と東アジアの政治』(大阪: 大阪經濟法科大学出版部, 2003), p. 200.
80) 이리에 아키라, 이종국·조인구(역), 『20세기의 전쟁과 평화』(서울: 을유문화사, 1999), p. 28.

러시아는 배상금을 지불해야 할 필요성을 인식하지 못했고, 영토를 침략당하거나 수도를 점령당했을 때만 배상이 발생한다고 생각했다. 러시아는 자신의 영토가 아닌 전쟁터에서 수세적이었지만, 완전히 패전했다고 생각하지 않았기 때문에 배상 지불을 거부했다.[82]

결국 러시아에 대한 일본의 배상 요구는 성사되지 않았다. 다만, 당초부터 일본은 포츠머스조약으로 일본이 대한제국을 "자유처분"할 수 있도록 대한제국 관련 문제를 "절대적 필요조건"으로서 우선시했고, 러시아가 일본의 "군비를 배상"하는 것은 "비교적 필요조건"으로서 각의(閣議)에서 결정한 바 있다. 이는 우선적이었던 대한제국 문제에 비해 배상 문제는 "절대적 필요한 조건이 아니지만, 사정이 허용된다면 이를 관철하도록 노력한다"는 것이었다.[83] 일본은 배상보다 대한제국의 영토에 대한 권리 획득을 중요시했다.

셋째, 평화조약에는 영토의 할양뿐만 아니라, 영토의 변경, 재획정, 그리고 주권 문제에 관한 조문들이 규정되었다. 전쟁은 복합적인 원인으로 일어나지만, 영토에 대한 침략, 확장은 전쟁 발발의 우선적 원인 사항이기도 했다. 따라서 일반적으로 평화조약에도 영토 관련 조항들이 규정되는 경우가 많았다. 고대 히타이트-이집트 평화조약에서는 시리아에서의 국경선이 확정되었고, 근대 베스트팔렌조약도 영토적 경계선을 확립하여 영토

---

81) Roosevelt to Kaneko, August 22, 1905, in Roosevelt, *Letters of Theodore Roosevelt*, vol.4, 1308. Fredrik Stanton, *Great Negotiations: Agreements that Changed the Modern World* (Yardley, Penn.: Westholme, 2010), pp. 84-85에서 재인용.
82) Stanton (2010), p. 82.
83) 「日露講和談判全權委員=對スル訓令案」, 外務省(編), 『日本外交文書 第37・38卷別冊「日露戰爭Ⅴ」』(東京: 日本国際連合協会, 1960), pp. 106-107.

에 대한 존중과 불가침이라는 원칙을 표방했다. 1648년부터 1945년까지 일어난 전쟁 중에서 80%가 전후처리로서 영토 변경이 시행되었다.[84]

또한 평화조약은 영토 문제뿐만 아니라 주권 문제에도 연루된다. 평화조약은 전쟁 당사자들 간의 평화를 선언함으로써 평화적 관계 구축에 공헌하지만, 전쟁 당사자들의 영토와 상관없는 다른 지역 혹은 국가의 평화까지 언급한다. 청일전쟁(1894-1895)을 마무리한 시모노세키조약 및 러일전쟁(1904-1905)을 마무리한 포츠머스조약(Treaty of Portsmouth)은 전쟁 당사자들의 영토와 상관없는 조선과 대한제국의 평화에 영향을 끼친 사례라 할 수 있다. 시모노세키조약 전문에는 일본 천황과 청나라 황제가 두 나라와 그 신민(臣民)에게 "평화의 행복"을 회복하는 것을 선언했으나, 제1조에 규정된 것은 조선의 자주독립(自主獨立)이었다.[85]

포츠머스조약 전문에서도 일본 천황과 러시아 황제가 평화를 희구한 결과 체결되었다고 했으나, 제2조에서 러시아는 일본이 대한제국에 대한 정치적, 군사적, 경제적 이익을 보유하는 것을 인정한다는 취지가 규정되었다.[86] 두 전쟁은 일본이 조선과 대한제국에 대한 영향력을 확대시키려

---

84) K. J. Holsti, *Taming the Sovereigns: Institutional Change in International Politics* (Cambridge; New York: Cambridge University Press, 2004), p. 92.
85) 청일전쟁의 개시일은 첫 전투가 1894년 7월 25일이었기 때문에 사후인 9월 일본의 각의에서는 그 날짜를 전쟁 개시일로 했다. 그러나 7월 23일 일본군이 조선 왕궁을 점령했을 때, 일본군인 1명이 전사했던 이유로 일본 육군에서는 선전포고 상대국을 청나라뿐만 아니라 "청국 및 조선국(淸國及朝鮮國)"으로 하는 주장도 당시 있었다. 大谷正, 『日淸戰爭: 近代日本初の対外戰爭の實像』(東京: 中央公論新社, 2014), pp. 67-69.
86) 시모노세키조약에는 없었으나, 포츠머스조약 제1조에는 "장래 평화 및 친목이 있어야 함"이라는 문구가 제1조에 규정되었다. 이는 체결국 간에 항구적 평화를 구축한다는 유럽의 전통적 강화 양식에 따른 것이었다. 小管信子, 『戰後和解: 日本は〈過去〉から解き放たれるのか』(東京: 中央公論新社, 2005), pp. 30-31.

는 목적이 깔려 있었는데, 두 전쟁의 전승국 일본은 그 목적의 성과를 조문에 규정했다. 즉 전쟁의 직접적인 당사자가 아니었을 뿐만 아니라, 전쟁 당사자들에 의해 대한제국의 전후 상황이 결정되었다. 전쟁 당사자들이 작성한 평화조약은 전쟁 당사자가 아니었던 지역 혹은 국가의 평화를 보장하기보다 오히려 평화와 존립을 위태롭게 했다. 시모노세키조약으로 인해 일본은 랴오둥반도를 획득했지만, 청나라의 분할에 관심을 가지고 있었던 러시아, 프랑스, 독일은 랴오둥반도 반환을 일본에 권고했다. 이 삼국간섭으로 일본은 청과 환부조약을 체결해야 했다. 삼국간섭은 특히 러시아가 주도했기 때문에 일본 여론은 중국의 고사 중 '복수하기 위해 참다'는 뜻을 가진 와신상담(臥薪嘗膽)을 구호로 내걸었다. 1904년 러시아와 충돌한 일본의 전쟁에 대한 감정적 고양은 시모노세키조약과 연계되어 있었다.

칸트는 『영원한 평화를 위하여(*Zum Ewigen Frieden*)』에서 "장래의 전쟁의 씨앗을 유보하고 체결된 평화조약은 결코 평화조약으로 볼 수가 없다"고 하며, 평화조약의 중요성을 지적했다. 이는 1795년 프랑스와 프로이센이 체결한 바젤조약(Peace of Basel)을 염두에 둔 제언이었다. 평화조약의 근원은 국가 간에 의한 국제조약으로 맺어진다.

조약은 국가들 간의 약속을 의미한다. 특히 '약속은 지켜야 한다(pacta sunt servanda)'는 경구는 주권국가들 간의 약속이 사인들 간의 약속 이상으로 구속력을 지니며 국제법으로서 효력이 있다는 것을 의미한다. 평화조약 역시 전쟁을 공식적으로 종료시킨 국제법이며 조약이다. 국내법과 달리 국제법은 강제력을 행사하는 중앙정부가 존재하지 않기 때문에 취약성을 가지고 있다고 지적되어 왔지만, 평화조약이 가지는 의미는 전후처리, 새로운 규칙을 규정하여 안정적인 평화체제의 형성에 기여한다는 것이다.

그러나 조약 작성, 체결 과정에서 다양한 논의와 시간이 투자되었음에도, 결국 최종문서가 가장 영향력을 발휘한다. 최종문서는 존중되어야 하지만, 조약에 애매한 부분이나 하자가 있을 경우, 후세에 혼란과 논쟁을 일으키고 다른 전쟁의 맹아(萌芽)가 된다. 법과 도덕의 관계성에 주목한 풀러(Lon L. Fuller)는 "당사자의 능력을 초월하는 행동을 명하는 준칙(rules of law)"이 정립되면, 법체계에 적절하지 않다고 주장했다.[87]

평화조약은 전쟁의 종료와 아울러 평화 혹은 평화의 회복을 선언하는 보편적인 의미를 가지고 있다. 그러나 평화의 조건들(영토의 할양 혹은 변경, 배상금의 지불 등)이나 그 이행을 확보하기 위한 담보수단의 규정은 전쟁의 성격과 전후의 국제정치적 권력구조에 따라 좌우되었다. 그리고 실제로 전쟁 당사자들 간의 평화는 다른 지역 혹은 국가의 평화에 부정적 영향력을 행사하기도 했고, 평화조약으로 확정된 배상이나 영토 문제는 때로는 다음 전쟁 원인의 맹아, 새로운 갈등의 원인들을 제공한 역설적인 효과를 초래했다는 부정적인 측면도 있다. 평화조약은 그 시대를 지배하고 있는 이념을 반영하여 작성되었다. 이념이 집약된 평화조약은 조문들을 통해 제도를 창출했다. 평화조약에 반영된 이념과 창출된 제도는 시대적 특수성을 반영했다.

---

[87] 론 L. 풀러, 姜求眞(譯), 『法의 道德性』 (서울: 法文社 1971), p. 55.

2. 평화체제의 구조와 개념

평화체제의 개념을 부각시키기 위해서는 국제정치학에서 사용되는 용어들, 즉 국제질서, 국제체제와의 차이와 성격을 검토하는 것이 유용하다. 이러한 용어들의 개략적 설명을 통해 평화체제의 개념을 탐구, 정의한다. 물론 개념이나 정의가 대상의 역사성을 모두 드러내지는 않지만 여기서 고찰하는 압축된 개념들은 역사를 바탕으로 정립되었다. 본서도 역사적 탐구를 통해 개념적 정의를 시도한다.

1) 국제질서

국제정치의 구조 분석에 있어서 국제질서란 국제정치학에서 많이 사용되는 용어이며, 개념이다. 불의 정의는 많은 시사점을 제공해준다.[88] 영국학파의 중심인물인 불은 질서를 정의하는데, 우선 국제사회(society of states 또는 international society)라는 개념을 중요시했다. 그는 생명의 보전 확보,

---

[88] 미국의 과학적 방법론을 중요시한 합리주의적 경향에 대해 영국학파는 다른 학문적 조류를 형성했고, 이는 미국에도 영향을 끼쳤다. 1977년에 출판된 불의 저작 제2판은 1995년에 출판되었는데, 머리말은 스탠리 호프만(Stanley Hoffmann)이 적성했다. 호프만은 케네스 왈츠와의 비교를 통해 왈츠가 국제정치는 투쟁상태에 있다는 것을 전제로 국제체제를 보았다면, 불은 권력 이외의 요소들, 즉 국가들의 상호작용을 분석하는데, 공통의 관심, 규칙, 제도에 착목했다. 이는 크래스너를 필두로 한 국제레짐 이론에 대해 틀을 제공했다. Hedley Bull; [forewords by Andrew Hurrell and Stanley Hoffmann], *The Anarchical Society: A Study of Order in World Politics* 3rd ed. (New York: Columbia University Press, 2002), pp. xxiv-xxix. 1986년 호프만은 불에 대한 추도와 불의 연구가 국제관계학에 미친 영향에 관한 글을 기고했다. Stanley Hoffmann, "Hedley Bull and His Contribution to International Relations," *International Affairs* vol. 62, No. 2 (Spring 1986).

계약의 준수, 재산의 안정의 세 가지를 충족시키는 것이 사회라고 했는데, 인간과 인간의 관계처럼 국가와 국가의 관계에서도 사회성이 있다고 지적했다.[89] 즉 주권국가들로 형성되는 국제사회는 "일정한 공통이익과 공통가치를 인식하는 국가집단이 상호관계에 있어, 공통의 규칙체계에 의해 구속되어 있고, 공통의 제도들을 기능시키는 것을 공유"하고 있다는 상태다.[90] 이러한 그의 국제사회에 대한 정의는 국제질서라는 개념을 설명하기 위해서 필요했는데, 그는 국제질서란 "주권국가로부터 이루어지는 사회, 또는 국제사회의 주요한 기본목표를 유지하는 활동 양식"이라고 정의했다.[91] 기본 목표란 국가체제나 국제사회 그 자체의 보전, 개별국가들의 독립과 대외주권의 유지, 그리고 평화의 추구와 유지 등을 의미한다.[92]

알라가파(Muthiah Alagappa)는 불의 정의에 대해 취약점과 보완점을 지적했다. 알라가파는 국제질서가 반드시 국제사회의 범주에서 존재한다는 불의 정의에 의문을 제기했다. 그에 의하면 질서의 개념에도 정도와 질(quality)이 존재하여 국가들의 관계방식에 따라 여러 유형의 질서가 존재한다고 한다. 그리고 그는 불의 정의가 국제질서와 국제사회의 개념을 유의어로 정의하고 있기 때문에 혼란을 일으킨다고 비판했다. 알라가파가

---

[89] 동아시아와 유럽은 국제사회를 규정하는 관념, 제도, 권력의 세 요소들이 다르다. 유럽과 역사적 경험이 달랐던 동아시아는 권력의 불균형 위에 국제사회가 성립되었다. 장인성은 이를 '동아시아 국제사회'라고 부른다. 그는 근대 동아시아에서 유럽적 국제사회가 형성되지 못했던 일차적 이유를 역내에서 나타난 일본의 국제권력이라고 했다. 장인성, 「영국학파 국제사회론과 근대 동아시아의 국제사회화에 관한 고찰: 동아시아 국제사회론의 구축을 위한 시론」, 『세계지역연구논총』 27집 (1)호 (2009), pp. 382-383.
[90] Bull (2002), p. 13.
[91] Bull (2002), p. 8.
[92] Bull (2002), pp. 16-18.

정의하는 질서란 다양성을 가지고 있는 것이다. 즉 이분법적인 시각에서 볼 수가 없는 개념이며, 이상적이거나 궁극적인 상태가 아니라 시간에 따라 변화하는 역동적인 성질을 지녔다는 점에서 질서의 변화 가능성을 지적했다.[93]

한편 로즈노(James Rosenau)는 질서와 아울러 거버넌스(governance)라는 개념에 주목하여 이들의 상관성을 언급했다. 그에 의하면 거버넌스란 공식적인 권위가 있는 정부보다 더 포괄적이며, 비공식적, 비정부적인 기능도 포함하는 것이다. 거버넌스는 공통의 목적에 의해 지지받는 활동을 말하는 것이며, 이 공통의 목적은 법적 및 공식적으로 규정된 책임을 가져올 수도 있고 그렇지 않을 경우도 있지만, 반드시 경찰권력(police powers)에 의존하지 않는다는 것이다.[94] 질서에 의도(intentionality)가 가미된 것이 거버넌스라고 주장하는 그에게 질서란 두 개의 배열을 가지고 있다. 하나는 근본적인 것(주요 행위자 간의 힘의 분배나 주요 행위자 간의 상호작

---

93) Muthiah Alagappa, "The Study of International Order," in Muthiah Alagappa (ed.), *Asian Security Order: Instrumental and Normative Features* (Stanford, Calif.: Stanford University Press, 2003), p. 39. 질서의 다양성을 지적한 알라가파는 질서의 형태를 세 가지로 분류했다. (1) 현실주의 시각에서 국제질서를 투영하는 개념이고 국가이익을 우선적으로 보는 instrumental order, (2) 국가이익, 국력의 확대와 동시에 평화, 즉 전쟁의 금지, 폭력의 제한 등과 같은 도덕적 범주의 공통의 목표, 경제 통합과 같은 요소들을 중심으로 보는 합리적 이상주의적 개념을 포함한 normative-contractual order, (3) 다양한 측면에서 결속을 하고 평화적인 공동체의 형성, 경제와 정치적 통합을 말하는 solidarist order 등이다. Alagappa (2003), pp. 41-52.
94) James N. Rosenau, "Governance, Order, and Change in World Politics," in James N. Rosenau and Ernst-Otto Czempiel (eds.), *Governance Without Government* (Cambridge; Cambridge Univ. Press, 1992), p. 4. 거버넌스가 인간의 활동, 즉 가족부터 국제조직까지 포함한다는 것은 거버넌스의 주체가 국가뿐만 아니라 비국가에도 해당된다는 것이다. James N. Rosenau, "Governance in the Twenty-First Century," *Global Governance* vol. 1, no. 1 (Winter 1995), p. 13.

용을 규정하는 룰 등)과 루틴(routine)화 된 것(무역, 우편 등)인데, 로즈노는 질서가 이러한 배열을 유지하려고 하는 행위자들의 노력의 결과라고 보았다.95) 그리고 질서를 세 개의 수준, 즉 관념(ideation), 행위(behaviors), 제도(institutions)로 구분하고, 이를 통하여 질서의 변동과 유지의 관련성을 분석한 그는 질서란 다양성과 넓은 범위를 갖고 있는 것이며, 힘, 관념, 제도, 행위 등에 의한 구성물이라는 견해를 제시했다.96)

아이켄베리(G. John Ikenberry) 역시 국제질서의 다양성을 인정한다. 주요 전쟁 후에 형성되는 국제질서에 주목한 그는 전승국이 힘을 제도에 의해 억제시키고, 책무를 장기적으로 이행함으로써 질서의 성격은 결정된다는 명제를 제시했다. 주요 전쟁 후에 만들어진 전후질서에 주목한 그는 질서를 "국가 간 관계, 국가 간의 상호작용에 대한 기대의 두 가지를 규정하는 국가 간의 배열이 정착된 상태"라고 정의했고, 이러한 포괄적인 정의는 질서가 지니는 다양한 형태를 설명할 수 있다고 했다.97) 역사적으로 나타난 질서에는 세력균형, 패권, 입헌주의적인 질서 중 어느 한 가지의 특징이 있었는데98) 그는 역사적 고찰을 통해 전후질서가 법에 의한 지배, 구속적 제도, 힘에 대한 제한 등을 중시한 입헌적 질서(constitutional order)

---

95) Rosenau (1992), p. 5. 로즈노의 질서에 관한 정의는 주목해야 하지만, 그에게 질서는 거버넌스의 개념과의 상관성에서 도출되었다는 점을 고려해야 할 것이다. 그는 단적으로 "거버넌스 없이 질서는 존재하지 않고, 질서 없이 거버넌스도 없다"고 했다. Rosenau (1992), p. 8.
96) Rosenau (1992), pp. 11-18. 로즈노의 질서론이 시사해주는 논점과 동북아 국제질서에 관해서는, 김기정, 「21세기 동북아 국제질서와 한국의 전략적 선택」, 정진위(외), 『새로운 동북아질서와 한반도』 (서울: 법문사, 1998).
97) G. John Ikenberry, *After Victory: Institutions, Strategic Restraint, and the Rebuilding of Order after Major Wars* (Princeton: Princeton University Press, 2001), p. 23.
98) Ikenberry (2001), p. 24.

를 이행해 왔고, 입헌적 제도의 내구성이 질서의 안정성에 기여한다고 했다.[99]

아이켄베리가 미국과 서구를 중심으로 전후질서를 구축하는 주도국의 역할과 법적 지배, 그리고 제도의 중요성을 강조했다면, 김기정과 김명섭의 연구는 동아시아에 나타난 지역질서를 역사적으로 분석한 것이다. 이들의 연구는 동아시아에서 미국이 주요 행위자였다는 것을 인정하면서도 동아시아 지역질서의 성격과 유형 분류를 시도했다. 19세기 초부터 21세기 초까지의 동아시아 지역질서는 일정한 질서가 유지되어온 것이 아니라 여러 변수로 인하여 탄생, 변동해 왔다. 그러한 변동 요인은 크게 두 세력의 교류 또는 교차로 설명할 수 있다. 하나는 외부적 세력인 서구의 개입과 압력의 강도를 지적할 수 있고, 다른 하나는 그것에 대한 동아시아 각 국가들의 소극적 수용, 적극적 수용, 또는 저항, 변혁(restoration)이라는 특성이 있다는 것이다. 동아시아 지역에는 이 두 가지 세력의 상호작용으로 대립적 질서(Confrontational order), 반동적 질서(Reactionary order), 제국적 질서(Imperial order), 다자적 질서(Multilateral order)가 나타났고, 이러한 질서의 유형화를 동아시아의 시대구분에도 활용했다.[100] 유럽과 비교했을

---

99) Ikenberry (2001), pp. 29-48.
100) Ki-Jung Kim and Myongsob Kim, "The United States and the East Asian Regional Order: Historical Recasting and Forecasting," in Chung-in Moon and John Ikenberry (eds.), *The United States and Northeast Asia: Debates, Issues, and New Order* (Lanham, Md.: Rowman & Littlefield, 2008), pp. 310-320. 질서의 고찰에 있어 권력구조(power structure)와 인식적 구조(ideational structure)의 분석틀은 지역질서와 질서변동의 근원적 동력에 관한 설명력을 제공해준다. 권력구조를 설명하는 데 동아시아의 지역질서를 결정했던 세계 자본주의는 서구세력의 동력이었고 수단은 군사력이었다. 세계 자본주의 국가들은 중심부가 되어 주변부에 대한 힘의 권력구조를 구축했고, 동시에 중심부의 행위자들의 인식적 구조의 변화에 따라 동아시아 지역질서의 변화양태가 결정된다. 이러한 중심부-주

때, 동아시아 지역질서는 서구의 국제질서와 길항관계에 있었고, 제2차 세계대전 직후의 질서 역시 전쟁이 아닌 냉전의 도래로 급거 나타난 것은 '임시적 안정성(metastability)'이라는 특징을 지닌 것이었다.101)

국제질서는 각 연구자들이 주목하는 구조, 성격, 질서의 구성 요소들에 따라 다르게 규정되어 왔다. 질서에 관한 정의는 동일한 견해로 정리하지 못하는 것이 아니라, 원래 질서라는 용어가 역자들의 시각과 고찰 대상에 따라 상이했기 때문에 다원적인 개념으로 정의되어 왔다. 잠재적이면서도 종합적으로 질서의 특성을 말하자면 질서는 기본적으로 국가를 중심으로 하여, 하나의 중심국에 의한 권력구조 또는 수평적 국가 간에 공유되는 원칙, 룰, 규범, 제도의 상호작용을 통해 정착된 상태라 할 수 있다.102) 그리고 국제질서는 영구적인 것이 아니라 시간과 더불어 변화하는 동태성을 지니고 있다. 즉, 국제질서는 하나의 장치로 형성되는 것이 아니라 국제정치를 규정하는 포괄적, 다면적 장치들의 복합으로 형성되어 전개, 변동하는 양식이라 할 수 있다.

변부, 구조 이론들은 역대 질서의 변동을 고찰할 수 있다. 김기정, 「세계자본주의체제와 동아시아 지역질서의 변동」, 백영서(외), 『동아시아의 지역질서』 (파주: 창비, 2005), pp. 124-130.
101) '임시적 안정성'이란 "겉으로는 견고해 보이지만 충격을 가하면 연쇄반응을 일으켜 곧 혼란을 일으키게 되는 상태를 의미한다." 김명섭, 「동아시아 냉전질서의 탄생: '극동'의 부정과 '대동아'의 온존」, 백영서(외) (2005), p. 265; 김명섭 (2007), p. 58. Myongsob Kim, Horace Jeffery Hodges, "Korea as a Clashpoint of Civilization," in Hyung-Kook Kim, Myongsob Kim, Amitav Acharya (eds.), *Northeast Asia and the Two Koreas: Metastability, Security, and Community* (Seoul: Yonsei University Press, 2008), p. 261.
102) 한편 질서에 초점을 맞춘 연구방법을 비판하거나 질서를 국가 중심으로 보는 시각을 부정하는 견해도 있다. Steve Smith, "In the Truth Out There?: Eight Questions about International Order," in T. V. Paul and John Hall (eds.), *International Order and the Future of World Politics* (Cambridge; New York: Univercity. Press, 1999), pp. 101-104.

2) 국제체제

국제체제 역시 개념상 다양하게 정의할 수 있는 용어다. 『세계정치론 (The Globalization of World Politics)』의 용어 해설에서는 국제질서 (international order)를 다음과 같이 규정했다. 즉 "국가 간 관계에서 규범적이고 제도적인 양상. 국제질서의 요소로는 주권, 외교양식, 국제법, 강대국의 역할, 무력 사용을 규정하는 규칙 같은 것이 포함될 수 있다. 국가 간 관계에서 공유된 가치, 안정성과 예측 가능성의 조건이다"고 설명했다. 한편 국제체제(international system)에 관해서는 "전체를 만들기 위해 연결된 상호 관련된 부분의 집합. 현실주의 이론에서 체제는 국내정치에서의 위계, 국제정치에서의 무정부상태 같은 명백한 원칙을 갖는다"고 했다.[103] 국제질서에 관해서는 위에서 보았던 것처럼 핵심어들이 있지만, 국제체제는 무엇으로 인해 서로 관련되는지에 대한 명백한 핵심어가 없다. 그러한 국제체제라는 개념적 용어의 사용에 관해서는 다음과 같은 경향들이 대체로 보인다.

첫째, 국제체제라는 용어를 국제질서라는 용어와 명확한 구별 없이 동의어로서 사용하는 경우, 둘째, 분석 틀이나 가설을 위한 용어로 사용되는 도구적 개념으로,[104] 셋째, 안보체제, 경제체제 등, 국제체제의 특성을

---

103) 존 베일리스·스티브 스미스·퍼트리샤 오언스(편); 하영선(외, 옮김), 『세계정치론』 (서울: 을유문화사, 2012), p. 736.
104) 특히 이는 현실주의자들에게 보이는 경향이다. 단극체제(unipolar), 양극체제(bipolar system), 다극체제(multipolarity)라는 표현들은 힘의 분배를 기준으로 삼아, 국제관계를 파악한다.

드러내기 위해 특정 용어를 부여함으로써 국제체제의 성격을 강조하여, 국가들이 공통의 목표를 위해 집합한 상태를 가리키는 것. 그리고 넷째, 주권국가의 집합 그 자체를 중요시하여, 그러한 국가 간 관계가 법적 조약 등을 통해 밀접하게 연계되어 있는 상태를 포괄적으로 국제체제라고 하는 경우들이 있다. 앞서 살펴보았던 질서를 국제질서, 지역질서라고 했을 때, 이와 대조된 것은 네 번째 범주의 국제체제다.

불은 국제질서와 국제체제를 구별하여 언급했다. 그에 의하면 국제사회는 국제체제를 전제로 하고 있는데, 국제체제란 "2개 이상의 국가가 상호적으로 충분한 접촉을 갖고 서로의 결정에 충분한 영향을 미친 결과, 그러한 국가가 적어도 어느 정도는 전체 속에서 부분으로서 행동하게 될 때, 주권국가 시스템이 성립한다"고 했고, 이를 주권국가체제(system of states) 또는 국제체제(international system)라고 했다.[105] 그에게 국제체제란 주권국가체제를 의미했다. 틸리(Charles Tilly)는 다음과 같이 정의했다. "국가들은 서로 정기적인 상호작용의 범위를 확장하는 체제를 구축했으며, 이러한 체제의 구축은 국가들 간 상호작용의 수준을 증가시킴으로써 국가들 간 행위에 영향을 미친다."[106]

국제체제는 국제질서 혹은 지역질서에 비해 구조의 규모와 구성요소들의 측면에서 한정적이며, 국지적이다. 국제질서와 마찬가지로 국제체제에서도 주요 단위는 주권국가이다. 그러나 국제질서가 다양한 성격이나

---

105) Bull (2002), p 9.
106) Charles Tilly, *Coercion, Capital, and European States, AD 990-1992* (Blackwell: Cambridge, MA, 1992), p. 162.

가동성을 가지고 있고, 구성요소들을 지적할 수 있는 것에 비해 국제체제의 개념에는 성격이나 질보다 주권국가가 연결되어 있는 상황이 우선적 조건이다. 그러한 국가 간 관계를 연결시키는 것이 국제법이다. 국가 간 관계로 인해 형성되는 체제는 기본적으로 군축조약, 통상조약, 평화조약, 즉 국제법으로 국가 간 관계가 연계되어, 국제법이 응집된 공간에서 국가들이 법규범을 수용하고 국가 간 관계가 상호적으로 작동되었을 때를 일반적으로 국제체제라고 한다. 즉, 국제체제는 국가와 국가가 상호작용하여 연계되어 있는 상황이다. 이는 국제법이 작동되어, 주권국가체제와 대체 가능한 개념이기도 하다.

슈만(Frederick Lewis Schuman)은 서구 국가체제(Western state system)의 특징으로 국가주권의 개념과 국제법의 원칙, 그리고 세력균형의 정치라는 요소들을 지적했다.[107] 주권국가와 국제법에 관한 언급을 보았을 때, 이들을 국제체제의 기본적 원리로 삼았다. 슈만이 세력균형을 들었던 것은 서구의 국제체제에는 그것이 내재되어 있었기 때문에 서구 국가체제라고 명명한 것을 짐작할 수 있다. 주권국가라는 용어에 법적 개념이 내재되어 있다고 생각할 경우, 국가와 국가 사이에는 수평적이든 불평등적이든 국제법이라는 법적인 규범이 존재한다. 집합체가 일정 정도 조직되어 있는 상황이 체제라면, 국가와 국가를 연결시키는 것은 국제법이라고 해도 틀리지 않을 것이다.[108]

---

107) Frederick L. Schuman; Maps by George Brodsky, *International Politics: Anarchy and Order in the World Society* 7th ed. (New York: McGraw-Hill, 1968), p. 66.
108) 『세계정치론』에서 "국제법은 복잡해지는 국제체제의 필요성을 충족"시킨다고 되어 있다. 존 베일리스 (2012), p. 369. 즉, 국제법이 국제체제의 형성을 지탱한다는 견해로서 받아들

호프만(Stanley Hoffmann)은 국제체제와 국제법의 연관성, 즉 국제체제에 나타나는 국제법 또는 국제법이 국제체제에 미치는 영향을 강조한 바 있다. 그는 국제체제란 세계정치의 기본적 단위, 즉 국가가 추구하는 목적의 범위와 단위가 종사하는 임무의 범위 및 국가가 사용하는 수단에 의해 특징지어진 국가 간의 관계 패턴을 의미한다고 했고, 이 패턴이란 세계의 구조와 국가 간에 작용하는 힘의 성질, 능력, 권력, 정치문화로 결정된다고 했다.109)

베르사유평화체제의 일부를 지탱했던 워싱턴체제는 동아시아에 영향을 준 중요한 국제체제였다. 워싱턴체제에 관한 선구적인 연구자 이리에 아키라(入江昭)는 "체제란 일정한 현상유지 상태를 내포하는 것이고 급격한 변혁을 막고 안정을 유지하는 기구"라고 언급하면서도, 워싱턴체제는 명확한 기구보다는 이념, 개념적인 의미가 강하여, 열강의 자발적인 상호협조에 의해 아시아의 안정을 유지하고 중국을 온건적인 근대국가로 변혁시키는 것이었다고 했다.110) 이 체제는 제1차 세계대전 후의 전후질서로서 1921-22년에 열린 워싱턴회의의 결과 동아시아에 성립된 일본, 미국, 영국을 중심으로 한 국제협조체제를 말하지만, 이를 가능케 한 것이 국제조약들이었다. 일본의 국제협조주의를 체현한 인물은 시데하라 기주로(幣原喜

일 수 있다.
109) Stanley Hoffmann, "International Systems and International Law," *World Politics* vol. 14 no. 1 (October 1961), p. 207. 그는 베스트팔렌체제, 빈체제, 그리고 1960년대 당시의 냉전기를 통해 국제체제와 국제법의 관계성을 설명했는데, 기본적으로 그가 생각하는 국제체제에는 세력균형이 내포된다.
110) Akira Iriye, *The Origins of the Second World War in Asia and the Pacific* (London: Longman, 1987), pp. 2-3.

重郎, 1872-1951)였다.111) 1915년부터 외무차관이었던 그는 국제연맹 창설에 비판적이었다.112) 그러나 1924년 외무대신이 된 그는 온건한 대영미 협조외교를 취하였는데, 이를 시데하라 외교(幣原外交)라고 불린다.113)

워싱턴체제는 1922년부터 일본과 서양 국가들 간에 비교적 안정적인 관계를 구축시켰지만, 1931년 만주사변으로 붕괴되었다는 것이 정설이다. 워싱턴회의는 파리평화회의에서 토의되지 못했던 동아시아의 문제들을 검토하기 위해 개최된 것이었다. 이는 다음과 같은 조약들의 내용과 성격으로 지탱되었다.

먼저 1921년에 체결된 4개국 조약(Four-Power Treaty)114)은 태평양 지역의 영토와 권익의 상호 존중과 제도(諸島)의 비군사 기지화(基地化)의 내용을 규정했다. 이에 따라 "영광의 고립(Splendid Isolation)"을 포기하고 일본과 1902년에 체결한 영미동맹은 해소되었다. 1922년에 체결된 9개국 조약(Nine-Power Treaty)115)은 중국의 주권, 독립의 존중, 영토 보전, 기회

---

111) 시데하라는 1896년 인천영사관에서 근무했고, 1904년에는 부산영사를 역임했다. 1901-6년, 1908-11년에 외상이었던 고무라 주타로(小村寿太郎, 1855-1911)가 대륙정책을 추진했을 때 시데하라는 당시 일본을 둘러싼 불평등조약 개정과 한국병합에 있어 고무라 외교를 지탱했다. 服部龍二, 『幣原喜重郎と二十世紀の日本: 外交と民主主義』(東京: 有斐閣, 2006), pp. 11-13.
112) 시데하라는 파리평화회의에서 이해관계국이 상호적으로 직접 교섭을 하지 않는 상황에서 일본의 운명이 결정되는 것에 불만을 가지고 있었다. 그리고 그는 국제연맹뿐만 아니라 제2차 세계대전 후의 국제연합에 대해서도 부정적인 입장을 취했다. 服部龍二 (2006), p. 42.
113) 시데하라외교는 이른바 국제협조주의를 바탕으로 했다. 다만 그는 워싱턴회의에서 규정된 9개국조약의 문호개방 조문을 받아들였지만, 그 적용에 대해서는 제한적으로 생각했다. 즉, 중국에서의 제3국의 정치적 개입에 대해서는 부정적이었고, 중국에서의 권익 확대를 목표로 삼은 측면도 있었다. 服部龍二 (2006), p. 288.
114) 미국, 영국, 일본, 프랑스.
115) 미국, 영국, 일본, 이탈리아, 중국, 네덜란드, 벨기에, 포르투갈.

균등, 문호 개방을 약속했다. 이에 따라 1917년에 체결된 랜싱-이시이 협정은 해소되었고, 베르사유평화조약으로 일본이 획득한 산둥반도의 권익은 일본과 중국 간의 산둥현안해결(山東懸案解決)에 관한 조약으로 반환되었다. 그리고 1922년에는 워싱턴 해군군비제한조약(Washing- ton Naval Treaty; Five-Power Treaty)116)으로 전함·항공모함 등의 보유가 제한되었다.

일본의 입장에서 보았을 때, 워싱턴체제가 가지는 의미는 분명히 파리평화회의보다 더 구체적이며 직접적인 영향력을 끼쳤다고 할 수도 있을 것이다. 따라서 일본인 연구자들이나 일본 정치사를 전공하는 연구자들은 워싱턴체제라는 용어도 사용하고 있고, 여전히 워싱턴체제에 주목한 연구들도 출판되어 있다.117) 워싱턴체제에서 주권국가들은 공통의 목적을 위해 조약을 통해 연계되어 있었다.

그러나 워싱턴체제는 하나의 국제체제였지만, 한편에서 워싱턴체제는 베르사유평화체제로부터 파생된 국제체제의 일부이자 베르사유평화체제를 지탱한 국제체제로서 파악할 필요가 있다. 일본은 워싱턴회의라는 국제적, 다자적 틀에서 인종 문제를 파리평화회의와 마찬가지로 거론했으나, 이 문제는 워싱턴체제에서도 해결하지 못했다. 베르사유평화조약으로

---

116) 미국, 영국, 일본, 프랑스, 이탈리아.
117) 워싱턴체제 하의 동아시아 국제관계사에 관한 이리에 아키라의 선구적인 연구서는, Akira Iriye, *After Imperialism: The Search for a New Order in the Far East, 1921-1931* (Cambridge: Harvard University, 1965). 1978년 일본에서는 워싱턴체제 관련 대표적인 연구서가 출판되었다. 細谷千博·斉藤眞(編), 『ワシントン体制と日米関係』(東京: 東京大学出版会, 1978). 미국에서 일본 연구에 영향력이 있는 Journal of Japanese Studies를 창간한 파일(Kenneth B. Pyle) 역시 저작 중에서 워싱턴조약 체제(Washington Treaty System), 워싱턴체제(Washington System)라는 호칭을 사용하고 있다. Kenneth B. Pyle, *Japan Rising: the Resurgence of Japanese Power and Purpose* (New York: Public Affairs, 2007), pp. 159-169.

일본이 획득한 산둥반도는 중국에 대한 강대국들의 이해관계에 따라 반환되었다. 워싱턴체제는 일본과 서양 국가들 사이에 비교적 안정적 관계를 초래했다고 평가할 수도 있으나, 여전히 중국 문제로 미국과 일본의 갈등이 존재했다. 워싱턴체제에서 이루어진 '군축'은 특히 미국의 이념이 반영된 것이었지만, 전환점은 역시 1919년이었다. 미국은 1919년 이후 종래의 세력균형 대신에 힘을 관리하고 분쟁을 해결하기 위한 '법률과 룰(legal and rule)'을 중요시했기 때문이다.118)

워싱턴체제에서의 논쟁적 현상들의 근원은 베르사유평화체제에 있었고, 베르사유평화체제 공간 내에서 변동된 측면들을 보여주었다.119) 디킨슨(Frederick R. Dickinson)에 따르면 미국의 외교사 연구에서 1920년대 이후의 동아시아 국제관계를 워싱턴체제(Washington System)라고 호칭할 때도 있으나 이는 일반적인 용어가 아니고, 전간기(interwar period) 혹은 베르사유체제(Versailles System)가 사용된다고 한다. 워싱턴체제라는 호칭을 사용하는 것은 전간기 동아시아 국제관계를 협의(狹義)로 한정시키고, 워싱턴체제의 흥성과 쇠퇴를 통해 동아시아의 변천을 파악하는 경향이 초래될 우려가 있다는 것이다.120)

워싱턴체제의 중요성은 부정할 수 없다. 워싱턴체제는 베르사유평화체

---

118) Ikenberry (2001). pp. 117-118.
119) 비슷한 맥락으로 니시(Ian Nish)는 워싱턴체제를 분석적 틀로 파악하는 것에 회의적이다. Ian Nish, *Japanese Foreign Policy, 1869-1942: Kasumigaseki to Miyakezaka* (London: Routledge & K. Paul, 1977), pp. 133-145.
120) フレッド・ディキンソン,「第1次世界大戦後の日本の構想: 日本におけるウィルソン主義の受容」, 伊藤之雄・川田稔(編),『20世紀日本と東アジアの形成: 1867- 2006』(京都: ミネルヴァ書房, 2007), pp. 133-134.

제에 비하면 더욱 동아시아적인 문제들을 다루었고, 동아시아에 커다란 의미를 남겼다. 다만, 평화체제는 국제적 회의를 통한 통상적 조약이나 동맹으로 탄생된 체제가 아니라 전쟁을 마감한 평화조약에 따른 것이다. 베르사유평화체제의 틀에는 워싱턴체제라는 국제적 협조체제가 포섭되어 있었다. 워싱턴체제는 붕괴되었지만 베르사유평화체제는 지속되었고, 결국 아시아-태평양전쟁을 시작한 일본에게는 워싱턴체제의 원리보다 베르사유평화체제의 원리에 대한 반동이 더욱 작동되었다.[121] 워싱턴체제는 베르사유평화체제와 개별적으로 존재한 하나의 국제체제로서 파악할 수도 있으나, 베르사유평화체제가 지니는 시간축과 공간은 워싱턴체제를 포섭했다.

3) 평화체제

국제정치학에서 국제질서 및 국제체제의 개념적 정의는 주권을 가진 국가를 주요 단위로 파악하거나 주권국가 간의 관계를 전제로 하고 있다.

---

121) 이리에 아키라는 1920년대 워싱턴체제를 통해 일본이 국제적으로 고립되지 않았다고 강조했지만, 이미 1919년에 일본은 국제적으로 고립되고 있었던 것이 아니라, 일본 스스로가 고립하고 있다는 인식이 있었다. 이리에는 거시적인 관점에서 워싱턴체제를 고찰하여 1920년대의 일본이 어떻게 아시아-태평양전쟁의 길을 선택하게 되었는지를 서술하면서, 그 중요 인물로서 고노에 후미마로와 히로타 고키(廣田弘毅, 1878-1948)를 들었다. 이리에 의하면 전자의 고노에는 1920년대부터 일관되게 가지지 않는 나라 일본이 생존권을 확보하기 위해서는 세계적 국제정의체제가 없는 국제적 상황에서 일본의 대륙정책은 정당화된다는 인식이 있었다고 했다. Iriye (1987), p. 39. 그러나 이러한 고노에의 인식은 1920년대가 아니라 파리평화회의 개최 전에 고노에가 작성한 "영미 본위의 평화주의를 배격한다"(1918)는 글에 이미 나타나 있었다. 따라서 일본이 아시아-태평양전쟁의 길을 가게 된 것을 고노에 위주로 생각한다면 베르사유평화체제로부터의 고찰이 타당하다.

평화체제 역시 주권국가들이 중심이 된다. 이러한 주권국가들을 주체로 하는 체제는 일반적으로 주권국가체제라고 불렀고, 1648년 베스트팔렌조약을 계기로 탄생된 베스트팔렌체제가 상징적이다. 기독교적 문명권에 속해 있었던 유럽 국가들은 베스트팔렌조약을 통해 공통적인 원칙, 제도, 가치를 만들었다. 베스트팔렌조약은 후세의 평화조약의 주요 행위자인 주권국가의 의미 부여에 기여했고, 주권국가들로 형성되는 주권국가체제의 출범 계기가 되었다. 그러나 베스트팔렌조약으로 주권국가체제가 성립되었다는 전통적 견해는 '베스트팔렌조약의 신화'에 불과하다는 비판론이 나와 논쟁이 벌어지고 있다.

테슈케(Benno Teschke)는 지정학적 관점과 국제정치, 경제, 경제사의 관점에서 베스트팔렌조약의 신화성(神話性)을 부정했다. 그에 의하면 근대적 국제관계는 1688년 이후의 잉글랜드에서 등장한 자본주의 부흥과 근대국가의 형성으로 서서히 나타났다고 한다. 근대국가는 계급투쟁, 경제발전, 그리고 선진국이었던 잉글랜드와 유럽 대륙의 다른 국가 사이에서 벌어진 지정학적인 경합관계가 긴 시간을 통해 상호작용한 결과로 확립된 것이었다.[122]

아카시 긴지(明石欽司)는 신성로마제국 국제사(國制史), 국제법사의 관점에서 실증적 분석을 시도하여 1648년 주권국가체제 확립설을 비판했

---

[122] Benno Teschke, *The Myth of 1648: Class, Geopolitics, and the Making of Modern International Relations* (London; New York: Verso, 2003), pp. 11-12. 슈뢰더는 테슈케가 잉글랜드와 프랑스의 비교만을 중시했거나 영국(잉글랜드)을 예외주의적 관점에서 보고 있다고 비판했다. Paul W. Schroeder, "Book Review: Class and the Making of the Modern International System," *European History Quarterly* vol. 35-1 (2005).

다.[123) 실증적으로 분석한 이들과 달리 이론적 검토를 시도한 전재성은 근대적 국제관계에 대해 어떤 시점으로 이행되었다는 것이 아니라, 기나긴 시간과 유럽이라는 공간에 속해 있는 다양한 단위들의 상호작용을 통해 복합적 요소들을 가지고 있었다고 주장하여[124) 국제정치학적 근대의 출현, 즉 주권국가체제의 확립을 19세기 초라고 보았다.[125) 국제레짐(international regime)론의 개념 정립에 기여했던 크래스너(Stephen Krasner)[126)도 베스트팔렌체제의 의미를 상대적으로 낮게 평가했다.[127)

주권국가를 단위로 하는 근대적 국제관계, 즉 절대적, 배타적 주권국가체제는 순식간에 탄생하지 않았을 것이다. 따라서 베스트팔렌평화체제의 의미를 극대화시키는 맹목적 주장은 오류가 생길 여지가 있다. 그렇지만, 베스트

---

123) 아카시에 의하면 18세기 중반 이후에 공간된 일부 국제법사에서 베스트팔렌평화조약이 근대적 조약관계의 시점(始點)이었다는 저서들이 나왔는데, 1841년에 공간된 휘튼(Henry Wheaton)의 *Histoire des progrès du droit des gens en Europe, depuis la paix de Westphalie jusqu'au Congrès de Vienne: avec un précis historique du droit des gens Européen avant la paix de Westphalie*이라는 연구서가 특히 큰 역할을 했다고 한다. 明石欽司 (2009), pp. 497-510.
124) 전재성, 「유럽의 국제정치적 근대 출현에 관한 이론적 접근: 중첩, 복합의 거시이행」, 『국제정치논총』 제49집 (5)호 (2009), pp. 22-26.
125) 전재성, 『동아시아 국제정치: 역사에서 이론으로』 (서울: EAI, 2011), p. 78.
126) 크래스너의 레짐에 관한 정의는 "국제관계의 특정한 영역에 있어 행위자의 기대가 수렴되는 묵시적 또는 명시적 원칙, 규범, 규칙, 정책결정절차의 집합"이다. Stephen D. Kraser, "Structural Causes and Regime Consequences: Regimes as Intervening Variables," in Stephen Krasner (ed.), *International Regimes* (Ithaca: Cornell University Press, 1983), p. 2.
127) 크래스너는 주권을 국내주권, 상호의존주권, 국제법주권, 베스트팔렌주권의 네 가지로 분류했는데, 후자의 두 주권은 특히 국제사회와 관련된 것이다. 그는 주권의 절대성은 존중되지 않았기 때문에 국제법적 주권과 베스트팔렌주권을 위선적이라고 했다. 즉 "모든 또는 많은 정치적 실재가 주권과 관련되는 영역, 통제, 승인, 자율이라는 모든 특징들을 가지고 있었던 이상적인 시대는 없었다"는 것이다. Stephen D. Krasner, *Sovereignty: Organized Hypocrisy* (Princeton, N.J.: Princeton University Press, 1999), p. 238. 그의 연구는 1648년 주권국가체제 성립의 우무를 논의한 것이 아니라 내정불간섭 등 주권국가의 기능이 제대로 작동되지 않았다는 것을 반례(反例)적으로 검증한 것이다.

팔렌체제의 의미를 과소평가하면 안 될 것이며, 비판적 시각들을 감안하면서도 여전히 베스트팔렌조약이 가지는 의미를 긍정적으로 생각할 필요가 있다. 17세기에 절대적인 주권국가체제가 바로 성립된 것이 아니라 주권국가체제가 마련되는 공간의 틀이 창출되었다고 보아야 한다.128) 또한 베스트팔렌조약 전후(前後) 시기에 한 국가의 대외정책과 대내정책의 구분이 명확해지고, 국가들 간의 상호작용이 안정화되었다.129)

법제사 연구자인 레서파(Raddall Lesaffer)에 의하면 베스트팔렌평화조약은 현대적 법의 기본원칙을 규정한 것이 아니라, 유럽에서 새로운 국제법적 질서를 구축하기 위해 정치적, 종교적 조건들을 규정했다는 점에서 높이 평가했다.130) 필포트(Daniel Philpott)는 1648년의 베스트팔렌조약이란 첫째 베스트팔렌의 중심사상(leitmotiv)은 황제의 간섭으로부터의 자유, 즉 자율성의 원칙이었으며, 둘째 베스트팔렌체제의 구성원들에게 기독교의 문화가 요구되었고, 셋째, 내정불간섭의 원칙을 내세웠다. 철학자나 법학자들은 18세기부터 이 내정불간섭의 원칙을 명시적으로 지지하기 시작했으나, 이미 내정불간섭의 원칙은 유럽의 표준이 되어 있었다.131) 그는 주권국가체제의 확립과 제국기구의 쇠퇴, 그리고 정교분리와 종교전쟁의 소멸, 즉 종교개혁에 주목했고, 베스트팔렌평화체제를 유물론적으로

---

128) 篠田英朗, 『「国家主権」という思想』(東京: 勁草書房, 2012), pp. 7-8.
129) 김준석, 「17세기 중반 유럽 국제관계의 변화에 관한 연구」, 『국제정치논총』 제52집 (3)호 (2012).
130) Randall Lesaffer, "Peace Treaties from to Westphalia," in Randall Lesaffer (2004), p. 10.
131) Daniel Philpott, "Westphalia, Authority, and International Society," in Robert Jackson (ed.), *Sovereignty at the Millennium* (Oxford: Blackwell, 1999), pp. 158-160.

보는 시각들을 비판했다. 이러한 의미에서 그는 베스트팔렌체제의 전통성을 확인했다.132)

베스트팔렌회의에서는 참가국들에게 서열이 있었지만, 대규모적인 다국 간 국제회의였으며, 전례가 없었던 일이었고, 무엇보다 많은 유럽 국가들이 평화를 성취시키려고 합의했다는 점이 중요했다.133) 이 회의를 거쳐 작성된 베스트팔렌조약과 그것을 서명한 국가들은 상대방의 존재를 인식하여, 공통적 가치를 공유하게 되었다. 1648년의 의미는 희박하지 않다.134)

어떤 하나의 특정한 정치현상은 역사적인 사물들의 축적으로 나타난다. 실증주의 방법을 취하는 역사가들이 어떠한 역사적 현상을 해명할 때, '기원'을 설명하려고 노력하지만, '기원'이나 '시작'이라는 용어가 가지는 위험성을 고려할 필요가 있다.135) 정치적 현상의 등장과 이에 따른 단기적, 장기적 지속은 역사적 현상들의 종합적 측면들을 고려할 필요가 있고, 이에 따라 정치적 현상의 생산과정을 밝혀야 한다. 비판자들의 노력으로 인해 1648년의 역사적 실체가 서서히 밝혀지고 있음에도 불구하고, 주권국가체제의 성립 시기에 관해서 비판자들의 의견은 일치하지 않은 채 여전히

---

132) Daniel Philpott, "The Religious Roots of Modern International Relations," *World Politics* Vol. 52, No. 2 (Jan., 2000).
133) 久保田德仁,「ウェストファリア国際体系の実像: 1648年はどのような意義をもつ年なのか」, 山影進 編,『主權國家体系の生成:「国際社会」認識の再檢討』(京都: ミネルヴァ書房, 2012), p. 175.
134) Myongsob Kim, "Why No Westphalian Peace Order after the Toyotomi Hideyoshi War in Korea (1592-98)?," *Korea Observer* vol. 45, no. 1 (Spring 2014).
135) 마르크 블로크, 고봉만(옮김),『역사를 위한 변명』(파주: 한길사, 2007), pp. 59-66. 기원에는 또 다른 기원이 있을 것이기 때문에 이 용어는 유동적이며, 애매성이 있다는 것이다.

모색 중이다.

본서는 베스트팔렌체제가 가지는 주권국가체제의 의미를 중요시하고 있다. 베스트팔렌조약은 주권국가체제의 과도기적 현상을 시사해주는 평화체제였으며, 국제적 공간에서 같은 시간축을 공유한 국가들은 서로를 다른 하나의 주체로 인식했다. 국제적 회의체를 통해 공통인식이 형성되었다는 측면에서 베스트팔렌조약 및 베스트팔렌체제가 가지는 의미는 크다.[136)
평화체제에서도 주권국가는 주요 단위가 된다. 그런데, 흔히 평화체제라는 용어는 현재 불안정한 상황에 있는 국가 간 관계를 평화적 관계로 발전시키고, '평화적 체제'를 창출하는 의미로 사용될 경우가 많다. 특히 이는 한반도 정세와 직결되어 있고, '한반도 평화체제'라고도 불린다.[137) 6·25전쟁이 평화조약 체결 없이 휴전되어 있는 상황이기 때문에 평화체제에 관한 구축 논리의 정립을 시도하거나[138) 한반도 평화체제를 실현하

---

136) 포크(Richard Falk)는 베스트팔렌 후의 세계, 즉 현재 세계화에 있어서 국가 중심주의적인 법은 변화하고 있기 때문에 이제 국가는 지구적 시민사회와 지역적 조직을 대표하는 다양한 행위자들과 활동영역을 공유해야 한다고 했다. 그의 논리는 특히 인도법이나 인도적 개입에 초점을 맞춘 것이지만, 그렇다고 해서 국가의 역할과 존재를 부정하지는 않았다. Richard Falk, *Law in an Emerging Global Village: A Post-Westphalian Perspective* (Ardsley, N.Y.: Transnational Publishers, 1998). 세계화의 진행으로 다양한 행위자들이 등장하고 있지만, 국가의 역할 자체가 축소되거나 기능이 저하하지는 않는다. 김성주, 「주권 개념의 역사적 변천과 국제사회로의 투영」, 『한국정치외교사논총』 제27집 제(2)호 (2006).
137) '한반도 평화체제'라는 용어는 1972년 7·4 남북공동성명 이후 서서히 나왔고, 1974년 3월 극동문제연구소가 발행했던 『국제문제』에서 본격적으로 사용되기 시작했다. 김학성, 「북·미관계의 개선 전망에 따른 한반도 평화체제 구축의 예상경로」, 『한국정치외교사논총』 제29집 제(2)호 (2008), p. 245.
138) 이론적 검토를 통한 한반도 평화체제 구축 논리에 관해서는, 김학성, 『한반도 평화체제에 대한 이론적 접근: 현실주의, 자유주의, 구성주의의 비교』 (서울: 통일연구원, 2000). 김학성은 세 가지 이론에서 구성주의적 접근이 한반도의 평화체제 구축에 유효이라고 했다. 그의 연구는 구체적 정책을 내세운 연구가 아니라, 문제를 해결하기 위한 사고방식의 정립을 강조한 것이다.

기 위한 정책연구가 진행되고 있다.[139] 김학성은 크래스너가 다양한 레짐의 개념들을 포괄적으로 정의한 것을 차용하여, 한반도 평화체제란 국제레짐의 성격을 가진 것이라 했다.[140] 그에 따르면 한반도 문제는 국제적 이슈이며, 평화를 위해 남북한은 물론 주변국들도 어떤 제도를 필요로 하고, "관련 행위자들은 특정 역할을 수행할 의지와 실천을 보이고 있는 현실"을 주목해야 한다는 점을 들고 있다.[141]

평화체제를 국제레짐적 관점으로 파악하고 있는 연구자들[142]은 전쟁을 마감하는 평화조약의 의미를 부정하지는 않았다. 다만 6·25전쟁이 1953년 7월 27일에 정전협정을 체결한 이래로 휴전 상태에 놓여 있는 특수한 상황이기 때문에 전쟁 후에 비교적 이른 시기에 체결되는 전쟁 후의 평화조약보다는 평화적 관계를 구축하기 위한 국제레짐이라는 관점, 즉 정치, 행정, 경제, 문화 등 국제관계의 다양한 분야에서 주요 국가들이 승인한

---

139) 평화체제 실현을 위한 정책연구로서, 박기덕·이상현(편),『북핵문제와 한반도 평화체제』(성남: 세종연구소, 2008). 장영권,『지속 가능한 평화론: 동북아 평화체제 구축 모델과 방안』(파주: 한국학술정보, 2010).
140) 레짐에 관한 개념적 탐구와 정의는 1970년대 중반부터 제시되어 왔으나, 1982-83년 크래스너의 개념적 정의는 영향력과 학문적 가치를 지니고 있다. Andreas Hasenclever, Peter Mayer, Volker Rittberger, *Theories of International Regimes* (New York: Cambridge University Press, 1997), p. 8.
141) 김학성 (2000), pp. 115-116. 이론적 검토를 통해 한반도 평화체제 구축 논리를 전개한 김학성은 구성주의적 접근이 한반도의 평화체제 구축에 유효적이라고 했다.
142) 김영재는 평화체제를 'peace regime'로서 파악했다. 김영재,「분단체제의 극복 과정과 새로운 평화체제의 모색」,『국제정치논총』제43집 (4)호 (2004). 2006년에 극동문제연구소에서 출간된『한국과 국제정치』제22권 1호는 '한반도 평화체제'를 주제로 삼았는데, 연구자들은 모두 평화체제를 peace regime로 통일하여 사용했다. 김승채는 평화체제를 "국제레짐적 성격을 가지며, 권력이나 국가이익, 지식과 가치가 모두 중시되는 평화를 유지하는 체제"라고 했고, 남북한과 주변국들이 '전략적 통합'이라는 목적을 가지고 한반도 평화체제 구축에 임하는 필요성을 주장했다. 김승채,『전략적 통합과 한반도 평화체제』(파주: 집문당, 2009), p. 40.

조약과 같은 행동규칙이나 준칙, 규범 등을 통해 평화체제의 정착을 주장한 것이다. 평화체제란 "평화를 유지하는 체제"라고 언급한 송대성은 전쟁이 없는 상태 혹은 폭력이 행사되지 않는 상태를 의미하는 '소극적인 평화'뿐만 아니라 전쟁이 발생하는 원인을 제거해야 평화가 보장된다는 '적극적인 평화' 두 가지를 충족시킨 것이 한반도의 평화개념이라고 했다.143) 이 논리를 바탕으로 그는 최종적으로 "한반도의 평화체제(Peace System)란 한반도에서 평화를 유지하는 제요소들이 상호관계를 유지하면서 투입(Inputs), 산출(Outputs), 귀환(Feedback) 등을 통하여 상호관계를 유지하고 있는 일련의 유기체"라고 정의했다.144) 이들의 주장은 '평화조약에 의한 평화체제'의 관점보다도 평화조약이 체결되지 않은 상태로 지속되어 온 불안정한 한반도 정세에서 남북한이 안정적, 평화적 관계를 구축할 필요성과 방안을 강조한 것이며, 이론과 정책을 융합시킴으로써 한반도의 평화체제 구축을 추구한 것이다.

물론 한반도 평화체제의 구축을 평화조약(혹은 평화협정) 체결 자체에 초점을 맞춘 주장도 있다. 즉 정전협정을 거쳐 나타난 "현 휴전체제를 평화체제로 대체하는 평화조약을 체결함으로써 당사자 문제를 법적으로 정리"할 수 있게 되고, 정전협정을 "평화조약으로 대체하여야 분단한국의 통일을 기할 수 있"다는 주장이다.145) 그러나 제2차 세계대전 이후, 독일과

---

143) 송대성, 『한반도 평화체제: 역사적 고찰, 가능성, 방안』 (성남: 세종연구소, 1998), pp. 6-20.
144) 송대성 (1998), p. 208.
145) 김명기, 『한반도평화조약의 체결: 휴전협정의 평화조약으로의 대체를 위하여』 (서울: 국제법출판사, 1994), pp. 107-109.

유럽 국가들의 관계를 고려할 필요가 있다. 역설적이지만, 독일에 대한 평화조약은 체결되지 않았음에도 불구하고, 유럽에서 독일의 현재적 위치와 위상은 평화조약의 존재 유무와 그 효과를 재인식하게 한다.

평화조약을 체결하는 것은 긍정적인 측면이 분명히 있으나, 역사적으로 평화체제는 단명(短命)으로 막을 내린 사례도 있었기 때문에 평화조약으로 항구적인 평화가 도래한다고 낙관시할 수도 없을 것이다. 법적으로 전쟁을 마감하는 평화조약 체결 그 자체가 가장 우선적이고 최종적인 목표라면 체결 합의에 있어서 장애요인은 크지 않겠으나, 무엇보다 긴 시간이 경과한 상태에서 전쟁을 완전히 마감하는 평화조약(혹은 평화협정)을 체결하기 위해서는 전쟁의 발발, 경과, 결과 그리고 물질적, 인적 피해 등에 관한 고도의 공통인식의 공유가 전쟁 당사자들 간에 필요할 것이다.[146] 6·25전쟁을 보편적 전쟁의 하나라고 포괄해도, 몇십 년 이상 평화조약이 체결되지 않았다는 상황은 특수한 측면들을 부각시킨다. 즉, "정전체제"[147]가 지속된 한반도 정세는 전쟁 종료 후에 비교적 이른 시기에 체결된 평화조약의 효과와 이에 따른 평화체제 형성 문제와는 별도로 생각하는 것이 타당하다.

이 책에서 사용하는 평화체제 개념의 중심축은 평화조약에 있다. 평화조약은 평화체제를 형성하여 국가의 주권 문제 및 영토 문제, 전후처리나

---

146) 문광건은 한반도에는 미국과 북한은 물론 남북한 사이에서도 이미 전쟁상태가 존재하지 않는다고 했다. 그는 평화조약이 아니더라도 남북한은 7·4공동성명, 남북기본합의서, 6·15공동선언, 남북한 동시 유엔 가입 등을 통해 평화조약과 다름없는 상태라고 했다. 문광건, 「한반도 정전협정의 본질과 평화조약의 필요성」, 『국방정책연구』 49권 (2000), pp. 106-108.
147) 김명섭, 『전쟁과 평화: 6.25전쟁과 정전체제의 탄생』 (서울: 서강대학교출판부, 2015).

새로운 규칙 등을 성립시켰다. 30년전쟁에 따른 베스트팔렌평화체제, 프랑스혁명과 나폴레옹전쟁에 따른 빈평화체제, 제1차 세계대전에 따른 베르사유평화체제 등은 대표적인 평화체제라고 할 수 있다. 이러한 평화조약은 양자 간 평화조약에 비해 다국 간 평화조약이라는 특징을 가지고 있었고, 역대 평화체제는 일정 기간 지속성을 유지했다. 서구를 중심으로 보았을 때, 평화체제는 탄생과 소멸을 반복하면서도 서구의 역사적 토양, 경험, 사상에 많은 영향을 미쳤다고 볼 수 있다.

본서에서는 평화체제에 대해 1815년의 빈체제 혹은 빈강화(Vienna Settlement)라고 불리는 다국간 체제의 역사적 함의를 고찰함으로써 개념적인 성립을 시도한다.[148] 빈회의(1814.6-1815.6)는 1814년 5월에 체결된 제1차 파리조약 제32조를 근거로 개최되었다.[149] 여기에는 프랑스혁명과 나폴레옹전쟁으로 파괴된 유럽을 재건설하려고 노력했던 메테르니히(Klemens von Metternich, 1773-1859)와 캐슬레이(Robert Stewart; Viscount Castlereagh, 1769-1822), 두 정치인의 공헌이 컸다. 1815년에 빈에서 탄생된 평화의 특징은 '정통성(legitimism)'과 '세력균형(balance of power)'에 있었다.

정통성이란 프랑스혁명 전의 주권과 영토를 정통으로 하여, 혁명 이전의 상태로 되돌린다는 것이었고, 세력균형은 영국, 러시아, 프로이센, 오스트

---

148) 1815년의 평화에 관해서, 한국이나 일본에서는 빈체제라는 명칭이 일반적으로 사용되어 있는 반면에 영미권에서도 Vienna System로 사용될 때도 있으나, Vienna Settlement라는 표현이 많이 사용되어 있다.
149) Treaty of Paris (1814) Article 32: All the powers engaged on either side in the present war shall, within the space of two months, send plenipotentiaries to Vienna, for the purpose of regulating, in general congress, the arrangements which are to complete the provisions of the present treaty.

리아, 프랑스 5대국이 힘의 균형을 유지하는 것이었다.150) 즉 1815년의 기본 원칙은 정통주의와 세력균형이었고, 이를 포괄한 이념은 유럽의 협조주의였다는 주장들은 영미권에서는 지배적 견해다.151) 1815년에 유럽에서 구축된 평화를 긍정적으로 평가했고 이를 질서라고 보았던 키신저는 정통성에 관해 다음과 같은 의미를 부여했다.

안정은 평화의 탐구에서 생기는 것이 아니라 일반적으로 받아들이는 정통성에 의하여 초래된다. 여기서 사용된 정통성이라는 용어를 정의와 혼동되면 안 된다. 이(정통성)는 실행 가능한 해결 내용, 외교정책의 목표 및 수단에 대한 국제적 합의를 의미한다. 모든 주요 국가들에 의한 국제질서의 틀에 대한 승인을 의미하는 것이다. 적어도 베르사유조약 후의 독일처럼 혁명적 외교정책으로 불만을 표시할 정도로 큰 불만이 없는 것을 의미한다.152)

---

150) 평화를 성취하기 위한 세력균형은 스페인 왕위계승전쟁을 마감한 1713년 위트레흐트조약 (Treaty of Utrecht)에서 등장했다. Justin Rosenberg, *The Empire of Civil Society: A Critique of the Realist Theory of International Relations* (London: Verso, 1994), p. 39.
151) 이러한 원칙들이 빈체제를 관통했다는 것이 지배적이다. 김용구,『춤추는 회의: 비엔나회의 외교』(서울: 나남출판, 1997), pp. 90-95. 슈뢰더(Paul W. Schroeder)는 1992년에 발표한 글에서 1813-15년에 일어난 현상을 세력균형이 아닌 영국과 러시아의 양극적 정치구도였다고 했고, 이들 패권국이 관용적이었다는 견해를 제시했는데, 김용구는 이를 논파했다. 그러나 슈뢰더의 견해는 여전히 영향력을 가지고 있다. 그의 주장은 18세기가 경쟁적이며, 패권국가의 출현을 억제하려고 하는 세력균형 시대였다면, 19세기는 국제법의 준수, 평화의 유지, 협조적인 정치적 균형(political equilibrium)으로 유럽 국제관계가 변화되었다. Paul W. Schroeder, "Epilogue: Transformation or Evolution - Linear or Catastrophic?," in Peter Krüger and Paul W. Schröeder (eds.), in cooperation with Katja Wüstenbecker, *The Transformation of European Politics, 1763-1848: Episode or Model in Modern History?* (Münster: Lit Verlag; New York: Palgrave Macmillan, 2002), pp. 324-329.
152) Kissinger (1964), pp. 1-2.

정통성과 더불어 키신저의 세력균형에 대한 설명 역시 평화의 안정성과 불가분한 것이었다.

전쟁의 논리는 힘이며, 힘은 원래 한계가 없는 것이다. 그러나 평화의 논리는 균형이며, 균형은 제한을 의미한다. 전쟁의 성공은 승리이며, 평화의 성공은 안정이다. 승리의 조건은 전투이며, 안정의 조건은 자제이다. 전쟁의 동기는 외적인 것, 즉 적대국에서의 위협이다. 평화의 동기는 내적인 것이며, 힘의 균형과 그 정통성의 승낙에 있다.[153]

1815년의 평화는 이러한 정통성과 세력균형을 특징으로 했다. 키신저는 1815년의 질서가 세 세트의 조약들(three sets of treaties)로 인해 안정되어 있었다고 보았다. 즉, (1) 제1차, 제2차 파리조약과 빈회의 최종 의정서, (2) 쇼몽조약과 4국동맹, (3) 신성동맹이었다.[154] 키신저가 지적한 이 조약들은 1815년에 탄생된 질서의 안정성에 기여했다는 뜻으로 모두 중요했지만, 프리몬-반즈(Gregory Fremont-Barnes)와 피셔(Todd Fisher)는 좀 더 미시적으로 '빈체제'가 4국동맹, 제2차 파리조약, 그리고 러시아 황제가 선포한 신성동맹 세 가지로 구체화되었다고 했다.[155] 그들의 주장에서 더욱 주목해야 하는 것은 제2차 파리조약에 관한 것이다. 이 평화조약 제4조에는 열강들 사이에 중대한 사안이 발생했거나 유럽의 평화를 지키기 위한

---

153) Kissinger (1964), p. 138.
154) Kissinger (1964), p. 215.
155) 그레고리 프리몬-반즈 · 토드 피셔, 박근형(옮김), 『나폴레옹 전쟁: 근대 유럽의 탄생』 (서울: 플래닛미디어, 2009), pp. 614-615.

조치가 필요할 때, 또다시 회의를 소집할 수 있도록 규정했다.

1815년에 탄생된 평화가 빈체제 혹은 빈질서였다면 다양한 구성 요소들과 국제법을 다각적으로 검토할 필요가 있지만, 1815년을 '빈평화체제'라고 했을 때, 평화조약이 지니는 의미에 더 주목해야 한다. 앞서 언급했듯이 1815년 제2차 파리조약은 프랑스에게 사면이 아닌 응징성을 지닌 점에서 분수령이 된 평화조약이었다. 그러나 배상금 관련 조문이 있었다고 해도 프랑스의 입장에서 극적인 불만은 분출되지 않았다. 프랑스는 패전국이었음에도 5대국의 자격을 얻었기 때문이다. 물론 이 시대에 안전보장 상 가장 위협적인 존재는 프랑스였기 때문에 영국, 러시아, 프로이센, 오스트리아는 4국동맹으로 프랑스에 대한 경계를 유지했다. 그렇지만, 안정적인 체제를 형성하기 위해서 프랑스에 필요 이상의 과도한 징벌을 가하지 않았다. 1815년 11월에 성립된 이 군사적, 정치적 동맹은 1818년 11월 아헨(Aachen) 회의에서 프랑스의 가입을 승인함에 따라 5개국 동맹이 되었다.

즉, 1815년을 기점으로 제2차 파리조약에서는 프랑스에 대한 징벌적 의지가 작동되었다는 것은 맞지만, 그렇다고 해도 프랑스를 과도하게 응징하거나 봉쇄하지 않았고 패전국을 체제 내에 포용했다. 이는 1815년의 평화가 제2차 파리조약뿐만 아니라 그 이상의 이념과 제도를 가진 다른 조약들로 형성되었다는 것이다. 4개국은 배상금을 필두로 프랑스에 엄격한 제재를 가했다고 해도, 탄생된 질서 혹은 체제가 불안정했다는 것은 아니었다. 적어도 1815년 이후의 평화는 1919년 이후의 평화보다 안정적이었다는 주장은 동의할 수 있다. 두 평화는 다음 전쟁으로 붕괴되었음에도 대체로 빈과 베르사유의 강화(講和)를 비교하여 전자의 경우를 높이 평가하는 경향이 있다.156) 이는 조문에 규정된 징벌적, 제재적 내용이 바로 빈체제의 불안 요소가 되지 않았다는 점에 유의해야 한다.

배상은 평화조약의 절대적인 조건이 아니었음에도 19세기에 들어와서 평화조약에는 배상이 규정되었다. 빈체제를 지탱했던 제2차 파리조약 역시 프랑스에 대한 징벌이었지만, 배상을 포함한 제재로 인해 빈강화가 처음부터 불안정적 요소를 잉태했다고 할 수 없었다. 키신저의 연구는 1815년의 '질서'가 가지는 정통성과 세력균형 구축 과정의 상당 부분에서 발휘되는 메테르니히와 캐슬레이 등의 정치적 수완(statesmanship)에 집중했는데, 결국 질서의 안정화에 기여한 것은 보복과 징벌이 아닌, 균형과 정통성의 추구라는 것이다. 즉, 정통성과 세력균형이라는 이념과 제도, 그리고 유럽의 협조주의는 프랑스에 과도한 징벌을 행사하지 않았기 때문에 가능했다고 해석할 수 있을 것이다.

나폴레옹 시대 이후의 평화를 교섭한 정치인들이 프랑스에 대한 징벌적인 평화(punitive peace)의 유혹을 극복한 것은 명예스러운 일이다. 이는 대중의 압박에 무관심이었다는 그들의 약점, 즉 그들의 자질에 기인한 것이었을지도 모른다. 그러나 원인이 무엇이든, 그들은 보복이 아닌 균형, 징벌이 아닌 정통성을 추구했다.157)

---

156) 예컨대, W. R. Smyser, "Vienna, Versailles, and Now Paris: Third Time Lucky?," in Brad Roberts (ed.), *U.S. Security in an Uncertain Era* (Cambridge, Mass.: MIT Press, 1993), p. 90.
157) Kissinger (1964), p. 139.

평화체제의 역사적 전례로서의 1815년의 평화는 많은 사실들과 시사점들을 재확인시키는 것이지만, 평화체제에 대한 검토를 좀 더 진행한다면, 평화체제의 개념은 '평화조약 그 자체'에 주목한 것이다. 스피노자(Benedictus de Spinoza)가 어떤 대상을 정의한다는 것은 그 대상의 기성원인(起成原因; causa efficiens)을 표현해야 한다고 말했듯이158) 평화체제의 개념적 정의에는 평화조약이 원동력이 된다.

평화체제는 다양한 구성 요소들로 형성되는 국제질서와 국가 간의 상호관계를 중시한 국제체제의 일부이기도 하다. 평화체제의 핵심적 개념은 "평화조약(협정)이 중심을 이루지만 동시에 각각의 정부들이 받아들이는 묵시적 혹은 명시적 절차, 규칙, 제도들을 의미한다."159) 평화조약은 국가 간 관계를 규정하는 성문화된 국가간 약속 내용이다. 평화조약에 규정된 조문들을 승낙한 서명국들은 새로운 자율성과 구속성을 수용하게 된다. "평화체제는 전쟁을 공식적으로 종료시키는 평화조약(peace treaty)을 중심축으로 하여 형성된다"160)는 큰 명제부터 출발하고 있는 이 연구에서 평화체제의 개념은 평화조약을 중심으로 보았을 때, 서구의 다국간 평화체제였던 베스트팔렌체제, 빈체제의 개념과 유사한 영역에 속하고 있다. 평화체제의 계보를 추적하면 중심 이념들이 존재했다. 즉 평화조약 체결 당사자들 간의 힘이 균형적이든 비대칭적이든 당대를 지배했던 이념이 평화조약에 반영되었고, 그에 따른 제도가 산출되었다. 이러한 내용들은

---

158) スピノザ, 畠中尚志 翻訳, 『スピノザ往復書簡集』 (東京: 岩波書店, 1958), p. 276.
159) 김명섭 (2007), p. 58.
160) 김숭배 · 김명섭 (2012), p. 40.

평화조약에 압축되어, 평화체제의 탄생으로 이어졌다. 양국 간 평화조약으로 창출된 국제체제적인 '평화조약체제'와는 다르다.

평화체제가 역점을 둔 것은 하나의 평화조약에 많은 국가들이 참여하여 평화조약에 따른 평화체제를 창출하는 것이다. 평화체제는 어떤 하나의 패전 국가를 위한 것이지만, 다른 국가들이 함께 참여한 포괄성과 복수성(複數性)을 중시한다.

평화체제의 개념을 앞서 언급한 국제질서와 국제체제의 비교를 통해 본다면 다음과 같은 교집합과 상이성이 부각된다. 우선 평화체제와 국제질서의 관계성에서는 첫째, 구성원의 측면에서 평화체제와 국제질서는 기본적으로 주권국가를 주요 단위로 하고 있다. 둘째, 평화체제와 국제질서는 국가들이 공유하는 공통적 규범을 보유함으로써 국가 간 관계를 존립시킨다. 공통적인 규범은 암시적, 명시적이며, 규범은 룰이나 규칙이라고도 할 수 있다.

다만 평화체제의 규범이란 기본적으로 평화조약 조문에 따른 것이고, 이를 국가들이 수용하는 것이지만, 국제질서에서 말하는 규범은 특정 국제법뿐만 아니라 통상조약, 동맹, 관습, 종교, 문화 등 다양한 규범들을 바탕으로 하고 있다. 국제질서에는 평화체제보다 다양한 규범이 있었기 때문에 평화체제보다 더 추상성과 상위성을 가지고 있는 것이다. 즉, 규범을 내재한 국제질서는 평화체제보다 개념적 범주가 넓다. 셋째, 국제질서는 전쟁이 변동 요인이 되기도 했다. 한편 평화체제는 마감하는 평화조약으로 인해 새로운 평화체제가 형성되었다. 평화체제의 탄생과 소멸은 전쟁과 밀접하게 관련되어 있다.

한편 국제질서 역시 전쟁을 큰 변동 요인으로 하는 경우가 있지만, 전쟁과 평화조약이 없어도 형성된다. 자기중심적 화이질서(華夷秩序)[161]나 대동아공영권 같은 반동적 질서[162]는 전쟁을 계기로 탄생했다기보다 자기중심적 관념과 권력의 행사가 요인이었다.[163] 중요한 것은 국제질서가 전쟁 후에 형성될 경우, 평화체제는 국제질서의 일부이면서도, 그것이 국제질서의 핵심이 될 수도 있다는 점이다.

평화체제와 국제체제의 관계성은 첫째, 평화체제와 국제체제는 국가를 기본적 단위로 한다. 둘째, 평화체제와 국제체제는 국가들이 공유하는 공통적 규범을 보유함으로써 국가 간 관계를 존립시킨다. 규범은 국가 간 관계를 연결시키는 장치가 되는데, 국제법이 이에 해당된다. 평화체제는 평화조약이라는 특정 국제법 위주로 형성되지만, 국제체제는 다양한 국제법에 의해 성립된다. 즉, 평화조약으로 국제체제가 성립된다고 할 수 있고[164] 평화조약 이외의 조약들, 통상조약, 안전보장조약, 양국 간

---

[161] 화이질서가 제국적 질서였다는 견해는 '제국'에 대한 개념적 정의에 따라 달라진다. 백영서는 화이질서를 중화제국의 '제국성(帝國性)', 즉 "중국의 역대왕조가 자신의 정통성을 확보하기 위해 추구한 제국적 지향"을 중요시했다. 백영서, 「제국을 넘어 동아시아공동체로」, 백영서 (2005), pp. 13-14. 그러나 화이질서는 기능적으로 간접통치, 조공통치, 대등한 관계마저 있었고, 다양한 통치원리가 공존한 질서였기 때문에 단순히 제국적이었다는 견해를 부정하는 견해도 있다. Takeshi Hamashita, "The Intra-Regional System in East Asia in Modern Times," in Peter J. Katzenstein and Takashi Shiraishi (eds.), *Network Power: Japan and Asia* (Ithaca: Cornell University Press, 1997), pp. 118-125.
[162] Ki-Jung Kim and Myongsob Kim (2008), pp. 311-312 and 314-315.
[163] 예컨대 아이켄베리의 연구서는 1815년, 1919년, 1945년의 전후 질서에 주목했다는 것이 질서의 변환점을 시사해준다. 그의 연구에서 1945년 시기는 미국에 의한 입헌적 질서, 즉 동맹, 경제, 정치 등 다양한 분야에서 파생된 질서에 관한 것이다. 그리고 그의 연구는 샌프란시스코평화조약에 관한 서술이 결여되어 있다. Ikenberry (2001), chapter 6.
[164] 평화체제라는 용어를 사용하지 않았으나, 길핀(Robert Gilpin)은 하나의 체제가 종식되어, 새로운 체제가 등장하는 계기는 전쟁이며, 전승국을 중심으로 작성된 평화조약으로 인해 체제의 틀이 정해진다고 했다. Robert Gilpin, *War and Change in World Politics*

조약, 다국 간 조약 역시 체제를 창출하여, 국가들을 서로 연결시켰다. 셋째, 앞선 설명에서 알 수 있듯이 국제체제는 평화체제보다 광범위한 개념이다. 평화체제는 국제체제보다 협의의 개념이지만, 국제체제의 중심 개념이 될 수도 있다.

(Cambridge: Cambridge University Press, 1981), p. 36. 그의 책은 전쟁이 국제체제의 변동에 영향을 끼치는 것을 증명하는 반면 평화조약의 고찰에는 무게를 두지 않았다.

제3장 비교사라는 관점

 기존 연구들의 경향을 극복하기 위해, 이 책은 두 평화체제를 비교함으로써 두 평화체제의 성격을 탐구하고, 공통점과 상이점을 밝히며, 평화체제의 이념에 대한 한국/조선 및 대한민국과 일본의 수용과 변용에 주목했다. 선행 연구들을 통해 알 수 있는 경향은 비교사적 관점의 부족에 있었다. 그러한 연구들이 가지는 경향성은 당연하고, 부정적인 것이 아니지만, 평화체제의 거대성을 감안한다면 한정성을 가진 부분적 연구, 즉 1945년을 기준으로 전과 후로 나누어서 부분적 연구를 실시하는 것보다 선행 연구들을 기초적 토대로 하되, 총괄적이며, 체계적 관점에서 고찰하는 것이 평화체제라는 구조를 이해하는 데 필요한 작업이 될 것이다. 한국/조선, 대한민국과 일본의 상호인식을 기반으로 한 양국 간 관계도 중요하지만, 세계사 속에서의 한일관계의 역사적 위치와 맥락을 밝히는 것은 기존 연구들과 다른 견해와 주장을 제공할 수 있다.
 그런데 두 평화체제에 대한 한국/조선, 대한민국과 일본을 고찰하는 데 있어서, '평화체제에서 일본은 핵심 국가였으나, 한국/조선, 대한민국은 주변부였다'는 의문을 제기할 수 있을 것이다. 평화체제에서 한국/조선, 대한민국의 주도적 역할만 본다면, 사실상 없었다는 결론을 도출하는 일은 쉬울 것이다. 20세기 초부터 중반까지의 국제관계와 한국 관련 연구들, 특히 관계사적 연구들은, 미국이나 일본의 외교정책을 중심으로 하고 한국/조선, 대한민국을 수동적 객체로 설정한 연구들이 많은 편이다. 물론 20세기 초부터 중반까지 이른바 '국제정치사'에서 한국/조선의 독자적 행동과 자율성을 가진 역사성이 전혀 없었다는 것이 아니다. 이 시기에 관한 한국/조선 관련 연구들은 일본에 대한 다양한 광복운동 관련 연구들이 존재했고, 비록 주권국가 상태가 아니었다고 해도 임시정부라는 조직을 통하여 국제사회에 대한 홍보활동, 인물들의 인식을 고찰한 것은 의의가 있다.165)

본서는 한국/조선, 대한민국이 두 평화체제에서 큰 역할을 수행했는지의 여부를 추구하거나 평가하는 것이 아니라, '평화체제에 속해 있었던 한국/조선, 대한민국은 어떻게 평화체제와 연계되어 있었는가'에 주목한 것이다. 한국/조선, 대한민국이 국제사회에서 중심이 아니었다는 한계점이 있다고 해도, 중요한 것은 그 역할이나 성과가 아니라 어떻게 국제적 환경과 연결되어 있었으며, 어떻게 권력구조를 상징하는 정치적 국제관계에 속해 있었는가에 있다. 이러한 점들에 착목하지 않으면, 특히 기존 연구의 주된 분석 대상인 강대국 중심 연구에서 벗어날 수 없다. 다시 말해, 이 책은 연구 범위에 해당하는 시기의 한국/조선, 대한민국의 한계점을 평가하는 것이 아니라, 평화체제에 속해 있었던 일본은 물론 한국/조선, 대한민국이 어떻게 '국제적 표준'과 연결되어 있었는가에 관심을 가지는

---

165) 예를 들면, 고정휴, 「대한민국 임시정부와 국제연맹(LN)·국제연합(UN) 관계에 대한 고찰」, 고정휴(외), 『대한민국 임시정부의 현대사적 성찰』 (파주: 나남, 2010).

것이다. 따라서 자료들을 정밀하게 점검하여 평화체제의 구조와의 관계성, 그리고 역사적 의미를 재고(rethinking)166)하는 것은 중요한 작업이고, 베르사유평화체제와 샌프란시스코평화체제를 비교의 관점으로 고찰하는 것은 선행 연구들에 없었던 이 연구의 관점이자 강점이다.

따라서 역사적 접근방법을 사용하는 이 책은 비교사적 분석 시각을 채용한다. 이러한 시각에서 보면 두 평화체제의 공통성과 상이성, 그리고 이에 대한 한국/조선, 대한민국과 일본의 수용과 변용은 물론 그 대조성, 비대칭성까지 부각시킬 수 있다. 비교라는 관점과 방법은 먼저 철학이나 사회학의 분야에서 많이 사용되었다. 이것을 역사학에서 적극적으로 수용한 인물이 피렌(Henri Pirenne, 1862-1935)이었다. 피렌은 1920년대 전통적인 역사학을 지향하면서 이에 사회학의 방법을 도입하여 역사적 비교 방법 확립에 기여했다.167)

피렌의 영향을 받으면서도 사회학적 방법보다 역사학적 비교를 제시한 인물이 프랑스 역사가이며 아날학파(불어: L'école des Annales／영어: Annales School)의 초기 주요 인물이었던 마르크 블로크(Marc Bloch, 1886-1944)였다.168) 블로크는 독일 역사주의의 직관적, 주관적, 반과학적 성향에 반하여 역사 연구의 과학성을 강조했다.169)

---

166) 김용구는 한국의 19세기 근대국가를 건설한다는 과제, 20세기 냉전의 청산이라는 숙제, 21세기 세계화에 부응한다는 지적 고민을 해결하기 위해, 베르사유체제에 대한 연구는 "역사적 경험을 오늘의 현실에 비추어 새롭게 해석하는 이른바 '창조(invention)'의 정신"이 필요하다고 했다. 김용구 (2010), pp. 221-222.
167) 차하순, 『현대의 역사사상』(서울: 探求堂, 1994), pp. 242-252.
168) 아날학파의 창설자였던 블로크의 정치적 자세를 알기 위해서는 우선 그가 유대인이었다는 사실에 있다. 그는 1944년 나치스에 대한 저항운동 와중에 생포되어 고문을 당한 후 사살되었다.

블로크의 비교 방법은 비교정치학에서의 논리와 유사하다. 그는 비교란 하나 또는 여러 개의 상이한 사회 환경에서 유사성이 있는 둘 혹은 여러 개의 현상을 선택하여 각각을 설명하고, 관찰된 사실들 사이의 유사성과 상이성을 도출하는 것이라고 했다.[170] 이러한 전제에서 블로크는 연구대상의 영역에 따라 다음과 같은 두 가지의 연구방법을 제시했다. 하나는 (1) "시간적으로나 공간적으로 크게 분리되어 있어, 양쪽에서 관찰되는 현상들 사이의 유사성을 가지고 상호적인 영향이나 공통의 기원으로 설명할 수 없는 사회를 선택"하는 것이다. 즉, 시공간적으로 두드러진 괴리가 있기 때문에 공통적인 기원으로 설명할 수 없지만, 유사성이 보이는 현상을 설명한다는 것이다. 또 다른 하나는 (2) "지속적인 상호영향의 실행과 인접성 및 동시성으로 인해 동일하고 광범위한 움직임으로 발전하고, 적어도 공통의 기원을 공유하는 동시대의 이웃 사회들을 병렬적으로 연구하는 것"이다. 즉, 시공간적으로 같은 영역에 속해 있는 두 현상에는 상호적 영향 관계가 있는데, 이는 공통적인 원인이 있다는 것을 의미한다.

본서의 비교사적 관점은 블로크가 언급한 두 가지의 관점을 채용한다. 먼저 블로크가 제안한 (1)의 논리는 두 평화체제를 비교할 경우 '시공간적으로 약간 괴리가 있는 두 평화체제는 상호적인 영향이나 공통의 기원에

---

[169] G. 배러클로우, 이연규(譯), 『현대역사학의 추세와 방법론』 (서울: 풀빛, 1983), pp. 62-63, 258.
[170] 블로크는 1928년 오슬로에서 열린 국제역사학회 중세사 분과에서 「유럽 사회의 비교사를 위하여(Pour une histoire comparée des sociétés européennes)」라는 내용을 발표했다. 이 발표문의 한국어 번역문은 다음 저서에 수록되어 있다. 마르크 블로흐, 「유럽사회의 비교사를 위하여」, 김택현·이진일(외), 『역사의 비교, 차이의 역사』 (서울: 선인, 2008), pp. 114-153; 김응종, 『아날학파의 역사세계』 (서울: 아르케, 2001), pp. 121-156.

의해 설명될 수 없는 현상'을 고찰하는 데 유익하다. 그리고 (2)의 논리를 원용한다면, '어떤 하나의 평화체제에 대해 시공간적으로 공통의 영역에 속해 있었던 한국/조선, 대한민국과 일본을 병행적으로 연구하는 것'이다. 본서는 평화체제의 이념에 대한 한국/조선, 대한민국과 일본의 수용과 변용을 대조적으로 서술함으로써 평화체제라는 표준을 어떻게 수용, 인식했는지를 부각시키는 것이다. 즉 한국/조선, 대한민국과 일본을 포함한 두 평화체제를 비교함으로써 전체상을 서술할 수 있게 된다.171) 본서는 비교사적 관점으로 두 평화체제를 분석한다.172)

블로크와 같은 역사학적 비교 방법은 사회과학의 방법론적 영역에서 크게 벗어나지 않을 것이다. 정치학자 마호니(James Mahoney)와 사회학자 뤼세마이어(Dietrich Rueschemeyer)는 역사적 시각을 통한 비교연구, 즉 비

---

171) 코카(Jürgen Kocka)는 비교사에서 비교의 사례, 기준, 개념에 관해서는 연구자가 스스로 결정하는 것이라고 했고, 그러한 뜻으로 비교사는 굉장한 가능성이 있는 방법이라고 평가했다. 그는 일국사적 관점을 벗어나 초국가적으로 역사를 서술하기 위해서는 비교사와 더불어 '얽히는 역사(불어: histoire croisée/독어: ver- flechtungsgeschichte)'의 두 방법이 유효하다고 했다. '얽히는 역사'는 학습과 교환의 과정이나 지배와 종속의 과정이 내재된 서양문명과 비서양문명의 역사적 관계 서술에 사용된다. ユルゲン・コッカ(Jürgen Kocka),「比較史のかなた: 近現代史へのトランスナショナルなアプローチ」, 史学会(編),『歴史学の最前線』(東京: 東京大学出版会, 2004), pp. 15-17. 이와 관련된 문명 간의 비교 방법을 정리한 것으로, 박용희,「문명의 역사적 비교: 그 연구경향 정리와 가능성 모색을 위하여」, 김택현・이진일 (2008), pp. 53-86.
172) 본서는 블로크의 관점을 채용하지만, 그의 비교사 방법론은 프랑스 역사학의 전통적 범주였던 인구동태, 농촌을 연구하는 것이었다. 블로크에 관한 연구로서, 고원,「마르크 블로크의 비교사」,『서양사론』제93호 (2007). 한편 틸리(Charles Tilly)는 거대 구조, 폭 넓은 과정, 대규모 비교에 관한 분석을 하기 위해서는 다음과 같이 해야 한다고 지적했다. (1) 세계사적 수준(world-historical level; 관계망과 관계망 간의 변이), (2) 세계체제적 수준(world-system level; 특정 관계망들의 작용), (3) 거시사적 수준(macrohistorical level; 특정 관계망 내에서의 구조와 과정들 간의 변이), (4) 미시사적 수준(microhistorical level; 특정 관계망 내의 사람들이 공통의 속성을 갖는다고 생각되는 일련의 경험들에 대한 분석). 찰스 틸리, 안치민・박형신(옮김),『비교역사사회학』(서울: 일신사, 1999), pp. 108-109.

교역사적 분석(Comparative Historical Analysis)이 사회과학에서 중요한 위치를 차지한다고 했다. 이들은 애덤 스미스(Adam Smith), 토크빌(Alexis de Tocqueville), 마르크스(Karl Marx), 베버(Max Weber) 그리고 블로크 등의 이름을 제시했다. 전통성이 있는 비교역사적 분석 방법은 분명히 정체기(停滯期)가 있었으나, 복원되었다고 주장했다. 비록 분석 절차와 방법론에 과제가 있다고 하더라도 이 분석 방법이 사회과학 전반에서 사용되는 의미를 부정하기 어렵다는 것이다.[173] 이들은 비교역사적 분석의 특징들을 다음과 같이 정리했다. 첫째, 어떤 대상들의 결과에 대한 구조적 설명에 관심을 가지는 것, 둘째, 어떤 대상들의 역사적 연속성(historical sequences)을 분석하여, 시간적 과정의 전개를 보는 것, 셋째, 어떤 대상들의 체계적, 문맥적 비교에 종사하는 것이다.[174] 원인분석, 시간적 과정, 배경이나 상황 등의 큰 흐름을 중시하는 비교역사적 분석은 본서와 궤를 같이 한다.

마지막으로 비교의 관점과 방법은 분석 대상의 구도를 '수평적 비교'에서 '수직적 관계'로서 분석 대상을 파악할 수 있는 관점을 제공한다. 비교 대상이 관계성을 가지고 있을 경우, "비교와 관계"로 다룰 수 있다. 즉, 비교사적 방법을 통해 공통성과 상이성을 도출할 수 있을 뿐만 아니라 '관계사'로서 서술할 수 있다는 것이다.[175] 샌프란시스코평화체제의 탄생에

---

173) James Mahoney and Dietrich Rueschemeyer, "Comparative Historical Analysis: Achievements and Agendas," in James Mahoney and Dietrich Rueschemeyer (eds.), *Comparative Historical Analysis in the Social Science* (Cambridge: Cambridge University Press, 2003), pp. 3-5.
174) Mahoney and Rueschemeyer (2003), pp. 11-13.
175) 望田幸男, 「比較史の方法と意味: 経験からの試論」, 『政策科学』 11-3 (2004), p. 317. 모치다 유키오(望田幸男)는 다음과 같은 사례를 제시했다. 이토 히로부미는 대일본제국헌법을 책정하기 위해 프로이센 헌법을 모델로 삼았다. 이때 이토는 슈타인(Lorenz von Stein),

는 전사(前史)로서 베르사유평화체제의 역사성이 큰 의미를 지니고 있었다. 시간을 역행하여, 샌프란시스코평화체제가 베르사유평화체제에 영향을 끼칠 수 없었기 때문에 두 평화체제 간에 상호관계는 없지만, 베르사유평화체제가 후대의 샌프란시스코평화체제에 영향을 끼쳤다고 상정할 수 있을 것이다. 제1차 세계대전 종전 이후, 연합국의 독일에 대한 정책이 제2차 세계대전의 원인이 되었다는 견해가 있다면, 베르사유평화체제의 영향이 샌프란시스코평화체제에 반영되었다는 논리를 부정할 이유는 없다.

따라서 이 책에서는 두 평화체제의 다음과 같은 구조에 주목하여 비교분석을 한다. 첫째, 국제연맹과 국제연합으로 표상되는 국제기구다. 국제조직은 그것을 창출시키는 국제법 없이 존재하지 않는다. 국제법, 즉 국제연맹규약에 의거하여 발족된 국제연맹과 국제연합헌장에 의거하여 발족된 국제연합은 평화체제의 중심적 이념의 전제이기도 했다. 이들 국제기구에는 경제와 금융 문제, 노동문제, 보건문제, 국제재판소 설치 등 다양한 전문기관들이 소속되어 기능했다. 이러한 세부적 기관의 탄생, 발전은 국제기구에서 중요한 역할을 수행하였으나, 두 국제기구에서 핵심적 이념은 집단안보체제에 있었다.

둘째, 첫째의 범주가 20세기 이전의 평화체제와 큰 차이점을 보여주었다면, 역대 평화체제와 마찬가지로 두 평화체제에는 영토적 경계선을 획정했다. 베르사유평화체제의 탄생으로 오스만투르크제국, 오스트리아-

---

그나이스트(Rudolf von Gneist) 등으로부터 학습했다. 이 경우, '프로이센·독일에서의 헌법사상과 현실'과 '이토 히로부미와 대일본제국헌법의 사상과 현실'이라는 문제를 비교할 수 있고, 프로이센 학자들이 이토에게 미친 영향이라는 관계성도 밝힐 수 있다는 것이다.

헝가리제국, 독일제국 등이 붕괴했으며, 샌프란시스코평화체제의 탄생으로 일본제국이 붕괴하여 새로운 일본이 재등장하게 되었다. 이러한 국가의 소멸과 재탄생, 그리고 이에 따른 영토적 경계선의 획정은 전쟁 이후의 평화를 성취하기 위해 두 평화체제에서 나타난 주요 이념의 하나였다.

셋째, 전쟁 책임이다. 베르사유평화체제는 역사적 평화체제와 커다란 상이점을 가지고 있었는데, 그것은 명시적 전쟁 책임자의 규정과 전쟁을 일으킨 국가에 전쟁의 피해에 대한 배상을 규정했다는 점이다. 그러나 베르사유평화체제가 베르사유평화조약으로 독일에 징벌적이며, 가혹한 배상과 보상의 조문을 규정했다면, 샌프란시스코평화체제는 정반대로 전쟁 책임에 따른 배상논리보다 패전국의 경제적 부흥을 위해 '관대한' 평화체제가 되었다. 두 평화체제에 나타난 전쟁 책임의 이념에 대한 비교분석은 국제기구, 영토적 경계선의 이념보다 더 명확한 상이점을 제시할 수 있을 뿐만 아니라, 전쟁 후의 평화에 필요한 이념의 재고를 요한다.

전후처리 체제이며, 새로운 평화의 구조를 창출한 두 평화체제의 영향력과 지속력은 한국/조선, 대한민국과 일본에게 크게 작용했다. 평화체제는

평화체제의 구조와 한일관계		
(집단안보체제)	이 념 영토 확정	배상 및 전쟁 책임)
↙	⇓	↘
(수용, 변용) 한국/조선, 대한민국	← 평화조약 → ⇓ 한일관계	(수용, 변용) 일 본

당대를 지배했던 이념으로 구성되었고, 이념을 구현화시킨 평화조약 조문들은 구조를 창출했다. 한국/조선, 대한민국과 일본은 평화체제를 관통했던 이념을 수용하면서도 자신들의 입지에 따라 변용시켰다.들은 구조를 창출했다. 한국/조선, 대한민국과 일본은 평화체제를 관통했던 이념을 수용하면서도 자신들의 입지에 따라 변용시켰다.

한국/조선, 대한민국과 일본은 내적 상황과 외적 입장의 상이성으로 국제적 구조에 대한 해석 역시 달리 했다. 당연히 한국/조선, 대한민국과 일본의 입지는 피지배자와 지배자의 이분법적으로 보면 당연한 것이지만, 평화체제의 탄생과 무관하지 않았다는 것이다.

제2부
베르사유평화체제 속의
한국/조선과 일본

제4장 베르사유평화체제의 구조

1. 집단안보체제의 확립과 지역성

1914년 6월 28일, 사라예보사건(Assassination of Archduke Franz Ferdinand of Austria)을 계기로 유럽 국가들이 참전하여 연쇄적으로 확산된 제1차 세계대전은 아무도 예측하지 못했던 규모와 전쟁의 장기화로 군인뿐만 아니라 많은 민간인 사상자를 낸 현대세계의 총력전이었다. 터크먼(Barbara W. Tuchman)은 우연한 요소들의 중첩과 유럽 열강들의 의도적이지 않은 오해, 과신의 축적, 그리고 전쟁계획의 불비로 제1차 세계대전이 발발했다고 주장했다.[1] 제1차 세계대전의 원인에 관한 연구서들이 무한정으로 존재한다고 말한 제임스 졸(James Joll)의 연구는 1914년 시점뿐만 아니라 더 긴 기간에 내재된 국제관계의 역학관계에 착목하여, 군국주의적 군비경쟁, 각 국가의 내정적 역학, 국제경제적 요소, 제국국가들 간의 대립, 1914년이라는 시대적 분위기 등, 다양한 관점을 통해 제1차 세계대전의 원인들을 밝혔다.[2]

---

[1] Barbara W. Tuchman, *The Guns of August* (New York: Macmillan, 1962).
[2] James Joll, Gordon Martel, *The Origins of the First World War* 3rd ed. (Harlow, England;

이 전쟁을 마감한 베르사유평화조약은 국제연맹을 발족시켰다. 이는 과거 역사적 평화체제와 비교했을 때 커다란 상이점이었다. 베르사유평화조약은 역사적 평화조약들처럼 제1조에 전쟁 당사자 간의 평화를 선언하지 않았다. 전 440조, 부속서 18조, 3개의 부속표로 이루어진 베르사유평화조약은 제1조부터 제26조까지를 제1장(Part Ⅰ)으로서 국제연맹규약을 규정한 평화조약이었다.3) 독일에 관한 조문은 제27조부터 제30조에 규정된 독일의 경계선(Boundaries of Germany)에 등장한다. 베르사유평화조약은 독일을 상대로 했으나, 독일과의 평화 회복보다 국제연맹규약을 내세웠다. 이는 한 국가와의 관계를 넘어 포괄적이며, 국제주의적 평화를 선언한 것이었다. 국제연맹규약은 국제적 평화와 안전을 성취하기 위해, 체결국가들이 전쟁에 호소하지 않는 것을 규정했다.

국제연맹은 국제연맹규약을 법적 근거로 하여 창립했다. 국제연맹 창립의 결정적인 순간은 국제주의를 표방하던 윌슨의 사상을 기반으로 했으나, 과거의 역사적 흐름에서 측적된 다양한 사상과 운동의 결과물이었다. 프랑스의 성직자인 크로세(Émeric Crucé, 1590-1648)는 1623년 *Le Nouveau*

New York: Pearson Longman, 2007). 제1차 세계대전 기원에 관한 연구는 100주년인 2014년을 중요한 시점으로 삼아 많이 나왔다. 1984년에 출간된 제임스 졸의 책은 2000년대에 들어와서는 고든 마텔의 조력에 의해 이미 고인이 된 제임스 졸의 이름과 함께 복간되었다. 김명섭, 「제1차 세계대전과 제국/국제질서의 변동」, 독립기념관, 한국독립운동사연구소 주최 학술회의 발표문 (2014년 8월 7일, 백범김구기념관 대회의실).

3) 제1장: 국제연맹규약(Arts. 1-26). 제2장: 독일의 경계선(Arts. 27-30). 제3장: 유럽의 정치 조항(Arts. 31-117). 제4장: 독일 국외의 권익(Arts. 118-158). 제5장: 육해군 및 공군 조항 (Arts. 159-213). 제6장: 포로 및 무덤(Arts. 214-226). 제7장: 제재(Arts. 227-230). 제8장: 배상(Arts. 231-247). 제9장: 재정 조항(Arts. 248-263). 제10정: 경제 조항(Arts. 264-312). 제11장: 항공(Arts. 313-320). 제12장: 항구, 수로 및 철도(Arts. 321-386). 제13장: 노동(Arts. 387-427). 제14장: 보장(Arts. 428-433). 제15장: 잡칙(Arts. 434-440).

*Cynée*에서 연방제, 국가 간의 회의체, 재판, 무역 제도 등, 각 나라들로 구성되는 공동체, 즉 국제적 조직을 제기했다. 그는 1899년에 개최된 헤이그국제평화회를 창시한 인물이었다는 평가도 있다.[4] 프랑스 외교관이며 성직자 샤를 생-피에르(Charles-Irénée Castel de Saint-Pierre, 1658-1743)는 위트레흐트조약의 협상에 참가했다. 그의 경험은 1713년 『영구평화론』 (*Abrégé du projet de paix perpétuelle*)』으로서 간행되었다. 그의 저작은 루소(Jean-Jacques Rousseau, 1712-1778), 칸트(Immanuel Kant, 1724-1804)에게 영향을 끼쳤다고 알려져 있다.

1899년 제1차 헤이그평화회의는 러시아 황제 니콜라이 2세(Nicholas II, 1868-1918)가 제창했다. 유럽 국가들뿐만 아니라 청나라, 일본, 멕시코, 이란, 태국 등 26개국이 참가한 국제평화였고, 전시국제법(戰時國際法, Jus in Bello)인 국제분쟁 평화적 처리조약(Convention for the Pacific Settlement of International Disputes)이 체결되었다. 1907년 제2차 헤이그평화회의는 1899년에 체결된 조약들을 개정·보완했다. 19세기 말부터 20세기 초의 국제평화회의는 전쟁을 종료시킨 다국 간 평화조약이 아니었지만 국제적 평화회의를 통해 평화 유지 및 충돌에 대한 중재국의 역할, 분쟁에 대한 국제심사위원회의 설치, 상설중재재판소 설치 등을 규정했다.[5] 헤이그평

---

4) 크로세의 구상에서 특징적인 것은 인도와 중국까지 포함한 점에서 유럽 중심적이 아니었다. William Elliot Griffis, "The Peace Conference at the Hague, and Its Bearings on International Law and Policy by Frederik W. Holls; Émeric Crucé by Thomas Willing Balch," *Annals of the American Academy of Political and Social Science* vol. 17 (1901), pp. 116-119.
5) 전 5장, 전 97조로 구상된 국제분쟁평화적처리조약은 제4장 제37조부터 제90조까지 차지한 국제중재재판에 관한 조문 내용이 이 국제조약의 핵심이었다.

화회의는 유럽을 넘어 영역 범위를 확대시켰다. 소국의 참여, 국제적 절차의 제도화 등이 인식된 국제체제였다.6) 제2차 헤이그평화회의는 1915년에 제3차 국제평화회의를 개최한다고 권고했지만, 제1차 세계대전 발발로 인해 실현하지 못했다.7) 그러나 1918년 11월 11일 독일과 연합군의 휴전협정을 거쳐 5개월 후인 1919년 4월에 채택된 국제연맹규약과 이에 따른 국제연맹 창립은 역사적 국제주의 사상의 축적과 연관된 것이었다.8) 1918년 1월 윌슨은 '14개조 평화원칙'을 제창했다. 제14조는 국제연맹 창립을 암시적으로 선언했다.

XIV.

A general association of nations must be formed under specific covenants for the purpose of affording mutual guarantees of <u>political independence and territorial integrity to great and small states alike</u>.

[밑줄: 필자 강조]

---

6) Inis L. Claude, *Swords into Plowshares: The Problems and Progress of International Organization* 4th ed. (New York: Random House, 1971), p. 32. 클라우드는 1899년부터 1907년에 이른 헤이그국제평화회의를 "헤이그 체제(Hague System)"라고 했고, 취약했지만 국제조직으로서 역사적 의미를 강조했다.
7) 이러한 주류적 흐름과 더불어 국제평화조직에 대한 연구는 세계대전 이전부터 진행되어 왔고, 학회 및 민간단체도 다양한 구상을 하고 있었다. Theodore Marburg, John H. Latane´ (ed.), *Development of the League of Nations Idea: Documents and Correspondence of Theodore Marburg* (New York, The Macmillan Company, 1932).
8) 국제연맹규약의 채택은 신속히 결정되었다. 이것이 국제연맹규약의 가장 두드러진 특징이었다는 지적도 있다. H. M. V. Temperley, *A History of the Peace Conference of Paris* vol. 2 (London: Oxford Univercity, 1969), p. 24.

윌슨은 유럽의 전통이었던 세력균형을 거부한 집단안전보장체제 구축을 국제연맹규약의 핵심으로 삼았다. 1815년의 "강대국협조체제"의 유산이 다양한 측면에서 20세기의 국제기구에 영향을 끼쳤다[9]는 지적은 맞지만, 그 유산 중에서 분명한 것은 유럽에 의한, 유럽을 위한 세력균형을 거부하는 것이 윌슨의 제안이었다. 제14조는 대국과 소국(great and small states)의 구별 없이 정치적 독립과 영토의 보장을 목표로 한다는 구절을 천명했다. 이를 실현한 것이 국제연맹이었다.

세력균형 개념의 등장에 관해서는 다양한 견해가 존재하지만[10] 적어도 평화조약에서의 명문화는 1713년 7월 13일 영국과 스페인이 체결한 위트레흐트조약 제2조 "세력의 등등한 균형(an equal balance of power)"이 최초라할 수 있다. 세력균형이 오히려 전쟁의 원인이 된다는 인식을 가지고 있었던 윌슨은 국제연맹의 창립을 통해 세력균형을 부정하고, 국제주의 이념을 통해 전쟁의 방지를 주장했다. 1815년 빈체제가 과거의 유럽을 복원하기위해 질서 회복을 목적으로 했다면, 1919년의 베르사유평화체제에서는 미래를 조망하여 세계 정세를 관리하려고 하는 의도가 작동되었다.[11] 국제연맹규약 제10조 '집단안보체제'[12]의 규정은 윌슨 정책의 핵심이었다.[13]

---

9) 조정인, 「국제기구의 역사적 발전」, 최동주(외), 『국제기구의 과거・현재・미래』 (서울: 오름, 2013), p. 108.
10) 와이트는 로디조약(Treaty of Lodi)에 따른 1454-1494년 이탈리아에서의 5대 세력, 1815년 유럽의 협조(Concert of Europe)를 "다각적 균형(multiple balance)"이라고 했고, 16-17세기 합스부르크와 프랑스, 18세기의 영국과 프랑스, 1914년 이전의 삼국동맹과 삼국협상, 1945년 이후의 미국과 소련의 관계를 "단순한 균형(simple balance)"이라고 했다. Martin Wight, "The Balance of Power," in Herbert Butterfield and Martin Wight (1966), pp. 151-152.
11) Hew Strachan, *The First Word War* (New York: Viking, 2003). pp. 332-333.
12) "집단안전보장(collective security)"이라는 용어는 1919년 체코슬로바키아 대표였으며, 체코슬로바키아 외상이었던 베네시(Edvard Beneš, 1884-1948)가 1924년에 최초로 사용했다

Article 10

The Members of the League undertake to respect and preserve as against external aggression the territorial integrity and existing political independence of all Members of the League. In case of any such aggression or in case of any threat or danger of such aggression the Council shall advise upon the means by which this obligation shall be fulfilled.14) [밑줄: 필자 강조]

제10조 두 번째 문장이 구체적으로 집단안보를 규정했다면, 첫 번째 문장은 그 전제조건이 된 내용이다. 국제연맹 가맹 국가들에게는 권리가 주어진다. 즉, "영토보전(territorial integrity)"과 현재의 "정치적 독립(existing political independence)"이 보장된다는 것이다. 따라서 이미 독립국가로 인정 받은 국가 또는 민족자결 원칙으로 새로 독립을 인정받은 국가들이 국제연

는 보고서가 있다. 1937년 영국 왕국국제문제연구소의 헬드(S. Heald)는 '집단안전보장'이라는 용어가 언제, 누가 최초로 사용했는가를 아브라함(G. Abraham) 소령에 조회를 외뢰했다. 아브라함은 국제연맹 군축과의 윌리암슨(Williamson)이 조사한 결과를 첨부했다. 그 각서에 따르면 영국인이라면 형용사로 "집단의(collective)"보다 "공동의(common)"이라는 용어가 생각나지만, "집단(collective)"과 "안전보장(security)"이라는 용어 조합은 독일어에 의한 교육배경을 가진 베네시일 것이라고 있다. Archives of the League of Nations, United Nations Library, Geneva. 1933-1946/7A/29805/29805 (R4211), 植田隆子,『地域的安全保障の史的研究: 国際連盟時代における地域的安全保障制度の発達』(東京: 山川出版社, 1989), pp. 270-273에서 재인용.
13) 클라우드(Inis L. Claude)는 집단안보체제의 개념이란 기존의 체제에 대해 자의적으로 힘을 행사하는 어떤 국가에 대해 모든 국가들이 행동함으로써 모든 국가들에 안전보장을 제공하는 것이라고 정의했다. 윌슨은 불안정적인 세력균형에 대해 집단안보는 국가가 가지게 되는 딜레마를 해결하고, 소국에 안정성을 부여한 보다 조직화된 국제체제라는 측면을 강조했다. 이를 클라우도는 "윌슨에 의한 대조(Wilsonian Contrast)"라고 했다. Inis Claude, *Power and International Relations* (New York: Random House, 1962), p. 110-115.
14) 외교통상부 조약국(편),『국제법기본법규집』(서울: 외교통상부 조약국, 2008), p. 4.

맹에 가맹할 때, 이미 가맹국이 직접적으로 지배하고 있는 지역에 대해서는 간섭하지 않는다는 규범을 존중해야 한다. 세력균형을 거부했던 국제연맹규약 제10조는 집단안보체제를 명시적으로 규정했고, 세계사적으로 큰 의미를 지닌 것이었지만, 한편에서 이미 국제연맹 가맹국들이 통치하고 있는 지역도 보전된다는 규범을 명시했다.15)

국제연맹규약 제10조는 '평화원칙 14개조'로 제14조의 최종형태로서 볼 수 있다. 다만 평화원칙 제14조에는 국제연맹규약 하에서 대국과 소국이 평등하게 정치적 독립과 영토보전의 상호보증을 제시했다. 그러나 완성된 국제연맹규약 전문에는 "국제적 협력 및 국제적 평화와 안전을 달성"하기 위해 "각 국가들 간의 공명정대한 관계"라고 규정되었듯이 국제연맹 서명국들에만 해당했다.16)

국제연맹규약에 대해 당대를 대표했던 국제법학의 권위자 오펜하임(Lassa Francis Lawrence Oppenheim, 1858-1919)은 긍정적이었다. 그는 1905년과 1911년에 출판한 『국제법』에서 세력균형이 국제법에서 불가결한 정치적 원칙이라고 설명했으나, 세계대전 이후에는 그러한 내용은 없어졌다.17) 그는 1919년 *The League of Nations and its Problem*에서 국제연맹

---

15) 윌슨의 집단안보체제를 "Wilsonian Collective Security(WCS)"라고 명명한 모건(Patrick M. Morgan)은 집단안보체제의 개념을 처음으로 현실 국제정치에 소개한 인물이 윌슨이었다고 했다. 그는 집단안보체제 개념이란 "회원국 상호간에 평화를 유지하며 서로에 대해 방어를 제공한다"고 했다. 모건은 국제연맹은 실패했으나, 이 체제 자체를 냉전체제나 강대국 협조체제보다 높이 평가했다. Patrick M. Morgan, 민병오(옮김), 『국제안보: 쟁점과 해결』(서울: 명인문화사, 2011), pp. 199-229.
16) 국제연맹규약 제16조는 전쟁을 개시한 침략국에 집단으로 경제적 제재를 과하는 것을 명기했다. 베르사유평화체제 하에서 집단안보체제는 1925년 로카르노조약(The Locarno Treaty), 1928년 켈로그-브리앙협정(Kellogg-Briand Pact)을 통해 보완되었다.
17) Martin Wight (1966), p. 172.

을 국제사회(family of nations)와 동일한 의미로서 해석했다. 그는 국제연맹의 사상적 배경에는 "국제주의(internationalism)"가 있고, 이는 공동체를 중요시하여, 각 국가들의 이해관계가 밀접하게 연결된 국제적 제도라고 했다.18) 그리고 국제연맹이란 국제사회의 구현화이며, 국제연맹규약은 국가들로 형성된 공동체를 규정하는 성문헌법이라고 논했다.19) 오펜하임과 같은 세력균형을 중시한 연구자조차 국제주의를 받아들였다.

월슨은 파리평화회의 개최 기간 중, 2월 15일부터 약 한 달 동안 미국에 귀국한 바 있다. 미국에서는 윌슨이 제창한 집단안보체제에 대한 반대론이 일어나고 있었다. 미국의 전통외교인 고립적 외교와 윌슨의 사상이 상반했기 때문이다. 윌슨은 그러한 반박을 회피하기 위해 제21조 '지역적 양해(regional understanding; 地域的 諒解)'를 규정했다. 제21조는 제10조의 보완안(補完案)으로서 작성되었다. 미국대표단 법률고문이었으며, 국제연맹규약 작성과정에 직접 관여했던 밀러(David H. Miller, 1875-1961)는 제10조에서 파생된 것이 제21조였다고 했다.20) 제21조는 먼로주의(Monroe Doctrine)라는 용어가 제시된 것처럼 미국의 의도를 반영했다.

Article 21

---

18) L. Oppenheim, *The League of Nations and Its Problems* (London: Longmans, 1919), pp. 6-12.
19) L. Oppenheim, *International Low: A Treaties* vol. 1 (London: Longmans, 1920), pp. 268-269.
20) David H. Miller, *The Drafting of the Covenant* vol. 2 (New York: Putnam, 1928), pp. 70-72; R. A. Akindele, *The Organization and Promotion of World Peace: A Study of Universal-Regional Relationship* (Toronto and Buffalo: University of Toronto Press, 1976), pp. 17-18.

Nothing in this Covenant shall be deemed to affect the validity of international engagements, such as treaties of arbitration or regional understandings like the Monroe doctrine, for securing the maintenance of peace.21) [밑줄: 필자 강조]

그렇지만, 제21조는 미국 의회나 반대 여론의 대체안뿐만 아니라 윌슨 자신도 먼로주의의 신봉자였다. 윌슨은 먼로주의를 모델로 삼았고, 계속해서 중남미를 미국의 세력권에 넣으려는 의지를 가지고 있었다. 윌슨은 1917년 1월 22일 상원 연설에서 유명한 '승리 없는 평화(Peace without Victory)'라는 연설을 했다. 그는 모든 나라가 일치하여 먼로주의를 세계의 독트린으로서 채용해야 한다고 한 바 있다.22)

미국의 전통적 외교는 기독교적 정신과 크게 결합했다. 1760년대 중반 이후 벤저민 프랭클린(Benjamin Franklin, 1706-1790), 존 애덤스(John Adams, 1735-1826) 등은 신에 의해 탁월한 국가를 건설한다는 신념을 가지고 있었다. 그리고 이에 따른 연쇄적 사상으로서 1845년에는 '명백한 숙명(Manifest Destiny)'이라는 용어가 등장했다.23) 신념은 국제체제를 바라보는 인식,

---

21) 외교통상부 조약국 (2008), p. 7.
22) 원문은 다음을 참조. http://www.firstworldwar.com/source/peacewithoutvictory.htm
23) '명백한 숙명'이라는 용어는 1845년 오설리번(John L. O'Sullivan, 1813-1895)이 북아메리카 대륙의 서부 지역에 대한 팽창을 정당화하기 위해 사용한 것이다. Albert K. Weinberg, *Manifest Destiny: A Study of Nationalist Expansionism in American History* (Chicago: Quadrangle Books, 1935), p. 24 and 111. '명백한 숙명'은 새로운 팽창주의이며, 많은 미국인들에게 매력적이었기 때문에 하나의 운동이라는 형태로 나타났다. Frederick Merk; with the collaboration of Lois Bannister Merk, *Manifest Destiny: And Mission in American History: A Reinterpretation* (New York: Vintage Books, 1963), p. 24.

외교정책의 선택 범위, 지속성, 합리화, 국민의 단결 등, 다양한 측면들에 영향을 미친다.24) '명백한 숙명'은 1898년 미국-스페인 전쟁이나 하와이 병합을 정당화하기 위해 사용되었다. '숙명'이라는 것은 이미 신에 의해 예정되어 있었다는 미국인들의 종교관을 반영했다. '명백한 숙명'은 먼로주의와 연동했다.

먼로독트린(Monroe Doctrine)은 존 퀸시 애덤스(John Quincy Adams, 1767-1848)가 기초했고, 1823년 12월 2일 연차교서에서 제5대 대통령 먼로(James Monroe, 1758-1831)가 제창했다. 1845년 12월 2일 제11대 대통령 포크(James Pork, 1795-1849)는 연차교서에서 먼로주의를 미국외교정책의 기본원칙으로 삼았고, '명백한 숙명'과 동일시했다. 미국의 팽창 사상에 원용되었다는 것이다.25) 윌슨의 부친 조셉 윌슨(Joseph Ruggles Wilson, 1822-1903)은 미국 장로교에서 분파한 남장로교회(The Southern Presbyterian Church 또는 The Presby- terian Church in the United States)의 창설자 중 한 명이었다. 윌슨 역시 경건한 기독교 신자였다.26) 윌슨은 미국 전통외교인 먼로주의 계승자였으며, 국제연맹 하에서도 예외적으로 먼로주의는 보존해야 한다는 인식을 가지고 있었다.

---

24) 로이드 젠슨, 김기정(옮김), 『외교정책의 이해』 (서울: 평민사, 1994), pp. 99-101.
25) Sam W. Haynes, "Anglophobia and the Annexation Texas: The Quest for National Scurity," in Sam W. Haynes and Christopher Morris (eds.), *Manifest Destiny and Empire: American Antebellum Expansionism* (College Station, Tex,: Published for the University of Texas at Arlington by Texas A&M University Press, 1997), pp. 115-145.
26) 종교적 확신을 바탕으로 사고했던 윌슨을 분석한 것으로, Sigmund Freud and William C. Bullitt, *Thomas Woodrow Wilson: Twenty-eighth President of the United States: A Psychological Study* (Book club ed. Boston: Houghton Mifflin; Cambridge: Riverside Press, 1966).

그러나 윌슨이 국제연맹규약 제21조를 마련했음에도 불구하고 미국은 국제연맹에 가맹하지 않았다. 미국 의회는 집단안보체제로 인해 미국과 직접적으로 관계가 없어도 군대를 파견해야 한다는 구속력을 거부했다. 다만 미국은 국제연맹에 가맹하지 않았으나, 집단안보체제는 베르사유평화체제의 제도로서 규정되었다. 국제연맹에서의 집단안보체제는 국제주의를 표방한 한편에서 지역주의적 성격을 남겼다.

제2차 세계대전을 막을 수 없었던 베르사유평화체제의 취약성은 미국의 국제연맹 가맹여부에 귀착했다는 것이 일반적이다. 이러한 주장들에 대해 키신저는 미국 국내에 고립주의적 분위기가 있으면, 가령 미국이 국제연맹에 가맹해도 베르사유평화조약은 실패했을 것이라고 했다.[27] 베르사유평화조약을 비준하지 않았던 미국은 1921년 7월 상하 양원에서 독일과의 전쟁상태의 종결을 결의했다. 8월 25일 베르사유평화조약에서 국제연맹규약을 제외한 미국-독일평화조약(Treaty concerning the re-establish- ment of Peace between Germany and the United States)이 체결되었다.

2. 민족자결 원칙에 따른 영토 획정

1919년 6월 28일, 사라예보 사건 5주년에 체결된 베르사유평화조약은 세계대전을 공식적으로 마감했다. 역사적으로 평화조약의 작성에는 당대

---

27) Henry A. Kissinger, *Diplomacy* (New York: Simon & Schuster, 1994), pp. 241-242.

를 지배하는 이념들이 반영되었다. 제1차 세계대전 와중에 표출되고, 베르사유평화체제 이념의 하나가 된 것이 민족자결 원칙이었다. 코반(Alfred Cobban)은 민족(nation)과 정치적 공동체라고 해석할 수 있는 국가(state) 간의 관계가 민족자결이라고 정의했다.28) 따라서 엄밀하게 말하자면 민족자결의 맹아는 1776년 미국의 독립선언이나 1789년 프랑스혁명에 있었다.29) 그러나 민족자결이 강력한 이념으로서 세계적으로 확산한 것은 제1차 세계대전을 계기로 해서였다.

블라디미르 레닌(Vladimir Ilyich Lenin, 1870-1924)은 민족자결을 주장한 인물이었다. 그는 1914년 세계대전 개전 전에 다음과 같은 민족자결의 정의를 한 바 있다.

…… 만약 우리가 민족자결의 의의를 이해하고 싶다면 법적 정의로 꾸미거나 추상적 정의를 정립하지 말고, 민족운동의 역사적 경제적 조건들을 검토한다면, 민족의 자결이란 어떤 민족이 다른 민족의 집합체로부터 국가로서 분리하는 것을 의미하며, 독립 민족국가를 형성하는 것을 의미한다는 결론에 필연적으로 도달해야 한다.30)

레닌은 1917년 11월 8일 '평화에 관한 포고(Decree on Peace)'를 통해

---

28) Alfred Cobban, *The Nation State and National Self-Determination* (New York: Crowell, 1969), p. 39.
29) Antonio Cassese, *Self-Determination of Peoples: A Legal Reappraisal* (Cambridge: Cambridge University Press, 1995), pp. 11-13.
30) Vladimir Ilyich Lenin, "The Right of Nations to Self-Determination," in Robert C. Tucker (ed.), *The Lenin Anthology* (New York: W.W. Norton & Company, 1975), p. 154.

무합병(無合倂), 무배상(無賠償)의 원칙들을 주창했다. 그는 각 민족들의 희망인 자결의 권리를 예외 없이 인정하는 것을 세계대전 모든 교전국에게 호소했다.31) 그러나 레닌의 민족자결을 그대로 '분리의 권리'로서 볼 수는 없다. 그는 대외적으로는 민족국가의 분리를 주장했으나, 중앙집권국가를 지향하는 과도형태로서의 연방제를 인정한 바 있다. 1917년 8-9월에 집필한 『국가와 혁명』에서 러시아 역내에 있는 각 민족들의 '통일체'를 추창했다. 당초 볼셰비키는 구(舊)제국에 속했던 민족들의 평등, 주권, 즉 민족자결권, 분리 독립권을 인정하고, 각 민족들에게 자유를 추진하는 것으로 보였지만, 우크라이나의 곡물, 캅카스의 석유, 광물 등을 확보하고자 했던 볼셰비키는 자결권을 추진하지 않았다.32)

1917년 차르(Tsar)를 무너뜨린 러시아혁명에서 케렌스키(Aleksandr Kerenskii, 1881-1970)는 임시정부를 수립했지만, 이를 볼셰비키의 러시아혁명이 무너뜨렸다. 볼셰비키의 러시아혁명은 20세기의 세계사에서 큰 사건이었지만, 그들의 민족자결 영향력은 세계적 전파라는 측면에서 당시 한정적이었다. 1918년부터 1920년 사이에는 공산주의의 성격을 진단하는

---

31) Vladimir Ilyich Lenin, "Decree on Peace," in Tucker (1975), pp. 540-541. '평화에 관한 포고'가 발표된 같은 날에는 지주(地主)의 소요하는 토지의 무상몰수를 포함한 토지의 사유권 폐지를 포고한 '토지에 관한 포고(Decree on Land)'도 함께 발표되었다.
32) Stéphane Courtois (et al.), *The Black Book of Communism: Crimes, Terror, Repression* translated by Jonathan Murphy and Mark Kramer; consulting editor, Mark Kramer (Cambridge, Mass.; London, England: Harvard University Press, 1999), pp. 51-52. 새롭게 등장한 볼셰비키는 농촌의 강제적 집단화로 인해 농민층과 충돌했고, 다른 사회주의적 정당과 구(舊)제도와의 대결, 그리고 각 민족들의 민족자결을 우선시하지 않았다. 이러한 측면에서 이미 내부적 충돌이 증대했고, 이것이 폭력과 공포를 산출했다. 쿠르트와(Stéphane Courtois)는 볼셰비키가 1918년 9월 2일에 공식적으로 선언한 '적색 테러(Red Terror)'보다 볼셰비키가 정권을 획득한 1917년에는 극단적 폭력의 길에 서 있었다고 했다.

것보다 오히려 '혁명'이라는 개념이 주목을 받았다. 이는 프랑스혁명이라는 전례가 있었기 때문이었다.33)

레닌보다도 1918년 1월 8일 윌슨이 발표한 '평화원칙 14개조'에 내재한 민족자결이 더 전파되었다. 윌슨의 민족자결 원칙은 볼셰비키에 대항하는 의미를 가지고 있었다.34) 윌슨이 제시한 민족자결 원칙의 전파력은 미국의 참전이 장기화된 전쟁의 종식을 결정지었던 것과 더불어 새로 부상된 미국의 위상에 있었다. 마넬라가 "윌슨주의적 순간"이라는 개념 용어로 설명했듯이 1919년이라는 시점은 식민지에서 봉기한 민족운동, 해방운동에 영향을 끼쳤고, 윌슨의 민족자결 원칙에 공명한 시대였다.35) 미국 조사기관(The Inquiry)36)의 조언으로 작성된 '평화원칙 14개조'에서 제5조는 민족자결 원칙의 핵심이었으며, 제6조부터 제13조까지 동방(東方) 지역의 민족자결을 포괄적으로 언급했다.

---

33) François Furet, translated by Deborah Furet. *The Passing of an Illusion: The Idea of Communism in the Twentieth Century* (Chicago: University of Chicago Press, 1999), pp. 89-91.
34) 이러한 정통적 견해를 가진 연구서는, Arno J. Mayer, *Political Origins of the New Diplomacy, 1917-1918* (New Haven: Yale University Press, 1959). William Appleman Williams, *American-Russian Relations, 1781-1947* (New York: Octagon Books, 1971). 한편으로 냉전기에 쓰인 연구물에 대해 낙(Thomas J. Knock)은 윌슨의 14개조는 볼셰비키의 민족자결주의 주장 이전부터 구상된 것이라 주장했다. Thomas J. Knock, *To End All Wars: Woodrow Wilson and the Quest for a New World Order* (New York: Oxford University Press, 1992), pp. 144-145. 박현숙도 낙과 궤를 같이하고 있다. 박현숙, 「윌슨의 민족 자결주의와 세계 평화」, 『미국사연구』 제33집 (2011), pp. 162-163.
35) Erez Manela (2007), pp. x-xi and 4-5.
36) 윌슨은 세계대전 이후를 위해 독자적으로 조사기관을 발족시켰다. 위원장에 하우스가 임명된 이 기관은 학자, 언론인들로 구상되어 관료기관과 독립된 조직이었다. 주요 구성원이었던 리프만(Walter Lippmann, 1889-1974)이나 후일 국제연맹규약 원안 작성자가 될 밀라, 동아시아·태평양 문제를 담당한 극동부(Far Easter Section)의 홈벡(Stanley Kuhl Hornbeck, 1883-1966) 등이 포함되었다. Lawrence E. Gelfand, *The Inquiry: American Preparations for Peace, 1917-1919* (New Haven: Yale Univercity Press, 1963).

V.

A free, open-minded, and absolutely impartial adjustment of all colonial claims, based upon a strict observance of the principle that in determining all such questions of sovereignty the interests of the populations concerned must have equal weight with the equitable claims of the government whose title is to be determined. [밑줄: 필자 강조]

윌슨은 '평화원칙 14개조'에서 '민족자결'이라는 어구를 사용하지 않았지만, 제5조는 식민지 문제를 반영했다. 그는 1918년 2월 11일 미국 의회 연설에서 민족자결을 말했다. 그에 의하면 "민족자결(self-determination)"이란 강대국 간의 이해관계로 인하여 보편적인 평화를 구축하는 것이 아니라, 각 민족의 열망과 의사를 존중하는 것이었다.[37] 그러나 윌슨에게 '자결(self-determination)'이란 '국가주권(national sovereignty)'과 긴밀하게 결합한 것이었다. 앞서 보았던 국제연맹규약 제10조 집단안보체제는 그것을 구체화시킨 것이었다.[38] 코반이 지적했듯이, 윌슨의 민족자결은 집단안보체제의 이념에 의해 대체되었다[39]는 점에서 한계점을 가지고 있었으나, 독립이 승인된 신생국가들의 입장에서 본다면 집단안보체제의 이념은 자신들의 입지를 공고화시킨 것이었다.

윌슨이 주장한 민족자결 원칙은 동유럽과 중유럽에 적용되었는데, 체코

---

37) Albert Shaw, *President Wilson's State Papers and Addresses* (New York: Geroge H. Doran, 1918), p. 475.
38) Alfred Cobban (1969), pp. 63-64.
39) Alfred Cobban (1969), pp. 74-84.

의 토마스 마사리크(Tomáš Garrigue Masaryk, 1856-1924)와의 관계는 중요하다. 오스트리아-헝가리 제국에서 독립을 위해 정치활동을 해왔던 마사리크는 1891년 오스트리아-헝가리 국회의원이 되었다. 그는 1891-93년에 오스트리아-헝가리에서 국회의원이었을 때, 민족자결이라는 어구를 사용했다.40) 그는 1915년 10월 19일 영국 런던의 킹스 칼리지(King's College)의 슬라브 학부(School of Slavic Studies)에 취임했을 때, 「유럽 위기에 있어서 약소국의 문제(The Problem of Small Nations in the European Crisis)」라는 제목으로 연설을 했다. 소수민족이 국가를 건립한다는 의미에 관해서였다.41) 마사리크는 "역사는 통합 과정이면서 동시에 분해 과정"이라고 말하고 소수민족의 권리뿐만 아니라 국제기구의 창립에 관해 다음과 같이 언급했다. "주권은 상대적이다. 왜냐하면 모든 민족의 경제적, 문화적 상호의존은 확대하고 있다. …… 유럽은 더욱 연방화, 기구화되어 있다. 이러한 상황과 발전 속에서 소수민족은 성장하는 유럽 기구에 평화적인 수단으로 가입하는 권리를 요구하고 있다."42)

마사리크는 1878년, 1902년, 1907년에 일본을 방문한 적이 있었다.

---

40) 오스트리아-헝가리 제국에서 독립을 위해 정치활동을 해왔던 마사리크는 1891년 오스트리아-헝가리 국회의원이 되었다. 체코 교육에 관련된 연설 중에서 그는 민족의 권리를 "우리는 독립과 [민족] 자결권(the right of self determination)을 원한다"고 천명한 바 있다. 1892년에도 체코민족의 독립과 자결권에 관한 연설을 하여 "오스트리아는 헝가리와 체코와 연방을 이룸으로써 존재할 수 있다. 헝가리를 역사적으로 회복시켰듯이 역사적으로 자연적으로 체코도 회복시켜야 한다." 김학은,『이승만과 마사리크: 대한민국·체코 건국대통령의 인물과 사상 비교』(서울: 북앤피플, 2013), p. 455-457. 이러한 언급은 민족자결이라는 용어와 개념이 19세기 후반의 독립에 관한 담론으로 사용되어 있다는 것을 증명한다.
41) 김학은 (2013), p. 532.
42) 林忠行,『中欧の分裂と統合: マサリクとチェコスロヴァキア建国』(東京: 中央公論社, 1993), p. 151.

1918년에는 일본에서 미국으로 방문했고, 윌슨과 총 네 번 만났다.[43] 마사리크는 1918년 5월 31일 체코슬로바키아주의(Czechoslovakism)를 표방했던 베네시(Vojta Beneš, 1878-1951)와 함께 체코, 슬로바키아 대표들 29명이 서명한 피츠버그 합의서(Pittsburgh Agreement)[44]를 작성했다. 마사리크는 10월 18일 미국 필라델피아시의 독립관(Independence Hall)에서 합의서를 공표했다.[45]

민족자결 원칙을 포함한 14개조의 원칙은 제1차 세계대전의 전후처리를 결정하기 위해 1919년 1월 18일부터 개최된 파리평화회의에서 핵심적인 위치를 차지했다. 민족자결 원칙은 미국의 우방 영국도 그 중요성을 충분히 감지하고 있었다. 당시 영국대표단으로서 파리평화회의에 참석한 카(Edward Hallett Carr, 1892-1982)에 따르면 전후처리 정책 결정은 민족자결의 원칙을 바탕으로 진행되었다고 회고했다. 그리고 파리평화회의는 러시아혁명에 무관심이었고, 회의 중에는 1815년 빈회의와의 대비가 강조되었다고 했다.[46] 그러나 평화회의에서 자리잡았던 민족자결 원칙에 앞서

---

43) Thomas G. Masaryk, *Masaryk on Thought and Life:* [Conversations with Karel Capek] (New York: Arno Press, 1971), pp. 281-282.
44) 피츠버그 합의서 원문은, The ECCB Diaconia Center of Relief and Development, http://czechconnections.org/pdf_files_folder/Czech%20Americans/ThePittsburghAgreement.pdf#search='pittsburgh+agreement
45) 민족자결의 실현은 후세에 또 다른 문제점들을 남겼다. 예를 들면 1938년 9월 체코슬로바키아의 주데텐란트 귀속 문제를 토의하기 위해 뮌헨 협정이 열렸다. 이때, 체코슬로바키아의 대표는 참석하지 못했고, 히틀러의 요구대로 이 지역은 독일에 양도되었다. 주데텐란트에는 많은 독일인들이 거주하고 있었다. 따라서 독일은 민족자결의 명목으로 영토 확장을 수행하여 병합했다.
46) Jonathan Haslam, *The Vices of Integrity: E. H. Carr, 1892-1982* (London: Verso, 2000), pp. 23-24. 1939년에 출간된 카의『위기의 20년』에서는 제1차 세계대전 후, 이상주의자들이 주도한 평화에 대한 통렬한 비판을 가했다. 그는 파시즘 세력의 대두는 베르사유평화조약이 규정한 국제질서에 기인했고, 국가 간의 이익과 파워에 대한 직시가 필요하다고 지적했다.

미국 국무장관 랜싱(Robert Lansing, 1864-1928)은 1918년 12월 30일 일기에서 민족자결 원칙은 "결코 실현될 수 없는 희망을 불러 일으킨다"고 우려했다.[47)]

그런데 윌슨의 민족자결 원칙에는 당초 민족과 아울러 인종 관련 문구가 삽입되어 있었다는 점에도 주목해야 한다. 윌슨은 국제연맹규약 초안에서 "인종적-민족적 소수파(all racial national minorities)", "인종적 혹은 민족적 다수파(racial or national majority of their people)"라는 구절을 사용한 바 있다.[48)] 그러나 파리평화회의에서 일본이 국제연맹규약 조문에 인종평등 조안을 삽입하고자 제안했을 때, 백호주의(白濠主義, White Australia Policy)를 견제한 호주와 영국의 반대,[49)] 미국 국내의 흑인 문제,[50)] 일본인을

카의 책은 전간기를 현실주의(realism)와 이상향(utopianism)의 이분법적 시각으로 통찰했고, 특히 이상향주의자로 지목된 에인절(Norman Angell, 1872-1962), 짐메른(Alfred Eckhard Zimmern, 1879-1957), 토인비(Arnold Joseph Toynbee, 1889-1975) 등을 비판했다. 그러나 포괄적인 이상주의에 대한 카의 해석은 과장적이고, 이상주의가 가지고 있는 복잡성과 다양성을 간과하고 있다는 주장들이 제기되고 있다. 전간기 이상주의에 대한 재평가의 시도에 관해서는, David Long and Peter Wilson (eds.), *Thinkers of the Twenty Years' Crisis: Inter-war Idealism Reassessed* (Oxford: Clarendon Press; New York: Oxford University Press, 1995).

47) Robert Lansing, *The Peace Negotiations: A Personal Narrative* (Boston: Houghton Mifflin, 1921), pp. 96-98. 윌슨의 측근이었던 랜싱의 이 언급은 많은 기존 연구들에서 인용된 부분이다. 윌슨 외교정책은 그의 측근으로부터 완전한 지지를 얻지는 못했다. 그러한 측면에서 랜싱의 인식은 중요하지만, 랜싱은 민족자결 원칙뿐만 아니라 윌슨의 국제연맹에 대한 인식이나 다른 정책에도 비판적이었다.

48) David H. Miller, vol. 2 (1928), p. 91.

49) 호주의 반대는 이민 문제와 더불어 부상된 일본 군사력이 자신들의 안보에 미치는 영향을 우려한 것이었다. 호주를 지지한 영국은 자신들이 보유하고 있던 식민지와 관련된 것과 더불어 1770년 영국인 탐험가 제임스 쿡(James Cook, 1728-1779)이 보타니만(Botany Bay)에 상륙하고, 영국 영유 선언을 한 호주의 역사와 깊이 연계된 것이다. 19세기 제국주의 시대에서 인종이라는 개념은 동양에 대한 서양 문화의 우월성을 표상하는 개념으로 이미 부상되어 있었다. 서양 문명에서는 인종을 기반으로 우월적 의식이 존재하고 있었으며, 이에 따라 인종주의도 강화되었다. 프랑스인 고비노(Joseph Arthur Comte de Gobineau, 1816-1882)의 *Essai sur l'inégalité des races humaines*(『인종의 불평등에 관한 시론』), 영국인 체임벌린(Houston Stewart Chamberlain, 1855-1927)의 *The Foundations of the*

포함한 아시아계 이민 문제로 인해 인종에 관한 조문은 무산되었다. 국제연맹의 소재지가 제네바로 결정된 것처럼 최종 의안들은 다수결 방식을 취했지만, 윌슨은 인종 문제와 같은 중요한 문제의 결정은 만장일치, 적어도 반대자가 없는 것이 필수적이라고 언급했다.[51]

일본이 제창한 인종평등 조안은 무산되었으나, 이 문제는 베르사유평화조약에서 서구 문명권의 '종교'적 이념을 상쇄시켰다. 2월 13일 일본대표단 전권차석(全權次席) 마키노 노부아키(牧野伸顯, 1861-1949)는 국제연맹규약 제1차 초안 제21조 '종교적 자유에 관한 조문(religious freedom article)'에

Nineteenth Century(『19세기의 기초』)에서의 사상을 통해 인종이라는 개념은 국제정치의 영역에서 널리 사용되어, 서양 제국주의국가들의 지배를 정당화하는 요소로 되었다. Sven Saaler, "The Russo-Japanese War and the Emergence of the Notion of the 'Clash of Races' in Japanese Foreign Policy," in John Chapman and Inaba Chiharu (eds.), *Rethinking the Russo-Japanese War: Regional Issues and Diplomacy, Economics and Image* (Folkestone: Global Oriental and Hawai'i University Press, 2008).

50) 당연히 미국에서 흑인 권리 문제는 제1차 세계대전 이전부터 존재했다. 1909년 2월 12일에 성립된 전미 흑인 지위 향상 협회(National Association for the Advancement of Colored People, NAACP)가 창립되었는데, 1914년 윌슨 정권의 행정기관은 백인과 흑인의 대우, 공직자의 임명 등, 인종 차이로 인해 분리적 정책을 실시했기 때문에 NAACP는 이를 개선하기 위해 윌슨과 맞섰다. 벤자민 콸스, 조성훈, 이미숙(옮김), 『미국흑인사』 (서울: 백산서당, 2002), pp. 177-182. 전쟁 기간을 통해 흑인의 요구를 정치에 반영하는 운동이 고조되었다는 것은 미국의 전력을 흑인들이 지탱했다는 것과 관련이 있었다. 미국이 참전했을 때, 75만 명의 상비군과 주병(州兵) 중에서 약 2만 명이 흑인이었고, 전쟁 기간 중, 미국에서 선발징병(Selective Service)이 실시되었을 때는 200만 명 이상의 흑인이 병역을 지원했고, 결국 약 50만 명이 입대했다. 전쟁 종료까지 미군의 3분의 1 이상이 흑인이었다. Paul Gordon Lauren, *Power and Prejudice: The Politics and Diplomacy of Racial Discrimination* (Boulder: Westview Press, 1988), p. 79. NAACP의 창립자 존슨(James Weldon Johnson, 1871-1938)은 일본이 제기한 인종평등조항이 아프리카계 미국인의 이익에 해당된다고 생각했다. 그는 일본에 경의를 표하여 일본의 "아시아-먼로주의(Asiatic Monroe Doctrine)"를 환영했다. Reginald Kearney, *African American Views of the Japanese: Solidarity or Sedition?* (Albany: State University of New York Press, 1998), pp. 57-59. 미국에서 백인과 흑인 간의 대규모의 인종 충돌은 1919년 여름에 일어난 '붉은 여름(Red Summer)'이 대표적이다. 이 폭력 사건은 제1차 세계대전 이후의 인종에 따른 불안정적인 미국 사회 구조를 드러냈다.

51) 外務省, 『日本外交文書 大正八年 第三冊 上卷』 (東京: 外務省, 1965), p. 499.

인종평등을 넣는 것을 제안했다. 초안 제21조는 국가의 법역(法域, jurisdiction)에서의 종교상의 신념에 대해 다른 국가가 간섭하지 못하도록 규정되어 있었다.[52] 마키노는 국제연맹 가맹국에 외국인에 대한 균등, 공정한 대우, 인종 혹은 국적으로 인해 차별을 받지 않는다는 것을 인정시키려고 했다. 그는 국민 간의 원한(怨恨)이나 전쟁의 원인이 종교와 인종에 있다고 생각했다. 국제관계에서 종교와 인종이 투쟁의 위협적인 요소가 되기 때문이다.[53]

영국 대표 로버트 세실(Robert Cecil, 1864-1958)은 인종평등 문제가 여러 정책에 부정적 영향을 끼치기 때문에 회피해야 한다고 했다. 그리스의 베니젤로스(Eleftherios Venizelos, 1864-1936)는 인종 문제가 해결해야 하는 문제라고 말하면서도 "종교에 관한 사항을 규정하는 이상, 인종에 관한 규정을 거절하는 이유는 없기 때문에 오히려 두 사항을 규정하지 않는 것"을 말했다. 처음에 일본의 인종평등 조안에 긍정적이었던 프랑스는 종교에 관한 규정이 있다면 인종에 관한 규정도 필요하기 때문에 종교 조문과 인종 조문을 삭제해야 한다고 반대했다.[54]

즉, 인종평등 조문 자체에 반대한 의견들이 있었던 반면, 종교 조문을 규정한다면 인종이라는 구절도 필요하다는 견해가 있었다는 것이다. 윌슨

---

52) 원문은 다음과 같다. The High Contracting Parties agree that they will not prohibit or interfere with free exercise of any creed of religion or belief whose practice are not inconsistent with public peace ore public morals, and that person or persons within their respective jurisdiction shall not be molested in life, liberty or pursuit of happiness by reason of his adherence to any such creed of religion or belief.
53) 外務省, 『巴里講和会議経過概要』(東京: 外務省, 1970), pp. 203-204.
54) 外務省 (1970), pp. 205-206.

은 종교에 관한 조문 규정에 중점을 두고 있었지만, 인종 문제의 여파로 인해 종교 조문의 삭제에 동의했다. 그는 강한 기독교 종교관을 가지고 있는 인물이었으며, 그의 종교적 관념은 외교에 반영되곤 했다. 그가 종교의 자유를 국제연맹규약에 삽입하려고 한 시도는 다국적 평화조약의 시초인 베스트팔렌조약의 흐름과 무관하지 않았다. 베르사유평화조약을 지탱했던 국제연맹규약에서 종교 조문이 삭제된 것은 적어도 일본이 종교 조문에 인종 문제를 추가하려고 했기 때문에 베르사유평화조약에서 종교 관련 조문의 규정은 인종 문제로 인해 상쇄되었다고도 볼 수 있다.

그렇다면 동유럽과 중유럽에 한정적으로 적용된 민족자결은 독립을 실현하지 못했던 다른 지역에 어떻게 작용하였을까? 그것은 위임통치였다. 국제연맹의 위임통치 제도의 성립은 스머츠(Jan Smuts, 1870-1950)가 1918년 말기에 작성한 『국제연맹: 실천적 제안』(*The League of Nations: A Practical Suggestion*)을 통해 구현화되었다. 스머츠의 인식은 윌슨에게 영향을 끼쳤다.[55] 스머츠는 윌슨이 주창한 '14개조의 평화원칙' 제5조 민족자결 원칙을 고려하여, 러시아, 오스트리아-헝가리, 튀르키예에 속하고 있었던 지역에 한정적으로 위임통치를 실시하는 것을 주장했다.[56] 그는 광범위한 의미에서 국제연맹은 "제국의 계승자"가 되고 기본적인 원칙들에 따른 궁극적인 처분권의 부여가 필수적이라고 주장했다. 위임통치 제도를 실시하는 국제연맹에 부여되는 기본적 원칙이란 '무합병과 민족

---

55) David H. Miller, *The Drafting of the Covenant* vol. 1 (New York: Putnam, 1928), p. 34.
56) Jan Christian Smuts, *The League of Nations: A Practical Suggestion* (London: [s.n.], 1918), p. 15.

자결'이었다. 그의 민족에 대한 인식은 다음과 같다. 첫째, 정치적 자유와 평등사상을 포함한 민족의 원칙. 둘째, 아직 완전한 독립 국가의 지위를 얻을 수 없는 사람들에 대한 자치의 원칙. 셋째, 강력한 민족이 약한 민족의 자치를 억압하는 것을 방지하는 원칙이다. 이를 실현하기 위해 위임통치의 수임국(受任國)은 통치하게 된 민족들을 독립 국가로 이끌어 간다는 것이 스머츠의 취지였다. 그에게 위임통치는 민족자결과 연결되는 것이었다.[57]

윌슨과 스머츠는 성숙하지 않는 민족들의 권리를 보장하면서도 한편에 일정 기간의 훈련과 필요에 따라 직접적인 지배가 필요하다는 견해를 공유했다.[58] 다만 윌슨은 위임통치 해당 지역을 아프리카나 태평양 지역까지 확대시켰다는 점에서 스머츠와 논리를 달리했다.[59] 국제연맹규약 제22조 위임통치(mandate)는 다음과 같은 내용이었다.

Article 22

To those colonies and territories which as a consequence of the late war have ceased to be under the sovereignty of the States which formerly governed them and which are inhabited by peoples not yet able to stand by themselves under the strenuous conditions of the modern world, there should be applied the principle that the well-being

---

[57] Elie Kedourie, *Nationalism* (Oxford, UK: Blackwell, 1993), pp. 129-130.
[58] Manela (2007), p. 30.
[59] Pitman B. Potter, "Origin of the System of Mandates under the League of Nations," *The American Political Science Review* Vol. 16, No. 4 (Nov., 1922).

and development of such peoples form a sacred trust of civilisation and that securities for the performance of this trust should be embodied in this Covenant. The best method of giving practical effect to this principle is that the tutelage of such peoples should be entrusted to advanced nations who by reason of their resources, their experience or their geographical position can best undertake this responsibility, and who are willing to accept it, and that this tutelage should be exercised by them as Mandatories on behalf of the League. ··· The character of the mandate must differ according to the stage of the development of the people, the geographical situation of the territory, its economic conditions, and other similar circumstances.60) [밑줄: 필자 강조]

위임통치는 국제연맹에서 위임을 받은 수임국이 비(非)독립 지역을 통치하는 제도다. 제22조에는 어떠한 국가가 수임국이 될 수 있는지 명시되지 않았지만, 이는 미국, 영국, 프랑스, 이탈리아, 일본의 5대국으로 형성된 최고회의(Supreme Council)의 심의를 통해 결정되었다. '위임통치(mandate)'라는 용어는 로마법을 유래로 했다. 최고 권위를 가진 국제연맹은 '위임받

---

60) 외교통상부 조약국 (2008), p. 7. 제22조에 나온 "후견(tutelage)"이나 "위임함(entrust)"과 관련되는 '신탁(trusteeship)'이라는 개념들은 18세기 유럽 계몽사상의 시대까지 거슬러 올라갈 수 있다. 에드먼드 버크(Edmund Burke, 1729-1797)의 저서 『프랑스혁명에 관한 성찰(Reflections of the Revolution in France)』에는 "인간에 부과되어 있는 정치권력은 모두 신탁이며, 궁극적으로는 그 인간의 이익을 위해 행사되어야 한다"고 되어 있다.

은(mandatory)' 국가에게 권한을 부여했다. 이는 '병합(annexation)'을 대신한 새로운 국제법상의 장치였다.[61]

위임통치를 행사하게 된 수임국은 영국, 프랑스, 벨기에, 일본이었다.[62] 수임국이 될 수 있는 요건은 우선 국제연맹에 가맹한 국가들이었다. 세계대전 전승국이었으며, 일본의 가맹이 증명한 것처럼, 동양에 위치한 국가에게도 자격이 있었다. 단, 수임국 자격에 관한 중요한 요건의 하나는 '문명'에 있었다. 제22조에는 "문명의 신성한 사명"이라는 명분으로 위임통치를 실시한다는 구절이 규정되었다.

근대적 의미에서의 '문명(civilisation)'은 18세기 후반에 프랑스에서 만들어지고, 계몽주의 사조와 결부되면서 탄생된 신조어였다. 19세기 '문명'은 인종이나 사회를 서열화시키는 근거가 되었고, 식민지 획득 경쟁을 추진한 제국주의 국가들의 논리를 뒷받침하기도 했다.[63] 유럽은 자신들을 문명의 표준으로 삼았다.[64]

---

61) 아르투어 누스바움, 김영석(옮김), 『국제법의 역사』 (파주: 한길사, 2013), p. 419. 누스바움 (Arthur Nussbaum)은 위임통치가 병합과 다른 점으로서 연차보고서를 제출 등의 의무가 있었다고 한다. 다만, 예외적으로 일본은 금지되어 있음에도 불구하고 위임받은 영토에 군사기지를 건설했다고 지적했다. 等松春夫 (2011), p. 15.
62) 위임통치에 관한 세 종류의 통치 방식, 이른바 A, B, C식에 관해서는, William Roger Louis, "The Era of the Mandate System and the Non-European World," in Headley Bull and Adam Watson (eds.), *The Expansion of International Society* (Oxford: Clarendon Press, 1984)를 참고.
63) 노대환, 『문명』 (서울: 소화, 2010), pp. 210-212.
64) 문명의 표준에 관해서는 공(Gerrit W. Gong)의 연구를 참조할 것. 그는 문명의 표준을 다음 다섯 가지 정의했다. 첫째, 문명국은 기본적인 권리를 외국인에게도 보장할 것. 둘째, 정치적 관료가 존재하여 효율적인 국가 운영을 하고 있으며, 자기 방어를 할 수 있는 조직 능력이 있을 것. 셋째, 전시법을 포함한 국제법을 받아들이고 국내 법역에서도 공평한 제도를 가지고 있을 것. 넷째, 외교를 위한 적절한 수단을 유지하고 국제체제에 대한 책무를 다할 것. 다섯째, 순사(suttee), 일부다처제(polygamy), 노예 같은 관습을 거부하고 문명화된 국제사회의 표준인 규범과 관행에 따를 것이다. Gerrit W. Gong, *The Standard of 'Civilization'*

스머츠는 구(舊)제국주의를 계속적으로 비판해온 인물이었지만, 남아공이 아직 자치 능력이 결여되어 있다고 믿었고, 호주가 파푸아 뉴기니를 영유하는 것도 주장했다. 스머츠의 위임통치안에 관한 저서를 보면 그는 독일의 식민지였던 지역을 위임통치 제도의 적용 범위에서 배제시킨 점에서 윌슨과 달리했지만, 그 이유는 독일 식민지 지역의 주민들이 "야만인(barbarians)"이며, 유럽적 민족자결을 적용시키는 것은 실현 불가능하다고 그들의 후진성을 강조했기 때문이다.65) 서구인들의 인종관은 위임통치에 투영되었다.66)

3. 전쟁 책임의 규정과 배상 논리

전쟁의 명칭은 다양한 명칭들 중에서 보다 많은 다수의 인간들의 인식에 의해 채택되어 보존된다.67) 한편 평화조약의 명칭은 조약문서에 쓰인 정식명칭이 있어도, 대부분은 그 평화조약이 승인된 지역 혹은 도시명이 사용될 경우가 많다.

---

    in International Society (Oxford: Clarendon Press), pp. 14-15.
65) Jan Christian Smuts (1918), p. 15.
66) Louis (1984), p. 202. 위임통치 제도 하에서 이라크만이 1932년 영국 위임통치령에서 독립을 이룩하고 국제연맹에 가맹했다. 이는 영국의 정치적 계산과 고려가 작용한 유일한 사례였지만, 위임통치 기간이나 수임국이 통치하는 지역의 독립을 인정하는 절대적 기준은 없었다.
67) 어떤 특정한 전쟁에 관한 명칭에 관해서는 다음과 같은 명명 방식이 존재한다. (1) 전쟁 상대국 또는 상대국 지도자의 이름을 차용한 방식. (2) 전쟁의 원인이나 대의를 명기하는 방식. (3) 전쟁 당사들을 병기하는 방식. (4) 전쟁의 시간적 범위를 명기하는 방식. (5) 전쟁이 발생했거나 전개된 공간을 명기하는 방식. 김명섭 (2009), pp. 71-73.

스페인 왕위 계승 전쟁을 마감한 1714년 라슈타트조약 이후부터 서구 평화조약 문서는 프랑스어를 공식 언어로 하는 관행이 이어졌으나, 베르사유평화조약은 제440조 3항에 규정되었듯이 프랑스어와 영어를 공식 언어로 했다.68) 베르사유평화조약은 다국 간 평화조약으로서 처음으로 영어로 작성되었다. 베르사유평화조약의 정식 명칭은 프랑스어로 Traité de paix entre les Alliés et les Puissances associées et l'Allemagne이며, 영어 표기는 Treaty of Peace between the Allied and Associated Powers and Germany이다.69) 베르사유평화조약의 정식 명칭은 전쟁 당사국의 이름을 명기했지만, 많은 평화조약과 마찬가지로 도시명이 표상적으로 사용되어 있다. 전쟁의 명칭을 둘러싼 정치학적 논쟁에 비하면, 평화조약의 명칭을 둘러싼 논쟁은 많지 않다. 그러나 전쟁 당사자를 명기한 정식 명칭이 아니라 지역 혹은 도시명을 사용할 경우 어떤 전쟁을 마감한 평화조약인지, 전쟁과 평화의 관계성이 잘 부각되지 못할 우려가 있다.

그럼에도 한편에서 평화조약의 명칭이 왜 어떤 지역 혹은 도시명이 사용되는지 생각해볼 필요가 있다. 베르사유평화조약은 베르사유라는 도시에 위치한 베르사유궁전에서 체결되었다. 파리평화회의는 주로 프랑스

---

68) 전통적 외교 분야에서 프랑스어는 주요 외교 언어였지만, 20세기 초에 영어의 중요성이 부각되었다. 파리평화회의는 주로 영어로 진행되었다. 윌슨과 로이드 조지는 프랑스어를 구사하지 못했고, 클레망소는 영어를 말할 수 있었다. 베르사유평화조약 조문 작성에서 클레망소는 프랑스어가 외교언어라고 주장했지만, 로이드 조지는 프랑스어와 영어 두 언어로 작성하는 것을 주장했고, 윌슨도 이에 동의했다. 다만, 5대국의 일원이었던 이탈리아의 수상 오를란도(Vittorio Emanuele Orlando, 1860-1952)는 프랑스어를 구사했지만, 영어에 능통하지 않았다. Keith Hamitlon and Richard Langhorne, *The Practice of Diplomacy: Its Evolution, Theory and Administration* (London; New York: Routledge, 1995), p. 157.
69) 일본에서 1920년에 명명된 베르사유평화조약 정식 명칭은 '동맹 및 연합국과 독일국과의 평화조약(同盟及連合國ト獨逸國トノ平和條約)'이다.

외무부에서 주관되었거나, 미국대표단의 숙소인 호텔(Hotel de Crillon)에서 토론되었으나, 조약 승인 장소는 베르사유궁전이었다. 이는 프로이센-프랑스 전쟁(1870-71)에 관련된 것이었다. 이 전쟁에서 프랑스를 압도한 전승국 프로이센의 황제 빌헬름 1세(Wilhelm Ⅰ, 1797-1888)는 베르사유궁전에서 대관식을 거행하여 통일독일과 독일제국을 선언했다. 1871년 2월 베르사유에서의 가조약을 거쳐 5월에 프랑크푸르트조약이 체결되었다.[70] 이 평화조약을 통해 독일은 프랑스에 50억 프랑의 배상금을 요구했고, 알자스-로렌(Alsace-Lorraine) 지역을 획득했다. 그 지역을 상실한 프랑스에서는 독일에 대한 보복주의(Revanchism)가 고양되었다.[71] 이러한 사유로 베르사유평화조약 승인은 특히 과거에 대한 프랑스의 기억과 경험이 작용했다. 1871년 당시 프랑스 하원의원이었던 조르쥬 클레망소(Georges Clemenceau, 1841-1929)는 1919년 프랑스 수상으로서 다른 국가 수반들보다 제1차 세계대전 패전국 독일에 가혹한 처치를 원했다.

파리평화회의에서는 민족자결과 이에 따른 영토 문제, 국제연맹 창립, 인종평등 조항, 러시아 문제 등 다양한 의제들이 토론되었으나, 독일에 대한 전쟁 책임 규명과 배상 문제 역시 많은 비중을 차지했다. 총력전이었던 제1차 세계대전은 군인뿐만 아니라 일반시민도 총동원한 국민들에

---

70) 이러한 내용들은 1871년 5월 6일부터 시작한 비스마르크와 프랑스 전권대사 파브르(Jules Favre, 1809-1880)의 교섭에서 결정된 것이다. 독일과 프랑스 간의 평화조약 내용은 불과 나흘 만에 합의되어 10일에는 승인되었다. Michael Howard, *The Franco-Prussian War: The German Invasion of France, 1870-1871* (London; New York: Routledge, 2001), pp. 452-453.
71) John Lowe, *The Great Powers, Imperialism and the German Problem, 1865-1925* (London; New York: Routledge, 1994), pp. 60-63.

의한 전쟁이었고, 가능한 인적 자원(manpower)이 활용되었다.

1918년 1월 18일 윌슨의 '평화원칙 14개조'에서는 독일의 행위에 대해 피해국의 '부흥(restored)'의 필요성을 강조하여 패전국의 배상 책임을 암시적으로 주장했지만72) 2월 11일 미국 의회에서 민족자결이라는 용어를 사용한 윌슨은 평화회의를 염두에 두고, 독일과 오스트리아에 대해 영토 합방, 부과금, 징벌적 정책을 실시하지 않는다고 언급했다.73) 그러나 결국 연합국은 독일에 징벌적 배상을 요구하게 되었다.74) 베르사유평화조약의 특징은 패전국 독일에 대한 엄격성, 징벌성에 있었다. 베르사유평화조약 제7장 벌칙(Penalties) 제227조는 빌헬름 2세(Wilhelm Ⅱ, 1859-1941)에 대한 소추 조문이다.

---

72) 예를 들면 제7조 벨기에의 부흥과 주권 회복에 관한 것, 제8조 침략을 당한 프랑스에 관한 조문들이 해당된다.
73) President Wilson's Address to Congress, Analyzing German and Austrian Peace Utterances (Delivered in Joint Session, February 11, 1918), Woodrow Wilson, *President Wilson's State Papers and Addresses: With Editorial Notes, a Biographical Sketch, an Introduction* (S.l.: s.n, 2012), p. 475. 이어서 윌슨은 민족자결에 대해 다음과 같이 언급했다. "각 민족들은 국제회의나 경쟁국가, 적대국가의 양해에 의해 주권을 다른 국가로 양도할 수 없다. 민족의 열망은 존중되어야 한다. 각 민족은 스스로의 의사만으로 지배, 통치되어야 한다. 민족자결이란 단순한 헛소리가 아니다. 그것은 행동에 있어서 불가피한 원칙이며…. 강대국 간의 양해로 인하여 보편적인 평화를 구축할 수는 없다."
74) 윌슨의 목적은 국제연맹 창립이었기 때문에 배상 문제에 있어서는 로이드 조지와 클레망소의 요구를 수용했다. 윌슨에 대해 전통적 어프로치를 취하는 역사가들은 윌슨주의가 1차 대전 후에 새로운 국제질서의 기초를 제공했다고 하고, 수정주의자들은 윌슨이 로이드 조지와 클레망소에 의해 밀렸다고 한다. 이러한 1960년대 말까지의 전통주의와 수정주의 해석을 통합하여 새로운 국제정치사의 평가를 내린 슈바베(Schwabe)의 연구에 의하면 윌슨은 로이드 조지와 클레망소를 설득시키는 것을 어렵다고 인식했기 때문에 목적을 달성하기 위해 스스로 타협의 길을 택했다고 한다. 미국 학자들은 그의 연구를 높이 평가하고 있다. Brian McKercher, "Reaching for the Brass Ring: the Recent Historiography of Interwar American Foreign Relations," Michael J. Hogan (ed.), *Paths to Power: The Historiography of American Foreign Relations to 1941* (Cambridge: Cambridge University Press, 2000), pp. 190-191.

Article 227

The Allied and Associated Powers publicly arraign William II of Hohenzollern, formerly German Emperor, for a supreme offence against international morality and the sanctity of treaties. A special tribunal will be constituted to try the accused, thereby assuring him the guarantees essential to the right of defence. It will be composed of five judges, one appointed by each of the following Powers: namely, the United States of America, Great Britain, France, Italy and Japan.
[밑줄: 필자 강조]

제227조는 국가 수반의 책임을 묻는 관념이 등장했다는 측면에서 큰 의미가 있었다. 독일제국의 황제였던 빌헬름 2세를 재판하는 것은 5대국인 미국, 영국, 프랑스, 이탈리아, 그리고 일본의 재판관이었다.
그러나 1918년 11월 10일 빌헬름 2세는 네덜란드에 망명했다. 네덜란드는 국내법이나 지금까지 체결한 국제조약 중에 그러한 죄를 규정한 내용이 없기 때문에 빌헬름 2세를 인도하지 않았다. 그리고 네덜란드는 베르사유평화조약 서명국이 아니었다. 따라서 빌헬름 2세의 소추 재판이 실시되지 않아 처벌도 집행되지 않았지만, 베르사유평화조약은 전쟁을 일으킨 국가 수반의 책임을 명문화시켰다는 점에서 역대 서구 평화조약과 상이했다. 빌헬름 2세에 의한 독일의 전쟁 행위는 전쟁 금지와 제한을 규정한 국제연맹규약 작성에 영향을 주었다. 국제연맹규약 서문에 규정되었듯이 조약 체결국은 전쟁에 호소하지 않는다는 의무를 수락했다. 물론 베르사유평화조약은 전쟁을 '완전히' 불법화시키지는 못했으나, 1924년 '국제분쟁의 평화적 처리 협약(Convention for the Pacific Settlement of International Disputes)' 이나 1928년 켈로그-브리앙협정 등에 대한 국제조약 발전에 기여했다.

또한 베르사유평화조약 이전의 평화조약의 배상 개념은 패전국이 전승국에 지불하는 '배상[償金, indemnite]'이 널리 사용되었다. 이는 전승국이 전쟁에서 사용한 전비(戰費)를 패전국이 지불하는 것이었다.75) 그러나 베르사유평화조약은 국가 수반 개인에 대한 처벌을 규정할 뿐만 아니라 전쟁을 일으킨 주체에 피해국의 '손해' 또는 '피해'에 따른 요구를 명시했다. 즉, 전쟁을 일으킨 국가가 전쟁 피해를 입은 국가에게 그 손해와 피해를 배상해야 한다는 내용도 규정했다. 빌헬름 2세에 대한 법적 소추와 별도로 전쟁에 의한 피해 배상은 전쟁을 일으킨 국가가 지불해야 되는 것이었다.

베르사유평화조약 제8장 배상(Reparations) 제231조는 국제연맹규약을 제외한 조문들 중에서 가장 유명하다. 이 조문은 베르사유평화조약의 가혹성과 징벌성에 관한 역사적 평가의 대상이 되었다.

Article 231

The Allied and Associated Governments affirm and Germany accepts the responsibility of Germany and her allies for causing all the loss and damage to which the Allied and Associated Governments and their nationals have been subjected as a consequence of the war imposed

---

75) 김명섭·김숭배, 「20세기 '전후보상' 개념의 형성과 변용: 한국과 일본 간의 보상문제를 중심으로」, 『한국과 국제정치』 제25권 제(3)호 (2009), p. 35.

upon them by the aggression of Germany and her allies.

제231조, 이른바 'War Guilt Clause'는 연합국과 그 국민들의 모든 피해와 손해가 독일과 독일 동맹국에 있다는 것을 선언했다. 원래 윌슨은 전쟁에서의 위법 행위에 대해서만 배상을 고려했다. 그러나 제231조는 배상 금액을 규정하지 않았지만 법적 근거의 확립을 통해 독일의 책임을 명시했다. 제1차 세계대전은 독일이 일으킨 것이며, 모든 전쟁의 피해와 손해 역시 독일이 책임을 져야 된다는 국가의 책임성을 명시했다. 제231조는 패전국 독일에 대한 징벌적 상징성을 가진 조문이었다. 그 조문을 뒷받침한 것이 보상(compensation)이라는 용어가 사용된 제232조였다. 그 조문은 민간인에 대한 피해를 적극적으로 인정했다.[76]

Article 232

The Allied and Associated Governments, however, require, and Germany undertakes, that she will make <u>compensation for all damage done to the civilian population</u> of the Allied and Associated Powers and to their property during the period of the belligerency of each as an Allied or Associated Power against Germany by such aggression by land, by sea and from the air, and in general all damage as defined in Annex I hereto. [밑줄: 필자 강조]

---

76) 김명섭·김승배 (2009), pp. 37-38.

제232조는 제231조와 마찬가지로 독일에 모든 책임이 있다는 것을 전제로 했다. 독일 육해공에 의한 공격으로 연합국 민간인과 그 재산의 손해는 독일이 보상해야 한다는 것이었다. 이와 더불어 제302조는 개인의 피해에 관해 구제 절차를 규정했다. 그것은 민간인이 입은 피해를 회복하기 위해 '보상'을 요구할 수 있는 권리였다. 제232조에 규정된 부속문서(Annex Ⅰ)에는 군인과 민간인, 그리고 그 유족까지, 즉 인간에 대한 피해의 주된 항목들을 다음과 같이 규정했다. (1) 전쟁행위로 기인한 민간인의 죽음. (2) 민간인에 대한 폭력이나 학대. (3) 독일의 점령에 의한 민간인의 건강 피해. (4) 포로에 대한 학대. (5) 연합국 측의 희생자에 대한 연금. (6) 포로와 그 가족들에 대해 연합국이 후원하는 비용. (7) 연합국이 동원한 사람들과 그 가족들에의 보수(報酬). (8) 민간인에 대한 강제노동. (9) 민간인의 재산에 대한 파괴. (10) 민간인에게 독일과 그 동맹국이 가한 부과금 등이다. 제231조 배상 조문과 제232조 보상 조문 및 부속문서들은 독일의 전쟁 책임과 그에 따른 전후처리 방법을 명확하게 제시했다는 점에서 베르사유평화조약은 과거 역대 평화조약에 비해 진보한 평화조약이라고 할 수도 있을 것이다. 1815년 빈체제처럼 배상 책임의 존재는 반드시 평화체제의 취약성을 의미하지 않았다. 다만 베르사유평화조약의 문제는 패전국 독일에 대한 배상 및 보상 요구가 패전국의 군인, 민간인에 대한 연금이나 수당까지 광범위한 항목들에 이르렀기 때문에 독일의 지불 능력을 초월했다는 점에 있었다. 배상과 보상 내용뿐만 아니라 독일제국의 식민지를 국제연맹이 위임통치 제도를 통해 관리하는 것(제119-127조)은 독일의 생존권에 위협을 주었다. 원래 윌슨은 배상 요구에 소극적이었지

만, 특히 클레망소의 요망을 받아들였다. 프랑스의 협력이 윌슨의 궁극적인 목표였던 국제연맹 창립에 중요했기 때문이다.77)

이러한 배상 조문 초안 작성에 기여한 인물이 덜레스였다. 덜레스의 숙부는 랜싱이다. 변호사의 자격을 가진 덜레스는 평화교섭 위원회 자문위원과 최고경제위원회 위원을 역임했다. 독일에 대한 배상 조문은 많은 시간과 토론을 필요로 했지만, 덜레스의 생각이 크게 작용했다. 그가 작성한 2월 21일 배상 조문 초안에는 독일의 책임에 따른 민간인들의 피해를 명시했다. 이에는 법적 근거와 더불어 도덕적 관점이 포함되었다.78) 덜레스의 논리를 뒷받침한 것이 재무차관보였던 노먼 데이비스(Norman Davis, 1878-1944)였다. 데이비스는 독일에게 전쟁과 모든 결과에 대한 도덕적인 책임이 있고 법적으로도 연합국의 재산과 사람들에게 대한 책임이 있다고 했다. 이것이 231조의 원형이었다.79)

베르사유평화조약 교섭 과정에서 패전국 독일은 배제되었다. 연합국은 조문이 거의 완성되었을 때, 독일에 제시했다. 전쟁 발발의 책임과 이에 따른 배상 책임을 명시한 제231조에 대해 독일은 명예의 문제로서 인정하지 않았다. 연합국은 독일에 평화조약을 수락하도록 최후통첩을 보냈을 때, 독일은 배상 문제에 대한 수정을 요구했으나, 변함이 없었다.80)

---

77) Robert Lansing (1921), pp. 173-174; 박현숙 (2010), pp. 207-209; John W. Coogan, "Wilsonian Diplomacy in War and Peace" in Gordon Martel (ed.), *American Foreign Relations Reconsidered, 1890-1993* (London and New York: Routledge, 1994), p. 84.
78) Ruth Henig, *Versailles and After 1919-1933* second edition (London; New York: Routledge, 1995), p. 21.
79) Alan Sharp (2008), pp. 90-91.
80) 독일에 대한 전쟁 책임 및 배상 문제와 관련하여 제1차 세계대전 발발의 원인을 모두 독일에 귀착시키는 것은 바로 1920년부터 논쟁이 되었다. 제2차 세계대전 이후에는 1961년

베르사유평화조약에 관한 연구들 중에서 배상 문제에 주목했을 때, 케인스(John Maynard Keynes, 1883-1946)의 주장은 널리 인용되어 왔다. 그는 영국대표단으로서 파리평화회의에 참석했다. 프랑스는 물론 기본적으로 유럽사회 전체가 독일에 엄격한 태도를 취했다고 케인스는 보았다. 케인스는 연합국들의 독일에 대한 가혹하고 징벌적인 배상 요구에 의문을 제기했다. 그는 대립을 조화로 전환시키기 위해서는 경제가 중요하다고 했고, 전쟁 원인도 경제적인 문제가 기인이 되었기 때문에 국제적 경제체제가 정치적 조화를 촉진할 수 있다고 보았다. 케인스의 생각은 1919년 12월에 출간된 『평화의 경제적 귀결』(The Economic Consequences of the Peace)에 나타났다. 그는 "이 책을 통해서 밝히려고 하는 나의 의도는 카르타고식의 평화(Carthaginian Peace)가 실제로 올바르지도 않고, 가능한 것도 아니다"고 했다.81) 그의 책은 독일에 부과한 응징성, 특히 클레망소의 주장을 카르타고식 평화라고 비유하고, 독일 문제는 유럽 전체의 경제회복을 정체시킨다고 했다.82) 케인스는 독일에 대한 과도한 요구가 오히려 유럽의 경제적

에 출간된 프린츠 피셔(Fritz Fischer)의 저서(*Griff nach der Weltmacht: Die Kriegzielpolitik des kaiserlichen Deutschland 1914-1918*)가 1차 대전에서 독일이 사라예보 사건을 기회로 삼아 전쟁을 의도적으로 일으켰다고 했고, 이는 논쟁의 중심이 되었다. 1920년대부터 시작한 독일의 전쟁 책임 문제 및 피셔 논쟁에 관해서는, 박상섭, 『1차 세계대전의 기원: 패권 경쟁의 격화와 제국체제의 해체』(서울: 아카넷, 2014), pp. 345-355.
81) John Maynard Keynes, *The Economic Consequences of the Peace* (Rockville: Serenity Publishers, 2009), p. 27.
82) 독일에 대한 응징이 결국 2차 대전의 원인이 되었다는 견해는 일반적이다. 그러한 측면에서 케인스의 저서는 더욱 주목을 받게 되었다. 한편 망투(E. Mantoux)는 오히려 케인스의 책이 2차 대전을 일으킨 원인의 하나라고 주장했다. 그는 케인스의 책이 영국인들과 프랑스인들에게 자책감(meaculpism)이나 죄책감(guilt complex)을 심어주었고, 그러한 심리가 없었다면 1939-40년에 벌어진 일은 없었을 것이라고 했다. Étienne Mantoux; with an introduction by R. C. K. Ensor and a foreword by Paul Mantoux, *The Carthaginian Peace, or, The Economic Consequences of Mr. Keynes* (New York: Charles Scribner's

부흥을 지연시킨다고 보았다.

특히 케인스는 배상에 연합국의 다양한 연금(pensions) 및 출정(出征)한 군인의 가족들에 대한 별거 수당(separation allowances) 등을 포함시킨 것이 윌슨의 도의적인 자세의 붕괴라고 했다.[83]

케인스의 논지는 정치적 문제를 해결하기 위해서는 도덕적 접근이 아니라 경제적 측면의 고려가 필요하다는 것이었다. 그는 제1차 세계대전에서 독일의 책임이 없다는 것을 주장한 것이 아니라, 부속문서에 규정된 세부 항목처럼 연합국 군인들의 은급이나 군인의 가족들에 대한 별거 수당을 포함하면 독일의 부담이 과도하게 커지는 것을 우려했다.[84] 그는 전쟁 책임을 허술히 생각한 것이 아니라 현실적인 문제로서의 경제적 문제를 우선시했다. 윌슨, 클레망소, 로이드 조지를 비판한 케인스는 독일에 대한 배상 문제가 결국 유럽 전체의 재건에 연관된다는 것을 일관적으로 주장했다. 그에게 파리평화회의의 과제란 다양한 계약을 존중하여 공정하게 다루고, 인간들의 생활과 상처들을 치유하는 것이었다. 그러한 과제에는 고대의 예지가 승리자에게 시인시킨 "관대함(magnanimity)"이 있어야 한다는 것이었다.[85] 자신의 관심사가 오로지 평화조약의 예지와 귀결이라고 했던 케인스는 다음과 같이 서술했다.

Sons, 1952), pp. 9-19.
83) John Maynard Keynes (2009), p. 35.
84) D. J. Markwell, "J. M. Keynes, Idealism, and the Economic Bases of Peace," in David Long and Peter Wilson (eds.), *Thinkers of the Twenty Year's Crisis: Inter-War Idealism Reassessed* (Oxford: Clarendon Press; New York: Oxford University Press, 1995), pp. 190-191.
85) John Maynard Keynes (2009), p. 21.

독일을 한 세대에 걸쳐 노예 상태로 하여, 몇 백만 명이라는 인간의 생활 수준을 낮게 하고, 국민 전체로부터 행복을 빼앗는 정책은 혐오해야 한다. ―비록 그것들이 가능할지라도, 우리들을 풍요롭게 할지라도, 유럽 문명의 생활 전체에 쇠약의 씨앗을 뿌리는 것이 아니더라도 혐오해야 한다. 일각에서는 이러한 것을 정의의 이름으로 설교하는 사람들이 있다. 인류의 역사에서, 정의로 여러 국민들의 복잡한 운명을 풀어내는 것은 쉽지 않은 것이다. 비록 그것이 정의라고 해도, 종교, 자연적 윤리는 적국의 지배자, 부모에 대한 처벌을 적국의 자손들에게 가하는 권리를 허용하면 안 된다.[86]

이에 대한 미국 측의 공식적 견해는 1920년 바룩(Bernard Baruch, 1870-1965)의 *The Making of the Reparation and Economic Sections of the Treaty*(『배상 문제와 조약의 경제적 측면』)에 담겨 있었다. 이 책은 케인스의 지적이나 그와 같은 베르사유평화조약 비판자들에게 반박한 것이었다. 이 책의 저자는 명목상 바룩이었으나, 1919년 당시 파리평화회의에 관여한 익명의 실무자들이 작성했고, 특히 덜레스의 관여가 컸다.[87] 덜레스는 독일에 대한 배상 요구뿐만 아니라 베르사유평화체제의 정당성을 뒷받침한 이 책의 실질적인 작성자였다는 것이다.[88] 그 책의 서문에는 베르사유평화조약이 윌슨의 모든 희망을 포함하지 못했으나, 복수심이 있었던

---

86) John Maynard Keynes (2009), p. 127.
87) Ronald W. Pruessen, *John Foster Dulles: The Road to Power* (New York: Free Press; London: Collier Macmillan, 1982), p. 516.
88) 로버트 스키델스키, 교세훈(옮김), 『존 에이너드 케인스: 경제학자, 철학자, 정치가 1』 (서울: 후마니타스, 2009), p. 400; William R. Keylor, "Versailles and International Diplomacy," in Manfred F. Boemeke (1998), p. 487.

요소들을 억제하여 최소화시켰고, 윌슨이 가지고 있었던 최종적 목표를 달성했다고 긍정적으로 보았다.[89]

베르사유평화조약은 배상 금액을 규정하지 않았다. 금액은 추후 문제로서 처리되었다. 따라서 이 평화조약은 배상 금액이 아니라 책임에 대한 법규범이 중요했다. 노먼 데이비스와 함께 'War Guilt Clause'의 원형을 제공했다고 알려진 덜레스의 초안은 배상을 요구하는 근거를 도덕적 권리와 독일의 지불 능력에 따른 배상을 구별하여 생각했다. 덜레스에게 있어 독일에 대한 도덕적인 권리는 독일이 전쟁을 시작했다는 점이다.[90] 법률가였던 덜레스는 독일에 대한 배상 조문이 독일의 책임을 법적으로 입증했고, 전체적으로 공평한 평화조약이라고 생각했다.[91]

일반적으로 베르사유평화체제에 대한 비판은 독일에 부과한 가혹한 배상과 복수적 측면이 필연적으로 다음 전쟁을 발생시키는 정치적, 경제적 상황을 창출했다는 것이다.[92] 그러나 그러한 견해와 달리 베르사유평화조약이 독일에 가혹하고 거대한 부담을 주지는 않았다는 주장도 있다. 배상 문제에 관해서 독일의 지불은 연기되거나, 외국의 자본 유입으로 인해

---

89) Bernard M. Baruch, *The Making of the Reparation and Economic Sections of the Treaty* (S.l.: Kessinger Publishing, 2007), p. 6.
90) Klaus Schwabe, translated by Rita and Robert Kimber, *Woodrow Wilson, Revolutionary Germany, and Peacemaking, 1918-1919* (Chapel Hill: University of North Carolina Press, 1985), p. 246. 덜레스는 1940년경에 제231조가 전쟁범죄(war guilt)에 관한 역사적인 심판으로 간주되어 있는 것에 불쾌감을 드러냈다. William R. Keylor, "Versailles and International Diplomacy," in Manfred F. Boemeke (1998), p. 501. 이것은 1939년 독일이 일으킨 제2차 세계대전과 베르사유평화조약 231조의 관련성을 덜레스가 부정했다고 받아들일 수 있다.
91) M. A. Guhin, *John Foster Dulles: A Statesman and his Times* (New York: and London, 1972), p. 30; MacMillan (2002), p, 193.
92) W. R. Smyser (1993), pp. 169-170.

상쇄되었기 때문에 배상이 독일 재건에 악영향을 주었다는 주장들이 과도한 해석이라는 것이다.[93]

베케르(Jean-Jacques Becker)와 크루마이히(Gerd Krumeic)의 프랑스·독일 공동연구서에 따르면, 베르사유평화조약에 비해 1918년 3월 3일에 체결된 독일과 러시아 간의 브레스트-리토프스크조약은 비판을 받지 않았다. 그 평화조약은 러시아에 부과된 극단적인 강제조약이었다. 브레스트-리토프스크조약으로 인해 러시아는 인구의 1/3, 원료 자원과 공업 생산능력의 대부분을 상실했다. 한편 독일에 있어 "치욕의 조약"이었던 베르사유평화조약은 1933년까지 역대 독일 정부 모두가 베르사유평화조약 제231조에 대해 항의, 취소를 요구했다. 히틀러는 브레스트-리토프스크조약은 분별과 절도(節度)가 있는 평화조약이었다고 주창하기도 했다.[94] 다만, 브레스트-리토프스크조약은 베르사유평화조약에서 그 효과가 취소되었기 때문에 후세에 많은 법적 영향과 구속력을 유지하지는 않았다.

1921년 5월 5일 최종적으로 독일은 배상총액 1350억 마르크를 연합국에게 지불하게 되었다. 이는 독일의 지불 능력을 초과했다. 징벌적이었던 평화체제 탄생시의 이념은 1932년 스위스에서 개최된 로잔회의에서 독일 배상 문제, 전쟁채권 문제가 국제회의를 통해 소멸되었다. 1929년 세계공황으로 독일 경제가 위기에 직면했기 때문에 배상액 30억 마르크로 대폭 인하했다. 베르사유평화조약 이후, 최종적으로 독일이 연합국에 지불한

---

93) 木谷勤·望田幸男(編), 『ドイツ近代史』 (京都: ミネルヴァ書房, 1992), pp. 98-99.
94) ジャン=ジャック·ベッケール, ゲルト·クルマイヒ, 『仏独共同通史 第一次世界大戦』 (東京: 岩波書店, 2012), pp. 138-139.

금액은 50억 파운드를 넘지 않았고, 이에 연합국은 재정적 지원을 했다.95) 결론적으로 실체적, 물질적인 측면에서 베르사유평화조약은 가혹한 배상을 요구하지 않았다. 그럼에도 불구하고, 당대와 후세에 이 평화조약이 징벌적이고 가혹했다고 평가하는 것은 조문 내용에 전쟁을 일으킨 가해국의 책임성과 전쟁 피해에 대한 광범위한 지불 의무를 명시했기 때문이었다.

---

95) Philip Bobbitt, *The Shield of Achilles: War, Peace, and the Course of History* (New York: Alfred A. Knopf, 2002), p. 409. 보빗(Philip Bobbitt)은 제2차 세계대전의 원인이 베르사유평화조약에서 규정된 독일에 대한 배상이 아니라, 독일을 포함한 각 국가들의 내부적 문제, 즉 헌정적 토대(constitutional basis)가 완고하지 않았고, 독일의 경우 역시 바이마르헌법에 헌정적 갈등(constitutional conflicts)의 요인이 있었다는 것을 지적했다. Philip Bobbitt (2002), pp. 579-584.

제5장 평화체제에 대한 일본의 수용과 변용

1. '지역적 양해'에 대한 이해

유럽과 달리 제1차 세계대전의 기원은 일본에는 무관했지만, 전쟁과 전쟁의 종식은 일본 외교의 전환점이 되었다. 1914년 8월 23일 일본은 독일에 선전포고를 함으로써 제1차 세계대전 참전국이 되었다. 이러한 전쟁 초기에서의 일본 참전 결정은 외무대신이었던 가토 다카아키(加藤高明, 1860-1926)의 역할이 컸다.96) 주영(駐英) 일본대사의 경험을 가지고 있었던 그는 세계대전이 일어났을 때, 일본의 중립도 염두에 두었으나, 8월 7일 영일동맹과 국제사회에서 일본의 지위를 향상시키기 위해 참전이 합리적이라는 의견을 제안했다. 그래서 오쿠마 시게노부(大隈重信, 1838-1922) 내각은 참전을 결정했다.97)

---

96) 가토가 영국을 모델로 삼아 자유무역 제국주의와 입헌군주제 국가를 지향했다면, 야마가타 아리토모(山縣有朋, 1838-1922), 다나카 기이치(田中義一, 1864-1929)는 독일을 모델로 삼아 강력한 육군과 천황제 권위주의 국가를 지향했다. 1915년 8월 10일 가토가 외상을 사임한 후에는 오쿠마 내각은 다나카가 추진하는 중국에 대한 팽창 정책을 반영하기 시작했다. Frederick R. Dickinson, *War and National Reinvention: Japan in the Great War, 1914-1919* (Cambridge, Mass.: Harvard University Asia Center: Distributed by Harvard University Press, 1999), pp. 242-244.

97) 가토 다카아키의 참전 의도는, 독일에서 산둥반도를 획득하는 것이 아니라 참전으로 산둥반

일본 육군은 9월 2일에 산둥반도의 룽커우(龍口)에 상륙, 10월 31일 칭다오(靑島)를 공격하여 11월 7일 함락시켰다. 일본 해군은 10월 14일까지 적도 이북의 독일령 남양제도(南洋諸島)를 점령했다. 개전기 일본 사회에서는 제1차 세계대전을 '구주전쟁(歐洲戰爭)'98)이라고 인식했다. 일본에게는 전쟁 당사자라는 인식이 유럽보다 결여했던 것이다.

물론 유럽은 세계를 대신한다는 뜻으로 '세계대전'이라는 명칭은 있었으나,99) 이 전쟁의 심각성과 파급력은 유럽과 일본 간의 차이로서 존재했다는 것은 사실이다. 오늘날 제1차 세계대전을 '대전(大戰; The Great War)'이라고 부르기도 하는 영국에서는 본국의 75만 명, 자치령에서 16만 명, 인도에서 7만 명의 군인 사망자가 있었고, 민간인 29만 명이 사망했다. 이는 제2차 세계대전의 5배가 넘는 숫자였다. 프랑스에서는 군인 140만 명, 민간인

도를 획득한 후에 중국과 그 지역에 관한 교섭에서 만주 권익의 조차(租借) 기한을 연장하는 것이었다. 일본은 러일전쟁의 승리로 러시아의 만주 권익을 계승하여 랴오둥반도(遼東半島)의 조차권 및 남만주철도의 경영권을 획득했으나, 그 반환 기간이 빠르면 1923년이었다는 것과, 1911년 신해혁명(辛亥革命) 이후, 열강들이 중국에서의 권익을 획득하려는 움직임이 있었다는 데에 가토가 위기감을 가지고 있었다는 데에 기인했다. 8월 4일 가토에 대해 영국은 참전을 의뢰했지만, 8월 10일 영국은 재일본 영국대사 그린(William Conyngham Greene)을 통해 참전 의뢰를 취소했다. 이는 영국의 의도와 달리 일본이 중국에 권익을 확대하는 것을 우려하고 있었기 때문이지만, 최종적으로는 영국을 설득시켰다. 奈良岡聰智, 「參戰外交再考: 第一次世界大戰の勃發と加藤高明外相のリーダーシップ」, 戶部良一 (編), 『近代日本のリーダーシップ: 岐路に立つ指導者たち』(東京: 千倉書房, 2014), pp. 48-61.
98) 김승배·김명섭 (2012), pp. 39-40; 海野芳郎, 『國際連盟と日本』(東京: 原書房, 1972), p. 7.
99) 야마무로 신이치(山室信一)는 일본에게 제1차 세계대전이란 대독전쟁(對獨戰爭), 시베리아 전쟁이라는 무력 충돌과 영일(英日), 중일(中日), 미일(美日) 간의 외교전(外交戰)의 다섯 가지가 기반이 된 복합전쟁(複合戰爭)이라는 관점을 제시했다. 즉 복합전쟁이라는 무력 충돌 전쟁과 "안 보이는 전쟁", "무력 행사 없는 전쟁"이라는 외교전을 포함한다. 山室信一, 『複合戰爭と總力戰の斷層: 日本にとっての第1次世界大戰』(東京: 人文書院, 2011), pp. 12-13.

50만 명이 사망하여, 제2차 세계대전의 3배에 가까웠다. 일본에서 제1차 세계대전 사망자 수는 시베리아 출병을 포함해도 5천 명 미만이었다.[100]

1915년 9월 주프랑스 대사 마쓰이 게이시로(松井慶四郎, 1868-1946)는 일독강화준비위원회의 위원장이 되었다. 이 위원회는 일본의 제1차 세계대전 참전의 목적이었던 산둥반도와 독일 영유의 남양제도를 위해 설치된 기관이었다. 전쟁 후반기인 1917년 6월 5일에 조직된 임시외교조사회(이하 외교조사회)는 전쟁 후의 국제적 변동에 따른 정보를 수집했으며, 군사와 외교를 포함한 일본 외교정책을 통합하고 조정했다. 궁중에 설치된 이 조직은 천황에 예속된 보필기관이었다. 외교조사회의 요원인 이토 미요지(伊東巳代治, 1857-1934)는 동 위원회 설치 이유를 제1차 세계대전의 추이와 전쟁 후에 개최될 평화회의에 대한 준비, 동양의 안정, 그리고 일본제국의 장래 계획이라고 했다.[101] 일본 정부는 유럽 국가들과 달리

---

100) 山室信一,「世界戦争への道, そして「現代」の胎動」, 山室信一(編),『第一次世界大戦: 現代の起点 1, 世界戦争』(東京: 岩波書店, 2014), pp. 7-8; Roger Chikering, *Imperial Germany and the Great War, 1914-1918* 2.ed. (Cambridge: Cambridge University Press, 2004), p. 192. 일본인 사망자 수는 청일전쟁의 1/3, 러일전쟁의 1/18, 만주사변부터 1945년까지의 1/483이었다.
101) 자세한 외교조사회의 목적 및 성격, 그리고 폐지에 관해서는, 申熙錫,「近代日本의 對外政策 決定機構와 外交의 一元化: 臨時外交調査委員會(1917-1922)를 중심으로」,『국제정치논총』제16집 (1977). 1916년 10월 9일에 성립된 데라우치 마사타케(寺内正毅, 1851-1919) 내각에서 조직된 외교조사회는 일본 정부 내 제(諸)세력들로 구성되었고, 다음과 같은 요원들이 소속했다. 외교조사회 총재(總裁) 데라우치 마사타케. 외교조사회 위원으로서 내무대신 남작 고토 신페이(後藤新平, 1857-1929), 해군대신 가토 도모사부로(加藤友三郎, 1861-1923), 육군대신(陸軍大臣, 1858-1947), 추밀고문관 자작 마키노 노부아키, 히라타 도스케(平田東助, 1849-1925), 이토 미요지, 하라 다카시(原敬, 1856-1921), 이누카이 쓰요시(犬養毅, 1855-1932), 간사장 겸 위원으로서 외무대신 자작 모토노 이치로(本野一郞, 1862-1918), 간사로서 해군차관 중장 스즈키 간타로(鈴木貫太郞, 1868-1948), 외무차관 시데하라 기주로(幣原喜重郞, 1872-1951), 육군차관 중장 야마다 류이치(山田隆一, 1868-1919), 내각서기관장(內閣書記官長) 고다마 히데오(兒玉秀雄, 1876-1947). 小林龍夫,「臨時外交調査委員会の設置」,『国際政治』28号 (1965), pp. 67-68.

제1차 세계대전 이후에 관한 정보가 부족했지만,102) 1918년 1월 윌슨이 '평화원칙 14개조'를 발표하자 이 조직은 11월 13일 '윌슨 14개조에 대한 의견안'을 공표했다.

외교조사회의 기본방침은 윌슨의 '평화원칙 14개조'에 호응하는 것처럼 다음과 같은 사항들을 제시했다. (1) 비밀외교 폐지 문제, (2) 해양 자유 문제, (3) 경제장벽 철폐 문제, (4) 군비제한 문제, (5) 독일 영토인 남양제도의 식민지 처분 문제, (6) 유럽 문제, (7) 국제연맹 문제였다. 일본 정부의 지침은 기본적으로 '평화원칙 14개조'에 대해 미국과 영국의 동향에 맞추는 방침, 즉 "대세순응"의 원칙을 취했다. 다만 (5)는 주로 독일이 보유하고 있었던 영유권을 계승하는 내용이었으나, 식민지 처분 문제에서 "이번 전쟁과 관계없는 것은 평화회의의 의제로 하는 것을 회피"한다고 했다. 이러한 문제들도 일본의 주장과 상충하지 않으면 "영국과 보조를 맞춘다"고 규정했다. 이러한 항목들 중에서 특히 일본 정부는 국제연맹 창립에 관한 의제를 집중적으로 논의했고, 신중한 태도를 보였다.

국제연맹 문제는 가장 중요한 문제의 하나이며, 그 최종 목표에 제국정부는 찬성한다고 해도, 국제 간에서의 인종적 편견이 아직 전혀 배제되지 않는 상황을 본다면, 연맹의 목적을 달성하려고 하는 방법은 사실상 제국에

---

102) 실제로 외무성 정무국은 독일이 휴전한 1918년 11월 11일에 국제연맹에 관한 참고 자료를 작성했으나, 이는 윌슨과 그레이의 연설, 일본 국내 보도의 정보에 의거한 것이었다. 국제연맹의 구체성을 파악하지 못했다는 것이다. 船尾章子, 「大正期日本の国際連盟観: パリ講和会議における人種平等案の形成過程が示唆するもの」, 『国際関係学部紀要』 14 (1995), p. 10.

불이익을 일으킨다. 그리고 연맹 가맹국과 미(未)가맹국과의 관계는 과연 어떤 조치를 해야 할지, 난문(難問)이 있다. … 인종적 편견으로 인해 생길 제국의 불이익을 제거하기 위해 사정이 허용되는 한 적당한 보장의 방법을 취하는 노력을 해야 한다.103)

일본 정부는 서양 국가들의 인종관에 회의심을 가지고 있었으나, 인종 문제로 인해 평화체제의 이념에 직접적으로 반대하거나 저항적인 입장을 취한 인물들은 정부 지도자 중에서는 오히려 소수파였다.104) 파리평화회의 개최기 일본 수상이었던 하라 다카시, 일본대표단 전권(全權) 사이온지 긴모치(西園寺公望, 1849-1940), 실제로 평화회의에서 교섭을 담당한 마키노 노부아키 등은 영미에 보조를 맞춘 국제주의자였다.

앞서 언급한 것처럼 국제주의를 표방했던 국제연맹규약 제10조는 집단 안보체제를 규정했고, 미국의 의향과 집착에 따라 제21조 '지역적 양해'가 보완적 조문으로 규정되었다. 국제연맹규약 작성을 주도한 미국대표단

---

103) 「ウィルソン十四個條ニ對スル帝國政府意見」, 外務省, 『日本外交文書 大正七年 第三冊』 (東京: 外務省, 1969), pp. 676-678.
104) 외교조사회의 설치 이유를 선언했던 이토 미요지는 '평화원칙 14개조'르 "숭고한 이상"이라 고 지적하면서도 이것은 실행하기 어렵다는 견해를 갖고 있었고, "적어도 연맹 가맹 국가들은 모두 평등하다는 원칙을 확립할 필요성"이 있다고 주장했다. NHK取材班(編), 『日本の選擇1 理念なき外交「パリ講和会議」』(東京: 角川文庫, 1995), pp. 62-63. 또는 외교조사회 위원이며, 당시 외상이었던 우치다 고사이(内田康哉, 1865-1936)가 회고한 바와 같이 일본의 국제연맹 가맹 문제는 서양 국가들이 가지고 있는 인종적 차별의 해소가 조건이었다. 외교조사회 위원이며, 당시 외상이었던 우치다 고사이(内田康哉, 1865-1936)가 회고한 바와 같이 일본의 국제연맹 가맹 문제는 서양 국가들이 가지고 있는 인종적 차별의 해소가 조건이었다. 外務省百年史編纂委員会, 『外務省の百年 上卷』(東京: 原書房, 1969), pp. 702-704. 内田康哉伝記編纂委員会(編), 『内田康哉』東京: 鹿島平和研究所, 1969), p. 233; 김숭배·김명섭 (2012), p. 54.

밀러는 중국대표단 구웨이진(顧維鈞 Wellington Koo, 1887-1985)과 국제연맹 규약 초안에 관해서 상의한 바 있다. 구웨이진은 '지역적 양해'로 인해 일본이 아시아-먼로주의를 동아시아 지역에 적용시키는 것을 우려했다.105) 그는 일본의 중국 대륙에 대한 영향력의 증대를 경계하여, 그러한 생각을 밀러에게 전달했다. 밀러는 먼로주의 조문을 통해 일본이 노골적으로 "아시아-먼로주의(Asiatic Monroe Doctrine)"라는 용어를 사용하지 않을 것이라고 대답했으나, 먼로주의의 연장선상에서 일본이 먼로주의적 발상으로 효력을 주장할 가능성은 부정하지 않았다.106)

중국의 일본에 대한 경계심은 다음과 같은 내용에 의거한 것이었다. 첫째, 1915년 1월 18일 오쿠마 시게노부 내각은 중국에서의 이익 확대를 위해 초대 중화민국의 대총통 위안스카이(袁世凱, 1859-1916)에게 '21개조의 요구'를 전달했다.107) 1910년 한국병합조약 후, 서양 국가들과 중국은

---

105) 일본에 대한 중국인들의 경계심은 파리평화회의 현지에 참석한 우웨이진의 우려만이 아니었다. 1918년 11월 중국의 잡지『新青年』에서 볼셰비키 혁명의 승리를 평가하여 중국 인민의 민족주의를 자극했고, 1921년에 창립된 중국공산당 창립의 중심 요원이었던 리다자오(李大釗, 1888-1927)는 1919년 2월『國民雜誌』에서 대아시아주의라는 용어와 대일본주의는 동의어이며, "일본은 아시아-먼로주의에 의해 구미 열강의 아시아에서의 세력 확장을 거절하여, 아시아의 제민족들을 일본인의 지휘에 따르게 하고, 아시아의 문제를 일본인의 손으로 해결하고, 일본이 아시아의 맹주"가 된다고 주장한 바 있다. 李大釗, 「大亞細亞主義與新亞細亞主義」,『國民雜誌』(1919), 趙軍,『大アジア主義と中國』(東京: 亞紀書房, 1997), p. 23에서 재인용.
106) David H. Miller, vol. 1 (1928), p. 453; 김숭배·김명섭 (2012), p. 48.
107) 특히 21개조 중에서 중국의 주권을 침해하는 제5호 내용은 다음과 같다. 첫째, 중국정부에 정치·경제·군사 고문으로서 일본인을 고용하는 것. 둘째, 중국 내지에서 일본의 병원·사원·학교의 토지 소유권을 인정하는 것. 셋째, 중국의 지방 경찰에 많은 일본인을 고용하여 중국 경찰기관을 쇄신하는 것. 넷째, 일본에서 무기를 수용 혹은 중일공동으로 병기공장을 설립하여, 일본에서 기술 등을 수용하는 것. 다섯째, 우창(武昌)과 주장(九江)을 연결하는 철도 및 난창(南昌)·항저우(杭州) 간, 난창·차오저우(潮州) 간의 철도 부설권을 일본에 부여하는 것. 푸젠성(福建省)에서의 철도·광산·항만의 설비에 관해서 외국 자본을 필요로 할 때는 우선 일본과 협의하는 것. 여섯째, 중국에서 일본인의 포교권(布敎權)을 인정하

일본의 만주에 대한 영향력 행사를 우려했었다. 일본이 '21개조의 요구'를 중국에 전달했을 때, 중국 언론에서는 중국을 "제2의 조선"으로서 오인(誤認)하지 말라는 기사가 게재되었다.108) 둘째, 1917년 11월 2일 워싱턴에서 체결된 랜싱-이시이협정(Lansing - Ishii Agreement)이다. 1915년 3월 국무장관 브라이언(William Jennings Bryan, 1860-1925)의 이른바 브라이언 노트에서 미국 정부는 남만주와 동부 내몽골에서 일본의 특수한 권리를 용인했지만, 2개월 후인 5월 제2차 브라이언 노트에서 윌슨 정권은 이를 인정하지 않는다고 거부했다.

그러나 브라이언 다음에 국무장관에 취임한 랜싱과 일본특사 이시이 기쿠지로(石井菊次郎, 1866-1945)가 고문 교환 형식으로 체결한 협정에서 미국은 일본의 중국에서의 특수권익을, 일본은 미국의 중국에 대한 문호개방을 승인했다. 이시이는 협정 교섭 와중인 1917년 9월 29일 뉴욕시가 주최한 환영회에서 중국의 문호는 개방되었으나, 다른 나라가 중국의 주권을 위협한다면, 일본의 자위적 문제로서 중국의 보전과 독립을 방위한다고 연설했다. 이 내용에 대해 일본의 어떤 신문은 "일본이 극동에 먼로주의를 공식선언"했다고 보도했다.109)

는 것. 이 여섯 가지 중에서 푸젠성에서의 경제적 특권만이 합의되었다. 21개조에 관한 체계적 연구로서, 池田十吾, 『第1次世界大戰期の日米関係史』(東京: 成文堂, 2002).
108) 奈良岡聰智, 『対華二十一ヵ条要求とは何だったのか: 第一次世界大戦と日中対立の原点』(名古屋: 名古屋大学出版会, 2015), p. 2, 222.
109) 「石井特使の演說 三十日紐育特派員発(延着) 極東モンロー主義の宣言」, 『東京朝日新聞』 (1917. 10. 8). 후일 1930년 이시이는 이 뉴욕에서의 연설 의도에 대해 중국과의 무역이 일본에 유리하다는 것과 동시에 "먼로주의에 유사한 관념은 서반구뿐만 아니라, 동양에서도 존재한다는 것"을 말하려는 목적이 있었다고 했다. 石井菊次郎, 『外交余録』 (東京: ゆまに書房, 2002), pp. 142-143. 그리고 한국합병은 동양의 평화 수립에 절대적으로 필요했고, 이는 "극동의 장래에 대한 첫째의 안전보장을 취"한 것이었다고 했다. 石井菊次郎

1919년 일본 정부는 미국의 주장이 반영된 국제연맹규약 제21조 초안에 대해 공식적으로 반대 의견을 제시하지 않았다. 일본 정부가 제21조의 내용에 대해 특별히 주장하지 않았다는 것은 미국처럼 일본이 동아시아, 특히 중국대륙에서 세력권을 확보하고 아시아-먼로주의를 정책으로서 이행 가능하다는 생각이 있었기 때문이라고 한다.110)

제1차 세계대전의 경험은 일본으로 하여금 구체적이며 체계적인 아시아주의적 구상들에 영향을 끼쳤다.111) 아시아-먼로주의라는 용어는 아시아주의112)와 연계되어 다양한 명칭들이 있었다. '동양(東洋)-먼로주의', '동아

(2002), p. 95, 323.
110) Stephen Bonsal, *Unfinished Business* (Garden City, New York: Doubleday, Doran and Co., 1944), p. 179; R. H. Fifield (1965), p. 172.
111) スヴェン・サーラ,「アジア認識の形成と「アジア主義」：第一次世界大戦前後の「アジア連帯」「アジア連盟」論を中心に」, 長谷川雄一(編). 『アジア主義思想と現代』(東京: 慶應義塾大学出版会, 2014), p. 49-64. 살러(Sven Saaler)의 연구서에서 특정적인 것은 아시아주의를 최초로 체계적으로 논한 인물로 고데라 겐키치(小寺謙吉, 1877-1949)를 들었고, 1916년에 간행된 그의 저작 『대아시아주의론(大亞細亞主義論)』에 주목한 것이다. 고데라는 아시아적인 정체성이란 인위적으로 만들어진 것이 아니라 자연적으로 발생해야 된다고 했다. 즉, 그는 인종적, 민족적, 한자권 등의 공통점을 강조했다. 그리고 살러는 1차 대전 당시의 아시아주의에는 구체화·체계화된 내용이 있었고, 정치가들은 현실정치에서의 선택권으로서 늘 염두에 두고 있었다고 했다.
112) 아시아주의 개념에 관한 많은 연구들이 1963년에 다케우치 요시미(竹內好)에 의한 '일본의 아시아주의'를 인용하여, 다음과 같은 다케우치의 언급에 주목해 왔다. "내가 생각하는 아시아주의는 실질적 내용을 구비한, 결과적으로 한정 가능한 사상이 아니라, 하나의 경향성이라고도 말할 수 있는 어떤 것이다. 우익이라면 우익, 좌익이라면 좌익의 내부에서 아시아주의적인 것과 비아시아주의적인 것을 유형별로 분류하는 것이 가능한 정도이다." 아울러 중요한 점으로서 그가 아시아주의의 탄생과 형성에 관해서도 언급한 다음 부분이다. "발생적으로는 메이지유신 혁명 후의 팽창주의 속에서 하나의 결미로서 결실로서 아시아주의가 태어났다고 생각될 수 있다. 게다가 팽창주의가 직접으로 아시아주의를 낳았던 것이 아니라 팽창주의가 국권론과 민권론, 혹은 나중에 유럽화(歐化)와 국수(國粹)라는 대립하는 풍조를 낳았고 이 쌍둥이(雙生兒)라고 말해야 하는 풍조의 대립 속에서 아시아주의가 탄생되었다." 竹內好, 『日本とアジア』(東京: 筑摩書房, 1993), pp. 292-293. 그러나 중국과 인연이 깊은 다케우치는 한국/조선에 대한 성찰이 부족했다. 한편 일본에서 한국근현대사의 선구자인 가지무라 히데키(梶村秀樹)는 1971년의 글에서 19세기 조선과 대한제국에 관련한 일본 아시아주의자들에 관해, 일본이 유럽에 압박을 받고 있는 아시아를 위해서

(東亞)-먼로주의', '극동(極東)-먼로주의', '일본(日本)-먼로주의'라고도 불렸다. '아시아주의'라는 용어가 후세에 만들어졌다면, 미국의 먼로주의에서 파생된 일본적 먼로주의라는 명칭들은 이미 존재했다.

아시아-먼로주의의 '용어적' 원류의 하나는 파리평화회의에 참석한 고노에 후미마로(近衛文麿, 1891-1945)의 부친 고노에 아쓰마로(近衛篤麿, 1863-1904)가 주창한 "아시아(亞細亞)-먼로주의"였다.113) 1898년 발족된 동아동문회(東亞同文會) 회장이며 청나라의 정치개혁을 위해 활동했던 아쓰마로는 청나라의 개혁을 위해 지원을 요청해온 캉유웨이(康有爲, 1858-1927)와 만났을 때, 서구 열강 세력에 대항하기 위해 일본과 청나라가 제휴한다는 뜻으로 아시아-먼로주의를 주장했다. 1897년 이미 아쓰마로는 미국의 침략주의는 원래의 먼로주의와 괴리되어 있다고 주장한 바 있다. 아쓰마로는 일본과 청나라의 제휴 형태를 의미한 아시아-먼로주의가 자신의 최종 목표라고 했다.114) 아쓰마로의 장남 고노에 후미마로는 1918년 잡지『일

아시아에 진출해야 한다는 사명의식이 있었다고 했다. 즉, "침략이라고 생각하지 않고 침략에 가담하는 의식상황"이 형성되었다는 것이다. 梶村秀樹,『排外主義のための朝鮮史』(東京: 平凡社, 2014), pp. 39-42.
113) 국가주의자인 미쓰카와 가메타로(滿川龜太郞, 1888-1936)는 일찍이 아시아-먼로주의를 제창한 사상가였다. 그는「아시아문제의 연구」(1908),「동양정국의 관찰」(1911)이라는 논설에서 아시아가 열강에 의해 병합, 소멸된 것을 보고, 인종경쟁에서 일본이 "아시아의 맹주"로서 "아시아의 먼로주의를 선포"한다고 했다. 고노에 아쓰마로의 아시아-먼로주의가 중국과 일본의 연대를 의미했고, 지리적으로 동아시아에 한정되었다면 미쓰카와는 인도, 아프가니스탄, 안남(安南), 버마, 하와이, 필리핀까지 포함했다. 長谷川雄一,「滿川亀太郞における初期アジア主義の空間: 明治末を中心に」, 長谷川雄一(編),『アジア主義思想と現代』東京: 慶應義塾大学出版会, 2014), pp. 129-132.
114) 山本茂樹,『近衛篤麿: その明治国家観とアジア観』(京都: ミネルヴァ書房, 2001), pp. 182, 290. 일본 학계에서 아쓰마로에 관한 평가는 상반된다. 1950년대부터 70년대까지 아쓰마로는 온편한 침략론을 제창한 인물로서 규정되었다. 아쓰마로의 일기인『近衛篤麿日記』의 편집자이며 일기를 바탕으로 본격적인 연구를 실시한 사카이 유키치(坂井雄吉)는 아쓰마로의 지나보전론(支那保全論)을 지나분할론과 같은 맥락에서 파악했다. 2000년대에 들어와

본 및 일본인(日本及日本人)』에서 "영미 본위의 평화주의를 배격한다"는 글을 발표했다.115) 후미마로는 사이온지 긴모치를 수행하여 파리를 직접

야마모토 시게키(山本茂樹)는 분명히 아쓰마로의 인식이 남하하는 러시아에 대한 위기론에 따른 방어적인 관점에서 지나보전론이 강화되었다고 했으나, 이는 청나라의 이익을 무시하지 않았다는 점에서 아쓰마로가 단순한 침략적 지향성을 가진 인물이 아니었다고 했다. 山本茂樹 (2001), pp. 190-192. 아쓰마로는 청나라 개혁파, 서태후(西太后, 1835-1908)를 비롯한 북경정부와 구별된 중국 남쪽에서 활동하던 남방유력자(南方有力者)들, 청나라 정부 요원들과 외교관, 그리고 일본에 건너온 유학생들 등, 다양한 인물들과 서한을 주고받았다. 중국학자인 이정강(李廷江)은 아쓰마로와 중국인들의 서한을 분석하여, 아쓰마로가 중국청년의 일본유학, 일본인의 중국파견 등, 다양한 방법을 통해 일본의 국가건설에 관한 경험을 중국에 전달하려고 노력했고, 아쓰마로가 제시한 아시아주의는 많은 중국인들의 공감을 얻었다고 했다. 그러한 교류는 근대중일관계에서 협력의 사상적 원류라고 했다. 李廷江(編), 『近衛篤麿と清末要人: 近衛篤麿宛来簡集成』 (東京: 原書房, 2004), pp. 8-39. 그런데 청일전쟁 직후 『対清弁妄』을 통해 일본의 청나라에 대한 영토할양과 배상 요구에 반대하던 군인 아라오 세이(荒尾精, 1859-1896)의 영향과 그 책을 받은 아쓰마로가 청나라를 중요시한 것은 분명하지만, 아쓰마로의 청나라에 대한 인식을 조선 및 대한제국에 그대로 투영할 수 없다. 아쓰마로는 이토 히로부미와 야마가타 아리토모처럼 러시아와 대한제국을 분할하거나 만한교환론(滿韓交換論)에 반대했지만, 이는 한반도를 일본 세력권에 넣으려고 했던 강경파인 아오키 슈조(青木周藏, 1844-1914)와 의견이 일치한 흔적이 있었기 때문이다. 「朝鮮問題に關する特別日誌」, 近衛篤麿, 近衛篤麿日記刊行会(編), 『近衛篤麿日記: 附屬文書』 (東京: 鹿島研究所出版会, 1969), pp. 64-67. 동아동문회의 기관지 『東亞時論』이나 『東亞同文会史』를 활용한 채수도는 대러시아 개전운동의 중심인 동아동문회 및 당원들의 러일전쟁 개전 주장을 부각시켰다. 채수도는 다음과 같은 아쓰마로의 언급에 주목했다. "일본제국의 이익선은 조선반도라는 것을 지금 열국도 인정하고 있다. … 만약 일본이 러시아의 마주 지배를 허용한다면 다음에 오는 것은 분명히 조선에 대한 압박일 것이다. 조선정부가 이 압박을 견디지 못하고 일본의 기득권에도 큰 장애가 될 것이라는 예상은 청일전쟁의 삼국간섭보다도 훨씬 클 것이다." 채수도, 『일본 제국주의의 첨병, 동아동문회』 (대구: 경북대학교출판부, 2011), p. 108. 그런데 정확히 말하자면 채수도가 인용한 이 글은 1900년에 결성된 국민동맹회의 의견서로 추정되어 있고, 아쓰마로의 일기에 관계문서로 수록되어 있으나, 작성자는 미상이었다. 近衛篤麿 (1969), p. 339-340. 그렇지만, 아쓰마로가 국민동맹회의 발기인이었다는 것을 감안했을 때, 이 글 내용과 아쓰마로의 인식에 큰 괴리가 있다고 하기 어려울 것이다. 또한 1900년 8월 조병식(趙秉式, 1823-1907)과 만난 아쓰마로는 대한제국의 중립화를 지지하지 않았고, 일·한 공수동맹을 추진한 것은 대한제국에 대한 다른 외국의 간섭을 막으려고 했던 당시의 정치 지도자들의 전략과 합치했다. 千葉功, 『旧外交の形成: 日本外交 1900-1919』 (東京: 勁草書房, 2008), pp. 74-80. 아쓰마로와 조병식의 대화 내용을 정리한 부분에 관해서는, 和田春樹, 『日露戦争: 起源と開戦, 上』 (東京: 岩波書店, 2009), pp. 352-361.

115) 후미마로의 글을 체계적으로 분석한 연구로서, 中西寛, 「近衛文麿「英米本位の平和主義を排す」論文の背景: 普遍主義への対応」, 『法学論叢』 132巻 4, 5, 6号 (1993); 庄司潤一郎, 「近衛文麿の対米観: 「英米本位の平和主義を排す」を中心として」, 長谷川雄一(編), 『大正

보았던 인물이다.116) 파리의 비참한 상황에 충격을 받은 그는 귀국 후에 작성한 『전후구미견문록(戰後歐米見聞錄)』에서 새로운 전후질서에 긍정적인 평가를 내렸다. 같은 시기에 쓰인 「강화회의소감(講和會議所感)」에서도 윌슨이 주창한 민족자결주의는 불완전했지만, 평화회의의 지도원칙이 되었다고 했다. 국제연맹 창립은 윌슨의 노력의 결과였다고 하면서 파리평화회의를 호의적으로 총괄했다. 다만 그러한 포괄적 평가를 내리기 전에 후미마로는 인종 문제가 해소되지 못했다는 점과 미국의 먼로주의를 비판했다. 그는 국제연맹규약에 먼로주의가 도입된 것을 "힘의 지배라는 원칙의 노골적인 표현"이라고 했고, 인종 평등 조안이 채택되지 못했다는 것은 일본이 힘을 가지고 있지 않았기 때문이며 "부조리한 먼로주의"는 "힘이 있는 미국"이 주창했기 때문에 도입되었다고 지적했다.117) 파리에 도항하기 전에 인종 문제에 불만을 가지고 있었던 후미마로는 파리평화회의 후에도 변함이 없었다. 이와 더불어 그의 인식에는 미국의 먼로주의에

期日本のアメリカ認識』(東京: 慶應義塾大学出版会, 2001). 1941년 10월 21일 아사히신문(朝日新聞)은 1919년에 쓰인 후미마로의 글을 게재했다. 도조 히데키(東條英機) 내각이 성립되었을 때였다. 당시 아사히신문이 고노에의 글을 게재한 이유는 분명하지 않지만, 대(對)영미전이 다가오고 있다는 것을 암시한 가능성이 있었다. 『朝日新聞』(2015. 4. 6).

116) 고노에가(近衛家)는 오섭가(五攝家)의 하나였고, 일본대표단의 전권수석이었던 사이온지 긴모치의 사이온지가(西園寺家) 역시 구청화(九淸華)라는 공가(公家)의 정상이었던 가계에 속했으며, 아쓰마로가 독일과 오스트리아에 유학했을 때, 사이온지가 그곳에 부임함으로써 아쓰마로와 인연을 가지게 되었다. 따라서 아쓰마로의 사후, 사이온지는 후미마로를 우대하여 파리로 동행시켰지만, 영미와 보조를 맞춘 사이온지는 후미마로의 발표 내용, 즉 영미의 제국주의적 성향을 지적하고 인종적 문제를 다룬 것에 비판적이었다. 다만, 후미마로가 영미와 아울러 인종차별 철폐를 주장한 것은 후미마로의 독자적인 견해도 아니었고, 당시 일본사회에 만연된 서양의 일본에 대한 인종적 시선에 대한 반박을 대변한 것이었다.

117) 近衛文麿, 「講和会議所感」, 伊藤武, 『近衛文麿淸談錄』(東京: 千倉書房, 1936), pp. 97-101.

대한 비판이 나타나기 시작했다.

제1차 세계대전 발발 직후 일본의 정치인,[118] 군인,[119] 사상가,[120] 언론인[121] 등, 아시아-먼로주의 주창자들 사이에는 개념적으로 차이가 있었으나, 공통점으로서는 일본이 아시아적 지역권을 확립한다는 것이었다. 서구 열강은 일본의 세력권 확대를 경계했고, 일본이 주창한 인종 평등 조안이 채택되지 않았던 결과, 아시아-먼로주의를 주장하기 시작한다고 외국 언론이 보도했다.[122]

그러나 19세기 말에서 20세기 초에 부각된 아시아-먼로주의가 중국

---

118) 1914년 말 초대 조선총독 데라우치 마사타케도 중국 대륙에서의 권익을 확보하기 위해 열강의 개입을 배제한 아시아-먼로주의를 주창한 바 있다. 奈良岡聰智 (2014), p. 70.
119) 파리평화회의에 대한 해군 대표 다케시타 이사무(竹下勇, 1870-1946)는 3월 21일 마키노에 대한 의견서에서 "미국이 먼로주의의 유지를 제안한다면 동시에 동양에서의 일본의 지위를 확립하는 원칙을 인정한다는 것"이라고 해석했다. 千葉功 (2008), p. 393.
120) 1936년 2·26 사건의 이론적 지도자로 체포된 기타 잇키(北一輝, 1883-1937)는 1911년 신해혁명에 직접 참가한 경험에서 1915-16년 사이에 「지나혁명외사(支那革命外史)」를 집필했다. 그는 중국에 이권을 확대하는 영국을 일본과 중국의 적국으로서 설정했고, 중일동맹 관계를 통해 중국은 러시아를, 일본은 영국과 싸워, 아시아에서 서양 세력을 배제시키는 것을 "아시아-먼로주의"라고 했다. 北一輝, 『北一輝著作集 Ⅱ: 支那革命外史, 国家改造案原理大綱, 日本改造案大綱』(東京: みすず書房, 1959), pp. 89-106. 기타 잇키의 윌슨, 국제연맹에 대한 비판적 인식에 관해서는, 마쓰모토 겐이치, 정선태·오석철(옮김), 『기타 잇키: 천황과 대결한 카리스마』(서울: 교양인, 2010), pp. 650-655. 미쓰카와 가메타로는 1919년 오카와 슈메이(大川周明, 1886-1957)와 함께 국가주의 단체인 유존샤(猶存社)를 성립했고, 1921년에는 기타 잇키가 합류했다. 이들은 유존샤의 3대인물[三尊]이라고 불렸고, 국가 개조 운동에 종사했다.
121) 1890년에 창간되어 일본 정부의 기관지 역할을 수행한 『국민신문(國民新聞)』창립자 도쿠토미 소호(德富蘇峰, 1863-1957)는 1916년 10월에 집필한 「다이쇼(大正)의 청년과 제국의 전도(前途)」라는 글에서 "아시아-먼로주의란 아시아에 관한 것은 아시아인에 의해, 이를 처리하는 주의를 말한다"고 했다. 그는 아시아인이라고 해도 일본국민 이외에 자격이 없기 때문에, 결국 "아시아-먼로주의는, 즉 일본인에 의해 아시아를 처리하는 주의"라고 정의했다. 이 아시아-먼로주의는 백인을 "구축(驅逐)"하는 뜻이 아니라, 백인에게 의존하지 않고 백인세력("白閥")을 없애는 것이라고 했다. 德富猪一郎, 『德富蘇峰集』(東京: 民友社, 1916), pp. 402-403.
122) 外務省 (1965), pp. 502-503.

문제와 연계된 것이 일반적이었다고 해도 이에 앞서 한국/조선 문제와의 관계성을 보아야 한다. 1905년 러일전쟁이 개전되었을 때, 가네코 겐타로(金子堅太郞, 1853-1942)는 이토 히로부미의 명령을 받아 미국에서 일본의 러일전쟁 정당성을 홍보했다. 가네코의 목적은 서양에서 확대돼 가는 황화론(黃禍論)을 진정시키는 것이었다. 그의 광보외교(廣報外交)는 미국 내의 주요 인사들과 언론인과의 교류, 뉴욕 카네기 홀이나 하버드대학에서의 강연을 통해 러시아를 구(舊)문명국, 일본은 신(新)문명국이라고 대조했다.[123]

1905년 7월 가네코는 미국 대통령 시어도어 루스벨트와 회담을 가졌다. 가네코에 따르면 이때 루스벨트는 일본이 아시아에 먼로주의를 원용하는 것을 권유했다고 한다.[124] 1929년 가네코는 일본 내에서 러일전쟁 시기에 관한 『일러전역비록(日露戰役秘錄)』이라는 책을 출판했고, 1932년에는

---

[123] 미국에서는 후일 예일대학교 교수가 될 아사카와 간이치(朝河貫一)는 1904년 New York Times에 "The Russo-Japanese Conflict, its causes and issues"이라는 논문을 발표했다. 러일전쟁은 신문명을 대표하는 일본과 구문명을 대표하는 러시아와의 전쟁이라고 한반도, 만주를 포함한 중국 북부를 둘러싼 지역에 대해, 러시아는 이 지역을 종속, 폐쇄하는 한편, 일본은 독립, 발전시킨다는 논리를 전개했다. 그의 주장은 미국 국내에서 일본이 신문명국이라는 지지를 얻을 수 있게 되었다. 加藤陽子, 『戰爭の論理: 日露戰爭から太平洋戰爭まで』(東京: 勁草書房, 2005), pp. 70-72. 영국에서 홍보활동을 하게 된 스에마쓰 겐초(末松謙澄)는 『욱일(旭日)』과 『일본의 모습』이라는 책을 영어로 발표했다. 고이즈미 야쿠모(小泉八雲, Lafcadio Hearn)의 친우였던 아메노모리 노부시게(雨森信成)는 미국의 대표적인 잡지 The Atlantic Monthly에서 『대화혼(大和魂)』을 발표했다. 山室信一, 『日露戰爭の世紀: 連鎖視点から見る日本と世界』(東京: 岩波書店, 2005), p. 145. 이들은 인종의 차이를 부각시키지 않도록 하여, 오히려 문명의 차이를 부각시키는 데 힘을 썼다.

[124] 가네코와 루스벨트 회담 이후인 8월 4일에는 윌리암 태프트(William Taft, 1857-1930) 육군 장관의 소개장을 가지고 윤병구(尹炳求, ?-1949)와 이승만이 루스벨트와 면담했다. 이들은 미국에 "국가의 절대적 독립"의 유지를 호소했고, 중재를 청원했다. 이 면담 외교는 실패했지만, 이승만에게는 외교의 출발점으로 되었고, 일본은 그가 고종의 밀사라고 보았기 때문에 이를 계기로 이승만을 주목하기 시작했다. 정병준, 「1905년 윤병구·이승만의 시오도어 루스벨트 면담 외교의 추진 과정과 그 의미」, 『한국사연구』 제157호 (2012).

"A 'Japanese Monroe Doctrine' and Manchuria"라는 글을 영문 저널에 게재함으로써 1905년 루스벨트와의 회담 내용을 공개했다.[125] 가네코가 루스벨트와의 대화 내용을 1930년 만주사변 전후(前後)에 공개한 이유는 1905년 당시 루스벨트가 현직 대통령의 언급으로서는 파급력이 있기 때문에 비공개를 요청했다는 것이었다.[126] 다만 가네코는 1930년 전후 자료에 앞서 1907년 7월 일본 외무성에「미국대통령회견시말(米國大統領會見始末)」이라는 보고서를 제출한 바 있다. 가네코는 루스벨트와의 회담 내용을 메이지 천황 무쓰히토(睦仁, 1852-1912)에게도 전달했다. 루스벨트가 가네코에게 언급한 내용은 다음과 같다.

<u>향후 일본이 정책적으로 아시아에 대해 '먼로'주의를 채택할 것을 권한다.</u> 이를 채택하면 일본은 장래 유럽의 아시아 침략을 제지함과 동시에 <u>일본이 스스로 맹주가 되어, 아시아 전체를 기반으로 한 신흥국가의 성립을 성취할 수 있다.</u> 이 정책을 실행함으로써 '먼로'주의가 아메리카대륙에서

---

125) 아시아-먼로주의에 대해 1933년 블레이크스리(George Hubbard Blakeslee)는 세계가 아시아-먼로주의를 받아들이지 않는다고 반박했다. 그는 1933년 1월 21일 우치다 고사이가 제국의회에서 국제연맹 제21조는 지역적 근접성 아래에 일본의 아시아-먼로주의의 정당성을 인정하고 있다는 내용을 들고, 일본인의 행동을 예측하기 위해서는 아시아-먼로주의를 통해 무엇을 생각하고 있는지 알 필요가 있다고 했다. George Hubbard Blakeslee, "The Japanese Monroe Doctrine," *Foreign Affairs* (January 1933), p. 227. 블레이크스리는 워싱턴회의, 1931년부터 1932년의 리턴조사단(Lytton Commission)에 참여했고, 아시아-태평양전쟁 이후, 대일점령정책에도 관여했다.
126) 金子堅太郞,『日露戰役秘錄』(東京: 博文館, 1929), p. 251. 미국과 일본의 비공개·비밀교섭은 특이한 것이 아니었다. 예를 들면, 1905년 '가쓰라-태프트 밀약'은 당시 일본 잡지에 나오기도 했으나, 1924년 존스 홉킨스 대학교의 외교사 교수였던 데넷(Tyler Dennett)이 워싱턴 의회도서관에 있는 시어도어 루스벨트의 문서에서 발견하여, 이를 *Current History*에 공개해서부터였다.

시작되었던 것과 동일한 방침을 수에즈 운하의 동쪽 아시아 지역에 있는 일본이 답습하기를 원한다. 하지만 이를 위해 일본은 동양에서 다른 외국이 갖고 있는 기득권을 인정할 수밖에 없다. 그리고 일본이 이번 전쟁 후, 이 정책을 실시할 수 있도록 나는 임기 중 및 퇴직 후도 일본 정부에 대해 협력할 것이다.[127] [밑줄: 필자 강조]

문명국과 비문명국을 분명히 구별했던 루스벨트의 신념과 세계관[128]은 러시아를 구문명국이라고 하던 일본의 주장과 부합했다. 루스벨트는 인종주의자였지만, 그에게 문명국의 요소에서 특히 중요한 것은 힘의 상징인 군사력이었다.[129]

일본인들의 인식에는 국제연맹 창설이나 인종 문제의 미해결 등, 평화체제의 이념에 대한 회의(懷疑)가 있었다. 따라서 베르사유평화체제에 대한

---

[127] 外務省 (1960), p. 742; 김숭배·김명섭 (2012), p. 46. 『日露戰役秘錄』에서도 거의 비슷한 내용이 있다. 다만 이 책자에는 루스벨트가 "동양에서 나라를 갖추고 독립의 세력이 있는 것은 일본뿐이다. 지나, 조선, 페르시아, 샴, 기타 등이 있지만, 이들은 독립국이라고 할 수 없다. 또한 독립할 수 있는 세력도 없다"는 내용이 추가되어 있다. 金子堅太郎 (1929), pp. 249-250. 다른 자료를 인용한 에스더스(Raymond A. Esthus)의 연구에도 루스벨트가 가네코와 주미 일본대사 다카히라 고고로(高平小五郎)에게 일본의 먼로주의를 용인했다고 한다. Raymond A. Esthus, *Double Eagle and Rising Sun: The Russians and Japanese at Portsmouth in 1905* (Durham: Duke University Press, 1988), p. 16. 태평양을 지향했던 루스벨트의 먼로주의에 관해서는, 최정수, 「T. 루스벨트의 먼로독트린과 '세계전략'」, 『서양사론』 73권 (2002).
[128] 시어도어 루스벨트의 세계관과 더불어 그의 외교정책 및 한국에 대한 인식에 관해서는, 김기정, 『미국의 동아시아 개입의 역사적 원형과 20세기 초 한미 관계연구』(서울: 문학과지성사, 2003), pp. 154-198. 외교사 연구와 국제정치학 두 분야의 "학제적 접근"을 보여준 김기정의 책은 주로 20세기 초의 한미관계에 초점을 맞추고 있지만, 19세기 말부터 영국의 패권 쇠퇴에 따른 세계체제의 구조와 변동이라는 거시적 관점과 미시적 관점으로서의 미국과 동아시아 문제를 연계시켰다.
[129] 김기정 (2003), pp. 160-163.

이면적(裏面的) 심정을 가지고 있었으며, 이것이 1930년대 일본의 외교정책에 영향을 준 것은 분명했다. 그러나 평화체제 탄생기에는 평화체제에 대한 반박, 저항보다 상대적으로 집단안보체제의 이념을 당초부터 수용하여 외교 방침으로 삼았다고 보아야 할 것이다. 1918년 9월 29일부터 1921년 11월 13일 우익에 의해 암살당할 때까지 총리대신이었던 하라 다카시는 국제연맹의 기능이 작동된다면 일본에도 안전보장상의 위험이 감소된다고 기대했다. 미일 제휴 또는 대미협조는 일본 외교에서 대원칙이었다는 것이다.[130)]

하라 다카시는 20세기 전반 일본 외교 논단의 중심적 잡지였던 『외교시보(外交時報)』에 「항구평화의 선결고안(恒久平和ノ先決考案)」이라는 글을 투고했다. 그에 의하면 "전쟁은 인류의 성능의 일부에 잠재하는 악마성이 부자연하게 도량(跳梁)"하는 현상으로서 일어나기 때문에 "세계의 전인류는 이제 절대적으로 전쟁을 혐기(嫌忌)하여 사해동포(四海同胞)의 자각 아래 영원한 강녕(康寧)을 갈구하게 되었다." 그러므로 국제연맹은 그 실현이었다는 것이다. 그는 "세계평화의 철칙이라고 할 수 있는 국제연맹이 전쟁방지를 위해 모든 규정을 마련한 것"이라고 평가했고, 이제 일본은 "동아의 중진으로서 세계 평화에 많은 공헌을 하게 되었다." 그리고 일본은 "5대국"이며, "연맹 간부의 일원으로서 세계 평화를 유지하여, 후진 민족의 지도계

---

130) 川田稔, 『戰前日本の安全保障』 (東京: 講談社, 2013), pp. 136-138. 가와다 미노루(川田稔)는 1914년부터 1930년대까지의 일본 안전보장 정책을 대표하는 야마가타 아리토모, 하라 다카시, 하마구치 오사치(濱口雄幸, 1870-1931), 나가타 데쓰잔(永田鐵山, 1884-1935) 네 인물을 중심으로 고찰했다. 가와타는 이 네 인물이 국제환경에 대한 확고한 인식을 가지고 있었다.

옥(指導啓沃)에 임하는 자격이 있다"고 자부했다. "제국의 외교 방침"은 미국과의 협조, 동맹 관계에 있는 영국과의 "친교"가 세계에서의 불안정성을 불식할 수 있는 방법이며, "파리조약의 권위를 충분히 존중하여, 그 조장(條章)을 엄정히 이행"하는 것을 제국의 "신념"으로 삼아야 한다고 했다.131)

2. 민족자결 원칙에 대한 논리

윌슨이 언급한 'self-determination'은 '자결(自決)' 혹은 '자결권(自決權)'으로 번역할 수 있으나, 그는 'people' 또는 'nation'이라는 수사 용어도 같이 사용했다.132) 따라서 'self-determination'을 그대로 '민족자결'이라고 번역하는 것은 오류가 생길 여지가 있다. 한자권에서 보았을 때, 'nation'은 '민족', '국가', '국민' 등, 'people'은 '사람들', '인민' 등으로 번역 가능하다.

---

131) 原敬,「恒久平和の先決考案」,『外交時報』(1921年 9月 15日号). 하라는 1919년 1월 21일 제국의회 통상회의 시정방침 연설에서 전쟁이 앞으로 평화회의가 개최되어, 공식적으로 마감되기 전에 "제국정부는 연합동맹국과 더불어 매우 만족"하다고 말했고, 1920년 1월 22일 시정방침 연설에서도 맺어진 평화조약에 대해 "우리나라와 열국과의 관계는 제국과 영국과의 공고한 동맹을 비롯해 기타 열국과도 교제가 더욱 친밀해져 국가를 위해 참으로 기뻐하지 않을 수가 없"다고 했다. 이규수(편역),『일본제국의회 시정방침 연설문』(서울: 선인, 2012), pp. 218-227. 전쟁 후반기부터의 하라의 강력한 지도력에 대한 연구로서, 奈良岡聰智,「第一次世界大戰と原敬の外交指導: 1914-21年」, 伊藤之雄(編著),『原敬と政党政治の確立』(東京: 千倉書房, 2014).
132) 윌슨은 자신의 민족자결에 민주주의 가치를 두었지만, 그 용어의 의미를 자세히 언급하지 않았다. 오히려 후세의 학자들이 윌슨의 이념을 해명하려고 했다. Dov Ronen, *The Quest for Self-Determination* (New Haven: Yale University Press, 1979), p. 31; 김숭배 · 김명섭 (2012), p.42.

용어는 특정 맥락 속에서 그 의미를 판단해야 하지만 무엇보다 영미권의 용어와 개념을 한자권의 용어와 개념에 완전히 부합시키는 작업은 한계가 있을 것이다.133) 용어와 개념 역시 수용에 따른 변용이 있다.

당시 한국/조선인들과 일본인들은 'self-determination'이라는 용어와 이에 내재된 개념을 '자결권'이 아닌 '민족자결'이라고 인식했다. 러일전쟁 이전에 대한제국에서는 정치적 구성원을 표시하는 개념으로서 인종과 국민이라는 개념들이 함께 사용되었다. 그러나 인종 개념은 일본제국주의의 도구적 개념으로 사용하기 시작했기 때문에 대신 '국민' 개념이 강화되었다. 러일전쟁을 겪고, 1910년 한국병합을 통해 주권을 상실하게 된 대한제국의 상황에서 민족이라는 개념이 정립되었고,134) 3·1운동을 계기로 확산, 정착되었다.135) 즉 한국/조선에게 민족은 일본에 대한 저항적 개념이며, 일본과 다른 민족 공동체의 존재를 의미했다.

일본에서도 민족이라는 용어는 이미 사회적으로 전파된 개념이었다. 박경식(朴慶植)의 연구에 따르면 한반도에서 윌슨의 '평화원칙 14개조'가 보도된 것은 1918년 1월 11일 『매일신보』의 기사를 통해서였다. 처음으로 '민족자결주의'라는 어구가 보도된 것은 1918년 11월 5일 『매일신보』에서의 「강화의 기초 조건」이라는 사설이었다.136) 『매일신보』가 조선총독부

---

133) 이질 문명권 사이의 번역의 한계와 개념 간의 괴리에 관해서는, 김용구, 「번역의 국제정치학: 마틴과 휘튼」, 『개념과 소통』 1권 (1)호 (2008).
134) 강동국, 「근대한국의 국민/인종/민족 개념」, 하영선(외), 『근대 한국의 사회과학 개념 형성사』 (파주: 창비, 2009), pp. 285-288.
135) 박찬승, 『민족·민족주의』 (서울: 소화, 2010), p. 91.
136) 朴慶植, 『朝鮮三·一獨立運動』 (東京: 平凡社, 1976), pp. 60-70. 12월에도 『매일신보』를 통해 "민족자결주의(民族自決主義)"라는 표현이 등장했다. 이는 3·1운동 전후에는 "자유"로 해석하는 개념으로서도 나타났다. 강동국, 「근현대 한국에서 국제정치영역의 자유개념」,

의 기관지였다는 것을 감안할 때, 일본인들 역시 self-determination을 '자결'이나 '자결권'보다 '민족자결'이라고 번역, 인식했다는 것이다.

일본에서는 20세기 초에 민족 개념이 공고화된 과정이 있었다. 19세기 후반 일본의 메이지 정부는 공용어로서 '신민(臣民)'을 사용하면서도 일본 사회에서는 '국민'이 기본적 용어로 정착되었다. 이는 일본이 아직 국민국가 형성과정에 있었다는 것, 그리고 어떤 국민국가를 형성해야 할지 모색 중이었다는 것이다. 그러나 일본 지식인들 중심으로 서서히 민족이라는 용어가 사용되기 시작했다. 이는 일본의 문화와 역사성을 강조하는 것, 그리고 천황을 중심으로 한 국체론과 결합된 것이었다. 즉, 유럽적 군주 개념과 이에 따른 '신민'이나 '국민'이라는 용어와 달리 일본에서는 천황과 일본인들이 결합되어 있었기 때문에 천황은 '일본 민족'의 '족부(族父)'라는 논리가 등장했다.[137]

일본은 베르사유평화체제를 지탱한 민족자결 원칙이 한국/조선에 적용되는 것을 우려했다. 기존 연구에서는 파리평화회의에 임하는 일본이 영토 문제에 있어 산둥반도와 남양제도의 획득을 주된 목적으로 했다고 하지만, 민족자결 원칙이 이미 세력권에 있는 한국/조선에 영향을 줄 가능성을 염두에 두고 있었다. 마키노 노부아키는 하라 내각에서 『강화에 관한 방침(講和ニ關スル方針)』이라는 책자를 받아 파리평화회의에 임했다.

하영선·손열(외), 『근대한국의 사회과학 개념 형성사 2』(파주: 창비, 2012), pp. 219-222.
137) 安田浩, 「近代日本における「民族」觀念の形成: 国民·臣民·民族」, 『思想と現代』第31号 (1992). 윤건차(尹健次)도 일본에서 '민족' 개념은 천황제 국가의 지배 이데올로기로 활용된 것이었다고 한다. 윤건차, 하종문·이애숙(옮김), 『日本: 그 국가·민족·국민』 (서울: 일월서각, 1997), pp. 111-117; 김숭배·김명섭 (2012), p. 44.

이 책자는 앞서 언급한 것처럼 강대국의 의향에 맞춘다는 '대세순응'을 기본원칙으로 삼았지만, 일본이 세계대전 참전 목적이었던 '산둥성 및 남양에 관한 건'이라는 항목 중에서 다음과 같은 내용을 발견할 수 있다.

제13: 만일 상대국에 있어 또는 신영토인 조선에 대한 특례를 인증(引證)할 경우에 있어서는 <u>조선의 합병은 쌍방의 합의로 성립됨으로써 이번 양도와는 처음부터 동일시하면 안 되는 것일 뿐만 아니라 구(舊)한국 정부의 曾有인 권리 의무를 함께 이를 계승해야 하는 특약에 기반하고 있다는 것을 설명해야 하는 것</u>.138) [밑줄: 필자 강조]

일본이 위와 같은 방어책을 마련한 것은 베르사유평화체제의 이념이 1910년 한국병합을 통해 편입시킨 "조선"에 적용될지, 이 시점에서 미지수였다는 것이다.

1918년 일본에서는 이은(李垠; 영친왕, 1897-1970)과 나시모토노미야 마사코(梨本宮方子, 1901-1989)의 혼인이 계획되어 있었다. 혼인하기 위해서는 일본의 황실전범(皇室典範) 제39조의 개정이 필요했다. 제39조의 규정이 일본 황족의 혼인 상대가 황족 또는 화족에 한정한다는 내용이었기 때문이다. 1918년 10월 26일 내무대신과 외무대신을 역임한 고토 신페이(後藤新平, 1857-1929)는 이 문제의 담당자였던 이토 미요지에게 황실전범 개정 문제를 신중하게 수행하도록 말했다. 혼인 문제는 일본과 "조선"과의 대등한 관계

---

138) 「講和=関スル方針」, 大正7年 牧野伸顕関係文書 書類の部 291-1. 国立国会図書館デジタルコレクション, http://www.ndl.go.jp/modern/img_l/055/055-0091.html

를 연출하기 위해 중요했다. 고토는 왕공족(王公族)의 신분을 둘러싼 문제가 "조선 통치 정책"의 와해, 나아가서는 "민족자립 문제"를 일으킬 가능성이 있다고 언급했다.139) 다른 민족 간의 혼인 문제는 일본의 식민지 통치에 민감한 문제로서 부상되었을 뿐만 아니라 시기적으로 민족자결 원칙의 전파로 인해 일본에 부정적인 영향을 끼칠 수 있다는 경계심이 있었다는 것이다.

국제적 무대였던 파리평화회의에서 한국/조선 문제는 논의되지 않았지만, 1919년 3·1운동에 조우한 일본인들의 인식에는 윌슨의 민족자결 원칙과 한국/조선의 민족자결을 본격적으로 결합시키기 시작했던 것은 사실이다. 당시 일본 수상이었던 하라 다카시의 일기에는 전반적으로 한국/조선 관련 서술이 없었지만, 3·1운동의 소식을 알게 된 그의 3월 2일 일기 내용에는 3·1운동의 원인을 "민족자결"의 정설과 "그 이외에도 다소 요인"이 있었다고 서술되었다.140) 즉 그가 일기에서 윌슨의 민족자결의 영향을 먼저 썼다는 것은 3·1운동의 계기가 국제적 흐름과 연관되었다는 인식을 보여준다. 하라 다카시가 인지한 것처럼 3·1운동의 원인이 윌슨의 민족자결 원칙의 영향이었다는 견해는 이후 일본 정부와 총독부에서 공유되었다. 이는 식민지 시대를 관통했다.141)

---

139) 新城道彦,『天皇の韓国併合: 王公族の創設と帝国の葛藤』(東京: 法政大学出版局, 2011), pp. 123-124.
140) 原敬,『原敬日記 第8卷』(東京: 乾元社, 1950), pp. 169-170; 김숭배·김명섭 (2012), p. 45.
141) 예를 들면, 일본의 관료이며, 정치인이었던 사카타니 요시로(阪谷芳郎, 1863- 1941)가 작성하여 1919년 9월에 출간된『조선소요경과개요(朝鮮騷擾經過概要)』는 일본 육군성(陸軍省)의 공식 견해로 인식되었다. 그는 유럽의 민족운동이 한국/조선에 영향을 끼쳤고, 더 나아가 민족자결주의의 사상으로 이어졌다는 견해를 제시했다. 조선사(朝鮮史) 연구자 아오야나기 쓰나타로(青柳綱太郎, 1877-1932)가 작성하여 1921년 조선연구회(朝鮮硏究

당시 일본에서 가장 많은 신문 부수를 발행하고 있었던 『오사카아사히신문(大阪朝日新聞)』에서 한국/조선 문제를 다룬 사설은 1913년부터 1918년까지 불과 6번이었지만, 1919년에는 11번, 1920년에는 8번이 거론되었다.142) 요시노 사쿠조(吉野作造, 1878-1933)는 한국/조선인들의 민족자결과 3·1운동을 호의적으로 받아들인 일본인으로서 대표적이다. 도쿄제국대학(東京帝國大學) 교수이며, '다이쇼(大正) 데모크라시'의 상징적인 논자가 되어 있었던 그는 한국/조선 유학생들과의 교류를 통해 일본의 한국/조선 통치에 관심을 가지게 된 인물이다. 그는 1916년 3월부터 4월에 걸쳐 한국/조선과 만주를 시찰하여 일본의 통치에 대한 한국/조선인들의 의견을 수집한 경험이 있었다. 사실상 한국/조선은 일본에 의해 병합되었다고 생각한 요시노는 "조선"이 진화하기 위해서는 식민정책의 이상인 '동화'가 중요하다는 점에 있어 일본의 정책을 비판했다. 그는 이를 성취하기 위해서는 일본 정부뿐만 아니라 일본의 국민적 사업으로서 실시해야 한다고 생각한 바 있다.143)

3년 후인 1919년 그는 윌슨의 '평화원칙 14개조'를 기초로 한 파리평화회의에 긍정적이었다.144) 요시노는 민본주의(民本主義)145)를 기반으로 한

會)에서 발행된 『조선독립소요사론(朝鮮獨立騷擾史論)』, 그리고 한국/조선에서 사법 사무를 관장했던 조선총독부 법무국에서는 1931년에 『조선독립사상운동의 변천』을 출간함으로써 윌슨의 민족자결에 비중을 두었다. 김숭배·김명섭 (2012), p. 45.
142) 松尾尊兊, 『近代日本と石橋湛山:「東洋経済新報」の人々』(東京: 東洋経済新報社, 2013), pp. 91-92.
143) 吉野作造, 「滿韓を視察して」, (1916) 『中央公論』大正五年 六月号, 吉野作造, 松尾尊兊(編), 『中國·朝鮮論』 (東京: 平凡社, 1970), pp. 57-82.
144) 吉野作造, 「世界の大主潮と其順應策及び對應策」, 『中央公論』 1919年 1月, 吉野作造, 『吉野作造選集 第6卷』 (東京: 岩波書店, 1996).
145) 국민주권과 달리 천황이 주권자였던 일본에서는 민주주의를 주창할 수 없었다. 따라서

사상가들의 결집체인 레이메이회(黎明會)를 창립했다.146) 1919년에 발표된 그의 「조선통치에 관한 최소한도의 요구」에서는 "조선인"에 대한 교육개선을 주장했고, 일본의 무단통치의 철폐, 동화정책을 비판했지만, 즉시 한국/조선의 해방을 언급하지는 않았다.147)

요시노와 함께 레이메이회 창립에 기여했던 주요 인물인 후쿠다 도쿠조 (福田德三, 1874-1930)는 요시노의 의견을 적극적으로 지지했고, 한국/조선을 적국이나 일본 군인들의 사유물, 그리고 식민지로서 보는 시각들에 반대했다.148) 후쿠다의 생각은 "조선"에 헌법을 공포시키고, 1890년대 일본이 국회 개설을 할 때 시간이 필요했다는 것과 마찬가지로 "조선"에도 앞으로 5년, 10년 이후에 국회를 개설하도록 제안했다.149) 요시노의 인식에는 '제국개조론'을 염두에 두고 '다문화제국', 제국질서가 식민지를 포섭하며 패권을 확대하는 '신식민지주의'적 발상이 있었다고 한다.150) 요시노와 마찬가지로 후쿠다의 인식 역시 무단통치를 비판했지만, 일본의 "조선" 통치의 방법론적 개선을 통해 제국주의의 개조를 주장하면서 한편에서는

주권의 소재를 불문하고, 일본 민중들의 정치 참여를 주장한 것이 민본주의였다.
146) 요시노는 유학생 김우영(金雨英, 1886-1958)과 장덕수의 알선으로 1916년 한반도를 시찰했다. 1919년 3월 레이메이회 강연회에는 백남훈(白南薰, 1885-1967), 김준연(金俊淵, 1895-1971), 변희용(卞熙瑢, 1894-1966) 등이 초청되었다. 이규수, [민본주의자, 요시노 사쿠조의 조선인식], 『역사비평』 88호 (2009), pp. 308-313.
147) 吉野作造, 「朝鮮統治に關する最小限度の要求」, 1919年 6月 5日, 黎明会(編), 『黎明講演集 第1卷』 (東京: 龍溪書房, 1990), pp. 541-542; 김숭배·김명섭 (2012), pp. 56-57.
148) 다만, 베르사유평화체제에 긍정적이었던 요시노와 달리 후쿠다는 이에 부정적이었고, 일본이 독자적인 길을 선택해야 한다는 생각을 가지고 있었다.
149) 福田德三, 「朝鮮は軍閥の私有物に非ず」, 黎明会 (1990), pp. 573-575. 이 성명문에서 후쿠다는 독일과 프랑스의 알자스-로렌, 영국의 인도 지배와 달리, 한국병합이란 평화적이고, 피를 흘리지도 않았다는 것을 전제로 했다.
150) 요네타니 마사후미, 조은미(옮김), 『아시아/일본』 (서울: 그린비, 2010), pp. 131-132.

문명사관적으로 한국/조선을 관찰했다는 점이 레이메이회의 특징적인 사상의 하나였다.151)

이들보다 적극적으로 한국/조선의 민족자결을 지지한 인물이 '소일본주의(小日本主義)'를 계승한 이시바시 단잔(石橋湛山, 1884-1973)이었다.152) 그는 자유주의적 입장을 견지해 온 동양경제신보사(東洋經濟新報社)의 기자였고, 오피니언 리더로서 활약하고 있었다. 이시바시는 거시적인 관점에서 영국에 대한 인도와 이집트의 "반감(反感)", 그리고 아일랜드의 독립운동을 예로 들어, 한국/조선 민족이 가지는 고유성을 지적했다. 그들의 "반항"을 완화하기 위해서는 그들에 의한 자치의 필요성을 언급했다.153)

1919년 당시 이시바시의 견해에는 한계가 있었다는 것은 분명하다. 그러나 그는 1921년 「대일본주의의 환상」이라는 글에서 팽창을 지향하는 대일본주의를 비판하여, 한국/조선, 타이완, 만주 등 일본의 식민지와 권익을 모두 포기함으로써 동양의 평화가 유지할 수 있다고 주장했다. 경제력과 군사력을 중시하는 대일본주의가 전쟁의 길에 나아갈 수도 있다는 위험성을 지적했다. 이시바시는 1919년 일본이 인종차별 철폐를 주장하

---

151) 민본주의를 중시한 레이메이회에서, 특히 와세다대학교(早稻田大學) 교수 우치가사키 사쿠사부로(內ヶ崎作三郎, 1877-1947)의 인식은 문명사관이 잘 나타나 있다. 內ヶ崎作三郎, 「朝鮮問題の背景としての形式主義」, 黎明会 (1990), pp. 589-604. 우치가사키는 1937년 6월에 발족한 제1차 고노에 후미마로 내각 문부성(文部省)의 정무차관이 되었다.
152) 이시바시는 1910년대 초반에 동양경제신보사 주간(主幹)이었던 미우라 데쓰타로(三浦鐡太郎, 1874-1972)가 주장한 소일본주의 사상을 계승한 인물이다. 1920년대 이시바시는 자유주의적 입장에서 일본의 국책 주류를 가리키는 대일본주의를 비판했다. 이시바시는 1956년에는 일본 수상이 되었다. 그의 소일본주의 사상에 관해서는, 박영준, 「戰前 일본 자유주의자의 국가구성과 동아시아: 石橋湛山의 小日本主義를 중심으로」, 『한국정치학회보』 39집 (2)호 (2005).
153) 石橋湛山, 「鮮人暴動に対する理解」, 『東洋經濟新報 社說』 1919년 5월 15日号, 松尾尊兊, 『石橋湛山評論集』 (東京: 岩波書店, 1984), pp. 86-90; 김숭배·김명섭 (2012), p. 57.

면서도 한국/조선인들을 차별하는 것을 비판한 적이 있었다. 그는 1921년의 글에서도 일본이 도덕적 행동을 보여주지 않으면 "베르사유 회의에서 우리 대사가 제안한 인종평등대우문제"가 폐기된 것처럼 다른 나라의 후원을 받을 수 없다고 했다.154) 이시바시는 파리평화회의에서 일본이 제기한 인종 평등 문제를 염두에 두면서도 한국/조선의 민족자결을 이해한 인물이었다.

한국/조선의 민족자결은 국제연맹에 직접적으로 관여한 일본인의 인식과 상충했다. 국제연맹에서 1919년부터 1926년까지 사무차장 겸 정보부장으로 일했던 니토베 이나조(新渡戸稲造, 1862-1933)155)는 1900년에 영어로 작성된 *Bushido: The Soul of Japan*을 통해 이미 영미권에 알려져 있던 인물이었다. 그의 저작에 나타난 일본의 정신세계는 시어도어 루스벨트에게 긍정적 영향을 끼치기도 했다.156) 1919년 12월 11일 니토베는 런던에서 열린 일본협회에서 「일본식 식민화(Japanese Colonization)」라는 제목으로 영국인들을 대상으로 강연했다. 그는 타이완과 "코리아"를 비교하여, "코리아"의 민족자결의 고양을 인정했다. 다음과 같은 언급은 주목할 만하다.

---

154) 石橋湛山, 「大日本主義の幻想」, 『東洋經濟新報 社說』 1921年 7月 30日, 8月 6日, 13日号.
155) 전통적 유럽의 회의체와 달리 국제연맹에서 사무국이 창설된 것은 국제화를 의미한 것이었다. 1919년 4월 영국 외교관 제임스 에릭 드러먼드(James Eric Drummond, 1876-1951)가 국제연맹 사무국장에 취임했고, 후일 유럽의 공동체 창립에 기여하게 될 장 모네(Jean Monnet, 1888-1979)는 니토베와 마찬가지로 사무차장에 취임했다. 이러한 제도는 국제기구에서의 국제공무원(international civil servant)의 탄생을 의미했다. 細谷雄一, 『外交: 多文明時代の対話と交渉』 (東京: 有斐閣, 2007), pp. 128-129.
156) 알렉시스 더든(Alexis Dudden)은 19세기 말부터 20세기 초에 일본이 한국/조선을 통치하는 과정에서 사용한 국제법 어휘에 내재된 권력을 분석했다. 그는 결론 부분에서 일본의 식민지 정책을 탐구하여 체계화시킨 니토베 이나조를 주목했다. Alexis Dudden 저, 홍지수 역, 『일본의 한국식민지화: 담론과 권력』 (서울: 늘품플러스, 2013), pp. 290-316.

타이완에서 민족자결에 관한 주장을 들어본 적이 없다. 그러나 코리아의 경우는 전혀 다르다. … 그러나 과거에 코리아의 정치적 독립을 보면 코리아가 얼마나 독립을 향수했는지, 크게 의심이 된다. … 19세기 러시아가 왕국(코리아)을 흡수하려고 했고, 성공을 거둘 것 같았다. <u>코리아가 강력하고 참된 독립국인 한, 완충국이라고 말할 수 있으나, 코리아가 중국의 세력 하에, 혹은 러시아의 세력 하에 들어가면 극동에 평화는 없고, 일본의 안전은 없다.</u>[157] [밑줄: 필자 강조]

지정학적 관점에서 니토베는 대한제국이 중국 또는 러시아의 세력권에 통합되면 일본의 안전보장에 부정적 영향을 끼칠 것을 우려했다.[158] 베르사유평화체제의 이념은 한국/조선과 일본 간에 존재했던 식민지 문제를 해결하지 못했다. 그러나 이 평화체제는 일본의 식민지 문제에 대한 재고를 요청했다. 일본인들의 일본인들에 의한 "조선군" 사령관인 우쓰노미야 다로(宇都宮太郎, 1861-1922)[159]의 1919년 1월 25일 일기에 따르

---

[157] Inazo Nitobe,「Japanese Colonization」, 新渡戶稻造全集編集委員会(編),『新渡戶稻造全集 第23卷』(東京: 教文館, 1986), pp. 115-116. 기독교 신앙을 가지고 동양과 서양의 융합을 제창해온 니토베였지만, 만주사변이 일어난 1931년에 니토베는 다음과 같이 언급한 바 있다. "일본은 대륙에 가깝기 때문에 일본이 중국, 특히 만주의 정치적 안정과 시베리아의 경제발전에 특별한 관심을 기울이는 것은 용이하게 추측할 수 있다. … 그 관심은 미국의 그 '먼로주의'를 선언한 것보다 훨씬 중요하다. 그러나 차이는 다음 점에 있다. 먼로주의는 미국의 이익만에 귀결되고, 남미 나라들에게는 무념하여 굴욕이었지만, 중국과 시베리아의 발전은 일본의 평화에 영향을 끼칠 뿐만 아니라 극동의 평화에, 그리고 궁극적으로는 세계 전체의 평화에 관련되는 문제다." 新渡戶稻造,「日本: その問題と発展の諸局面」, 新渡戶稻造全集編集委員会(編),『新渡戶稻造全集第18卷』(東京: 教文館, 1986), p. 48.
[158] 이시이 기쿠지로 역시 안보를 중요시했다. 1930년에 출간된 그의 회고록에 의하면 동양 전국(東洋全局)의 평화를 확립하기 위해서는 한국병합은 피할 수 없었고, 일본은 한국병합으로 안전보장을 확보할 수 있게 되었다는 것이다. 石井菊次郎 (2005), pp. 94-95.
[159] 군인 우쓰노미야 다로는 아시아주의자의 범주에 속한다. 우쓰노미야는 청일전쟁 이후,

면 그는 아일랜드가 독립을 선언한다는 전보(電報)를 받았다. 그는 아일랜드 독립 문제를 통해 윌슨이나 로이드 조지가 어떤 대책을 마련하는지 관심을 기울였다.160) 한국/조선의 민족자결에 호응한 이시바시 단잔을 비롯하여 일본 지식인, 지도자들은 유럽의 지정학적 권력관계에 민감했다. 특히 영국과 아일랜드 관계를 일본과 한국/조선의 모델로서 참고한 양상이 보인다. 제1차 세계대전 이전 일본의 아일랜드 연구는 영국-아일랜드의 무역관계, 자치문제, 농업문제, 그리고 한국/조선 통치를 위한 연구가 있기도 했지만, 본격적으로는 3·1운동 이후였다.161) 식민지 문제를 재고하기 위해서였다.

1919년 11월부터 1921년까지 미국에 파견된 조선총독부 관료 도키나가 우라조(時永浦三, 1884-1929)는 윌슨의 민족자결 원칙의 내용에 관한 보고서를 작성한 인물이었다. 그는 미국 한인 사회의 동향과 더불어 미국 의회에서 논의된 아일랜드 문제에 관해서도 함께 보고했다.162) 민족자결 원칙에

조선과 청나라를 실지조사, 정보 수집을 통해 일본 정부에 많은 의견서를 제출했고, 일한연방(日韓聯邦)을 주창하기도 했다. 千葉功(編), 『日記に読む近代日本2: 明治後期』(東京: 吉川弘文館, 2012), pp. 78-83.
160) 宇都宮太郎関係資料研究会(編), 『日本陸軍とアジア政策: 陸軍大将宇都宮太郎日記3』(東京: 岩波書店, 2007), p. 207. 우쓰노미야는 3·1운동을 직접 보았다. 그는 운동의 원동력을 천도교도, 기독교도, 학생들, 그리고 "신진유위(新進有爲)", 즉 우수하고 젊은 "조선인"들, 그리고 외국 선교사들의 후원을 받았다고 보았다. 宇都宮太郎関係資料研究会 (2007), pp. 220-221; 김승배·김명섭 (2012), p. 45. 그의 일기에는 1919년 4월 15일에 일어난 제암리 학살사건의 소식에 관해서도 기록되어 있다.
161) 上野格, 「日本のおけるアイルランド学の歴史」, 『思想』617号 (1975), pp. 126- 128, 134-142. 한국/조선의 경우도 역시 영국-아일랜드의 관계처럼 한일관계의 비교대상이 되었다. 이승만은 아일랜드의 독립운동에 관심을 가지고 있었고, 아일랜드의 동향을 주시하여 모방하고자 했다. 그리고 한국/조선 내에서도 아일랜드에 관한 기사들이 많이 실렸다. 정병준, 『우남 이승만 연구: 한국 근대국가의 형성과 우파의 길』(서울: 역사비평사, 2005), pp. 130-136.
162) 近藤釰一(編), 『齋藤総督の文化統治: 朝鮮総督府資料選集』(東京: 友邦協会, 1970).

따른 영토 재편은 한국/조선과 일본의 권력관계에 직접적인 영향을 주지 않았으나, 새로운 긴장관계를 조성했다.

3. 전쟁 책임에 대한 지지와 조건

외교조사회의 기본방침, 즉 '대세순응' 정책은 인종 문제를 제외하고, 다른 사항들에 관해서는 서양 국가들에 큰 반대의견을 제시하지 않았다. 다만 일본은 5대국의 일원이 되었지만, 서양 국가들이 논의한 중요 의제에서는 제외되었다. 독일에 대한 배상 결정은 영국, 미국, 프랑스와 이탈리아 4개국의 최고의회에서 토의되었고, 일본은 이 회의에 참석할 수 없었다.163) 따라서 일본은 독일에 대한 배상의 세부 상황을 인지하지 못했고, 배상 내용의 최종 결정에 관여하지 못했지만, 큰 불만은 분출하지 않았다. 여기에는 다음과 같은 이유가 있다. 청일전쟁에 따른 시모노세키조약, 러일전쟁에 따른 포츠머스조약에서 일본은 전비(戰費)를 의미하는 배상을 요구했지만, 제1차 세계대전에서는 이러한 요구가 국내에서 정치적, 사회적 문제가 되지 않았다. 세계대전이었지만, 전쟁터는 유럽이었고, 유럽국가들에 비하면, 일본의 전쟁 피해는 거의 없었다. 오히려 전쟁을 통해 일본의 경제는 부흥했다. 러일전쟁 때 일본은 전비를 조달하기 위해 외국채를 발행하여 채무국으로 되었다. 그러나 세계대전에 따른 호경기로

---

163) 鹿島守之助, 『日本外交史 12: パリ講和会議』(東京: 鹿島研究所出版会, 1971), p. 121.

인해 1915년에는 경제가 회복되어, 채권국이 되었다.164)

제1차 세계대전의 영향으로 만주에서는 농산물을 중심으로 수출이 증가하여 일본-만주 무역이 약진했다. 1918년 이후는 "만선일체화(滿鮮一體化)" 정책 추진으로 만주에서는 조선은행권의 융통이 확대했고, 기업들의 설립이 가능해졌다.165) 일본의 무기 수출은 이미 청일전쟁 시부터 시작되어 있었고, 제1차 세계대전 시에는 유럽 국가들이 군수생산에 전념하고 있었을 때 일본은 영국, 프랑스, 러시아에 무기를 수출했다. 일본은 유럽 시장에 공급할 산업을 개척했다. 일본은 제1차 세계대전을 통해 자본수출 및 증권투자로 인해 채권국이 되었고, 자국의 자본력으로 해외에 경제적 진출을 할 수 있게 되었다.166) 세계대전이 발발한 지 1년 후에는 일본 경제가 회복되었다. 1914년 8월 10일 이노우에 가오루(井上馨, 1836-1915)는 "이번 구주(歐洲)의 대화란(大禍亂)은 일본 국운의 발전에 대한 다이쇼신시대(大正新時代)의 천우(天佑)임으로, 일본국은 바로 거국일치 단결하여, 이 천우를 향수해야 한다"고 말한 바 있다.167) 그의 발언은 중국에 대한 이권 확대를 의도한 것이었지만, 결과적으로 전쟁은 일본의 경제적 회복에 커다란 영향을 미쳤다.

---

164) 杉山伸也, 『日本経済史 近世-現代』 (東京: 岩波書店, 2012), pp. 297-315.
165) 柳沢遊, 「日本人の居留民社会」, 和田春樹(編), 『東アジア近現代通史: 世界戦争と改造』 (東京: 岩波書店, 2010), p. 286-289.
166) 坂本雅子, 『財閥と帝国主義』 (東京: 東京大学出版会, 2003), pp. 161-168, 198-207; W. G. Beasley, 정영진(옮김), 『일본제국주의 1894-1945』 (서울: HUEBOOKs 2013), p. 148. 비즐리의 연구는 정치적 요인보다 경제적 요인을 주목함으로써 일본제국주의의 역사를 분석했다. 그는 일본제국주의 발전 속도가 다른 제국주의국가보다 빨랐지만, 영국처럼 중상주의, 식민지주의를 거쳐, 산업자본주의에 적합한 형태로 되었다고 하고, 다른 제국주의국가와 유사한 현상들을 부각시켰다.
167) 井上馨候伝記編纂会(編), 『世外井上公伝 第五卷』 (東京: 内外書籍, 1934), p. 367.

그러나 전쟁 책임 문제에 관해서는 완전히 '대세순응'적이었다고 할 수 없었던 측면이 있었다. 독일에 대한 전쟁 책임 문제에 관해 일본 정부는 다른 강대국의 의향과 기본적으로 일치시키는 방침을 통해 보조를 맞추었으나, 의견 차이는 있었다. 1919년 2월 일본 정부는 국제법의 발전과 권위를 유지하기 위해 제1차 세계대전을 일으킨 책임자에 대한 처벌과 이에 관한 방법을 강구할 필요성을 인정했지만, 전쟁 후에 재판을 거쳐 처벌을 실시하는 것은 국제법의 원칙이 아직 확립되지 않았던 상황이라는 점에서 문제를 제기했다. 즉, 국제법에서 전쟁을 일으킨 자에 대한 구체적 처벌 방법이 규정되지 않았던 가운데, 현시점에서 법을 규정하여 처벌하는 것, 즉 법의 소급 효력에 회의적이었기 때문에 처벌에 대해서는 유보적 입장을 취했다.[168]

일본의 입장에 대해 4월 윌슨은 마키노 노부아키에게 동의를 구했다. 마키노는 국가수반에게 책임을 환원시키는 것에 부정적이었다.[169] 이러한 견해는 마키노 개인적 우려가 아니었다. 파리평화회의에 참석한 일본대표단 요원들의 의견을 반영했고, 무엇보다 마키노의 의견은 외교조사회를 통해 전달된 것이었기 때문이다. 후일 작성된 마키노의 회고에 따르면, 독일 제국주의에 대한 타파가 파리평화회의의 근본 사상이었고, 결국 독일의 "복수적 관념"으로 제2차 세계대전이 일어났다고 했다. 마키노는 1866년 프로이센-오스트리아 전쟁 후, 전승국 독일이 패전국 오스트리아에 관대했기 때문에 1871년 프로이센-프랑스 전쟁 시 오스트리아는 프랑스

---

168) 外務省政務局, 「講和会議経過調書」, 鹿島守之助 (1971), pp. 114-115.
169) 위의 책, p. 116.

에 가담하지 않았다고 했고, 비스마르크(Otto von Bismarck, 1815-1898)의 정책을 평가했다.

또한 마키노는 파리평화회의 중에 남아프리카연방 초대 수상 보타(Louis Botha, 1862-1919)와 대화를 나누었을 때, 그에게 보어전쟁(Boer War) 후, 영국이 작성한 베르니이힝 조약(Treaty of Vereeniging)이 "의외로 평화적이었"기 때문에 "보어 민족"은 영국과 운명을 같이하게 되었다고 들었다.[170] 마키노는 전승국이 "손해배상"을 요구하는 것은 이해하지만, "평화조약으로 평화를 초래하려고 하는 목적"은 오히려 "평화를 어기는 화근"을 잉태하게 된다고 했다.[171]

일본대표단 전권[172]이었던 사이온지 긴모치는 귀국 후 독일의 영토분할, 군축, 배상이 독일의 "폭력"에 기인했다고 소개했고, 국제관계에서 일본의 지위가 향상된 것에 만족감을 드러냈다. 그는 일본이 "무단(武斷)적·침략적"인 국가가 아니라는 것을 대외에 알리고, "평화적 사업의 공헌자", "평화적 발전의 성공자"로서 일본 국민이 인식해야 한다고 역설했다.[173] 다만 후일 다음과 같은 일화가 있었다. 1929년 히가시쿠니노미야

---

170) 牧野伸顯, 『回顧錄 (下)』(東京: 中央公論社, 1978), pp. 182-183. 그의 회고록은 1948-49년에 출판되었다. 따라서 아시아·태평양전쟁 후였다. 따라서 당시 일본에 대한 평화조약을 의식했을 가능성도 있을 수 있지만, 마키노가 1940년에 작성한 『松濤閑談』에도 유사한 내용이 있기 때문에 이 회고는 어느 정도 신빙성이 확보된다.
171) 牧野伸顯 (1978), pp. 189-190.
172) 건강에 문제가 있었던 사이온지가 일본대표단 전권을 맡게 된 것은 그가 두 번 내각총리를 역임했다는 것(재임기간 1906-1908, 1911-1912), 프랑스 유학시절에 클레망소와 함께 지냈다. 그리고 사이온지는 파리에 도항하기 직전인 1918년 12월 21일 스스로 대훈위를 청원하여 받았다. 이는 전권으로서의 권위를 높이기 위한 것이었다. 그러나 실제적으로 마키노 노부아키가 일본 정부와의 연락, 파리평화회의에서의 교섭을 맡게 되었다. 伊藤之雄, 『元老西園寺公望: 古希からの挑戰』(東京: 文藝春秋, 2007), pp. 164-175.
173) 西園寺侯演說, 「排侵略主義を切言す」, 『中外商業新報』(1919.9.9), 神戶大學附屬圖書館新

나루히코(東久邇宮稔彦, 1887-1990)는 사이온지에게 제1차 세계대전 후반기 독일을 구하기 위해 빌헬름 2세의 측근이 황제에게 퇴위를 진언했는지 물었다. 이때 사이온지는 "일본에서는 천황과 나라를 분리시켜 생각할 수 없기 때문에 일본이 존속하기 위해 천황에게 퇴위를 원하는 것은 불가능하다"고 대답했다.174) 황족이며 육군 군인이었던 히가시쿠니노미야는 1945년 8월 17일부터 10월 9일까지 짧은 기간이었지만 총리대신을 맡게 된 인물이다.

이러한 마키노와 사이온지의 인식은 전쟁 책임자 빌헬름 2세의 문제와 천황제를 연결시켰다는 것이다. 빌헬름 2세에 관한 선례가 장래 천황제에 영향을 미치게 될 것을 우려했기 때문이었다. 그러나 윌슨이 이들의 우려를 해소했다. 윌슨은 빌헬름 2세의 문제가 일본을 포함한 군주국가에 앞으로 적용되지 않고, 국제법상 선례가 되지 않는다고 마키노를 설득시켰다.175) 다만 국가수반에 책임을 물었던 베르사유평화체제는 후일 아시아태평양전쟁 패전국이 된 일본에 미친 영향은 적지 않았다.

聞記事文庫, http://www.lib.kobe-u.ac.jp/sinbun/index.html
174) 永井和, 『青年君主昭和天皇と元老西園寺』(京都: 京都大学学術出版会, 2003), pp. 351-352.
175) 横島公司, 「ヴェルサイユ講和条約におけるカイザー訴追問題と日本の対応」, 『日本史研究』 604 (2012). 요코시마(横島)는 결과적으로 빌헬름 2세에 대한 소추가 실시되지 않았기 때문에 일본인들의 "국체신앙(國體信仰)"에 동요가 생기지 않았다고 한다. 다만 그는 소추 문제가 일본 사회에서도 다양하게 논의되었으나, 이 문제가 전간기를 관통했는지, 아니면 일과성에 그쳤는지, 앞으로의 과제라고 했다.

제6장 평화체제에 대한 한국/조선의 수용과 변용

1. 아시아-먼로주의에 대한 비판

제1차 세계대전 개전 직후와 관련된 일본의 아시아-먼로주의의 영토적 팽창성은 열강들과의 이해관계에 따라 유동적이었다는 것은 분명했다. 그러나 중요한 것은 1919년 당시 아시아-먼로주의는 중국 대륙에 대한 세력권 확대를 의미하는 사상적 용어였지만, 한국/조선에 대해서도 관련된 것이었다. 광복운동가들은 한국/조선에 대한 일본의 식민정책이 아시아-먼로주의의 계보적 시작이라고 보았고, 루스벨트와 가네코의 회담 내용이 1905년이었다는 점, 그리고 이러한 내용이 일본에서 활용되었다는 것을 감안할 때, 역시 1905년 러일전쟁 전후부터 1910년 한국합병까지의 시기는 아시아-먼로주의 사상 형성과 결합된 것이었다.

한국/조선인들이 윌슨의 민족자결 원칙에 공감하고, 이것이 광복운동의 한 요인이 된 것은 '평화원칙 14개조' 제5조에 규정된 '모든 식민지의 청구권(all colonial claims)'이라는 구절이 중요했다. 민족자결을 갈망하는 인간들에게 매력적이었고, 적극적 수용이 가능한 것이기 때문이었다. 여운형(呂運亨, 1886-1947), 장덕수(張德秀, 1895-1947), 김규식(金奎植, 1881-1950) 등을 중심으로 발기되어 조직 주체를 갖춘 신한청년당(新韓靑年黨)의 활동은 한국/조선 문제와 파리평화회의의 관계성을 잘 나타낸다. 상해에서 광복운동을 하고 있었던 여운형은 미국 대통령 특사 크레인(Charles Richard Crane, 1858-1939)과의 만남을 통해 고무되어, 윌슨에게 광복을 호소하기로 결심했다. 그는 청원서를 보내기 위해서 터키청년(Young Turks) 조직의 이름과 유사한 신한청년당을 조직했다. 1918년 11월 신한청년당 대표 여운형은 윌슨에게 광복에 관한 청원서를 작성하고, 이를 크레인에게 전달했다.[176)]

세계의 역사는 새로운 페이지를 열게 되고, 전 세계는 새 정신과 새 경영으로 무한한 발달의 정도에 이르렀습니다. 유럽에서 열릴 평화회의에서 대통령 윌슨 씨가 옹호하는 국제연맹 곧 세계의 평화를 유지할 유일기관이 토론에 부쳐질 것이니, 이는 세계사에 하나의 새로운 기원을 만들 것입니다. <u>이를 계기로 한국과 일본이 동양평화 곧 세계평화와 어떤 관계가 있음을 깊이 있게 상세히 생각해보는 것이 아주 무익한 일은 아닌 줄로 생각합니다</u>.[177)] [밑줄: 필자 강조]

여운형은 국제연맹 창립에 따라 동양과 세계의 평화는 물론 한국/조선

---

176) 크레인과 마키노 노부아키는 안면이 있었다. 마키노의 회고록에 따르면 1919년 당시 일본에서는 크레인이 박애주의자로 알려져 있었고, "배일가(排日家)"라는 평가도 있었다. 牧野伸顯 (1978), pp. 174-175.
177) 이정식·최상용·조영건(외), 『여운형을 말한다』(서울: 아름다운책, 2007), p. 182. 원문은 「新韓靑年黨代表致美國大統領威逸遜書」, 박은식 主筆, 『신한청년: 창간호』(서울: 유정 조동호 선생 기념사업회, 2002)에 수록되어 있다.

과 일본의 관계가 재구성되는 것을 요청했다. 그의 인식은 일본의 팽창에 대한 경계에서 나온 것이었다. 다음과 같은 여운형의 인식은 이미 한국/조선을 지배하여, 팽창해 나가는 일본의 아시아-먼로주의를 잘 드러내고 있다.

> 일본은 입헌정치를 표방하고 있음에도 불구하고 왕의 신권을 확신하면서 자기들이 세계에서 가장 발달되고 제일 문명한 국민으로 자부하며, 러일전쟁 전에는 일본의 진상을 세계가 몰랐으니 일본인은 다만 꽃과 아름다움의 숭배자가 결코 아니요, 아시아의 스파르타인이니 곧 싸움을 좋아하는 제국주의 국민입니다. 그들의 목적은 어디에 있습니까? <u>아시아의 패왕이라 자칭하고 중국 본부에 일장기를 높이 세우려 하니, 만주는 이미 일본의 수중에 들었고 몽고는 지금 일본의 세력하에 있으며 아시아에 먼로주의를 오용하고 있습니다.</u> 구미열강이 세계대전에 분주한 시기를 이용하여 중국에 제출한 21개조와 이시이가 체결한 미일공동선언의 진의는 어디에 있습니까? 중국에 대한 우월권을 획득하려 함에 불과하며, 일본은 문호개방주의 기회균등주의를 역설하나 일본의 신의는 믿기 어려우니 한국의 합병은 그들의 불신을 입증하는 백 가지 예의 하나에 불과합니다. … <u>그들의 대륙 확장 정책은 한국을 점령함에서 그 계보를 시작하였으니 한국의 합방을 세계가 묵인한 것은 실로 큰 불행입니다.</u> [밑줄: 필자 강조]

발칸반도는 유럽 국제정치에서 복잡한 역사성이 있는 지역이었다.178) 여운형은 지정학적인 관점에서 "한국"을 "아시아의 발칸반도"라고 했다.179) "한국"이 일본의 대륙팽창정책의 계보적 시작점이라고 했던 여운형의 인식은 일본의 아시아-먼로주의를 비판한 것이었다. 같은 맥락에서 김규식 역시 파리에서 직접 이를 호소했다.

1919년 3월 13일 파리에 도착한 김규식은 신한청년당의 대표였지만, 상해임시정부가 수립됨에 따라 임시정부의 대표로서 파리에서 활동했다. 따라서 그가 미국대표단, 클레망소, 로이드 조지 등에게 청원서를 제출한 것은 대한민국임시정부의 주장이기도 했다. 김규식은 19세기 조선, 그리고 대한제국의 존재는 일본을 포함한 열강들과의 통상조약, 시모노세키평화조약, 영일동맹 등을 통해 독립을 유지해왔지만, 일본의 무력으로 체결한 1910년 한국병합조약은 대한제국의 주권을 무효화시켰다고 했다. 주권국가의 존재는 국제조약을 통해 승인된다고 지적한 김규식은 열강들과 맺은 "평화통상조약"에 의해 조선과 대한제국의 시장이 개방되었음에도 불구하고, 일본이 한반도에서 서양 상인들을 밀어냈다고 비판했다.180)

---

178) 1912년 제1차 발칸 전쟁이 일어날 무렵에 '발칸'이라는 용어가 통용어가 되었다. 마크 마조워, 이순호(옮김), 『발칸의 역사』(서울: 을유문화사, 2006), pp. 23-26. 발칸이 다른 지역에 비해 야만적, 후진적이었다고 강조한 역사학적 관점들을 비판한 마조워(Mark Mazower)는 1913년 제2차 발칸 전쟁에 이어서 1914년 사라예보 사건을 제3차 발칸 전쟁이라고도 했다.
179) 이정식・최상용・조영건(외), (2007), pp. 183-184.
180) 1908년 5월 10일 『워싱턴포스트』에는 당시 서울에 체재하던 저널리스트 밀러드(Thomas F. Millard, 1868-1942)가 쓴 기사가 실렸다. 일본이 대한제국을 보호하는 데 있어 문호개방을 실시한다는 것을 지키지 않았다는 것, 외국기업의 권익을 수매하여, 배타적 경제권을 구축하고 있다는 것, 한국통감부를 설치한 것 등을 비판했다. 대한제국에 대해 문호개방이 수반되지 않았던 일본의 보호정책에 관해서는, 淺野豊美, 「国際関係の中の「保護」と「併合」: 門戸開放原則と日韓の地域的結合をめぐって」, 森山茂徳・原田環(編), 『大韓帝国の保護と併合』(東京: 東京大学出版会, 2013), pp. 227-253. 1918년 밀러드는 고노에 후미마로가 작성한 「영미 본위의 평화주의를 배격한다」를 영문으로 번역한 바 있다. 이로 인해 후미마로는 각 방면에서 비판을 받게 되었다. 岡義武, 『近衛文麿: 「運命」の政治家』(東京: 岩波書店, 1966), pp. 13-14. 여운형은 광복을 호소하는 청원서를 준비할 때 두 통 준비했고,

그는 제1차 세계대전을 통해 부상한 일본이 "먼로주의의 왜곡 적용으로 극동 아시아에서 서구의 영향력을 배제시"킨다고 호소했다.[181]

대한민국임시정부 수립 역시 베르사유평화체제의 이념과 연계된 것으로 생각할 수 있다. 1919년을 기점으로 다양한 임시정부가 수립했다. 각 임시정부들은 임시헌장을 내세웠지만, 상해의 임시정부 임시헌장(1919. 4. 11)은 민주공화제적 특징을 가지고 있었고[182] 베르사유평화체제 탄생과 연동된 것이었다. 임시헌장 작성 작업에 크게 관여한 조소앙(趙素昻, 1887-1958)은 기미독립선언과 3·1운동의 대표성을 인정하여 임시정부 조직에 참여했다.[183] 상해임시정부 임시헌장 제7조는 "국제연맹에 가입"하는 것을 규정했고, 정강 1조에는 민족평등, 국가평등, 인류평등이라는 대의를 선언했다. 월슨의 민족자결 원칙과 3·1운동의 관계성은 상해임시정부의 정신과 베르사유평화체제의 이념이 무관하지 않았다는 것을 의미한다. 3·1운동의 결과로 수립된 대한국민의회, 조선민국임시정부, 상해임시정부, 신한민국정부, 한성정부 등은 5개월 동안의 통합과정을 거쳐 상해 프랑스 조계(租界)[184]에서 대한민국임시정부를 수립했다.

이를 미국 대통령 특사 크레인과 밀러드에게 전달했다. 나가타 아키후미 (2008), p. 102; 이정식, 『여운형: 시대와 사상을 초월한 융화주의자』 (서울: 서울대학교출판부, 2008), p. 157-158.
181) 국사편찬위원회, 『대한민국임시정부자료집 23: 대유럽 외교 I 』 (과천: 국사편찬위원회, 2008), pp. 29-30.
182) 고정휴, 「대한민국임시정부의 통합정부 수립운동에 대한 재검토」, 『한국근현대사연구』 제13집 (2000), pp. 35-37; 김승배·김명섭 (2012), p. 45. 신우철 역시 상해 임시정부 임시헌장(1919. 4. 11)을 "근대 입헌주의헌법의 '시점'"으로서 높이 평가한다. 신우철, 『比較憲法史: 大韓民國 立憲主義의 淵源』 (파주: 법문사, 2008), pp. 290-306.
183) 김기승, 『조소앙의 꿈꾼 세계: 육성교에서 삼균주의까지』 (서울: 지영사, 2003), pp. 207-210.
184) 대한민국임시정부는 상해법조계(上海法租界)에 수립되었다. 중국의 조계(con- cession)란

김규식을 중심으로 한 파리위원부의 활동은 광복을 위해 어떤 '주의'에도 머물지 않았다. 8월 스위스의 루체른에서 개최된 국제사회주의대회(Permanent Commission of Labour and Socialist International)에는 김규식과 함께 파리에서 활동하던 대한민국임시정부 파리위원부의 부위원장으로 임명된 이관용(李灌鎔, 1894-1933)과 조소앙이 참석했다. 이때 한국사회당 이름으로 제출한「한국독립승인요구서」에는 "한국은 일본제국주의자들의 동아시아 본토로의 침투를 위한 디딤돌로 사용되었다"는 내용이 있다. 일본은 아시아-먼로주의("an Asiatic Monroe Doctrine")라는 명목으로 전아시아를 정

1842년 난징조약 이후, 개항장에 설치된 외국인거류지를 말한다. 1845년 영국이 상해에 처음으로 설치했고, 1848년 미국, 1849년 프랑스가 토지를 조차하여, 1854년에 영·미·불 삼국에 의한 통일 조계를 운영했다가 프랑스는 1862년 단독으로 프랑스 조계를 설치했다. 대한민국 임시정부와 프랑스 및 프랑스 조계와의 관계에 관해서는, 김희곤,『임시정부 시기의 대한민국 연구』(파주: 지식산업사, 2015), pp. 114-126. 영국과 미국의 조계는 1863년 국제공동조계로 되었다. 1886년 조선과 프랑스는 조불수호통상조약(朝佛修好通商條約)을 맺은 후, 1900년 파리에 대한제국 공사관이 설치, 같은 해에 대한제국은 파리만국박람회에 참가했다. 대한제국과 프랑스의 관계에서 중요한 것은 1898년부터 1905년까지 프랑스 외무장관이었던 델카세(Théophile Delcassé, 1852-1923)의 외교정책의 총칭인 델카세체제에 있다. 델카세체제의 동북아로의 확장 및 대한제국과 프랑스 관계에 관해서는, 김명섭,「유럽의 델카세체제가 대한제국과 프랑스 사이의 외교관계에 미친 영향, 1898-1905」,『유럽연구』29권 (1)호 (2011). 김희곤은 "프랑스는 한국 독립운동의 열린 공간을 제공"했고, 프랑스혁명으로 "표출된 자유와 평등의 고귀한 이상을 가진 나라"였다고 했다. 김희곤 (2015), p. 126. 조계에서는 임시정부의 활동에 간섭을 하지 않았고 묵인으로 일관했던 프랑스는 특히 19세기 말부터 자유·평등·박애라는 슬로건을 내세웠다. 16세기부터 식민지를 보유하게 된 프랑스는 1907년 6월 10일 일본과 조약(Traité franco-japonais; 日佛協約)을 체결했다. 제2차 영일동맹(1905)과 달리 프랑스-일본 간의 조약 조문에 '한국'은 등장하지 않았지만, 이 조약은 아시아대륙에서 프랑스-일본 "상호의 지위 및 영토권"을 인정했다. 일본의 자료에는 프랑스와 일본이 접하는 "변경(邊境)"의 의미란 일본에는 "한국"을, 프랑스에는 "인도차이나[印度支那]"를 포함한다고 있다.「日佛協商一件」, 外務省,『日本外交文書 第四十卷 第一冊』(東京: 外務省, 1959), p. 91. 이미 1905년 을사늑약으로 대한제국의 외교권이 일본에 의해 박탈된 상황에서 프랑스의 정확한 의도는 불명확한 부분이 있으나, 적어도 대한제국의 주권 문제를 묵인 또는 둔감했다고 할 수 있다. 물론 광복운동가들은 제국주의 시대에서 프랑스를 다른 제국주의 국가와 다르게 보았을지도 모른다. 분명한 것은 프랑스는 식민지를 가진 제국이었다.

복한다고 호소했다. 이 선언에서 대한민국임시정부는 볼셰비즘과는 "다른 사회주의 사상"을 핵심으로 삼아 정책들을 공포했다고 천명했다.[185] 즉, 공산주의와 사회주의를 구별했다.

1919년 아시아-먼로주의는 중국을 둘러싼 일본과 서구 열강들에 의한 외교정책 문제에도 불구하고, 대한민국임시정부 요원들은 아시아-먼로주의의 근거지가 한국이었다는 인식을 가지고 있었다. 1925년 3월부터 7월까지 대한민국임시정부 대통령이 된 박은식(朴殷植, 1859-1925)의 인식에도 같은 양상이 나타나 있었다. 그는 1915년 『한국통사(韓國痛史)』를 작성했고, 1919년부터 1920년 사이에는 『한국독립운동지혈사』를 집필했다. 베르사유평화체제 탄생기에 쓰인 박은식의 책에는 다음과 같은 내용이 있었다.

> 현재 일본의 여론은 서양인의 원동(遠東)에서의 세력 범위를 배제하려는, 소위 동양의 먼로주의를 적용시키려 하고 있다. … 일본의 대륙정책은 실로 장기적이고 영구적인 정치적 계획이다. 한국을 합병한 것이 그 사실을 보여준다. 영·미·불 등 여러 나라가 이를 간과하여 넘길 수 없을 것이다. 일본 이외의 세계에서 영·미·불 3국이 갖게 된 위험은 일본이 무제한적인 대륙정책을 실시한 것에 있지 않음이 없다. <u>이 정책은 한반도 정복으로부터 시작되었으며, 중국의 인력과 부력을 관할하고 아시아의 패권을 잡으려는 것이다.</u>[186] [밑줄: 필자 강조]

---

[185] 國家報勳處, 『海外의 韓國獨立運動史料(Ⅰ): 國際聯盟編』(서울: 國家報勳處, 1991), pp. 403-406.
[186] 박은식, 김도형(옮김), 『한국독립운동지혈사』(서울: 소명출판, 2008), p. 272. 박은식의 글을 해제한 김도형에 따르면 한국의 근대역사학은 민족주의와 더불어 형성, 발전되었다.

아시아-먼로주의의 고양을 감지하고 있었던 박은식은 일본의 대륙정책이 한반도를 시발점으로 했다고 인식했다.

또한 국제적 조류 속에서 한국/조선과 일본의 상충을 잘 드러낸 것이 한용운(韓龍雲, 1879-1944)의 인식이다. 기미독립선언 뒷부분에 있는 공약삼장(公約三章)은 불교계 민족 대표자였던 한용운이 수정하여 작성한 것이었다.[187] 민족 대표 33인의 한 사람이었던 한용운은 1919년 7월 10일 경에 「조선독립의 서」라는 글을 감옥에서 작성했다. 이 내용은 1919년 11월 4일 『독립신문』에 「조선독립 감상의 대요」라는 제목으로 게재되었다. "자유는 만유(萬有)의 생명이요 평화는 인생의 행복"이라는 구절부터 시작된 「조선독립의 서」에서 "조선 독립의 선언의 동기"에 관한 설명은 세 가지였다. 즉, "조선 민족의 실력", "세계 대세의 변천", 그리고 "민족자결 조건"이 있었기 때문이다.

미국 대통령 윌슨 씨가 독일과 강화하는 기초 조건, 즉 14개 조건을 제출한 가운데에는 국제연맹과 민족 자결의 조건이 들어 있다. 미국, 프랑스, 일본과 기타 여러 나라가 내용적으로 이미 국제연맹에 찬동하였은즉 국제연맹의 본령(本領) 즉 평화의 근본 해결인 민족 자결에 대해서도 물론 찬성할 것이니, 각국이 찬동의 의사를 표한 이상에는 국제연맹과 민족 자결은 윌슨 한 사람의 사사로운 말이 아니라 세계의 공언(公言)이며, 희망

이는 일본과 그 통치를 극복하기 위해서 민족을 역사의 주체로 한 것이었다.
[187] 공약삼장 작성에 관해서는 최남선 전담설과 한용운 작성설 논쟁이 있었으나, 현재는 한용운이 추가, 작성했다는 주장이 정착되어 있다. 이 논쟁을 정리한 것으로, 김광식, 『한용운 연구』 (서울: 동국대학교출판부, 2011), pp. 260-265.

의 조건이 아니라 기성(既成)의 조건이다. 또한 연합국 측에서 폴란드의 독립을 찬성하고, 체코의 독립을 위하여 거액의 군비와 적지 않은 희생을 불고(不顧)하고 영하 30도를 오르내리는 추위를 무릅쓰고 군대를 시베리아에 보내는 데에 특히 미국과 일본의 행동이 특히 돋보이게 되는 것은 민족자결을 사실상 원조한 사례일 것이다. 이것이 모두 민족자결주의 완성의 표상이니 어찌 기뻐할 바가 아니겠는가.[188]

후술하지만, 당시 광복운동가들에게 평화체제의 이념에서 가장 중요한 것은 민족자결에 따른 광복이었다. 한용운은 윌슨의 언급을 통해 민족자결이 이제 세계적으로 독립에 관한 기성 조건이 되어, 파급력을 가지게 되었다고 주장했다. 한용운은 「조선독립 선언의 이유」에서 "조선"의 민족자결의 의미를 다음과 같이 지적했다.

민족자결은 세계 평화의 근본 해결이다. 민족자결주의가 성립되지 못하면 아무리 국제연맹을 조직하여 평화를 보장한다 하더라도 결국에는 수포로 돌아가고 말 것이다. … 그러므로 조선 민족의 독립 자결은 세계의 평화를 위함이요, 또한 동양 평화에 대해서도 중요한 관건이 되는 것이니 일본이 조선을 합병한 것은 조선 자체의 이익을 위함이 아니라 나아가 조선 민족을 몰아내고 일본 민족을 이식코자 할 뿐만 아니라 나아가 만주와 몽고를 탐내고 한 걸음을 더 나아가 중국 대륙까지 꿈꾸는 것이니 이 같은

---

188) 한용운·권영민(엮음),『조선독립의 서 외』(파주: 태학사, 2011), pp. 26-27. '조선독립의 서'의 원문은 같은 책에 수록되어 있다.

일본의 야심은 누구도 다 아는 사실이다. 중국을 경영하려면 조선을 버리고는 달리 그 길이 없으므로 침략 정책상 조선을 유일한 생명선으로 삼은 것이니 조선의 독립은 곧 동양의 평화가 되는 것이다.[189] [밑줄: 필자 강조]

한용운은 "조선"의 민족자결을 수용하지 않는 국제연맹에 대한 비판과 더불어 일본의 대륙팽창 정책, 즉 아시아-먼로주의적 지향성의 문제점을 지적했다.

2. 민족자결 원칙의 영향과 분화

1910년 이후, 많은 광복운동가들은 자신들의 정체성을 내세우기 위해 '민족'이라는 용어를 사용했다. 민족이라는 개념이 정립되어 있었던 한국/조선에서 '민족'의 자결권이라는 구절은 수용하기 쉬운 용어였으며 개념이었다. 일본 민족과 상이한 민족은 '자결'을 추구했다.

1918년 11월 25일 대한인국민회(大韓人國民會) 북미총회는 정한경(鄭翰景, 1891-1985)을 파리평화회의에 보내는 대표로 선정했다. 그와 함께 이승만도 12월 14일 이후 파리에 가는 추가 대표로 결정되었다. 그러나 미국 정부가 여권을 발급하지 않아 파리에 갈 수 없었다. 이승만은 파리평화회의 참석에 관해서는 어려움이 있다고 예측했다. 그는 미국과 일본이 겉으

---

[189] 한용운 (2011), p. 30.

로 원만한 관계를 유지하고 있기 때문에 일본을 비판하는 기사를 미국 신문에 투고해도 게재되지 않을 수도 있지만, 이를 기획하는 의지를 가지고 있었다.190)

미주에 있었던 이승만이 3·1운동의 소식을 알게 된 것은 3월 10일경이었지만,191) 그는 이미 3월 3일 윌슨에게 한국/조선을 국제연맹의 관리하에 두는 위임통치 청원서를 정한경과 함께 윌슨에게 보냈다. 이 위임통치 청원은 이후 대한민국임시정부 초기에서 사상투쟁과 광복 노선의 차이를 부각시켰고, 지속적인 논란거리가 되었다. 이승만에 대해 비판을 가했던 인물로서 박용만(朴容萬, 1881-1928)192) 세력이나 신채호(申采浩, 1880-1936)193) 등을 들 수 있다.

---

190) 2월 5일 이승만의 일기에 따르면, 하와이 한인들이 이승만에게 파리에 가는 일이 어렵다고 했지만, 이승만은 자신이 맡은 일을 완수해야 한다고 답변했다. 이승만 저, 류석춘·오영섭·데이빗 필즈·한지은(편), 『국문 이승만 일기』(서울: 대한민국역사박물관, 2015), p. 87. 일본이 수집한 자료에 따르면 이승만은 하와이 국민회에 서한을 보냈는데, 그는 평화회의에 관해서는 그것을 단념하고 다른 "선후책(善後策)"을 협의해야 한다고 했다. 『旅行記大略』(1919년 2월 6일), 市川正明, 『朝鮮独立運動 I 分冊: 民族主義運動編』(東京: 原書房, 1967), p. 733.
191) 안창호가 보낸 전보를 가지고 온 서재필을 통해 이승만은 알게 되었다. 이승만 (2015), p. 91.
192) 1915년 미주에서 이승만과 박용만은 이미 갈등 관계에 있었지만, 무력투쟁론자였던 박용만은 1919년 3월 3일 대조선독립단(大朝鮮獨立團)을 만들었고, 이때부터 본격적으로 이승만과 경쟁 관계가 되었다. 최명호, 「박용만: 문무를 겸비한 비운의 민족주의자」, 『한국사시민강좌』 제47집 (2010), p. 120.
193) 1919년 4월 10일부터 개최된 제1회 임시의정원 회의에서 이승만이 국무총리로 추천을 받았을 때, 신채호는 이승만의 위임통치 청원을 문제시했다. 8월 18일부터 9월 17일까지 진행된 제6회 임시의정원 회의에서 이승만을 대통령으로 선출되는 것에 반대했다가 임시의정원에서 해임되었다. 이후 그는 반임시정부 활동을 시작했다. 서일수, 「1919~1923년 신채호의 反臨時政府 路線과 民族自決主義 인식」, 『한국독립운동사연구』 제43집 (2012), pp. 47-48. 신채호는 열강들이 한국을 발칸과 동일한 방식으로 처리할 것을 우려했다. 이는 1921년 1월에 발간된 잡지 『天鼓』에서의 「朝鮮獨立及東洋平和」의 내용이다. 최정수, 「丹齋 申采浩의 國際觀: 『大韓毎日申報』 및 『天鼓』의 논설을 중심으로」, 『동아시아문화연구』 26권 (1995), pp. 582-587. 「國際聯盟에 對한 感想」 및 「朝鮮獨立及東洋平和」의 원고

그러나 원래 위임통치 청원서 제출의 대표적인 인물은 이승만이라고 간주되어 왔지만, 청원서에 관해서 정한경은 물론 국민회 총회장 안창호(安昌浩, 1878-1938)나 기타 임원들의 승인을 얻은 것이었다. 신한청년당 대표로 선정된 김규식이 이승만 등의 청원서와 거의 동일한 위임통치 청원서를 파리평화회의에 제출한 바 있다는 것은 이러한 인식이 어느 정도 공유되어 있었다는 것이다.194) 오영섭의 연구에 따르면, 위임통치 청원은 광복을 위한 "현실적인 차선책"이었으며, "실력양성론적 구국외교론"의 양상을 띤 것이었다.195) 이들 청원서는 국제연맹 창설을 내포한 베르사유평화체제의 탄생에 맞추려고 한 광복운동의 다른 노선이었다.

앞서 보았듯이 '14개조의 평화 원칙'의 영향은 신한청년당 조직화로 이어졌다. 이 단체는 2·8독립선언과 3·1운동에 깊이 관여했다. 즉, 김규식의 파리 파견 결정이 3·1운동의 도화선이 되었다196)는 논리는 윌슨의 민족자결 원칙과 3·1운동의 연관성을 재확인시킨다. 조선청년독립단(朝

는, 단재신채호전집편찬위원회(편), 『단재 신채호 전집: 제5권, 신문·잡지』 (천안: 독립기념관 한국독립운동사연구소, 2008)에 수록되어 있다.
194) 김규식이 파리평화회의에 제출한 1919년 4월 5일자 영문본에는 다음과 같은 내용이 있었다. "일본이 감독국(a supervisory group)의 일원이 아니라는 조건 아래, 스스로를 일정한 보호 기간 동안 한국을 국제적 감독(international supervision for a probationary period)에 맡길 것을 바랍니다." 오영섭, 「대한민국임시정부 초기 위임통치 청원논쟁」, 『한국독립운동사연구』 제41집 (2011), p. 100.
195) 위임통치 청원에 관한 기존 연구들은 많다. 오영섭의 연구는 그러한 기존 연구들에 대한 성찰과 더불어 위임통치 청원의 작성, 제출 경위, 그리고 새로 발굴한 김규식의 청원서도 함께 비교 검토한 것이다. 그의 연구서 부록에는 '이승만·정한경이 윌슨 미 대통령에게 보낸 위임통치청원서(1919.2.25)' 원문이 있다. "장래 완전한 독립을 보장한다는 분명한 전제조건 하에(under the mandatory of the League of Nations with the definite guarantee of complete independence in the future)"라는 구절에 주목해야 한다.
196) 정병준, 『몽양 여운형 평전: 머리가 희일수록 혁명 더욱 붉어졌다』 (서울: 한울, 1995), pp. 29-30. 이정석 (2008), pp. 165-171.

鮮靑年獨立團)이 공포한 2·8독립선언에는 "우리 민족은 일본이나 혹은 세계 각국이 우리 민족에게 민족자결의 기회를 부여하기를 요구"한다고 규정했고, 결의문에도 "본단은 만국강화회의에 민족자결주의를 우리 민족에게도 적용하게 하기를 청구함"이라고 했다.[197] 3·1운동에서 민중들은 "대한독립", "한국독립만세", "봉도(奉悼) 대한국 황제", "민족자결", "세계평화" 등의 문구가 쓰인 깃발을 흔들고 있었다.[198] 3월 9일 *Japan Advertiser*의 기사에 따르면 민중들은 윌슨의 이름을 부르기도 했다.[199] 윌슨의 민족자결 원칙의 전파력은 1919년 3월 3일 고종(高宗, 1852-1919)의 국장이 예정되어 있었던 상황에서 한국/조선의 민족자결과 결합하여 고양되었다.

　기미독립선언은 "오등(吾等)은 자(玆)에 아(我) 조선(朝鮮)의 독립국(獨立國)임과 조선인(朝鮮人)의 자주민(自主民)임을 선언(宣言)"했다. 이를 "세계만방(世界萬邦)"에 통고하여 "인류평등의 대의"를 천명했다. 그리고 "자손만대"에 알려 "민족자존"의 권리를 누리게 하려 했다. 3·1운동을 이끌었던 지도자들은 당시의 국제정세를 주목하고 있었고, 3·1운동을 통해 한민족이 일본 민족과 다른 민족으로 구성되어 있다는 점을 알리고자

---

197) 출처는 한국독립운동사 정부시스템, http://search.i815.or.kr 2·8독립선언에 관해서는, 송지예, 「"민족자결"의 수용과 2·8선언」, 『동양정치사상사』 제11권 (1)호 (2012).
198) 權藤四郎介, 『李王宮秘史』 (京城: 朝鮮新聞社, 1926), p. 191-192. 김승배·김명섭 (2012), p. 32. 1907년부터 1920년까지 창덕궁에서 근무한 일본 관리 곤도 시로스케(權藤四郎介)는 1919년 3월 1일 당시 창덕궁 대한문에 있었다. 그는 다음과 같이 3·1운동의 분위기를 서술했다. "당시 조선인들이 관리이건 민중이건 순경이건 구별 없이 심각한 독립의 꿈에 홀려 있는 심리를 생각하니 대세의 변화는 실로 가공할 만하다. 요컨대 총소리 하나 울리지 않고, 피한 방울 흘리지 않고 서로 무저항주의가 합치하여 미증유의 광경을 보여준 것은 흥미로운 현상이 아니겠는가?"
199) 原口由夫, 「三·一運動弾圧事例の研究: 警務局日次報告の批判的檢討を中心として」, 『朝鮮史研究会論文集』 第23号 (1986), pp. 239-242.

했다. 20대 후반이었던 최남선(崔南善, 1890-1957)[200]이「기미독립선언서」를 작성하게 된 것은 최린(崔麟, 1878-1958)의 권유가 큰 요인이었지만, 최남선은 문화의 재발견 작업을 하면서 정치적 결사의 기능을 가지고 있었던 조선광문회(朝鮮光文會)를 통해 김교헌(金敎獻, 1868-1923), 박은식, 장지연(張志淵, 1864-1921) 등과 교류했었다.[201] 최남선 역시 광복운동의 지향성을 인지하고 있었다. 비록 기미독립선언에는 2·8독립선언과 달리 '민족자결'이라는 어구가 나오지 않았지만, 최린은 3월 5일 일본에 의한 심문조사에서 파리평화회의를 포착하여, 자결 문제를 세계에 알리기 위해 독립운동을 시작했다고 대답했다.[202] 손병희(孫秉熙, 1861-1922), 권동진(權東鎭, 1861-1947), 홍병기(洪秉箕, 1869-1949), 이승훈(李昇薰, 1864-1930), 이명룡(李明龍, 1872-1956), 한용운 등도 심문조사 과정에서 윌슨의 민족자결 원칙과 3·1운동의 관련성을 인정했다.[203]

---

200) 1955년『새벽』3월호에 실린 최남선의「내가 쓴 獨立宣言書」에 의하면 3·1운동은 조선민족의 민족자결을 표방한 것이었다고 했다. 그는「日本政府에 대한 通告」,「윌슨 大統領에게 보내는 意見書」,「파리 講和會議에 보내는 메시지」 등을 작성했다. 六堂全集編纂委員會 (編),『六堂崔南善全集9: 論說 · 論文Ⅰ』(서울: 玄岩社, 1974), pp. 67-69.
201) 류시현,『최남선 평전: 우리 근대와 민족주의가 담긴 판도라의 상자』(서울: 한겨레출판, 2011), p. 79.
202) 1919년 3월 5일 崔麟 訊問錄. 市川正明,『三·一独立運動 第一卷 朝鮮独立運動·別卷』(東京: 原書房, 1983), p. 120; 김승배·김명섭 (2012), p. 45.
203) 김승배·김명섭 (2012), pp. 44-45. 전상숙이 밝혔듯이「기미독립선언서」를 통해 민족대표자들이 주창한 것은 한국/조선의 민족자결이었으나, 오세창(吳世昌, 1864-1953)처럼 윌슨의 민족자결 원칙 주창으로 광복이 실현될 것이라 생각하지 않았던 인물도 있었다. 민족자결의 의지는 강했지만, 일본의 현실적 위력을 인정한 것이며, 전쟁이 없는 평화, 즉 소극적 평화의 인식이 보였다는 것이다. 전상숙,「'평화'의 적극적 의미와 소극적 의미: 3·1운동기 심문조사에 드러난 '민족대표'의 딜레마」,『개념과 소통』제4호 (2009). 또는 윤치호(尹致昊, 1864-1945)는 베르사유평화체제의 탄생이 광복을 실현하지 못했을 것이라고 예측한 인물이었다. 1919년 1월 18일 송진우(宋鎭禹, 1890-1945)와 만난 윤치호는 많은 광복운동가들이 가지고 있었던 이상, 즉 국제연맹 창설이 한국/조선에 민족자결을 줄 것이라는 인식을 부정했다. 파리평화회의에서는 한국문제는 논쟁이 되지 않을 것이고,

6월 28일에 체결된 베르사유평화조약 조문에 Korea가 규정되지 않았다. 윌슨의 민족자결 원칙의 한계점을 보여준다는 것과 동시에 5대국인 일본의 위상을 증명한 결과였다. 그렇지만, 8월 27일 이승만과 김규식의 공동명의인 '한민족의 독립지속에 대한 요구와 선언'에는 "대한민국의 헌법(the Constitution of The Korean Republic)"의 기본원칙들, 즉 공화국, 종교와 양심의 자유 보장, 소수 민족들의 권리 보호 등을 제시했다. 그리고 민주주의는 "승리"라고 규정한 이 선언문에는 유일 민족자결 원칙("the principle of self-determination")만이 세계정부의 존재와 번영을 의미한다고 했다.[204]

그러나 민족의 자결에 따른 광복이 가장 중요했기 때문에, 이를 뒷받침하는 사상과 후원자를 '윌슨적'인 것에서뿐만 아니라 '레닌식'에서도 희구했다는 것은 한국/조선의 상황을 드러내 준 것이다. 베르사유평화체제 속에서의 워싱턴체제는 강대국들에 의해 동아시아 문제를 다루고 국제협조주의를 표방했다. 이 국제협조주의를 내포한 워싱턴체제는 한국/조선 문제를 거론하지 않았고, 자본주의적 국제체제의 유지를 목적으로 했다. 한국/조선에서 '국제협조주의'라는 언어와 의미의 전파는 일본에 건너간 유학생들을 통로로 하여 들어왔다. 그들의 국제협조주의에 대한 비판은 크게 두 가지였다. 하나는 민족자결을 토대로 한 국제협조주의가 인도정

어떤 강대국도 일본에 대해 한국문제를 제기하지 않을 것이라 예상했다. 國史編纂委員會(編纂), 『尹致昊日記 七』(과천: 國史編纂委員會, 1986), pp. 236-237.
204) 유영익, 「대한민국임시정부 수반 이승만의 초기 행적과 사상: 1919년에 작성된 영문 자료들을 중심으로」, 유영익(외), 『이승만과 대한민국임시정부』(서울: 연세대학교출판부, 2009), pp. 31-33. 원문인 '한민족의 독립지속에 대한 요구와 선언(Proclamation and Demand for Continued Independence of Korean Nation)'은 같은 책, pp. 87-94에 수록되어 있다. 김숭배·김명섭 (2012), p. 51.

가 아닌 생존경쟁이라는 비판. 또 하나는 국제관계라는 현실세계에서 협조 그 자체가 어렵고, 결국 세력균형으로 귀착한다는 것이었다.205) 이러한 논조는 1920년대를 관통했으나, 한국인의 국제협조주의 비판은 또 다른 갈림길이 되었다. 그것이 레닌식 민족자결에 대한 공명이었다.

볼셰비키는 1918년 러시아공산당으로 개칭되었다. 1919년 3월 2일부터 6월까지 모스크바에서는 세계 각국의 공산주의 세력들이 모여서 러시아공산당의 지도하에서 '제3 인터내셔널', 즉 코민테른을 조직했다. 레닌이 설립자였다. 파리평화회의가 진행되고 있는 3월 4일에 발표된 「공산주의 인터내셔널의 정강」은 자본주의적 세계체제의 비판부터 시작했다. 제국주의인 자본주의 국가들이 해체되어 "공산주의 혁명의 시대"가 시작되었다고 선언했다.206) 5월 3일 "베르사유 평화의 타도, 공산주의 혁명"을 주창한 '베르사유평화조약에 관한 공산주의 인터내셔널 집행위원회의 선언'에는 이러한 시대상황의 구도가 잘 나타나 있었다.

1919년부터 공산주의자와 비공산계 사회주의자의 구별이 명확해졌지만,207) 1920년 8월 6일 제3 인터내셔널 제2차 대회에서 제시된 코민테른 가입 조건인 '21개조'는 사회주의와 공산주의의 구별을 분명히 했다.208)

---

205) 권민주, 「식민지 한국의 국제협조주의」, 하영선·손열(외), 『근대한국의 사회과학 개념 형성사』(파주: 창비, 2012), pp. 369-374. 권민주의 연구에서 국제협조주의를 비판한 자는 김명식(金明植, 1890-1943), 김기전(金起田, 1894-1948?), 김양수(金良洙, 1896-1971) 등이다.
206) "Platform of the Communist International Adopted by the First Congress," in Jane Degras (ed.), The Communist International Documents, vol. 1 1919- 1922 (London: Oxford University Press, 1956), p. 18.
207) Archie Brown, The Rise and Fall of Communism (New York: Ecco, 2009), p. 83.
208) 김명섭, 「한국 현대사 인식의 새로운 '진보'를 위한 성찰: 세계사적 맥락화와 '반반공주의'의 탈피를 위하여」, 한국현대사학회 학술회의(2011년 5월 20일, 서울교대 컨벤션홀). 맥더모

'21개조'의 제6조에는 "제3 인터내셔널에 소속하기를 희망하는 모든 조직은 노골적인 사회애국주의(social-patriotism)뿐만 아니라 사회평화주의(social-pacifism)의 거짓과 위선을 폭로할 의무가 있다"고 했다. 그리고 제17조에서 "공산주의 인터내셔널에 소속하는 것을 희망하는 각 정당은 어떤 나라의 공산당(제3공산주의 인터내셔널 지부)이라는 명칭을 써야 한다"고 명확히 제시했다. 권위와 권력의 원천은 제14조에 있듯이 "공산주의 인터내셔널에 소속하는 것을 희망하는 모든 정당은 반혁명 세력에 대한 소비에트공화국의 투쟁을 전폭적으로 지지하는 의무가 있다"는 것이었다. 그리고 제21조에는 "공산주의 인터내셔널이 제시한 조건이나 테제를 원칙적으로 거부하는 당원은 당에서 배제되어야 한다"[209]고 규정되었다. '21개조'를 작성한 레닌의 목적은 민주적인 사회주의자들을 배제하고, 사회주의자들이 '21개조'를 받아들일 수 없도록 하는 것이었다.[210] '21개조'의 의미는 코민테른의 테제와 합치하지 않는 사상을 완전히 배제시키는 공산주의 사상의 강화에 있었다.

공산주의의 파도는 모스크바에서 동방 지역, 아시아로 밀려왔다. 1920년 9월 1일부터 7일까지 아제르바이잔 민주공화국의 수도 바쿠(Baku)에서

토(Kevin Mcdermott)와 애그뉴(Jeremy Agnew)는 1919년부터 1923년의 시기가 볼셰비키의 조직 모델과 전술적 강령이 코민테른과 그것을 구성하는 공산당에 전이한 "볼셰비즘의 보편화"라고 했고, 이를 이해하기 위해서 '21개조'가 중요한 문서라고 지적했다. 케빈 맥더모트·제레미 애그뉴, 황동하(역), 『코민테른: 레닌에서 스탈린까지, 국제 공산주의 운동의 역사』 (파주: 서해문집, 2009), pp. 40-57.

209) "Conditions of Admission to the Communist International Approved by the Second Comintern Congress," in Jane Degras (1956), pp. 168-172.
210) Richard Pipes, *A Concise History of the Russian Revolution* (New York: Vintage Books, 1995), p. 294.

개최된 제1회 동방민족대회(東方民族大會)에서는 터키, 페르시아, 아르메니아, 인도, 중국, 아프가니스탄 등, 37민족, 총 1,891명이 참석했다. 중국인과 일본인도 참가했기 때문에 동아시아 민족들도 포함했지만, 중심이자 대상이 되는 민족은 중동, 중앙아시아 지역의 민족들이었다. 이 대회에 참가한 민족들은 레닌식 민족자결 원칙의 '민족·식민지 문제의 테제'를 지지하고, 러시아와 연대하는 방법을 받아들였다. 그리고 기관지 『동방민족』(The Peoples of the East)의 발간이 결의되었다. 코민테른은 먼저 동방 지역에 주목했지만, 그 시선은 '극동'으로 이동했다. 이는 워싱턴회의를 의식한 것이었다. 이미 1918년에는 이동휘(李東輝, 1873-1935), 박진순(朴鎭淳, 1897-1938), 그리고 알렉산드라 김(1885-1918) 등에 의해 한인사회당(韓人社會黨)이 창당되어 있었고, 1921년에는 고려공산당이 결성되어 있었다.

 1922년 1월 21일 모스크바에서 개최된 제1회 극동근로자대회(The Congress of the Toilers of the Far East 또는 The First Congress of the Communist and Revolutionary Organisations of the Far East)[211]는 2월 2일 상트페테르부르크에서의 폐회총회까지 총 12번의 총회가 실시되었다. 이는 1921년 11월 12일부터 1922년 2월 6일까지 개최된 워싱턴회의를 의식한 것이었다. 1922년 1월 22일 극동근로자대회의 제1의회에서 대회의장 그리고리 지노비예프(Grigory Zinoviev, 1883-1936)는 이전의 인터내셔널과 제3 인터내셔널을 구별하는 중요한 특징의 하나가 유럽의 근로자뿐만 아니라 전세계적인 규모의 조직으로 발전시키기 위한 노력에 있다고 선언하고, 동아시아

---

211) 이러한 두 개의 영어 표기는 대회에서 동등하게 사용되었다.

지역에서의 혁명원리의 중요성을 강조했다.

일본을 중시한 제노비예프는 '극동 문제'를 해결하기 위한 유일한 방법은 한국/조선과 중국을 지배하고 있는 일본 부르주아지의 패배이며 극동의 민족적, 계급적 해방의 전제조건은 일본에서의 혁명에 있다고 했다.[212]

극동근로자대회에 참가한 한국/조선인들은 혁명운동이 일본에서의 해방을 맞이하는 것이라고 생각했다. 이 대회는 동시기에 개최되던 워싱턴회의를 비판했지만, 베르사유평화체제에 대한 실망감이 나타나 있었다. 이들은 1919년을 혁명운동의 전환점으로서 인지했다. 극동근로자대회에 참석한 144명 중에서 한국인은 52명이 참석했다. 1922년 1월 12일 오전에 열린 제5회의에서 코리아 대표단 "Wong-Kieng"(王京)이라는 인물이 혁명운동에 관해 발표했다. 이 인물은 1919년 11월에 창립된 대한애국부인회(大韓愛國婦人會)에 속하여, 고려공산당 당원이었던 김원경(金元慶, 1898-1981)이었다고 추정된다.[213]

그런데 "코리아"의 대표단 의장으로서 영문 의사록에 나온 "PakKieng"(박경)이라는 가명을 사용한 인물의 정체에 관해서는 여운형이라는 설[214]이 있으나, 중국공산당(1921) 창립자의 한 사람이며 중국대표단으로 참석한 장궈타오(張國燾, 1898-1979)의 회고록,[215] 그리고 러시아 측의 자료를 검토한 임경식의 연구에 따르면 김규식으로 추정된다.[216] '박경', 즉 김규

---

212) Hammersmith Reprints, *The First Congress of the Toilers of the Far East 1922* (Hammersmith Bookshop Ltd, 1970), pp. 4-5.
213) 姜德相, 『呂運亨評伝 2: 上海臨時政府』 (東京: 新幹社, 2005), p. 467
214) 정병준 (1995), p. 46.
215) 姜德相 (2005), p. 468.
216) 임경식, 『한국 사회주의의 기원』 (서울: 역사비평사, 2003), p. 534.

식은 "코리아"의 혁명운동의 양상을 보고했다. 그는 "코리아"에서의 혁명운동 시작을 3·1운동이 아니라 그것을 일으키게 한 원인, 동기, 영향 등을 역사적으로 거슬러 올라가 설명했다.[217)]

김규식은 "코리아"의 혁명운동이 이미 오래된 역사 속에서 축적된 것이었다고 했다. 따라서 무저항 운동인 3·1운동을 계기로 대중들이 각성하여 본격적으로 혁명 투쟁에 돌입했다고 했다. 그는 다음과 같이 베르사유평화체제를 비판했다.

'모든 민족들의 자결'이나 '14개조'라는 윌슨의 원칙은 무산되었다. 윌슨의 민족자결 원칙은 피압박민족과 소수민족에게 완전한 해방을 주지는 않았다. 그것은 가정적으로 생각해도 절대로 수행하지 못하는 것이었다.

---

217) 김규식의 발표 내용은 7개의 항목으로 나누어졌다. (1) "코리아"의 혁명운동의 원인, 성격 및 발전과 양상으로서 10세기의 "코리아" 역사부터 19세기 후반까지를 설명하여 양반에 의한 지배, 이에 대한 농민들의 혁명적 운동으로서 동학당(東學黨)을 들었고, 청일전쟁 종전부터 1905년까지를 혁명운동의 과도기라고 했다. (2) 강력한 민족주의적 경향과 애국심의 성장기로서 러일전쟁을 지적했다. 1905년 러일전쟁을 계기로 "코리아"에서 애국적 민족주의가 고양되었다고 했고, 1905-10년에 이른 일본의 강압적 정책에 따라 식민지가 된 과정을 말했다. (3) 일본의 강제적 합병과 독립운동으로 "코리아인"들은 해외 지역에 확산되어 혁명운동을 시작했다. 그 지역이란 시베리아, 만주, 하와이를 포함한 아메리카대륙이었고, 국내 천도교, 기독교, 불교의 각 종교 세력들의 조직력을 평가했다. (4) 3·1운동의 성격과 범위로 무저항운동으로 평가했다. 3·1운동이 극단적인 무저항운동이었다는 이유는 "지식인이나 종교 지도자가 동정을 구하고 문명세계의 양심을 환기시키는 막연한 희망을 가지고, 베르사유평화회의의 기회를 이용하고, 가능하면 그들의 승인과 간섭을 획득하려고 한 사실"에 있다고 말한 한편, 대한민국 임시정부의 내부적 갈등을 지적했다. (5) 일본의 억압과 "코리아"의 저항으로서 제암리 학살사건, 간도(間島)에서의 일본군과의 충돌로 "코리아"의 독립군은 좌절했지만, 이를 통해 다양한 그룹들의 통일과 완전한 조직화의 필요성을 모색하게 된 좋은 기회로 보았다. (6) 많은 희생 후에 획득한 성과는 순수한 혁명운동으로서의 대중의 각성이었으며, 옳은 길로 나아가게 되었다고 했다. 그리고 마지막 (7) "코리아"의 혁명운동은 외국의 착취에 대한 반동이었으며 민족독립운동을 거쳐 세계혁명운동에 참가함으로써 앞으로의 낙관적인 전망을 제시했다. Hammersmith Reprints (1970), pp. 74-98.

유럽의 제국주의 국가들이 국가적 팽창의 유일한 수단으로 식민지 정책을 지지했을 뿐만 아니라 전형적인 자본주의 열강의 하나인 미국에게도 그것은 자기모순이었으며, 자신의 자본주의체제를 폐지시키는 것을 의미했다. … 미국은 '민족자결'이라는 위대한 사상-그러나 이름뿐이었으나-이 사상으로 일어난 변화를 멈추지 못하는 것을 알게 되었기 때문에 태도를 바꾸었다. 그리고 책임을 회피하기 위해 부끄러운 방법으로 국제연맹에서 이탈했다.218)

후일 1948년 김규식은 민족의 독립이나 해방을 주장한 소련이 흡수적 연방제의 형태였다고 비판했고, 김규식의 측근이었던 강원룡(姜元龍)에 따르면 김규식은 잔인함과 가혹성을 지닌 공산주의를 받아들이면 안 된다고 했다.219)

그러나 1922년 공산주의 매력에 공명하던 김규식은 극동근로자대회 직후, 코민테른 계열의 잡지 *Communist Review*에서 극동근로자대회 발표문과 같은 맥락으로 서구와 미국 그리고 일본을 비판했다. 그는 동아시아 지역에서의 혁명이 이론뿐만 아니라 실천이라는 측면에 있어 중요하고, 그것을 하기 위해서는 중국, 일본, 코리아, 몽골과의 연대가 필요하다고 했다. 이 글에서 김규식은 먼저 워싱턴회의에 대한 비판부터 시작했으나, 베르사유평화체제를 지탱한 국제연맹에 대해서도 비판적으로 분석을 했

---

218) Hammersmith Reprints (1970), p. 91.
219) 이정식, 『김규식의 생애』 (서울: 청구문화사, 1974), p. 88. 이러한 김규식의 언급의 근간에는 한민족(韓民族)은 잔인한 민족 때문에 정도가 강력한 공산주의를 수용하면 더욱더 잔인한 민족이 된다는 우려에서였다.

다. 그에게 국제연맹은 욕심이 있는 자본주의 세계의 독립 국가들에 의해 만들어졌고, 그 국가들끼리 "현상유지(status quo)"라는 상호인정을 했다는 것이었다. 김규식은 그 근거로서 국제연맹규약 제10조의 집단안보체제를 지적했고, 국제연맹이 피압박민족의 "봉기(revolt)"를 봉인했다고 했다.220) 김규식이 국제연맹규약 제10조를 지적한 것은 중요하다. 집단안보체제를 규정한 제10조는 국제연맹 가맹국에만 "영토보전"과 1919년 시점에서의 "정치적 독립"이라는 권리를 보장했기 때문이다.

한편 일본에서 공산주의에 대한 공감대는 한국/조선의 경우와 달랐다. 일본에서는 1919년 노동자계급의 의식이 고양되었고, 반자본주의적 분위기가 있었지만, 이는 러시아혁명, 볼셰비키의 직접적인 영향이 아니었다. 또한 일본의 정치 지도자들에게 전쟁 후반기에 등장한 볼셰비키의 존재와 이데올로기적 외압은 상대적으로 크지 않았다.221) 공산주의가 일본에 사상적 영향을 미치기 시작한 것은 1920-21년경이었다.222) 일본에서 사회주의 운동은 1898년 사회주의연구회, 1901년 사회민주당이 조직되어 남녀평등, 언론·출판·결사의 자유, 노동자 단결의 자유, 보통선거의 실시와 귀족원(貴族院)의 폐지 등을 요구해 왔다. 1918년 쌀의 가격 급등에 따른 사회불안, 이른바 '쌀 소동'이 일어나자 사회주의 운동이 고양되었다.

---

220) Kim Kyu-sik, "The Asiatic Revolutionary Movement and Imperialism," in Dae-Sook Suh, *Documents of Korean Communism, 1918-1948* (Princeton, N.J.: Princeton University Press, 1970), p. 92.
221) 三谷太一郎, 『日本政党政治の形成』 増補版 (東京: 東京大学出版会, 1995), pp. 298-299.
222) 犬丸義一, 「ロシア十月社会主義革命と日本の社会運動」, 日ソ歴史学シンポジウム組織委員会(編), 『革命ロシアと日本: 第一回日ソ歴史学シンポジウム記録』 (東京: 弘文堂, 1975), p. 18.

1922년 일본공산당 결성은 극동근로자대회에의 참가와 1921년 이후 코민테른에서 활동한 가타야마 센(片山潛, 1859-1933)의 주도력에 의한 것이었다. 그는 일본공산당의 강령을 모스크바에서 작성했다. 러시아에서 공산혁명이 승리했다는 지적부터 시작한 이 강령에는 "조선독립운동은 일본 군벌에 타격을 주"었지만, 러시아를 제외한 모든 나라가 자본주의를 타도하지 못했다고 했다. 일본공산당은 강력한 관료=군국주의 정부로 성장한 일본을 타도하여 민주정부를 수립하기 위해 1868년 "제1의 혁명"에 이어서 "제2의 혁명" 또는 "제2의 유신"의 준비를 해야 한다는 것이었다. 그리고 노동자들이 일본제국주의에 반대하기 위해서는 중국인과 조선인과의 공동의 활동을 전개할 필요성을 주장했다.[223]

극동근로자대회에 참석한 일본인은 가타야마 센, 도쿠다 규이치(德田球一, 1894-1953),[224] 스즈키 모사부로(鈴木茂三郎, 1893-1970) 등, 17명이었다.[225] 참석자였던 와타나베 하루오(渡邊春男)에 따르면 이 대회의 목적은 "워싱턴회의에서의 제국주의적 재분할 정책의 책략에 대항하는 것, 특히 제국주의 부르주아지의 극동 재분할에 대항하여 혁명적 노동자와 피압박

---

[223] 「日本共産党綱領」, 富田武・和田春樹(編訳), 『資料集 コミンテルンと日本共産党』(東京: 岩波書店, 2014), pp. 51-59.

[224] 1922년 일본공산당 결성의 중심 인물이며, 1945년 일본공산당을 재건하여 일본공산당 서기장에 취임한 경험을 가진 도쿠다의 회고에 따르면 1921년 11월 이르쿠츠크에서 여운형과 처음으로 만났다. 도쿠다에 따르면, 여운형과는 이후 몇 차례 상해에서 만나게 되었다고 한다. 그는 여운형과 정치적 의견과 사상적 측면에서 맞지 않았지만, 여운형이 중국인 및 러시아인과 활발한 연락을 하고 있었기 때문에 자신들도 도움을 받게 되었다는 것을 가장 인상적인 일로 술회했다. 德田球一, 『德田球一全集 第5卷』(東京: 五月書房, 1986), pp. 270-273.

[225] 日本共産党中央委員会, 『日本共産党の八十年: 1922-2002』(東京: 日本共産党中央委員会出版局, 2002), pp. 17-18. 2002년에 일본공산당중앙위원회에서 발간된 자료에는 1917년 러시아혁명을 "사회주의혁명"이라고 규정하고 있다.

민족의 항의적 시위운동을 제시하는 것, 이를 계기로 극동에서의 공산당 결성과 그 영향 하에서 혁명적 세력의 규합을 도모하는 것"이라고 했다. 한국/조선인들과 상이한 국제적 입지에 서 있었던 일본인들의 제국주의 부르주아지에 대항하는 시도는 상대적으로 피압박민족보다 혁명적 노동자들의 입장에 가까웠다.226) 원래 극동근로자대회는 극동피압박민족대회 (The Congress of the Oppressed Peoples of the Far East)라는 명칭도 사용되었으나, 일본 공산주의자들의 요청으로 "피압박민족"이라는 명칭은 개칭되었다.227)

윌슨적 민족자결, 레닌식 민족자결 이념은 세계로 확산되었다. 한국/조선은 윌슨적 민족자결 이념에 포함되지 않았다는 측면에서 이에 부합하지 않았다. 한편 베르사유평화체제에 실망한 어떤 자는 레닌식 민족자결 이념에 공명했다. 공산주의의 폭력성과 잔혹성이 아직 세상에 밝혀지지 않았다는 시점에서 공산주의는 매력적이었다. 베르사유평화체제의 탄생은 광복을 위한 민족자결 추구의 시작이었다.

---

226) 辻野功,「極東勤勤労者大会について: 日本問題を中心として」,『キリスト教社会問題研究』13 (1968). 전쟁을 계기로 경제적 발전을 이룩한 일본에서는 1920년대 좌익 오스기 사카에(大杉榮)를 중심으로 한 아나르코 생디칼리즘(Anarcho- syndicalism)파와 야마카와 히토시(山川均, 1880-1958)를 중심으로 한 볼셰비즘 파의 논쟁, 이른바 '아나・볼 논쟁(アナ・ボル論爭)'이 일어났다. 이 논쟁의 쟁점은 제국주의에 대한 비판적 논쟁이 아니라 노동운동조합의 조직 형태에 대한 것이었다. 大杉栄・山川均. 大窪一志(編),『アナ・ボル論爭』(東京: 同時代社 2005).
227) 이정식 (1974), pp. 76-77.

3. 전쟁 책임에 대한 지지와 조건

제1차 세계대전은 유럽이 진원지였지만, 그 영향은 한국/조선을 포함한 동아시아에 영향을 주었다. 일본의 세계대전 참전 목적 중 하나는 독일의 권익이었던 산둥반도 획득에 있었다. 그 지역은 지리적으로 중국에 위치했지만, 지정학적 중요성으로 인해 일본의 외교목표가 되었다. 1915년 일본의 중국에 대한 '21개조의 요구'나 중국의 권익 문제에 관한 랜싱-이시이 협정은 지정학의 중요성을 재확인시켰다.228) 1917년에 독일에 선전포고하여 세계대전에 참전한 중국은 결국 일본과 마찬가지로 전승국의 일원이 되었으나,229) 중일관계의 상충은 이미 중국과 관계를 유지해온 한국/조선에도 무관하지 않았다. 베르사유평화체제의 탄생 전인 제1차 세계대전 자체가 한국/조선에 영향을 끼쳤다는 것이다.

제1차 세계대전이 시작된 1914년에는 광복운동가들 중에서 독일을 지지하는 자도 있었다. 신규식(申圭植, 1879-1922)은 1911년 신해혁명에 직접 참여했고, 광복운동가로서는 최초로 중국혁명가와 유대를 맺었다.230) 그는 1912년 상해에서 동제사(同濟社)를 창설하여 활동했다. 후일 1919년 11월 대한민국임시정부 법무총장을 맡게 되는 신규식은 임시정부와 중국과의 지속적 관계 기반을 마련한 인물이었다.231)

---

228) 지정학에 관해서는, 김명섭,「지정학」, 한국정치학회(편),『정치학이해의 길잡이: 국제정치와 안보』(파주: 법문사, 2008).
229) 중국은 파리평화회의에 참석했으나, 산둥반도 처리 문제 등으로 인해 베르사유평화조약에 서명하지 않았다. 다만, 생 제르망-앙-레이조약, 뇌이조약, 토리아농조약에 서명함으로써 국제연맹에 가맹했다. 이들 평화조약 제1장은 국제연맹규약에 규정되어 있다.
230) 강영심,『시대를 앞서간 민족혁명의 선각자 신규식』(서울: 역사공간, 2010), p. 6.

신규식은 1914년 11월경에 『한국혼(韓國魂)』을 탈고했다. "대한(大韓)"의 의미를 강조한 그는 나라를 세우기 위해 중요한 것이 나라의 크기가 아니라 "정신"이라고 강조했다.[232] 그는 작은 나라의 정신을 설명하기 위해 몬테카를로나 오스트리아에 항거한 세르비아 등을 예로 들었다. 정신성을 강조한 신규식은 실제로 작은 나라뿐만 아니라 "독일이 혼자서 열강을 대적하고 있"다고 지적했듯이 세계대전 초기 독일의 양상도 작은 나라에 포함되었다.[233] 그는 전쟁과 관련하여 독일을 부정적으로 보지는 않았다. 세계대전 속에서 광복을 추구한 운동가들은 독일이 일본에 승리하는 것을 원했다는 것이다.

이와 더불어 중국과의 연대를 중시한 신규식, 박은식, 성낙형(成樂馨), 이상설(李相卨, 1870-1916) 등은 1915년 3월 신한혁명당(新韓革命黨)을 조직했다.[234] 그들은 일본이 산둥반도의 이권을 위해 독일에 선전포고를 했을 때, 세계대전을 광복의 길로서 추구하기 시작했다. 따라서 독일에 호감을

---

231) 1921년 10월 당시 임시정부 국무총리였던 신규식은 임시정부와 쑨원의 호법정부(광둥정부) 간의 상호 승인을 위해 중국으로 갔다. 두 정부의 상호 승인은 합법적으로는 성취하지 못했으나, "사실적인 승인"이 이루어졌다. 배경한, 『쑨원과 한국: 중화주의와 사대주의의 교차』(파주: 한울, 2007), 제3장 쑨원과 상하이 한국임시정부: 신규식의 광저우 방문과 호법정부의 한국임시정부 승인문제, pp. 68-103. 배경한은 결론에서 20세기 초 한국인들은 많은 측면에서 중국에 기대했고, 중국과 중국혁명이 가지는 의미는 한국을 비롯한 주변 민족들을 중국의 영향 아래에 두려는 전통적 중화주의의 영향을 지적했다.
232) 신규식은 자신의 저작 제목인 "한국혼(韓國魂)"을 다음과 같이 설명했다. "가령 우리들의 마음이 아직 죽어버리지 않았다면, 비록 지도가 그 색깔을 달리 하고 역사가 그 칭호를 바꾸어 우리 대한(大韓)이 망하였다 하더라도, 우리들의 마음 속에는 스스로 하나의 대한이 있는 것이니, 우리들의 마음은 곧 대한의 혼(魂)인 것이다." 申圭植, 閔丙河 譯, 『韓國魂』(서울: 博英社, 1974), p. 9.
233) 申圭植 (1974), pp. 68-69.
234) 박찬승, 『대한민국은 민주공화국이다: 헌법 제1조 성립의 역사』(파주: 돌베개, 2013), p. 123.

가지고 있었다기보다 광복운동의 1차적 대상인 일본과 맞서게 된 독일을 의식했다는 것이다. 그리고 가장 중요한 것이 중국과의 연대였다. 일본이 선전포고한 독일에 대한 초기의 지지는 광복을 위한 선택이었다.[235]

제1차 세계대전 초기 민족주의자들이 독일의 승리를 원한 것은 일본의 지배 하에서 광복을 실현하기 위해서였지만, 1917년 4월 미국의 참전, 8월 중국의 대독일 선전포고, 1918년 1월 윌슨의 '14개조 평화원칙'을 통해 새로운 국제질서 탄생을 감지하게 되면서 이에 기대하게 되었다. 그러나 베르사유평화체제의 탄생은 한국/조선의 민족자결을 포함하지 않았다.

1920년 10월 신규식은 잡지 『진단(震壇)』을 창간했다. 한문으로 작성된 창간사에서 그는 세계대전이 종식되었으나, 공산주의와 아시아주의의 확산에 우려를 표시했다. 이 글에서 그가 일본을 "동방의 도이치"라고 표현한 것은 후술하지만 대한민국임시정부의 정신과 당연히 궤를 같이한 것이었다. 신규식은 광복을 해결하는 방법이란 민족자결이며, 중국과의 제휴라고 상각한 것이다.[236]

이승만의 위임통치 청원은 지속적인 논란을 일으켰지만, 광복을 미국의

---

235) 김희곤 (2015), pp. 25-26. 신한혁명당 주도자들은 국제정세를 정확히 파악하지 못했지만, 강영심은 다음과 같은 신한혁명당의 활동을 조명했다. 첫째 신한혁명당의 제안은, 즉 1917년 '대동단결선언'에서 알 수 있듯이 공화주의 노선을 이념으로서 정립시킨 견인차가 되었다는 점, 둘째 광복운동을 위해서는 민주적 기반과 최고기관을 갖춘 정부가 조직되어야 한다는 방향을 제시했다는 점이다. 강영심 (2010), pp. 99-100.
236) 申圭植, 「향후 우리의 책임-《진단주간》(震壇週刊) 창간사」, 石源華・金俊燁(共編), 『申圭植・閔弼鎬와 韓中關係』 (서울: 나남출판, 2003), pp. 239-247. 신규식은 "민족자결과 한국독립"이라는 글에서 "우리가 세계적 추세에 발맞추어 국가의 운명을 결정한다면 오늘 의당 가장 먼저 해야 할 일은 민족자결(民族自決)"이라고 했다. 즉, 그에게 "민족자결이란 곧 자기가 자기의 운명을 해결하는 것"이었다. 石源華・金俊燁 (2003), pp. 239-254.

여러 경로를 통해 청원한 것도 역시 그였다. 이승만은 1919년 4월 14일부터 16일에 미국 필라델피아에서 열린 제1차 한인대회(The First Korean Congress)를 위해 「미국을 향한 호소문(An Appeal to America)」이라는 글을 작성했다. 이 글에서 그는 특히 1882년에 체결된 조미수호통상조약의 유효성을 강조하면서, 기독교와 민주주의의 측면에서 "코리아"가 미국과 부합한다는 것과 국제연맹의 원칙인 세계평화에 기대감을 표현했다. 그리고 제1차 세계대전 전승국이었던 일본에 대해서는 다음과 같은 표현을 사용했다.

> 미주와 하와이 군도에 거류하는 한인들은 그 대표들을 자유가 탄생한 필라델피아의 미국 독립관으로 파송하여 '아시아의 카이저'[Asiatic Kaiser: 일본]가 저지르는 만행을 정지시킬 계획을 협의하고 우리 조국의 위대한 자유와 정의를 원조할 방법을 강구하였습니다.[237]

그는 "아시아의 카이저(Asiatic Kaiser)"라는 표현으로 빌헬름 2세의 전쟁 책임 문제를 일본의 책임 문제로 연쇄시켰다. 물론 파리평화회의에서 미국과 일본 사이에는 중국 문제를 둘러싼 갈등이 있었지만, 윌슨은 세계적 기구인 국제연맹이 권위를 지속하기 위해서는 동양국가 일본의 국제연맹 가맹이 필요하다는 인식을 가지고 있었다. 따라서 현실적으로 그러한 호소는 한계점을 가지고 있었다는 것은 분명했지만, 이승만 개인만이

---

[237] 1919년에 이승만이 작성한 문서들의 원문, 일부 번역문, 그리고 평가에 관해서는, 유영익(2009)의 연구를 참조할 것.

독일과 일본을 연계시킨 것이 아니었다. 독일을 일본으로 대체시키는 비유적 표현은 대한민국임시헌장(1919.4) 선서문에도 있다.

民國元年 三月 一日 我 大韓民族이 獨立을 宣言함으로브터 男과 女와 老와 少와 모든 階級과 모든 宗派를 勿論하고 一致코 團結하야 <u>東洋의 獨逸인 日本</u>의 非人道的 暴行下에 極히 公明하게 極히 忍辱하게 我民族의 獨立과 自由를 渴望하난 實思와 正義와 人道를 愛好하는 國民性을 表現한 지라 今에 世界의 同情이 翕然히 我國民에 集中하엿도다. [밑줄: 필자 강조]

김규식이 제출한 청원서에는 비망록(memorandum)이 첨부되었다. 비망록에도 일본의 대륙정책은 "코리아"를 근거지로 삼고 중국의 인적, 천연자원을 지배하고 "아시아"에서 패권을 장악한다고 경계심을 제시했다. 특징적인 것은 독일과 일본을 동렬로 서술한 부분이다. 김규식은 독일의 위험성을 일본에 투영했다. "프러시아와 일본"이라는 항목에서는 "오스트리아와 프랑스 상대로 두 차례로 전쟁을 벌였던 프러시아처럼 일본도 중국과 러시아를 상대로 두 차례 전쟁을 준비했다"고 하여, "프러시아와 일본은 근대 열강 중 군사 정책에서 가장 많은 이익을 올렸"다고 했다. 1866년 프로이센-오스트리아 전쟁, 1870년 프로이센-프랑스 전쟁과 청일전쟁, 러일전쟁을 대조했다는 것이다. "일본화와 프러시아화"라는 항목에서는 "한국의 일본화를 위해 적용되고 있는 잔인한 정책은 포즈난에서 폴란드인들을, 슐레스비히에서 덴마크인들을, 알자스-로렌에서 프랑스인들을 프러시아인화하기 위해 사용되었던 방법을 추월하고 능가했다"고

하여, 독일의 정책을 일본에 투영했다.238)

한국/조선의 입장에서 볼 때, 일본은 제1차 세계대전의 전승국이었음에도 불구하고, 일본을 패전국 독일로 비유, 투영했다. 일본에서의 분리, 즉 민족자결을 추구하여 광복을 실현하는 것이 가장 우선적이기 때문이다. 전쟁 책임이라는 범주에서 한계가 있었다고 한다면 한국/조선인의 요구는 식민 책임의 추구를 의미했다. 그러나 일본뿐만 아니라 세계대전 전승국은 식민지를 완전히 해방하지 않았다. 한국/조선과 일본의 한일관계에는 이를 포함하는 거대한 세력이었던 국제정치의 권력구조가 존재했다. 그리고 일본을 뒷받침한 것은 전쟁을 마감하기 위한 평화조약이었으며, 이를 중심축으로 하여 탄생한 것이 베르사유평화체제였다. 그리고 일본과 달리 한국/조선의 입장에서 전쟁 문제는 식민 문제와 어떻게 연결시킬지가 관건이었다.

---

238) 국사편찬위원회 (2008), pp. 21-23.

제3부
샌프란시스코평화체제 속의
한국과 일본

제7장 샌프란시스코평화체제의 구조

1. 집단안보체제의 발전과 지역성

1937년부터 1945년까지 아시아대륙과 태평양에서 진행된 집단적 무력 전쟁이었던 아시아-태평양전쟁은 제2차 세계대전의 일부를 형성했다.[1] 1945년 7월 26일 연합국은 일본에 포츠담선언을 제시했다. 이에 대해 일본은 8월 14일 오후 11시경에 포츠담선언 수락을 연합국에 전달했다. 다음날인 15일 정오 히로히토(裕仁, 1901-1989)는 대동아전쟁 종결[大東亞戰爭終結ノ詔書]을 라디오 방송[玉音放送]을 통해 발표했다. 히로히토가 발표한 조서(詔書)에 찍힌 날짜는 8월 14일이었다. 그러나 일본에게 8월 15일은 종전을 의미했고, 한국/조선에게는 해방이었다. 다만, 히로히토가 종결을 선언하긴 했지만, 전쟁의 종결은 9월 2일 일본이 항복문서에 조인함으로써 비로소 이루어졌다.[2]

---

1) 김명섭, 「아시아·태평양전쟁」, 문정인·김명섭(외), 『동아시아의 전쟁과 평화』(서울: 연세대학교 출판부, 2006), p. 232.
2) 일본에서는 항복 일인 1945년 9월 2일 혹은 일본이 주권을 완전히 회복한 1952년 4월 28일보다 1945년 8월 15일이 "종전기념일"로서 상징적인 의미를 지니고 있다. 일본의 정치적 의도로 8월 15일의 의미가 강조된 과정에 관해서는, 사토 다쿠미, 원용진·오카모토 마사미(옮김), 『8월 15일의 신화: 일본 역사 교과서, 미디어의 정치학』(서울: 궁리, 2007).

아시아·태평양전쟁은 6년 후인 1951년 9월 8일 일본과 48개국의 연합국이 조인한 샌프란시스코평화조약을 통해 공식적으로 마감되었고, 이 조약은 1952년 4월 28일에 발효되었다. 이 평화조약이 중심축이 되어 샌프란시스코평화체제가 탄생했다. 전체 27개 조로 구성된 샌프란시스코평화조약3) 전문에는 일본의 국제연합 가입 신청을 천명했다. 이와 더불어 전문에는 국제연합헌장 '제9장: 경제적 및 사회적 국제협력'의 제55조4)와 제56조5)가 명시되어 있지만, 이 두 조문뿐만 아니라 "국제연합헌장의 원칙을 준수"하는 것도 명기되어 있다. 따라서 샌프란시스코평화체제 탄생의 결정적 시점은 1951년이었으나, 제2차 세계대전 와중에 발족된 국제연합과 이 국제조직에 법적 정당성을 부여한 국제연합헌장과의 연장선에서 고려할 필요가 있다.

국제연합 본부에서 출간된 『국제연합의 기초지식』(*Basic Facts about the United Nations*)에는 국제연합의 창립 배경으로 1899년 헤이그국제평화회의와 1919년 국제연맹을 언급하고 있다. 이 책자는 국제연맹이 제2차 세계대전을 막을 수 없어 "실패"했지만, "국제협력"과 "대화"를 통해 분쟁을 해결하려고 하는 평화적 방법은 국제연합에서도 맥을 같이한다고 설명하고 있다.6)

---

3) 제1장: 평화의 회복(Arts. 1). 제2장: 영토(Arts. 2-4). 제3장: 안보(Arts. 5-6). 제4장: 정치 및 경제 조항(Arts. 7-13). 제5장: 청구권 및 재산(Arts. 14-21). 제6장: 분쟁의 해결(Arts. 22). 제7장: 최종 조항(Arts. 23-27).
4) "사람의 평등권 및 자결원칙의 존중에 기초한 국가 간의 평화롭고 우호적인 관계에 필요한 안정과 복지의 조건을 창조하기 위해 국제연합은 다음을 촉진한다." (생략) 본서에서 국제연합헌장 조문은, 외교통상부 조약국 (2008)에서 인용했다.
5) "모든 회원국은 제55조에 규정된 목적의 달성을 위하여 기구와 협력하여 공동의 조치 및 개별적 조치를 취할 것을 약속한다."

국제연합 창립은 1899년의 국제회의와 1919년의 평화회의의 사상, 운동에서 파생했지만 제2차 세계대전 와중에 있었던 다음과 같은 전후 구상이 단계적으로 발전된 것이었다.

첫째, 대서양헌장(Atlantic Charter)이다. 정식명칭은 '영국-미국 공동선언(The Anglo-American Joint Declaration)'이다. 1941년 8월 9일부터 12일까지 캐나다 뉴펀들랜드(Newfoudland) 외양에서 윈스턴 처칠(Winston Churchill, 1874-1965)과 프랭클린 루스벨트(Franklin D. Roosevelt, 1882-1945)의 회담을 통해 발표된 이 헌장은 국제연합 창립의 첫 걸음이었다.[7] 제1항: 영토 확대의 부정. 제2항: 관계국가의 인민의 의사와 불일치하는 영토 변경의 부정. 제3항: 정부형태를 선택하는 인민의 권리를 존중함. 제4항, 현존하는 의무들을 준수하여, 전승국, 패전국 상관없이 경제적 번영을 위한 자유무역의 균등. 제5항: 경제 분야에서의 협력. 제6항: 공포와 결핍에서 해방되어 평화를 확립하는 것. 제7항: 항해의 자유. 제8항: 일반적 안전보장체제(system of general security)의 확립이다. 제3항은 민족자결의 원칙적 내용이 규정되었고, 제6항은 1941년 1월 6일 루스벨트가 일반교서에서 언급한 언론의 자유, 신앙의 자유, 결핍으로부터의 자유, 공포로부터의 자유의 일부를 답습했다. 그리고 마지막 조항인 안전보장체제는 국제연맹을 대체하는 새로운 국제기구 창립을 암시했다. 제8항의 내용은 다음과 같다.

---

[6] United Nations Department of Public Information, *United Nations Department of Public Information* (New York: United Nations Department of Public Information, 2014), p. 3.
[7] "The United States and the Founding of the United Nations, August 1941-October 1945," U.S. Department of State Archive, http://2001-2009.state.gov/r/pa/ho/pubs/fs/55407.htm

양국은 세계의 모든 국가들이 종교적인 이유뿐만 아니라 현실적 이유 때문에 폭력의 사용을 포기해야 한다고 믿는다. 만일 자국국경 밖으로 침략을 자행하려 하거나 자행할 수 있는 모든 국가들이 육·해·공군의 군비를 계속 사용한다면, 장래의 평화는 유지될 수 없기 때문에, 양국은 광범하고 영구적이고 전반적인 안보 체제가 확립될 때까지 이러한 국가의 군축은 필수적이라고 믿고 있다. 양국은 이와 마찬가지로 모든 평화 애호 국민들을 위해서 힘겨운 군비의 부담을 덜어줄 기타 모든 실천 가능한 조치들을 지원하고 권장할 것이다.[8]

둘째, 「연합국선언」(Declaration by United Nations)이다. 이는 1941년 12월 22일부터 1942년 1월 14일까지 워싱턴에서 루스벨트와 처칠에 의한 아르카디아회담(Arcadia Conference)을 통해 발표되었다. 이 선언은 대서양헌장의 목적과 원칙을 답습하여 미국과 영국을 포함한 26개국[9] 연합국이 성명한 공동선언이었고, 적국과 단독으로 휴전 또는 강화를 하지 않도록 서약했다. 국제연합(United Nations)이라는 명칭은 루스벨트가 명명한 것이다. 이 명칭은 추축국과 맞서고 있었던 국가들의 총칭으로,[10] 1942년 1월 1일 26개국과 함께 추축국과 계속적으로 맞설 것을 선언했다.[11]

---

8) 한국미국사학회, http://www.americanhistory.or.kr/modules/doc/index.php?doc=intro
9) 미국, 영국, 소련, 중국, 호주, 벨기에, 캐나다, 코스타리카, 쿠바, 체코슬로바키아, 도미니카 공화국, 엘살바도르, 그리스, 과테말라, 아이티, 온두라스, 인도, 룩셈부르크, 네덜란드, 뉴질랜드, 니카라과, 노르웨이, 파나마, 폴란드, 남아프리카, 유고슬라비아.
10) Cordell Hull, *The Memoirs of Cordell Hull* vol. 2. (New York: Macmillan Co., 1948), p. 1225.
11) United Nations Department of Public Information (2014), p. 3; Cordell Hull (1948), p. 1124.

셋째, 「모스크바선언」(Moscow Declaration)이다. 이는 1943년 10월 19일부터 30일까지 모스크바에서 미국 국무장관 코델 헐(Cordell Hull, 1871-1955), 영국 외상 앤서니 이든(Robert Anthony Eden, 1897-1977), 소련 외상 뱌체슬라프 몰로토프(Vyacheslav Mikhailovich Molotov, 1890-1986)가 전후 국제기구에 관한 토의를 하여 발표되었다. 이 선언서에는 루스벨트, 처칠, 스탈린(Joseph Stalin, 1878-1953)의 이름이 서명되었지만, 정식으로는 중국을 포함한 4개국(Joint Four-Nation Declaration)의 선언문이었다. 7개의 원칙을 발표한 이 선언서에서 특히 제4항에서는 국제적 평화와 안전을 위해 대국과 소국 상관없이 주권평등의 원칙을 바탕으로 국제조직의 설치를 선언했다. 이 회의는 전후질서를 결정하는 강대국이 공동으로 선언문을 발표했다는 측면에서 중요한 계기가 되었다.

넷째, 테헤란회담(Tehran Conference)이다. 1943년 11월 27일부터 12월 2일까지 이란 테헤란에서 개최되었다. 전후 국제사회에서 미국, 영국, 소련, 중국이 치안유지를 행한다는 '네 명의 경찰관(Four Policemen)' 구상이 나타났다. 이 회의에서는 35개국으로 구성되는 총회와 미국, 영국, 소련, 중국 그리고 유럽에서 2개국, 남미, 중동, 극동에서 1개국으로 형성되는 집행위원회의 성립도 제안되었다.

다섯째, 덤버턴오크스회의(Dumbarton Oaks Conference)다. 1944년 8월부터 10월까지 워싱턴 교외에서 미국, 영국, 소련, 그리고 중국 대표가 모여 국제기구 성립에 관한 회담이 열렸고, 국제연합헌장의 원안이 작성되었다. 회의 중심 내용은 대국이 가지는 거부권이었지만 그 성격과 영향력은 명확한 합의에 이르지 못했다.[12] 이 회의에서 안전보장이사회는 "국제평화와 안전 유지를 위해 무력행사를 포함한 모든 조치를 취할 수 있다"고 결정했다. 그리고 전 12장으로 구성된 '일반국제기구 성립에 관한 제안 (Proposals for the Establishment of a General International Organization)'의 채택은 이후의 국제연합 원안이 되었다.

여섯째, 얄타회담(Yalta Conference)이다. 덤버턴오크스에서 해결하지 못했던 거부권 문제는 1945년 2월 4일부터 11일까지 크림반도 교외에서 미국, 영국, 소련의 회담에서 결정되었다. 전쟁 후 독일에 대한 관리, 전범 재판, 비무장 등이 공표되었다. 한편 밀약으로서는 독일이 항복한 지 3개월 내에 소련이 대일참전할 것을 결정했다. 그리고 국제연합헌장을 채택하게 되는 샌프란시스코회의 초청 자격은 1945년 2월 8일 시점에서 연합국인 국가, 1945년 3월 1일까지 일본 또는 독일에 선전(宣戰)한 국가, 1942년 1월 1일 「연합국선언」에 서명한 국가로 한정했다.

일곱째, 샌프란시스코회의다. 정식명칭은 '국제기구에 관한 연합국회의 (United Nations Conference on International Organization)'라고 한다. 1945년 4월 25일부터 6월 26일까지 샌프란시스코에서 연합군 50개국이 결집하여 개최된 이 회의는 덤버턴오크스회의에서 작성된 국제연합헌장의 원안에 안보이사회 대국에 거부권을 부여한다는 내용을 추가했다. 4월 12일 루스벨트가 사거했지만, 미국 대통령에 취임한 해리 트루먼(Harry S. Truman, 1884-1972)은 샌프란시스코회의가 예정대로 진행되는 것과 이에 대한 미국

---

12) 덤버턴오크스회의에서의 거부권 문제를 다룬 연구로서, Robert C. Hilderbrand, *Dumbarton Oaks: The Origins of the United Nations and the Search for Postwar Security* (Chapel Hill: University of North Carolina Press, 1990), pp. 32-36.

의 지지는 변함이 없다는 것을 표명했다. 국제연합헌장은 샌프란시스코시에 위치한 전쟁기념관(War Memorial Opera House)의 허브스트 극장(The Herbst Theatre)에서 서명되었다. 6년 후 샌프란시스코평화조약도 같은 장소에서 서명되었다.13) 따라서 전쟁에 대한 성찰, 평화에 대한 다양한 사상과 운동에서 파생된 국제연합 창립 구상은 제2차 세계대전 와중에 있었던 대서양헌장(1941), 연합국공동선언(1942), 모스크바선언(1943), 테헤란회담(1943), 덤버턴오크스회의(1944), 얄타회담(1945) 등의 회담과 선언문을 통해 표출된 단계적인 전후 구상에서 입안되었고, 최종적으로 샌프란시스코회의(1945)에서 국제연합헌장이 채택됨으로써 완성되었다.14)

국제연합헌장은 전문과 본문 전체 19장 111조로 구성되었다. 조약의 전문(前文)은 전문(全文)을 포괄하는 이념이나 원칙을 제시하는 역할을 하는데, 국제연합헌장의 전문은 본문과 같은 효력을 가지는 것으로 확인되었다.15) 그러한 전문에는 "우리 연합국 국민들은 우리 일생 중에 두 번이나

---

13) 전쟁의 양상을 파악하기 위해 전쟁이 어디서 시작되었는가 하는 것은 중요하다. 한편 전쟁을 공식적으로 마감하는 평화조약 체결 지역 혹은 도시 역시 전쟁의 의미와 국가 간의 권력구조를 재확인시켜 준다. 1951년 9월 4일에 개최된 샌프란시스코평화회의는 먼저 애치슨의 평화에 대한 묵도를 통해 시작되었고, 그 다음에 샌프란시스코 시장 로빈슨(Elmer Robinson)이 연설했다. 그는 "6년 전"에 전쟁의 공포와 가혹한 유혈 후, 전세계의 평화에 대한 희망에서 국제연합이 탄생되었다고 했고, 각국이 "태평양으로의 미국의 전통적인 문호"인 샌프란시스코에서 일본과의 평화조약이 체결되는 것은 극히 적절하다고 했다. 外務省, 『サン・フランシスコ会議議事録』(東京: 外務省, 1951), pp. 1-2. 국제연합헌장을 채택한 샌프란시스코시의 권위는 대일평화조약인 샌프란시스코평화조약을 뒷받침했다.
14) 국제연합헌장 성립에 관한 자세한 연구로서, Ruth B. Russell, assisted by Jeannette E. Muther, *A History of the United Nations Charter: The Role of the United States, 1940-1945* (Washington, D.C.: Brookings Institution, 1958). 헌장과 미국의 관계성에 관해서는, Lawrence D. Weiler and Anne Patricia Simons, *The United States and the United Nations: The Search for International Peace and Security* (New York: Manhattan Pub. Co., 1967).

말할 수 없는 슬픔을 인류에 가져온 전쟁의 불행에서 다음 세대를 구"한다고 언급하고 있다. "두 번"의 전쟁이라고 규정한 국제연합헌장은 제2차 세계대전 뿐만 아니라 제1차 세계대전까지 의식했다. 전문에 이어서 '제1장: 목적과 원칙'에서 제1조는 국제연합의 목적, 제2조는 회원국이 따라야 하는 원칙이 규정되었다. 제1조 1항은 다음과 같다.

국제평화와 안전을 유지하고, 이를 위하여 평화에 대한 위협의 방지, 제거 그리고 침략행위 또는 기타 평화의 파괴를 진압하기 위한 유효한 집단적 조치를 취하고 평화의 파괴로 이를 우려가 있는 국제적 분쟁이나 사태의 조정·해결을 평화적 수단에 의하여 또한 정의와 국제법의 원칙에 따라 실현한다.

제1조 2항은 "사람들의 평등권 및 자결의 원칙(principle of equal rights and self-determination)", 3항은 경제, 사회, 문화, 인도적 성격의 국제문제를 해결하고, "인종, 성별, 언어 또는 종교에 따른 차별 없이" 인간의 기본권을 존중하며, 이를 촉진하기 위해 국제적 협력이 필요함을 목적으로 삼았다. 1919년 국제연맹규약 제1조가 국제연맹에의 가맹 또는 탈퇴에 관한 절차적인 내용을 규정했다면, 국제연합헌장 제1조는 적극적으로 "국제평화와 안전", "국제적 분쟁이나 사태"에 대해 "집단적 조치"를 취하는 등, '국제' 속에서의 '집단성'을 내세웠고, 안보뿐만 아니라 인종과 종교 문제까지

---

15) Russell (1958), pp. 910-918.

수반한 국제조약임을 보여주고 있다. 국제연합의 원칙을 규정한 헌장 제2조 3항은 모든 가맹국이 국제분쟁을 "평화적 수단"에 의해 국제 평화와 안전, 그리고 정의를 위태롭게 하지 않도록 해결하는 것을 명기했다. 4항은 국제관계에서 무력에 의한 위협 또는 행사, 그리고 국제연합의 목적과 양립할 수 없는 방법의 사용을 금지하고, 만약 분쟁이 발생했을 때 이에 대항하는 조치를 규정했다.

'제5장: 안전보장이사회' 제23조에서는 중국, 프랑스, 소련, 영국, 미국을 안전보장이사회의 상임이사국으로 명시했다. 그리고 안전보장의 기능과 역할, 목적은 헌장 제39-51조까지를 규정한 '제7장: 평화에 대한 위협, 평화의 파괴 및 침략행위에 관한 조치' 제39조에서 "안전보상이사회는 평화에 대한 위협, 평화의 파괴 또는 침략행위의 존재를 결정하고, 이를 회복하기 위하여 권고"하고, 제41조에서는 무력을 사용하지 않는 경제적 수단으로 대처한다고 하고 있다.

그러나 경제적 수단이 불충분할 경우, 제42조 "국제평화와 안전의 유지 또는 회복에 필요한 공군, 해군 또는 육군에 의한 조치를 취할 수 있"으며 "그러한 조치는 국제연합 회원국의 공군, 해군 또는 육군에 의한 시위, 봉쇄 및 다른 작전을 포함할 수 있다"고 규정함으로써 무력적 집단안보를 인정했다. 즉, 평화에 대한 파괴와 침략행위가 안전보장이사회에서 인정된다면 먼저 비군사적 조치로 대응하고, 이것이 어려울 경우에 군사적 조치가 가능하게 된다는 2단계 방식을 취했다.16)

---

16) 안토니오 카쎄스(Antonio Cassese)는 국제연맹에서 강제조치의 조직화가 충분하지 않았다고 평가했다. 그에 의하면 1935년 이탈리아의 에티오피아 침공이 국제연맹 하에서 유일한

국제연합의 집단안보 체제는 그 영향력을 비회원국에도 적용한다. 헌장 제2조 6항은 "국제연합의 회원국이 아닌 국가(not Members of the United Nations)가, 국제평화와 안전을 유지하는 데 필요한 한, 이러한 원칙에 따라 행동하도록 확보한다"고 있다. 헌장 제50조에는 "안전보장이사회가 어느 국가에 대하여 방지조치 또는 강제조치를 취하는 경우, 국제연합 회원국인지 아닌지를 불문하고", "어떠한 다른 국가도" "문제의 해결에 관하여 안전보장이사회와 협의할 권리를 가진다"고 되어 있다.[17] 비회원국에 국제연합이 집단안보를 발동한 사례는 6·25전쟁이었다. 6월 25일 이후 안보이사회에서 북한의 위반행위에 대해 결의문을 채택함으로써 국제연합군은 6·25전쟁에 개입했다.[18] 6·25전쟁이라는 명칭[19]에서 알

강제조치 발동 사례였고, 이에 대해 국제연맹이 대처하지 못했다고 한다. Antonio Cassese, 강병근·이재완(역), 『국제법』 제3판 (고양: 삼우사 2014), p. 46.
17) 국제연합헌장은 회원국(member state)과 비회원국을 포함한 국가(state)라는 용어를 명확하게 구별하고 사용했다. 崔哲榮, 「미국의 UN 참여법과 미국의 6·25전쟁 참전의 합법성 문제」, 『미국헌법연구』 제21권 제(3)호. (2010), p. 149.
18) 6·25전쟁 발발에 관하012 주요한 안보이사회 결의는 다음과 같다. 안보이사회는 6월 25일 결의문 82호에서 "북한당국(the authorities of North Korea)"의 "한국(Republic of Korea)"에 대한 "무력공격(armed attack)"이 평화의 파괴를 구성하는 것이라고 단정했고, 북한당국에 대해 그 군대를 38선 이북까지 즉시 철퇴시키도록 촉구했다(S/RES/82, 1950). 6월 27일 결의문 83호에는 북한이 적대행동을 정지하지 않아 국제 평화와 안전을 회복하기 위해 긴급한 군사적 조치가 필요하고, 한국에서 국제연합에 대한 평화 및 안전을 확보하기 위한 즉시적이며 실효적 조치를 호소했다는 점에서 국제연합 가맹국이 북한의 무력공격을 격퇴하고 그 지역의 평화와 안전을 회복하기 위한 원조를 한국에 제공하는 것을 권고했다(S/RES/83, 1950). 7월 7일 결의문 84호에서는 82호와 83호의 결의에 대해 가맹국과 그 국민의 식속하고 강력한 지원을 환영하여, 참전 각국의 국기와 함께 국제연합의 국기를 사용하는 것을 허가했다. 그리고 참전하는 회원국의 군사력이나 원조는 미국 하의 통일사령부(a unified command)에 제공하는 것을 권고했다S/RES/84, 1950). United Nations, Resolutions adopted by the Security Council in 1950, http://www.un.org/en/sc/documents/resolutions/1950.shtml 당시 거부권을 가진 소련은 중국대표 문제를 둘러싸고 중화민국에 항의하기 위해 1월부터 안보이사회에 불참했다고 볼 수 있으나, 북한의 전쟁 수행을 지원하는 스탈린의 전략적 외교수단이었다. 오충근, 「한국전쟁과 소련의 유엔 안전보장이사회 결석: 허사로 끝난 스탈린의 '실리' 외교」, 『한국정치학회보』 35집 (1)호. (2001). 6·25전쟁 발발에 따른 한국과 국제연합의 관계성에 관해서는, Leland M. Goodrich, *Korea: A Study*

수 있듯이 이 전쟁은 '세계대전'이 아니었다. '세계대전'이라는 명칭이 세계적 전쟁터의 확대나 세계적 총력전의 측면을 중시했다면, 6·25전쟁은 한반도에 한정된 전쟁이었다. 다만, 남극대륙을 제외한 모든 대륙에 위치한 국가들이 참전했다. 그리고 6·25전쟁이 국제연합의 판단에 따른 국제연합군과 북한 및 그 후원자였던 국제공산주의 국가들 간의 전쟁이었다는 측면 역시 국제성의 의미를 다시 확인시킨다.[20]

또한 국제연합은 집단안보 체제뿐만 아니라 집단적 자위권을 헌장 제7장 제51조를 통해 인정했다. 집단안보란 어떤 하나의 집단이 내부에 소속한 국가가 전쟁 혹은 무력행사를 금지하는 것을 약속하고, 이를 위반했을 때 그 상대 국가에 집단적으로 제재를 행사하는 것을 말한다.[21] 집단안보

---

of U.S., Policy in the United Nations (Westport, Conn.: Greenwood Press, 1979); 오영달, 「유엔의 한국전 개입이 유엔체제에 미친 영향」, 강성학(편), 『유엔과 한국전쟁』(서울: 리북, 2004), pp. 95-142.
[19] '한국전쟁'이 아닌 '6·25전쟁'이라는 명칭이 가지는 정치학적 의미와 분석에 관해서는, 김명섭 (2009).
[20] 6·25전쟁의 내전적 차원보다 국제적 차원을 강조한 "국제전"에 관해서는, 이완범, 『한국전쟁: 국제적 조망』(서울: 백산서당, 2000). 남시욱은 동서 진영의 전면적 대결을 막았던 6·25전쟁이 제3차 세계대전의 대체물인 "소규모 세계대전"이었다고 했다. 남시욱, 『6·25전쟁과 미국: 트루먼·애치슨·맥아더의 역할』(서울: 청미디어, 2015), p. 418. 남시욱의 연구는 국가 중심 외교정책과 별도로 "행위자 특정 분석방식(Actor-Specific Approach)"을 통해 6·25전쟁에 크게 관여한 트루먼, 애치슨, 맥아더에 대한 "인간 탐구"를 했다. 이 세 인물의 출신 성분과 교육과정 등은 달랐지만, 공통적으로 기독교 윤리, 기독교 문명과 민주주의 수호 인식을 가지고 있었다. 트루먼의 결단, 애치슨의 대처능력, 맥아더의 활동이 한국의 생존에 크게 영향을 주었다고 했다. 남시욱 (2015), pp. 157-158, 417-418.
[21] 6·25전쟁은 국제연합이 헌장에 의거하여 집단안보를 적용한 최초의 사례라고 한다. 박홍순, 「한국전쟁과 UN의 개입(1950): 과정과 배경」, 강성학 (2004), p. 13. 다만, 한국은 1948년 국제연합에 의해 국제적 승인을 받았지만, 국제연합 회원국이 아니었다. 집단안보 체제의 개념이 특정 집단에 소속된 자들 간의 내부적 질서라고 한다면, 6·25전쟁의 경우와 같이 회원국이 아닌 국가가 관여된 전쟁에 국제연합은 어떠한 근거로 개입한 것일까? 제성호는 국제연합군의 참전에 관해, '집단적 자위권설'과 '유엔의 강제조치설'의 대립적 견해를 설명했다. '유엔의 강제조치설'에 관한 설명에서 "집단적 안전보장조치(collective security)"라고 표현한 Charles de Visscher를 인용했기 때문에 '유엔의 강제조치설'의 논자들은 "집단안보(collective security)"에 중점을 두었다고 파악할 수 있다. 제성호 역시 6·25전쟁에 대한

체제에서 국가가 급박한 침해를 받았을 때, 외부의 적으로부터 자신을 방위하는 권리, 즉 집단적 자위권을 가진다.22) 제7장 마지막 조문인 제51조는 집단적 자위권(right of collective self-defence)을 국제법상 처음으로 명문화한 것이다.

이 헌장의 어떠한 규정도 국제연합 회원국에 대하여 무력 공격이 발생한 경우, 안전보장이사회가 국제평화와 안전을 유지하기 위하여 필요한 조치를 취할 때까지 개별적 또는 집단적 자위의 고유한 권리를 침해하지 아니한다. 자위권을 행사함에 있어 회원국이 취한 조치는 즉시 안전보장이사회에 보고된다. 또한 이 조치는, 안전보장이사회가 국제평화와 안전의 유지 또는 회복을 위하여 필요하다고 인정하는 조치를 언제든지 취한다는, 이 헌장에 의한 안전보장이사회의 권한과 책임에 어떠한 영향도 미치지 아니한다.

국제연합군의 집단행동은 "제42조 및 제43조에 따른 것은 아니었지만, 유엔 헌장 제7장 하에서 작동된 것이 틀림없는 이상", '유엔의 강제조치'로 파악하는 것이 적절하다는 견해를 제시했다. 제성호, 『한반도 안보와 국제법』(서울: 한국국방연구원, 2010), pp. 23-36. 한편 집단안보 체제란 가상적(假想敵)을 사전에 설정하지 않으며, 가상적이 있다고 해도 그것은 체제 내부에 있다는 포괄적 개념 정의를 내린 다음과 같은 연구들이 있다. 김열수, 『국가안보: 위협과 취약성의 딜레마』제3판 (서울: 법문사, 2013), p. 287; 松葉真美, 「集団的自衛権の法的性質とその発達: 国際法上の議論」, 『レファレンス』(2009. 1), pp. 86-87. 집단안보 체제의 개념이 집단 내부에 대한 것이라면, 그것을 그대로 국제연합의 집단안보 체제에 적용시키기 어려울 것이다. 6 · 25전쟁에 대한 국제연합군의 개입은 안보이사회 결의문을 보았을 때, 집단적 자위권보다 집단안보 체제의 적용에 근접하고 있으나, 그 개념적 영역은 회원국이 아니더라도, 위법적인 무력 공격을 행사하는 국가와 무력 공격을 받고 있는 국가에도 해당되었기 때문이다. 따라서 국제연합군의 개입 문제에 대해서는 기존의 집단안보 체제에 대한 개념의 수정과 회원국과 비회원국 간의 경계(境界)에 대한 재검토가 필요하다.
22) Yoram Dinstein, *War, Aggression, and Self-Defence* 4th ed. (Cambridge [England]; New York: Cambridge University Press, 2005), pp. 252-256.

집단안보 체제의 윤곽은 덤버턴오크스회의에서 드러났으나, 국제연합 헌장 제51조는 1945년 샌프란시스코회의에서 새롭게 만들어진 조문이었다. 이 조문은 분쟁이 일어났을 경우, 안보이사회가 조치를 취할 때까지 회원국은 스스로 개별적, 집단적 자위권을 행사할 수 있다는 내용이다. 1944년 덤버턴오크스회의에서 채택된 '일반 국제기구 성립에 관한 제안' 제8장 (b) '평화에 대한 위협 또는 침략행위의 결정 및 이에 관한 행동' 항목들에는 '집단적 자위권'이라는 언급은 없었다. '일반 국제기구 성립에 관한 제안' 제8조 (c)절 '지역적 약정'에서는 안전보장이사회는 적당한 경우에 지역적 약정 또는 지역적 기관을 이용한다고 되어 있으나, 강제조치를 취할 경우에는 "안전보장이사회의 허가가 없으면" 이러한 지역적 약정이나 기관을 사용할 수 없다고 되어 있다.

집단적 자위권을 규정한 제51조의 작성 배경에는 샌프란시스코회의 직전인 1945년 3월 6일 멕시코시티에서 미국과 라틴아메리카 각국이 차풀테펙(Chapultepec)성에서 채택한 '평화와 전쟁 문제에 관한 아메리카회의(The Inter-American Conference of the Problems of Peace and War)', 이른바 '차풀테펙협정(Act of Chapultepec)'의 영향이 컸다. 이 협정은 아메리카대륙 일국에 대한 공격은 전(全)아메리카대륙에 대한 공격이라고 간주하여, 공동으로 방위한다는 내용을 규정했다.[23] 특히 제1부 5항에는 '차풀테펙협정' 서명국에 대한 침략 위협 혹은 침략 행위는 연합국의 노력에 대한 방해라고 간주하여, 이를 제거하기 위해 안보이사회의 허가와 상관없이

---

23) 차풀테펙협정의 원문은, http://avalon.law.yale.edu/20th_century/chapul.asp

여러 경제적 조치와 함께 "무장병력(armed force)"의 사용도 포함했다. 얄타회담에서 상임이사국에 거부권을 인정했기 때문에 라틴아메리카 국가들은 분쟁이 일어나도 대국의 거부권으로 안보이사회가 기능하지 못한다고 우려했다. 따라서 라틴아메리카 각국은 자신들의 안보를 국제기구에 위탁하는 것에 거부감을 가지고 있었기 때문에 지역적 공동방위체제를 구상했고,[24] 이를 위해 국제연합이 창립하기 전에 지역 안보를 기정사실로 확정하는 것을 목표로 했다.[25] 미국 내부에서는 라틴아메리카 각국의 요망에 대해 신중한 견해도 존재했으나, 미국의 전통적 먼로주의 지지자들은 이를 수용했다.[26]

1945년 샌프란시스코회의에서 라틴아메리카 각국은 '차풀테펙협정'의 내용이 보장되지 않으면 회의에서 탈퇴한다는 선언, 이른바 '라틴아메리카의 위기'를 일으켰고, 결국 그들의 주장은 국제연합헌장 제51조를 통해 수용되었다.[27] 이 조문으로 분쟁에 대한 가맹국의 단독행동은 안전보장이사회가 필요한 조치를 취할 때까지 허용되었다. 국제연맹과 달리 국제연합은 물리적 강제조치에 관한 정당성을 회원국에 부여했다. 이에 따라 국제

---

24) Irwin F. Gellman, *Good Neighbor Diplomacy: United States Policies in Latin America, 1933-1945* (Baltimore: Johns Hopkins University Press, 1979), pp. 203-204.
25) Russell (1958), pp. 559-569. 러셀에 의하면 1944년 11월에 국무장관을 사임한 헐의 은퇴가 샌프란시스코회의에서 지역주의에 대한 미국 대표단의 인식을 강화하는 데 영향을 주었다고 했다. Russell (1958), p. 698.
26) 미국 상원의원 코널리(Thomas Terry Connally), 밴던버그(Arthur Hendrick Vandenberg) 등은 라틴아메리카 국가들의 요청을 지지했다.
27) 1947년 9월 2일 리우데자네이루에서 미국과 중남미 국가들이 서명한 미주상호원조조약(Inter-American Treaty of Reciprocal Assistance)은 '차풀테펙협정'을 근거로 했고, 국제연합의 목적과 원칙을 준수한다고 천명했다. 제3조에는 "체결국들은 국제연합 제51조에 의해 인정되어 있는 개별적 또는 집단적 고유의 자위권을 행사"하여, 공격 국가에 대항하는 것을 명기했다. 이 조약은 1948년 12월 3일 발효되었다.

연합의 집단안전보장 체제는 1919년보다 발전했으나, 국제연합의 전체적인 권한에서 국가의 자율성을 인정했다는 역설적인 결과를 낳았다.[28] 헌장 제51조에 관한 논쟁과 해석 문제는 많은 주목을 받아왔다.[29] 한편 동 조문에는 "지역"이라는 구절이 규정되지 않았다. 지역성과 안보를 연계시킨 '제8장: 지역적 약정'(제52-54조)에서 제52조 1항은 다음과 같다.

이 헌장의 어떠한 규정도, 국제평화와 안전의 유지에 관한 사항으로서 지역적 조치에 적합한 사항을 처리하기 위하여 지역적 약정 또는 지역적 기관이 존재하는 것을 배제하지 아니한다. 다만, 그 활동이 국제연합의 목적과 원칙에 일치하는 것을 조건으로 한다.

국제연합헌장에 따르면, 분쟁이 일어났을 때 국제연합 회원국은 안보이사회에 "회부하기 전에" 지역적 약정 혹은 기관에 의해 문제를 해결하기 위한 노력을 수행할 수 있다(제52조 2항). 다만, 다음 조문에서 규정되었듯이 안보이사회의 허가가 없으면 지역적 약정 혹은 기관에서 발동하는

---

28) Evam Luard, *A History of the United Nations*, vol. Ⅰ: *The Years of Western Domination, 1945-1955* (London: Macmi1884-llan Press, 1982), pp. 51-54.
29) 폴 케네디(Paul Kennedy)는 "자위(self-defence)"라는 말이 예비적, 선제적 공격의 범위를 명확하게 하지 않아 해석에 문제가 있다고 한다. 그는 다음과 같은 표현을 통해 이 조문을 설명했다. "난 국제기구에 특정한 권한을 위탁하지만, 중요하다고 판단했을 때는 자국의 행동 자유를 주장한다." Paul Kennedy, *The Parliament of Man: The Past, Present, and Future of the United Nations* (New York: Random House, 2006), p. 40. 집단적 자위권을 행사한 것으로, 소련의 헝가리 개입(1956), 미국과 영국에 의한 레바논과 요르단에의 개입(1964) 등이 있었다. 법률가들 사이에서 많은 논쟁을 일으킨 제51조는 어떤 국가가 자국의 영토 바깥의 지역에서 군사행동을 일으킬 수 있는 법적 정당성을 부여했다는 평가가 있다. Oscar Schachter, *International Law in Theory and Practice* (Dordrecht; Boston: M. Nijhoff Publishers, 1991), p. 155.

강제조치는 금지되었다(제53조).30) 헌장 52조는 국제연합이 지역문제에 대처하는 필요성을 줄이기 위해 완충장치로서 기능한다. 동 조문은 제51조와 마찬가지로 방위조약의 성격을 가지고 있다.31)

원래 국제주의를 표방한 국제연합은 국제연맹과 맥을 같이하고 세력균형을 거부했다. 1933년부터 1944년 11월 30일까지 미국 국무장관이었고, '국제연합의 아버지'32)라고 불린 코델 헐은 1943년 모스크바선언에서 대국과 소국의 주권평등을 표방했을 때, 과거에 보였던 세력권, 양국 간 동맹, 특별협정, 그리고 세력균형을 부정했다.33) 또한 1944년 소련군이 루마니아에 진입한 것을 보았던 그는 유럽에서 세력권이 창설되는 것을 반대했다. 그는 "세력권이라는 것은 앞으로 창설된다고 기대를 받고 있는 국제적인 안전보장 기구의 전체적인 권위를 추락시키"고, "평화유지의 수단으로서의 세력균형이나 세력권이라는 생각에 찬성하지 않"는다는 의사를 지속적으로 표방했다.34) 과거 국제연맹의 경험을 상기할 때, 모든 대국이 참여하지 않는 안전보장 기구는 목적을 달성하지 못한다는 것이 그의 핵심 주장이었다.35)

---

30) Bruno Simma (eds.), *The Charter of the United Nations: A Commentary* (Oxford: Oxford University Press, 1995), pp. 687-689.
31) Alan K. Henrikson, "The Growth of Regional Organization and the Role of the United Nations," in Louise Fawcett and Andrew Hurrell (eds.), *Regionalism in World Politics: Regional Organization and International Order* (New York: Oxford University Press, 1995), pp. 125-130.
32) 이 표현은 루스벨트가 헐에게 보낸 1944년 11월 21일 편지에 있었던 구절이었다. Cordell Hull (1948), p. 1718. 헐은 국제연합 창립의 공헌자로서 1945년 노벨 평화상을 수상했다.
33) Cordell Hull (1948), pp. 1314-1315. 그러나 헐은 스탈린에게 상대적으로 호의적이었다는 것이 회고록을 통해 알 수 있다.
34) Cordell Hull (1948), p. 1452.
35) 그의 이러한 생각은 특히 회고록 마지막 부분에서 강조되어 있다. Cordell Hull (1948),

그러나 국제연합 창립 구상 과정에 있어 장래의 안전보장이 어떤 지역을 주도하는 대국에 의해 권역을 통해 유지해야 한다는 것은 처칠의 인식이 반영된 것이었고, 세력권 확대를 우려한 국제주의자들도 국제연합 하에서 '지역적 약정'의 존재는 유익하다는 인식을 점차 공유해 갔다.36)

제53조 1항에는 안보이사회가 그 권위 하에서 강제조치를 위해 지역적 약정과 지역적 기관을 이용한다고 규정하고 있다. 물론 안보이사회의 허가가 조건이지만, "적국"의 "침략 정책의 재현"에 구비한 지역적 약정은 국제연합이 "적국에 의한 새로운 침략을 방지할 책임을 질 때까지는 예외로 한다"고 되어 있다. "적국"이라 함은 제53조 2항에서 "제2차 세계대전 중에 이 헌장의 서명국의 적국이었던 어떠한 국가에도 적용한다"고 언급하고 있기 때문에, 국가명은 등장하지 않았지만, 독일, 일본, 이탈리아, 헝가리, 루마니아 등을 가리킨다.37) 이와 함께 '제17장: 과도적 안전보장 조치' 제107조에서도 "적국"이라는 용어가 등장한다. 이 '적국 조항(Enemy Clauses)'의 존재가 제시하는 것처럼 국제연합헌장은 제2차 세계대전을 마무리한 평화조약이 아니었으나, 연합국과 맞선 추축국(Axis Powers)을 염두에 둔 국제조약이었다.

---

pp. 1741-1742.
36) Sydney D. Bailey, *The United Nations: A Short Political Guide* (Houndmills, Basingstoke, Hampshire: Macmillan Press, 1989), p. 29; Paul Kennedy (2006), p. 41. 미국식 집단안보 구성에 대해 처칠은 각 지역을 대표하는 대국이 그 지역을 주도하는 방법을 선호했다. 존 미첨, 이중순(옮김), 『처칠과 루스벨트: 그들은 세계 역사를 어떻게 바꾸었는가』 (서울: 조선일보사, 2003), p. 531. 1945년 4월 12일 루스벨트의 서거와 트루먼 등장으로 미국의 세계주의에서 특정 지역에 대한 관심에 관해서는, 김명섭, 「냉전초기 봉쇄전략의 탄생: 죠지 F. 케난이 유일한 설계자였나?」, 『국제정치논총』 제49집 (1)호 (2009), pp. 67-73.
37) 당시 오스트리아는 독일에 병합된 상태였기 때문에 적국에 포함되지 않는다는 것이 일반적이다.

2. 영토의 분리와 획정

샌프란시스코평화조약 '제1장 평화' 제1조 (a)를 일본어 표기로 본다면 "일본국과 각 연합국들 간의 전쟁 상태를 종료" (b)에 "연합국은 일본국 및 그 영수에 대한 일본 국민의 완전한 주권을 승인한다"고 되어 있다. 일본의 영토는 19세기말부터 시작한 주변국과의 영토 쟁탈전과 연관했다. 다음 '제2장 영역(Territory)' 제2-4조의 규정은 대일본제국의 영토 해체와 더불어 일본 영토의 변경, 재편성뿐만 아니라 동북아 지역 또는 국가들의 영토적 관계성을 규정했다.

1945년 포츠담선언에서 일본의 주권은 "혼슈(本州), 홋카이도(北海道), 규슈(九州) 및 시코쿠(四國) 및 우리의 경정하는 제(諸) 소도(小島)"라고 한정되었다. 평화조약의 영토 조문에는 '포츠담선언'이라는 어구가 규정되지 않았지만, 그 용어는 '제3장 안전' 제6조 (b)에서 "일본국 군대는 각자의 가정에의 복귀에 관한 1945년 7월 26일의 포츠담선언 제9항의 규정은, 아직 실시가 완료되지 않으면, 실시되어야 한다"는 부분에 등장했다. 샌프란시스코평화조약은 포츠담선언 이행의 최종형태였다. 포츠담선언에서 규정된 일본의 주권 영역은 다시 평화조약에서 규정되지 않았으나, 포츠담선언을 전제로 한 것은 명확했다. 이러한 일본의 주권 문제, 즉 영토의 분리 및 재편성은 국가 간 관계와 연계된 평화조약 제2조를 통해 규정되었다.

1) "코리아"와의 관련성

우선 "코리아"에 관한 조문이다. 샌프란시스코평화조약은 영어, 프랑스어, 스페인어, 일본어 네 가지 언어로 조약문이 작성되었다. 영문은 "Korea"(코리아), 일본어는 "조선(朝鮮)"으로 표시되었다. 영문으로 샌프란시스코평화조약 제2조 (a)를 보았을 때, "일본은 코리아의 독립을 승인하여, 제주도, 거문도 및 울릉도를 포함한 코리아에 대한 모든 권리, 권원 및 청구권을 포기한다"고 규정되었다.[38]

일본의 영토와 "코리아"의 관계성은 '카이로선언(Cairo Declaration)'[39]을 통해 지적된 것이다. 이 선언문은 처음으로 일본의 영토 변경에 대해

---

[38] 샌프란시스코평화조약과 관계된 한국과 일본의 영토 논쟁은 독도다. 연합국이 마련한 평화조약 초안에는 독도가 한국 영토로 되어 있었으나, 일본 영토로 규정되었다. 그리고 이후의 조약안에는 독도가 명기되지 않았다. 따라서 샌프란시스코평화조약에 규정되지 않았던 것을 평화조약을 통해 영토권을 입증하는 것은 한계가 있다. 샌프란시스코평화조약에 명확하게 규정되지 않았던 독도는 1952년 1월 18일, 이승만이 '평화선'을 선포하여 한국의 수역권에 편입되자 2월 15일에 일본 외무성이 주일 한국 대표부에 항의서를 보낸 것이 현재까지 지속되어 있는 구도의 시작이었다. 이진원·곽진오·유시현, 「동아시아 영토분쟁: 독도」, 이진원(외),『동아시아 영토분쟁: 문제점과 대응전략』(서울: 국방대학교 국가안전보장문제연구소, 2014), p. 11.

[39] "Cairo Conference 1943," http://avalon.law.yale.edu/wwii/cairo.asp 카이로선언을 보았을 때, "1914년 제1차 세계대전 개시 이후에 탈취 또는 점령한 태평양의 도서 일체를 박탈할 것"이라고 있다. "1914년"에 발발한 "제1차 세계대전"의 개시 연도를 명확하게 제시했다. 카이로선언 중에서 정확한 연도가 나온 것은 이 부분이다. 1914년 7월 말 제1차 세계대전의 발발에서 9월까지의 기간에 일본이 점령한 독일령이었던 남양제도에서 적도 이북에 있는 마리아나 제도, 캐롤라인 제도, 마셜 제도를 점령했다. 카이로선언은 1914년이라는 시점을 내세워서 일본이 그러한 영토를 "박탈"했다고 한다. 그러나 1914년 일본이 "발탈"한 그러한 영역은 1919년 파리평화회의와 베르사유평화조약에서의 '위임통치제도'의 형태로 일본이 국제적으로 점령하게 되었다. 일본은 1931년 만주사변을 일으킨 결과 1933년 국제연합을 탈퇴했지만, 이후도 일본은 일부 국제연맹에 대해 협력적이었다. 그러나 1938년 일본은 남양제도의 영유권을 선언했다. 따라서 카이로선언은 1919년 국제연맹규약에서 규정된 위임통치를 통해 일본이 지배하게 된 영유권, 1938년 이후에 일본이 위임통치를 하던 남양제도 등을 부정한 것이 아니라, '1914년의 제1차 세계대전을 통해 일본이 획득한 영토'를 부정했다.

공식적으로 언급한 것이었으며, 동시에 제2차 세계대전 중에서 "코리아"에 관한 언급이 등장했다는 측면에서 일본과 한국/조선에 직접적으로 관계된 선언문이었다.40) 1943년 11월 22일부터 이집트의 카이로에서 카이로회담의 예비회담이 시작되어, 다음날인 23일부터 본회의가 개최되었다. 미국의 루스벨트, 영국의 처칠, 중국의 장제스(蔣介石, 1897-1975)의 정상들과 각국의 참모들이 참석하여 대일방침을 논의했다. 이 회의에서는 식민지 독립, 영토 처리 문제에 관한 내용들이 토의되었고, "코리아"에도 적용되었다. 12월 1일에 미·영·중의 수도에서 동시에 발표된 카이로선언에 따르면 미·영·중의 3대국은 "자국을 위하여 어떠한 이익을 요구하는 것은 아니며 또 영토를 확장할 의도도 없다"고 하며 3대국의 목적이란 일본과 연계된 영토의 분리를 선언했다.

기본적으로 카이로선언 내용은 중국과 미국 중심으로 작성된 것이었고, 특히 "코리아"의 문제에 관해서도 양국의 합의가 반영되었다. 중국은 제2차 세계대전 와중에 개최된 열강들의 전시회담에 처음으로 참석했다. 이 회담을 통해 중국은 제2차 세계대전의 와중에 미국·영국·소련과 함께 대국으로 등장했다.41) 장제스는 선언에 "코리아"의 삽입을 추진한 인물이었다. 카이로선언 발표 전에 루스벨트와 장제스는 선언문 내용에 관해서 회담을 가지게 되었는데, 이때의 시안에는 "일본이 패배한 후 조선은 자유와 독립을 획득해야 한다. 전후 일본의 중국 공사산업(公私産業)을

---

40) 최영호, 「카이로선언의 국제정치적 의미」, 『영토해양연구』 제5권 (2013), p. 56.
41) 정병준, 「카이로회담의 한국 문제 논의와 카이로선언 한국조항의 작성 과정」, 『역사비평』 107호 (2014), p. 307.

중국정부가 완전히 접수해야 한다는 점에 루스벨트 대통령은 찬성을 표시했다. 그러나 어떻게 조선의 자유와 독립을 재건시킬 것인지에 대해서는 쌍방이 양해하기로 하고, 중·미 양국이 조선 인민이 목적을 달성할 수 있도록 서로 협조하기로 했다"고 되었다.[42] "코리아"의 문제는 중국과 미국 사이에서 결정된 것이었지만, 한편에서 "코리아"의 장래를 어떻게 다루어야 하는가는 불명확했다.[43] 중국의 주장은 대한민국임시정부와의 외교관계가 반영되었고, 미국은 이를 포괄적으로 받아들였다.

다만, 선언문에서 나온 '코리아'의 조항에 대해 미국은 "코리아"를 신탁통치로 관리하는 정책을 염두에 두고 있었고, 이 점에서는 중국의 인식과 괴리가 있었다. 미국은 분명히 일본에 의한 "코리아"의 노예상태를 우려했으면서도 한국이 즉시 주권국가로서, 그리고 자치능력이 결여되어 있다는 인식을 가지고 있었다.[44] 즉, 중국 측은 "조선의 독립"[45]을 제안했고, 이에 대해 미국의 초안을 작성한 홉킨스, 그리고 그 초안을 루스벨트가

---

42) 趙德天, 「카이로회담의 교섭과 진행에 관한 연구」, 『한국근현대사연구』 가을호 제70집 (2014), p. 158-159. 최덕천의 연구가 "코리아" 문제뿐만 아니라 카이로회담의 전체적인 교섭과정을 1차자료를 활용하여, 미국 자료와 더불어 중국 측 자료도 전적으로 다룬 연구라면, 정병준의 연구는 카이로회담에서 등장한 "한국조항"에 대해 미시적으로 접근한 연구다. 정병준 (2014).
43) 장제스의 11월 23일 일기에는 루스벨트와의 대화에서 일본이 지불해야 하는 배상, 소련의 대일참전 등이 기록되어 있으나, 구체적인 루스벨트와의 대화 내용은 없었다. 레이 황, 구범진(옮김), 『장제스(蔣介石) 일기를 읽다: 레이황의 중국 근현대사 사색』(서울: 푸른역사, 2009), p. 376.
44) 최영호 (2013), pp. 60-69; 정병준 (2014), pp. 328-342.
45) 카이로회담에 관련하여 많은 준비를 했던 중국의 자료에서는 "조선(朝鮮)"이라는 용어를 사용했다는 것이 확인된다. 다만, 루스벨트와 장제스의 대화에서는 주로 '코리아'가 사용되었을 것이다. 영어에 능통하지 않았던 장제스와 달리 미국 유학 경험이 있었던 부인 송미령(宋美齡, 1897-2003)은 영어를 구사했고, 정상회담에 참석했을 뿐만 아니라 루스벨트와 장제스의 11월 23일 회담에도 참석했다. 카이로회담에서 송미령이 장제스에게 전한 조언과 그녀의 언급에 관해서는, 진정일, 이양자(옮김), 『송미령 평전』(파주: 한울, 2004), pp. 481-489.

수정, 가필했고, 결국 "자유와 독립" 및 "적절한 시기"라는 단어가 도입되었다.[46] 이 당시 루스벨트는 '코리아'에 대해 '신탁통치'를 실시할 생각을 가지고 있었다. 1943년 12월 1일에 카이로선언이 천명되었지만, 그 시기와 겹친 1943년 11월 27일부터 12월 2일의 테헤란회담에서 루스벨트와 스탈린 사이에는 '코리아'에 대한 신탁통치 기간을 "40년"으로 한다는 내용이 있었다.[47]

카이로선언에 "코리아"의 조항이 등장한 것은 중국 장제스에 의한 역할이 컸다.[48] 장제스의 카이로선언에 대한 준비가 1943년 11월 14일 전후라고 보는 견해가 일반적이지만, 이미 1941-1942년에 중국 국민당은 '군사위원회 참사실(軍事委員會參事室)'과 '국방최고위원회 비서청(國防最高委員會秘書廳)'을 중심으로 제2차 세계대전 후의 전후체제 방안을 마련했다.[49]

---

[46] 배경한, 「카이로회담에서의 한국문제와 蔣介石」, 『역사학보』 제224집 (2014), p. 320. 영국은 "코리아"에 관련한 부분에 대해 반대했다. 초안에 있었던 "하나의 자유롭고 독립된 국가가 되도록 한다"는 부분을 영국은 "일본의 통치에서 벗어나도록 한다"고 수정을 요청했다. 趙德天 (2014), p. 162. 일본의 식민지하에 있었던 한반도에 대한 중국과 미국의 인식은 영국 자신의 "식민체제"에 영향을 미칠 가능성이 있었기 때문에 부정적이었고, 영국에게 카이로선언은 양보의 결과물이었다. 정병준 (2014), p. 342.

[47] 李鐘元, 「戰後アジアの地域秩序と朝鮮半島」, 細谷千博・入江昭・後藤乾一・波多野澄雄 (編), 『太平洋戰爭の終結: アジア太平洋の戰後秩序』 (東京: 柏書房, 1997), p. 378.

[48] "코리아"라는 부분이 카이로선언에 도입된 이유에 관해서 유영익은 이승만의 '서한(書翰) 외교'가 루스벨트에게 영향을 주었다고 한다. 유영익, 『(건국대통령) 이승만: 생애 사상 업적의 새로운 조명』 (서울: 일조각, 2013), pp. 57-63. 유영익의 연구서는 중국보다 미국의 외교정책, 특히 홉킨스를 높이 평가한 다음과 같은 연구서에 의거하고 있다. 정일화, 『카이로 선언: 대한민국 독립의 문』 (서울: 선한약석, 2010). 유영익의 연구서에 대해 신중한 역사적 성찰의 필요성을 촉구한 논평에 관해서는, 김명섭, 「다시 읽는 '문제적 인간' 이승만」, 『중앙일보』 (2013. 5. 18). 배경한은 "추론"이라고 하면서 '코리아'의 조항을 장제스가 거론한 것은 충칭의 대한민국임시정부의 외교관계, 그리고 전후(戰後)에 한반도에서 "친중중부"(親中政府)의 수립을 고려했다고 한다. 배경한 (2014), p. 327. 배경한의 주장은 裴京漢, 「中日戰爭時期蔣介石國民政府的對韓政策」, 黃自進・潘光哲 主編, 『蔣介石與現代中國的型塑』 第2冊 (臺北: 中央研究院近代史研究所, 2013)에 준거한 것이다.

[49] 배경한 (2014), pp. 312-313.

그러나 장제스는 그 이전부터 일본과 "코리아"의 분리를 고려했다고 보아야 할 것이다. 1915년 5월 9일 일본의 압박으로 중국은 21개조의 요구를 받아들였다. '5월 9일'은 중국에게 국치일[五九國恥]이었다. 17년 후인 1932년 5월 9일 장제스는 일본 제국주의에 의해 중국이 침략되었다고 연설했다. 그는 "5월 3일"(1928년 5·3참변), "5월 9일"(1915년 21개조 요구), "5월 30일"(1925년 상해사건), 그리고 일본으로 인해 타이완이 할양되었고, 류큐(琉球)가 점령되고, "조선이 망했다"고 했다.50) 시모노세키조약에서 결정된 타이완 할양, 메이지유신 이후에 일본에 편입된 류큐는 역사적으로 중국과 깊은 관계에 있었다.51) 그리고 장제스가 말한 "조선" 역시 중국의 국치일에 언급했다는 점을 감안했을 때, 장제스의 일본과 "코리아"의 영토 문제 인식은

---

50) 蔣介石, 「硏究中華民族致弱之由來與日本立國精神之所在」, 『蔣委員長最近講演集(一)』, pp. 414-415; 段瑞聡, 『蔣介石と新生活運動』(東京: 慶應義塾大学出版会, 2006), pp. 259-261에서 재인용.
51) 카이로회담에서 장제스는 장래 일본의 "국체(國體)" 문제에 관해서는 일본인들이 스스로 결정해야 한다고 언급했다. 「蔣主席昭告全國軍民」, 『中央日報』(1944년 1월 1일), 家近亮子, 『蔣介石の外交戦略と日中戦争』(東京: 岩波書店, 2012), p. 265에서 재인용. 이는 장제스가 민족자결을 중요시했고, 이로 서구, 특히 영국의 식민지정책을 암시적으로 비판한 것이었다. 장제스는 1943년 11월 23일의 일기에서 "영국 제국주의 정책을 고립화시켜, 세계의 피압박 인류를 해방하는 것을 미국이 한다면 세계전쟁에 공헌할 수 있다"고 기록되어 있다. 家近亮子 (2012), p. 266. 다만 장제스가 서양 국가들보다 일본에 유화적이었다는 것은 사실이다. 1987년에 일본에서 출판된 장제스의 유덕(遺德)을 추모한 책에는 장제스의 일본에 대한 공헌으로서 천황제의 유지, 소련에 의한 일본 분할 점령 저지, 200만여 명의 일본군인 조기(早期) 송환, 그리고 대일배상 요구의 포기라는 4대 원칙을 높이 평가했다. 이 책의 간행을 추진한 모임의 책임자는 기시 노부스케(岸信介, 1896-1987)와 1973년 일본과 타이완이 단교했음에도 교류를 추진한 '일화의원간담회(日華議員懇談會)'의 회장 나다오 히로키치(灘尾弘吉, 1899-1994)였다. 그들이 주최한 모임에 송미령은 장제스가 "중·일 2대 민족의 공통 영구의 이익"에 깊은 관심을 기울였다고 전보를 보냈다. 蔣介石先生の遺德を顯彰する会(編), 『仰之彌高: 蔣介石先生の遺徳を偲ぶ』(東京: 馬紀壯, 1987). 1945년 이전 장제스는 반일 지도자였으며 반공주의자였다. 장제스와 이승만을 비교하여 그들의 반공인식을 추적한 연구는, 김명섭·김주희, 「20세기 초 동북아 반일(反日) 민족지도자의 반공(反共): 이승만과 장개석의 사례를 중심으로」, 『한국정치외교사논총』 제34집 (2)호 (2013). 1945년 이후 반일 지도자였던 이승만은 그대로, 장제스는 공산 중국에 맞서기 위해 일본과의 관계를 중시했다.

적어도 1940년대 초가 아니라 1930년대 초에는 나타나 있었다는 것이다.[52]

카이로선언에 있는 '국제조약의 함의'를 추출할 필요가 있다. 일본이 "폭력과 탐욕으로 약탈"한 지역으로서 "코리아의 인민(people of Korea)"[53]의 노예상태에 유의하여 "적당한 시기에 코리아(Korea)를 자유 그리고 독립(in due course Korea shall become free and independent)"시킬 결의를 한다고 되어 있다. 영문 문서의 "코리아"에 관한 문구를 보았을 때, '언제'부터 일본이 "코리아"의 인민을 노예상태로 다루고 있는지 명확하게 나타나지 않는다. 1904년부터 1910년까지 일본이 강압적으로 대한제국과 체결한 일련의 조약들을 의미했는지, 아니면 단순히 전쟁의 심화에 따른 상황을 의미했다고도 생각할 수 있다.

1945년 7월에 발표된 포츠담선언(Potsdam Declaration)은 카이로선언의 일부를 계승하면서 일본에 대해 무조건 항복을 요구했다. 1945년 7월 17일부터 8월 2일까지 베를린의 교외에 위치한 포츠담에서 미국, 영국, 소련에 의한 포츠담회의(Potsdam Conference)가 개최되었다. 7월 26일에 미국의 트루먼, 영국의 처칠, 중국의 장제스의 이름으로 대일본제국에 대해 포츠담선언이 발표되었다. 일본군의 무조건 항복을 천명한 전 13항목으로 구성된 선언문에서 일본의 주권이 미치는 영역을 규정했다. 카이로선언에서는 일본이 지배하고 있는 영토들 중에서 일본에서 분리해야 하는

---

[52] 물론 그 이전에도 장제스나 다른 중국인이 한국/조선의 영토에 대해 많은 언급을 했을 것이다.
[53] 위의 자료에서는 "조선의 인민"이라고 되어 있다. 미국 샌프란시스코의 교민단체인 국민회(國民會)의 기관지였던 『新韓民報別報(EXTRA The New Korea)에서는 카이로선언의 원문과 한국어 번역이 게재되었다. 당시 한국어 번역문에서 "코리아"는 "한국"으로 되어 있었다. 한국어 번역문에 관해서는 최영호 (2013), p. 57.

지역명이 등장했다면, 포츠담선언은 '일본의 영토'를 명확하게 규정했다는 점에서 카이로선언과 달리했다.

2) 중국과의 관련성

중국과 일본의 관계를 규정한 샌프란시스코평화조약 제2조 (b)에는 "일본국은 타이완 및 펑후제도(澎湖諸島)에 대한 모든 권리, 권원 및 청구권을 포기한다"고 규정되었다.54) 중국 관련 조문 역시 한국과 마찬가지로 카이로선언의 내용이 반영되었다. 1943년 카이로선언에는 "만주, 타이완 및 펑후열도와 같이 일본이 청국으로부터 빼앗은 지역 일체를 중화민국에 반환"하는 것이 규정되어 있다. 이 문장에 나온 "청국"이라는 영문에서는 "Chinese"라고 표기되어 있지만, 1943년 당시 일본 외무성에 번역된 문서에서는 "청국인(淸國人)"이라고 되어 있다.55) 즉, 1644년부터 1912년까지

---

54) 샌프란시스코평화조약에서 '중국'과 관련된 조문들은 현재 일본과 중화인민공화국 간에 센카쿠제도(尖閣諸島)로서 남아 있다. 센카쿠제도란 우오쓰리 섬(魚釣島)/댜오위 섬(釣魚島), 구바 섬(久場島)/황웨이 섬(黃尾嶼), 다이쇼 섬(大正島)/츠웨이 섬(赤尾嶼), 미나미코 섬(南小島)/난샤오 섬(南小島), 기타코 섬(北小島)/베이샤오 섬(北小島), 오키노키타 암(沖北岩)/베이얀(北岩), 오키노미나미 암(沖南岩)/난얀(南岩), 도비세(飛瀬)/페이자오얀(飛礁岩)으로 이루어진 일련의 제도(諸島)를 말한다. 영유 문제는 오키나와(沖繩) 문제와 연결되어 있다. 1868년에 수립된 메이지정부는 1872년 류큐왕국(琉球王國)을 강제적으로 폐지함으로써 1879년 가고시마현(鹿兒島縣)에 편입시켰다. 1429년부터 1879년까지 중국과 책봉관계에 있었던 류큐왕국은 일본보다 중국과의 역사가 길었다. 오키나와의 일본 편입으로 센카쿠제도도 일본에 편입되었다는 것이다. 일본 외무성의 견해에 따르면 일본은 청나라에 의한 지배의 흔적이 없는 것을 확인한 후에 센카쿠제도를 1895년 1월 14일 각의결정으로 이를 일본의 영토에 정식적으로 편입시켰다. 그리고 5월에 발효된 시모노세키조약 "제2조를 바탕으로 일본이 청국에서 할양받은 타이완(臺灣) 및 펑후제도(澎湖諸島)에는 포함하지 않는다"고 했고, 시모노세키조약과 관계가 없다고 주장한다. 外務省,「尖閣諸島に関するQ&A」, http://www.mofa.go.jp/mofaj/area/senkaku/qa_1010.html 이 내용은 2013년 6월 5일에 작성되었다.

지속한 청나라(淸朝)를 의미했고, 청일전쟁의 결과 1895년에 체결된 시모노세키조약 제2조를 통해 일본이 획득한 영토의 반환을 지적했다는 것이다. 중국의 이익과 관련된 문장이었다.

따라서 그러한 내용들을 계승한 샌프란시스코평화조약은 1895년에 청나라와 일본이 체결한 시모노세키조약의 효력을 일부 부정했다. 그러나 카이로선언에서는 "만주"가 규정되었지만, 평화조약에는 "만주"에 관해서 규정되지 않았다. 이는 카이로회담 이후인 1945년 얄타협약에서 소련이 대일참전의 대가로 미국과 영국에서 승인받았던 내용 중에 "중화민국은 만주에서의 완전한 주권(full sovereignty)을 보유한다"고 되었기 때문에 만주는 중화민국의 영토라는 것이 결정되었다. 그 부분에 관해서는 장제스의 동의가 필요했다. 소련은 장제스의 국민정부와 우호동맹조약을 체결할 준비가 되어 있다는 것을 얄타협약에서 밝혔다.[56]

얄타협약에서 명기된 중국과 소련의 조약은 1945년 8월 14일 체결된 '중소우호동맹조약'이었다. 이 조문의 전문에는 제2차 세계대전에서 연합국의 적국인 일본이 무조건 항복에 이르기까지 중화민국과 소련의 협력, 상호원조의 필요성을 표명했고, 1942년 1월 1일의 '연합국선언'과 1943년 10월 30일에 선언된 '모스크바선언'을 통해 확인된 국제연합의 원칙에

---

55) 外務省, 『日本外交年表並主要文書 下』(東京: 外務省, 1966), pp. 593-594. 일본 외교문서에 수록되어 있는 카이로선언은 1943년 12월 2일자의 런던타임즈에 있었던 것을 번역한 것이다.
56) 얄타협약 원문에는 다음과 같이 규정되었다. For its part, the Soviet Union expresses it readiness to conclude with the National Government of China a pact of friendship and alliance between the U.S.S.R. and China in order to render assistance to China with its armed forces for the purpose of liberating China from the Japanese yoke.

따른 행동을 확인했다. '중소우호동맹조약'에 비록 "만주"라는 단어가 규정되지 않았지만, 제5조에는 "나라의 주권 및 영토보전의 상호적 존중 및 양 체결국의 내정에 불간섭의 제원칙에 따라 행동"하는 것을 인정했다.[57]

1937년부터 1945년까지 국민당과 공산당은 국공합작(國共合作)으로 항일전쟁을 진행했다.[58] 일본의 항복 이후, 국민당과 공산당은 다시 내전 상태가 되었다. 1946년 1월 미국 특사 마셜의 중개로 국공정전협정이 성립되었으나, 국민당이 이를 파기했다. 1949년까지 지속된 국민당과 공산당의 대립 결과는 마오쩌둥이 중국 대륙에서 주도권을 취하게 되었다. 1949년 10월 1일 중화인민공화국이 수립되었고, 장제스가 주도하는 국민당은 타이완으로 정부를 옮겼다. '두 개의 중국(兩个中国)'에 대해 미국과 영국은 정책을 달리했다. 19세기 말부터 일찍이 중국 본토에 진출했던 영국은 여전히 홍콩의 권익을 보유하고 있었고, 중국 시장과의 이해관계를 중요시했다. 영국은 1950년 1월 중화인민공화국을 승인했다. 한편 '봉쇄전략'을 채용하고 있었던 미국은 중국의 내전에 불개입의 원칙을 취했지만, 6·25전쟁 발발 후에는 중국에 대한 정책은 변화했다. 당초 미국은 대일평화조약에 서명하는 평화회의에 '두 개의 중국'을 초청할 예정이었지만, 10월 6·25전쟁에 중공군이 참전했기 때문에 평화회의에 중화인민공화국

---

57) American Society of International Law, "China, Soviet Union: Treaty of Friendship and Alliance," *American Journal of International Law* Vol. 40, No. 2, Supplement: Official Documents (1946), p. 52.

58) 일본의 항복 이후인 1945년 9월 1일 충칭(重慶)에 타이완성행정장관공서(臺灣省行政長官公署)가 발족되었다. 10월 17일 이후에는 제70군이 타이베이(臺北)에 진주했다. 타이베이공회당(臺灣公會堂)에서 10월 25일 중화민국 대표 진의(陳儀, 1883-1950)와 타이완총독(臺灣總督)이었던 안도 리키치(安藤利吉, 1884-1946) 사이에서 항복문서 조인이 실시되었다. サンケイ新聞社, 『蒋介石秘錄14: 日本降伏』(東京: サンケイ新聞社, 1977), p. 201.

이 참석하는 것을 거부했다. 평화회의에 참석하는 중국의 대표가 중화민국 혹은 중화인민공화국이라는 논쟁은 미국과 영국의 논쟁이 되었지만, 결국 미국과 영국은 '두 개의 중국'을 평화회의에 초청하지 않도록 합의했다. 이는 미국의 의향이 반영된 것이었다.59)

중국 관련 조문에서는 영토를 환원하는 주체의 명칭이 규정되지 않았다. 즉, 일본이 "타이완과 펑후제도"를 포기했다고 해도, 어느 나라에 그 영토를 환원해야 하는지, 불명확하게 되었다. 이는 1951년 당시 자유진영의 '중화민국'과 공산진영의 '중화인민공화국'에 의한 '중국대표 문제'에 기인한 것이었다.60) 그리고 중화민국과 중화인민공화국은 샌프란시스코 평화회의에 참석하지 못했고, 서명국이 될 수가 없었다.61)

3) 소련과의 관련성

소련과 일본과의 관계를 규정한 샌프란시스코평화조약 제2조 (c)에는 "일본국은 쿠릴열도62) 및 일본국이 1905년 9월 5일 포츠머스조약의 결과

---

59) Hara (2007), pp. 56-66.
60) 그렇지만, 중화민국과 일본은 1952년 4월 28일 샌프란시스코평화조약 발효일에 평화조약을 체결했다. 이 평화조약 제2조에는 샌프란시스코평화조약 제2조를 바탕으로, "타이완 및 펑후제도", 그리고 "新南群島"(중국어는 南沙群島) 및 "西沙群島"에 대한 권리를 일본이 포기하는 것이 규정되었다. 즉, 타이완을 실효적으로 지배하고 있었던 중화민국에 일본이 타이완을 포기했다는 내용을 체결했다. 이 평화조약은 1952년 8월 5일에 발효되었으나, 1972년 9월 29일에 일본과 중화인민공화국이 국교정상화를 했으므로 실효되었다.
61) 1971년 10월 15일 국제연합 총회의에서 중화인민공화국을 중국의 유일한 정부로 인정했다. 결의안은 '2758 XXVI. Restoration of the lawful rights of the People's Republic of China in the United Nations' http://www.un.org/documents/ga/res/26/ares26.htm 이로 인해 중화민국은 국제연합에서 탈퇴하고 중화인민공화국이 상임이사국으로 되었다.
62) 일본어 표기는 지시마열도(千島列島)를 의미한다.

로서 주권을 획득한 사할린의 일부 및 이에 근접한 제도에 대한 모든 권리, 권한 및 청구권을 포기한다"라고 되었다.

역사적으로 일본과 구(舊)러시아 간의 영토 획정은 세 번의 조약으로 결정되었다. 1855년 러시아제국과 일본 도쿠가와막부(德川幕府)는 러일화친조약(露日和親條約)으로 사할린을 러시아와 일본의 양국민 혼주(混住)의 지역으로 했고, 쿠릴열도 중에서 러시아 측의 우루프섬(得撫島)과 일본 측의 이투루프섬(擇捉島) 사이에 국경선을 획정했다. 이 국경선은 현재 일본이 주장하고 있는 국경선과 동일한 것이다.[63] 1875년 러시아와 일본은 상트페테르부르크 조약(일본어; 樺太・千島交換条約)을 체결함으로써 러시아가 사할린 전체를, 일본이 쿠릴열도를 획득했다. 그리고 1905년 일본은 포츠머스조약으로 사할린의 남부를 획득했다.[64] 평상시가 아니라 러일 간에서 일어난 전쟁의 결과에 따라 국경선이 변경되었다.[65]

한국/조선 및 중국의 영토 문제와 일본의 관계를 규정한 카이로회담에 참석하지 못했던 소련의 의향은 1945년 2월에 개최된 얄타회담에서 언급

---

63) 북방 영토 문제란 현재 러시아가 실효지배하고 있는 이투루프섬, 쿠나시르섬(國後島), 시코탄섬(色丹島), 하보마이군도(齒舞群島)이다.
64) 슈라토흐(Yaroslav Shulatov)에 따르면, 포츠머스조약 교섭 과정에서 러시아 측의 남사할린 할양 결정은 교섭 당사자였던 비테(Sergei Yul'jevich Witte, 1849-1915)의 의향이 크게 반영되었다. 러시아 황제 니콜라이 2세(Nicholai II, 1968-1918)는 남사할린 할양에 대해 크게 반박했지만, 이를 비테가 설득시켜 황제도 태도를 바꾸었다. 비테는 1905년 1월 22일에 러시아의 수도 상트페테르부르크에서 일어난 이른바 '피의 일요일' 발발과 이미 동북아에서의 러시아 해군력이 저하했기 때문에 초기 평화조약 체결을 원했다. 일본에게 남사할린 획득은 절대적 조건이었지만, 비테는 당초부터 배상금의 지불이 "러시아의 위엄"과 "사활이 걸린 이해의 관점"에서 중요한 것이지만, 배상에 비해 남사할린 할양은 비교적 양보 가능하다고 했다. ヤロスラブ・シュラトフ,「ポーツマスにおけるサハリン: 副次の戦場から講和の中心問題へ」, 原暉之(編),『日露戦争とサハリン島』(札幌: 北海道大学出版会, 2011).
65) Hara (2007), p. 73.

되었다.66) 미국, 영국, 소련의 정상들에 의한 이 회담에서는 독일 전범에 대한 재판 문제, 독일의 비무장화, 폴란드와 유고슬라비아의 새로운 정권 수립 문제를 다루었다. '얄타밀약'이라고도 불린 이 회담의 자세한 내용은 1946년 2월 11일에 처음으로 공개되었다. 1945년 당시 '밀약'이었던 얄타협약을 통해 소련은 다음과 같은 내용을 미국과 영국으로부터 승인을 받았다.67) (1) 외몽골(Outer-Mongolia)의 상태는 유지된다. (2) 1904년 일본에 의한 배신적 공격에 의해 침해된 러시아의 구(舊)권리가 회복된다는 것, 즉 (a) 사할린 남부가 소련에 반환되는 것. (b) 다롄(大連)에서 소련의 "우선적 이익"의 옹호와 국제화, 해군 기지로서의 뤼순(旅順)의 조차권(租借權)을 소련에 회복하는 것. (c) 동청철도(東淸鐵道)와 남만주철도(南滿洲鐵道)는 소련과 중국에 의해 공동운영을 하지만, 소련의 우선적 이익이 보증된다는 것. 또 중화민국(China)은 만주의 완전한 주권을 보유한다. (3) 쿠릴열도는 소련에 양도된다는 것이었다.68) 위에 있는 '얄타밀약' (2)의 (a) "사할린 남부"에 관해서는 포츠머스조약 제9조에 규정된 "薩哈嗹島南部"를, (b) "다롄", "뤼순"은 포츠머스조약 제5조에, (c) 철도관련 조문은 포츠머스조약 제6-8조에 규정되어 있었다. 중국 대륙에 관련된 철도 문제

---

66) 소련의 대일참전은 얄타회담을 통해 구체적으로 나타났으나, 1941년 12월 8일 일본의 진주만 공습 직후, 미국은 소련에 대일참전을 유도했다. 따라서 이때부터 소련과 미국의 신경전이 시작했고, 이것이 동북아 냉전의 한 기원이 되었다는 견해도 있다. 이완범, 「동북아 냉전의 원초적 전개과정: 소련의 대일전참전문제를 둘러싼 미·소간의 협상과정을 중심으로. 1941년 12월-1945년 2월」, 『한국정치외교사논총』 제25집 (1)호 (2003), pp. 205-206, 211.
67) 얄타협정 일어는, 일본 국립국회서관, http://www.ndl.go.jp/constitution/etc/j04.html
68) The Yalta Conference, Agreement Regarding Japan, http://avalon.law.yale.edu/wwii/yalta.asp

는 이제 소련(당시 러시아)과 일본 간의 문제가 아니라 소련과 중국 간의 문제를 다루어야 된다는 것이었다. 얄타협약은 대서양헌장이나 카이로선언에 규정된 영토 불확대(不擴大)의 원칙에서 이탈한 것이었고, 소련의 대일참전에 대한 협조의 "보답(reward)"이었다.69)

1945년 4월 5일 소련은 1941년에 일본과 체결한 일·소중립조약을 연장하지 않는 의사를 일본에 통보했다. 7월 26일에 발표된 포츠담선언이 발표된 시점에서 소련은 아직 유효였던 일·소중립조약으로 인해 포츠담선언의 공동서명자가 아니었으나, 8월 8일 대일참전으로 포츠담선언의 공동서명자로서 추가되었다. 8월 9일 소련은 만주에서 남하, 쿠릴열도 사할린에서 북방사도(北方四島)를 점령했다.70) 9월 5일에는 실효지배를 종료했다.71)

샌프란시스코평화조약 작성 과정에서 문제가 된 것은 쿠릴열도의 범위였다. 1949년 말까지 미국 국무성은 쿠릴열도에는 시코탄섬과 하보마이군

---

69) Hara (2007), p. 75 and 98.
70) 1941년 4월에 일·소중립조약이 체결되었으나, 일본은 1940년에 독일, 이탈리아와 삼국동맹조약을 체결하고 있었고, 1941년 6월에 독일이 소련을 침공함으로써 독·소불가침조약은 파기되었다. 이후 소련은 미국, 영국, 중국과 연계되었다. 즉, 일본과 소련은 서로의 적국과 동맹관계에 있었으며, 전쟁을 진행했다. 이러한 "기묘한 조약(strange neutrality)"에 관해서는, George Alexander Lensen, *The Strange Neutrality: Soviet-Japanese Relations during the Second World War, 1941-1945* (Tallahassee: Diplomatic Press, 1972). 얄타회담 이후, 일본은 소련에 종전의 알선을 요청했지만, 이미 얄타밀약에서 소련은 대일참전의 의사를 미국과 영국에 밝혔다. Tsuyoshi Hasegawa, *The Northern Territories Dispute and Russo-Japanese Relations. v. 1. Between War and Peace, 1697-1985* (Berkeley, CA: University of California, International and Area Studies, 1998), pp. 50-59. 일·소중립조약 제3조에는 유효기간을 5년으로 했고, 만료 1년 전에 조약 폐기를 통고해야 한다고 있다. 따라서 소련의 대일참전은 원칙적으로 위반행위였다.
71) 外務省, 「われらの北方領土」, http://www.mofa.go.jp/mofaj/press/pr/pub/pamph/hoppo6.html

도가 포함되지 않는다는 일본 정부의 주장을 타당한 것으로 간주했다.[72] 그러나 이는 소련이 원하는 것이 아니었다. 미국은 일본의 주장을 수용한다면 소련이 불법적으로 쿠릴열도를 점령하게 된다고 생각했다. 6·25전쟁 발발로 미일안전보장조약 체결이 급했던 미국은 샌프란시스코평화조약에서 쿠릴열도의 범위를 의도적으로 규정하지 않으므로 소련과의 충돌을 회피하려고 했다.[73] 샌프란시스코평화조약 제2조 (c)에 '소련'이라는 주체가 명기되지 않았다는 것은 중화민국과 캐나다의 제안이 끼친 영향이었다. 이들은 중화민국의 영토 관련 조문과 "정합성"을 유지하기 위해 제안했다. 덜레스 역시 1951년 6월의 시점에서 소련이 샌프란시스코평화회의에 참석하지 않을 것이라고 예상했다. 따라서 소련에 영토적 혜택을 제공할 필요가 없기 때문에 평화조약에서 '소련'이라는 명칭을 삭제했다.[74]

다만, 소련 관련 조문이 중국 관련 조문과 같은 기술적 수정, 즉 규정된 영토가 '어느 나라에 귀속되어야 하는가'는 의문을 제기할 수 있어도 소련 관련 조문이 중국 관련 조문과 다른 점은 샌프란시스코평화조약에서 유일하게 '포츠머스조약'이라는 러일전쟁을 마무리한 평화조약의 명칭이 규정되었다는 것이다. 샌프란시스코평화조약 제2조 (c)에 "사할린의 일부 및

---

72) 현재 일본의 주장은 4도 반환을 기본적 원칙으로 삼고 있으나, 하라의 연구에 따르면 1946년 일본의 자료에는 일본이 시코탄섬과 하보마이군도의 2도 반환을 주장했다는 논거를 제시했다.
73) Hara (2007), pp. 92-93.
74) Hara (2007), pp. 94-95. 하세가와 쓰요시(Tsuyoshi Hasegawa)에 따르면 일본과 소련 간의 영토 범위를 애매하게 한 것은 덜레스의 전략이었다고 한다. 덜레스는 일본과 소련 간에 영토 문제를 남기는 것으로 일본의 시선을 북쪽 쿠릴열도에 집중시키고, 소련에 대한 일본의 내셔널리즘의 고양을 계산했다. Hasegawa (1998), pp. 93-94 and 105.

이에 근접한 제도"에 대한 일본의 권리를 포기한다고 되어 있다는 것은 결국 '얄타협약'에서 나온 "다롄", "뤼순" 그리고 철도 문제의 지리학적 위치가 1951년 당시 중화인민공화국의 영토 내에 있다는 뜻으로 특별히 소련 관련 조문에 규정되지 않았다는 것이다.

한국과 중국 관련 조문과 달리 소련 관련 조문에는 "포츠머스조약"이라고 러일전쟁을 마무리한 평화조약의 명칭이 규정되었다. 샌프란시스코평화조약 제2조 (a) "코리아" 조문과 (b) 중국 관련 조문에는 다른 평화조약 혹은 일본과 체결한 국제조약의 명칭이 규정되지 않았지만, (c) 소련과 관련된 조문에는 명확하게 "포츠머스조약"의 명칭과 체결일이 규정되었다. 따라서 중국 관련 조문은 주체의 명확성이 규정되지 않았고, 연합국 사이에서 '중국 대표 문제'가 문제화되어 있었지만, 소련 관련 조문의 경우, 주체의 명확성이 없었으나, "포츠머스조약"이라는 명칭이 등장했으므로 소련에 대한 조문이라는 점은 상대적으로 분명해진 조문이었다.[75]

샌프란시스코평화체제는 냉전의 영향을 받았지만, 이와 더불어 19세기 말-20세기 초에 체결된 평화조약들의 국제법적 효력들을 일부 부정했다. 특히 샌프란시스코평화조약은 암시적으로 시모노세키조약, 명시적으로 포츠머스조약에서 규정된 영토조항을 해체시켰지만, "코리아"에 대해서는

---

[75] 1956년 10월 19일에 서명된 소련과 일본의 공동선언은 양국의 관계를 정상화시켰다. 이 공동선언 제9항은 양국이 정상적인 외교관계가 회복된 후, 평화조약의 체결에 관한 교섭을 계속한다고 있다. 이 항목에는 소련이 일본의 이익을 고려하여, "하보마이군도 및 시코탄섬을 일본에 양도하는 것에 동의한다. 다만, 이 군도는 일본과 소비에트사회주의공화국연방과의 사이에 평화조약이 체결된 후에 현실적으로 양도되는 것으로 한다"고 되어 있다. 일·소 국교회복에서 일본 측의 교섭 담당자의 회고록은, 松本俊一, 『日ソ国交回復秘録: 北方領土交渉の真実』 (東京: 朝日新聞出版, 2012).

일본으로부터의 독립을 규정했다. 다만, 언제부터 "코리아"가 일본의 영토로 편입되었는가라는 근본적인 문제에 대한 암시조차 없었던 평화조약이었다.

3. 전쟁 책임의 규정과 배상 논리

베르사유평화조약과 달리 샌프란시스코평화조약에서는 전쟁을 일으킨 국가수반에 대한 처벌 조문이 규정되지 않았다. 샌프란시스코평화조약 '제4장 정치 및 경제 조항' 제11조에는 다음과 같이 규정되었다.

<u>일본국은 극동국제군사재판소 및 일본 국내 그리고 국외의 다른 연합국 전쟁범죄 법정의 재판을 수락하며, 또 일본국에서 구금되어 있는 일본 국민에게 이러한 법정이 과한 형을 집행한다.</u> 이들 구금되어 있는 자를 사면하여 감형 및 가출옥시키는 권한은 각 사건에 관해서 형을 과한 1 또는 2 이상의 정부의 결정 및 일본국의 권고에 기초를 둔 외, 행사할 수 없다. 극동국제재판소가 형을 선고한 자에 관해서는 이 권한은 재판소에 대표자를 낸 정부의 과반수의 결정 및 일본국의 권고에 기초를 둔 외, 행사할 수 없다. [밑줄: 필자 강조]

제2차 세계대전 추축국이었던 독일 히틀러(Adolf Hitler, 1889-1945)는 자살, 이탈리아 무솔리니(Benito Mussolini, 1883-1945)는 파르티잔에 의해 처형

당했지만, 히로히토는 1945년 이후에도 존명(存命)했다. 1946년에 공포된 일본국헌법 제1조에 규정되었듯이 "일본국의 상징이며 일본 국민 통합의 상징"이 되었고, 천황제는 보전되었다.

아시아-태평양전쟁의 결과 패전국이 된 일본에서의 천황제의 보전과 전쟁 책임자에 대한 처벌은 다음과 같은 역학의 결과물이었다. 우선 미국의 천황제 보전 정책이다. 1932년부터 1941년 12월 8일 일본이 진주만을 공격했을 때까지 주일 미국대사였던 그루(Joseph Clark Grew, 1880-1965)는 일본에 친화적인 인물이었다. 만주사변 이후부터 미국과 일본의 관계 악화 개선에 매진한 그는 1941년 미일전쟁 발발 전에는 루스벨트와 일본 총리 고노에 후미마로 회담을 성사시키려고도 했다.76) 그의 노력은 무산되었지만, 1942년 귀국 후에도 미국 국민에게 일본의 정신세계와 정치세력에 관한 연설을 했다. 그의 핵심 주장은 일본의 급진적인 군국주의자와 달리 히로히토를 필두로 평화를 원하는 일본 온건주의자들의 존재를 알리는 것이었다. 그루는 미국 여론을 고려하여, 히로히토에 대한 처벌 면제를 적극적으로 주장하는 것을 삼가기도 했으나, 천황제의

---

76) 1944년 그루는 일본에 체재했던 10년 동안의 일기 내용을 *Ten Years in Japan*이라는 이름으로 출판했다. 이 책은 베스트셀러가 되었으나, 그의 일기 중에서 10분의 1에 불과한 내용이었고, 아직 아시아-태평양전쟁 와중이었기 때문에 내용에는 의도적으로 할애한 흔적이나 교류한 일본인의 이름을 공표하지 않았던 것은 그가 인정한 바 있다. 그루는 서문에서 서술했듯이 미국인들에게 일본이라는 적을 알아야 하지만 정확한 일본관을 제공하는 것을 목적으로 했다고 한다. 즉, 일본에는 "자살적인 침략에 매진하는 극단적인 군국주의자들"이 있지만, 한편에 이들을 막으려고 한 "많은 일본인들"도 있다는 것이었다. Joseph C. Grew, *Ten Years in Japan: A Contemporary Record Drawn from the Diaries and Private and Official Papers of Joseph G. Grew, United States ambassador to Japan, 1932-1942* (New York: Simon and Schuster, 1944), pp. ⅴ-ⅵ. 1948년 그루의 책은 연합군 간접통치 하에서 일본어로 번역·출판되었다.

폐지에는 반대했다.77)

그루는 국제연합 창설을 위해 분주했던 스테티니어스(Edward Reilly Stettinius, Jr., 1900-1949) 국무장관을 대신하여, 국무차관으로서 육군장관 스팀슨(Henry Lewis Stimson, 1867-1950), 해군장관 포리스털(James Vincent Forrestal, 1892-1949)과 함께 국무, 육군, 해군 조정위원회(State-War-Navy Coordinating Committee)의 일원이 되었다.

이들은 천황제 아래에서의 간접통치를 허용하는 방향성을 모색했고, 포츠담선언 천황 관련 조항에 "현 황실 아래에서의 입헌군주제를 포함한다 (include a constitutional monarchy under the present dynasty)"78)고 규정했다. 천황제에 대한 보전을 일본에 제시하는 것이 전쟁을 종료시키는 방법이라고 보았던 그루에게는 위협 국가로 보던 소련 참전이 일본에 영향력을 행사하는 것을 막기 위한 전략이 있었고, 장래 미국과 소련의 전쟁 가능성도 예상했다.79) 스팀슨은 육군장관으로서 미군의 희생이 예상될 일본

---

77) 그루는 1943년 12월 29일 시카고에서 연설을 했을 때, 일본에 서양적 개혁을 촉진하는 것이 아니라 일본의 전통에 따른 변혁의 필요성을 주장했다. 신도주의(神道主義; Shintoism)가 아니라 일본의 군부가 문제라고 언급한 그는 일본이 민주적인 입헌군주제 발전을 할 수 있다고 기대한 것이다. 그루는 천황제가 장래 일본에 안전성을 가져온다는 인식을 가지고 있었다. Waldo H. Heinrichs, *American Ambassador: Joseph C. Grew and the Development of the United States Diplomatic Tradition* (Little, Brown and Company, Boston, Toronto, 1966), pp. 365-367. 그루는 특히 마키노 노부아키, 가바야마 아이스케(樺山愛輔, 1865-1953), 요시다 시게루 등과 친분 관계에 있었다. Heinrichs (1966), pp. 180-181. 하인리히(Waldo H. Heinrichs)에 의하면 그루의 관용함과 공평 관념 속에는 계급적 편견이 있었다고 한다. 그러나 도덕적 가치를 무엇보다 중요시한 그루를 인격자(integrity)라고 평가했다.
78) *Foreign Relations of the United States: Diplomatic Papers: The Conference of Berlin* (the Potsdam Conference, 1945), p. 1269.
79) Howard B. Schonberger, *Aftermath of War: Americans and the Remaking of Japan, 1945-1952* (Kent, Ohio: Kent State University Press, 1989), pp. 30-31.

본토 상륙작전을 회피하기 위해서는 천황제 보존이 일본을 항복시키는 방법이라고 인식했다.[80]

그러나 새로 국무장관에 취임한 번스(James Francis Byrnes, 1882-1972)를 필두로 국무성에는 일본에 가혹한 조치를 원하는 세력도 있었기 때문에 그루 등의 의향이 반영된 천황제 관련 문구는 포츠담선언에서 삭제되었다. 국제연합 창설의 중심인물이었던 헐은 이미 국무장관을 은퇴한 상황이었지만, 그는 천황제 유지를 포츠담선언에 명기하는 것은 미국 국내 여론의 큰 반발을 일으킨다고 국무성에 조언했다.[81]

결국 포츠담선언 제12항에 규정되었듯이 패전 후 일본의 정부형태는 "일본국민이 자유롭게 표명한 의사에 따른 평화적 경향 및 책임이 있는 정부 수립을 요청한다"는 문구로 변경되었다. 1945년 7월 26일 연합국은 전 13항목으로 이루어진 포츠담선언을 공표하고 일본에 항복을 권고했다. 제13항에 규정된 내용은 "일본 정부가 전(全)일본군(all Japanese armed forces)의 즉시 무조건항복을 선언하고, 또 그 행동에 대해 일본 정부가 충분히 보장하는 것을 요청한다"는 것이었다. 연합국은 '일본 정부'와 '일본군'을 분리했다. 정부와 군부를 분리시킨 구절은 포츠담선언을 관통했다.

---

80) Henry L. Stimson and McGeorge Bundy, *On Active Service in Peace and War* (New York: Harper & Brothers, 1948), pp. 628-631. 스팀슨에게 원폭투하 역시 미군의 상륙작전을 회피하는 방법이었다. 원래 그는 일본에 원폭을 투하한 후에 천황제 보전을 규정한 대일성명을 발표할 생각을 가지고 있었다.

81) Foreign Relations of the United States (the Potsdam Conference, 1945), p. 1268. 1945년 6월 29일 워싱턴 포스트에 게재된 갤럽 조사에 따르면, 히로히토의 사형을 33%, 히로히토에 대해 재판의 실시이나 종신금고, 추방을 37%가 지지했다. 반면 히로히토가 그대로 천황으로 서 있거나 연합국 아래에 종속시켜야 한다는 의견은 합쳐서 7%에 불과했다. Heinrichs (1966), p. 377.

제4항은 "일본이 무분별한 타산으로 자국을 멸망의 한계점까지 몰아넣은 군국주의자의 지도를 받는지, 또는 이성의 길을 선택할 때가 왔다"고 되어 있다. 제10항에서는 연합국은 일본인들을 노예화시키거나 일본인들을 멸망시키려고 하지 않지만, "모든 전쟁범죄인(all war criminals)"은 처벌되어야 한다는 의사를 밝혔다.

7월 28일 스즈키 간타로(鈴木貫太郎, 1868-1948) 총리는 포츠담선언에 대한 수락 의사를 보여주지 않았다. 그는 포츠담선언은 카이로선언의 반복에 불과하다는 견해를 드러냈다.[82] 8월 6일 히로시마(廣島)에의 원폭 투하[83], 8일 소련 참전, 9일 나가사키(長崎)에의 원폭 투하 후, 10일 오전 2시에 히로히토의 "성단(聖斷)"으로 일본 정부는 포츠담선언 수락 의사를 보여주었으나, 천황제 관련 조항의 의미를 확인할 필요가 있었다. 일본 정부는 "천황의 국가통치의 대권"이 변경되지 않는다는 것을 조건으로 포츠담선언 수락 의사를 스위스 정부 경유로 미국에 전달했다.[84] 미국

---

82) 총리대신 스즈키 간타로는 포츠담선언 관련 기자회견에서 그 선언을 "묵살(黙殺)"했다는 것이 일본 학계의 통설이다. 당시 일본 언론사인 동맹통신사(同盟通信社)가 "묵살"이라는 용어를 "ignore"로 번역했다. 이를 미국의 AP(Associated Press)와 영국의 로이터(Reuters)는 "reject", 즉 일본 정부는 포츠담선언을 거부했다고 게재했다. 仲晃, 『黙殺: ポツダム宣言の真実と日本の運命 (上)』(東京: 日本放送出版協会, 2001), pp. 29-51.
83) 스팀슨의 주장, 즉 일본과의 전쟁에서 미군의 희생을 회피하기 위해 원폭을 사용했다는 것은 원폭 사용에 관한 미국의 전통적 입장이다. 이에 반해 원폭이 일본의 항복을 이끌어 내는 것보다 원폭을 소유함으로써 미국은 소련에 유리한 입장을 제시하기 위해서 "원폭외교"를 전개했다는 수정주의적 입장에 관해서는, Gar Alperovitz, *Atomic Diplomacy: Hiroshima and Potsdam; The Use of the Atomic Bomb and the American Confrontation with Soviet Power* (New York: Simon and Schuster, 1965). 원폭투하를 둘러싼 논쟁에 관해서는, Philip Nobile (eds.), *Judgment at the Smithsonian* (New York: Marlowe & Company, 1995)을 참조.
84) 「ポツダム宣言受諾に関し瑞西、瑞典を介し連合国側に申し入れ関係」, 外交記録 A'1.0.0.1 「ポツダム宣言受諾関係一件(第1卷)」の内〈GAI-1, Reel No. A'-0113〉国立国会図書館,「日本国憲法の誕生」, http://www.ndl.go.jp/constitution/shiryo/01/010shoshi.html

제7장 샌프란시스코평화체제의 구조_263

정부에서는 천황제 처우에 대한 논쟁이 있었으나, 천황이 '연합국군 최고 사령관의 제한 하에 두게 된다'는 내용과 아울러 다시 포츠담선언 제12항에 규정된 일본 국민의 의사에 따른 평화적 정부의 수립이라는 부분을 강조한 연합국 회답(번스의 회답)을 일본에 전달했다. 이는 천황제에 반대했던 미국 강경파들이 일본 정부에 양보했다는 것을 의미했다.[85] 일본 정부는 연합국의 회답만으로는 천황제 유지가 불명확하다고 판단했으나, 미국과 영국 내에서의 천황제 존속에 관한 긍정적인 논설 등을 총합적으로 검토하여 포츠담선언 수락을 결정했다. 히로히토는 국체를 유지할 수 있다고 해석했다.[86]

일본은 8월 14일 밤에 포츠담선언을 수락했다. 그루가 주장한 것처럼 천황제 보전에 대한 명확한 문구는 포츠담선언에 반영되지 않았으나, 그를 필두로 한 일본전문가들의 의견은 부분적으로 포츠담선언에 규정되었고, 히로히토와 천황제에 대해 가혹적인 정책이 실시되지 않을 것이라는 뜻을 충분히 남겼다.

일본에 대해 가장 영향력을 발휘했던 맥아더(Douglas MacArther, 1881-1864) 역시 천황제 보전에 기여했다. 그루는 8월 16일에 퇴직했지만, 일본 점령통치의 책임자인 맥아더에게 일본을 혁신하기 위해서는 천황제의 효용가치를 중시하도록 전달했다.[87] 포츠담선언 작성에 관여한 육군차관

---

85) 디킨슨(Frederick R. Dickinson)의 코멘트. NHK, 「もう一つの終戰: 日本を愛した外交官グルーの戰い」, (2015년 7월 29일 방영).
86) 鈴木多聞, 『「終戰」の政治史: 1943-1945』(東京: 東京大学出版会, 2011), pp. 179-186.
87) Nakamura Masanori translated by Herbert P. Bix, Jonathan Baker-Bates and Derek Bowen, The Japanese Monarchy: Ambassador Joseph Grew and the Making of the 'Symbol Emperor System,' 1931-1991 (Armonk, N.Y.: M.E. Sharpe, 1992), pp. 81-83.

매클로이(John J. McCloy, 1895-1989)는 천황제에 대하여 그루와 같은 생각을 공유하고 있었다. 매클로이와 맥아더는 히로히토를 포함하여, 일본 정부를 통해 최고사령관으로서 권력을 행사하는 것을 합의한 바 있다. 이는 일본에 대한 미국의 점령기관에 천황과 일본 정부의 협력을 가능하게 했다.

전쟁을 추진한 일본인 정치 지도자들의 전쟁 책임은 1946년 5월 3일부터 개정(開廷), 1948년 11월 12일에 폐정된 극동국제군사재판, 즉 도쿄재판(東京裁判)의 심리와 판결에 집약되었다.[88] 1945년 6월 26일부터 8월 8일까지 미국, 영국, 프랑스, 소련 각국 대표가 참여한 런던회의에서 국제군사재판소헌장(Charter of the International Military Tribunal)[89]이 제정되었다. 전 30조로 구성된 이 헌장에는 독일의 중요 전쟁 범죄인을 심리하는 군사재판 절차 등이 있는데, 이 헌장 제6에는 (a) '평화에 대한 죄', (b) '전쟁범죄', (c) '인도에 대한 죄'가 규정되었다.[90] (a)와 (c)는 이 헌장 이전에는 존재하지 않았던 새로운 국제법상의 범죄다. 이를 바탕으로 1945년 11월 20일부터 1946년 10월 1일까지 뉘른베르크 재판이 시작되었다.[91] 유럽에서의 군사재판의 법규범은 일본에도 적용되었다.

---

88) 뉘른베르크 재판이 1년 이내에 종료된 반면, 도쿄재판의 심리는 2년 반을 넘었다. 검찰의 입증이 시작된 것은 1946년 6월 4일이며 최종일은 1947년 1월 24일이었다. 변호 측의 반증은 동년 2월 24일부터 시작하고, 1948년 1월 12일에 종료했다. 그 다음에 최종변론이 전개되어, 동년 4월 16일에 폐정되었다. 동년 11월 4일부터 12일까지 걸쳐 판결문 낭독이 실시되었다.
89) 원문은, http://avalon.law.yale.edu/imt/imtconst.asp
90) 흔히 말하는 A급 전범이라는 용어는 죄의 무게나 계급성을 가리키는 것이 아니라 'A section'처럼 종류를 의미한다.
91) 이장희의 연구는 뉘른베르크재판과 도쿄재판을 비교 연구하고, 양 재판소의 설치 배경, 판사와 검사의 구성, 기소 내용, 진행 과정, 판결 결과 등을 정리했다. 이장희, 「도쿄국제군사재판과 뉘른베르크 국제군사재판에 대한 국제법적 비교연구」, 『동북아역사논총』 제25호 (2009).

1946년 1월 19일 맥아더는 도쿄재판을 실시하기 위해 극동국제군사재판소헌장(極東國際軍事裁判所憲章, International Military Tribunal for the Far East Charter)을 공표했다. 이 헌장 제5조에는 국제군사재판소헌장과 동일한 내용인 세 가지의 죄가 규정되었다. 다만 극동국제군사재판소헌장이 뉘른베르크 재판을 모방했지만, 뉘른베르크 재판은 미국, 영국, 프랑스, 소련이 평등한 권한을 가지고 있었으며, 독일 피고인에 대해 소추결정권을 가진 수석검찰관이 각국에서 한 명씩 파견되었다. 그러나 도쿄재판의 경우, 미국에 권한이 집중되었다. 맥아더는 SCAP 직속의 국제검찰국(International Prosecution Section)을 설치했다. 트루먼은 특명으로 키넌(Joseph Berry Keenan, 1888-1954)을 수석검찰관으로서 임명했다.[92]

1946년 1월에는 이미 천황제 여부, 히로히토에 대한 재판 소추 가능성은 없었으며, 천황제를 잔존시키면서 일본에 새로운 헌법을 제정시키는 것이 맥아더의 목적이었다.[93] 미국이 주도했던 피고인 선정 과정에서 히로히토가 제외된 것은 최종적으로 맥아더가 결정했다. 맥아더는 천황제 보전은 물론 히로히토도 보전함으로써 미국의 대일점령정책의 원활한 수행을 원했다. 맥아더의 의향을 받아들인 키넌 역시 히로히토를 면소하는 입장을 취했고, 1946년 6월 18일 워싱턴에서 히로히토를 전범으로서 소추하지 않는다고 표명했다.[94] 패전 직후부터 일본 정부는 연합국의 히로히토에 대한 전쟁 책임 추구를 회피하는 것이 가장 중요한 과제였다. 일본 정부

---

92) 국제검찰국에 소속한 인원은 500명이 넘었다.
93) Schonberger (1989), pp. 37-38.
94) 赤澤史朗,『東京裁判』(東京: 岩波書店, 1989), p. 54; 粟屋憲太郎,『東京裁判への道 (上)』(東京: 講談社, 2006), pp. 150-153.

내에서는 책임이 히로히토에게 미치지 않도록 하는 합의가 있었고, 11월 15일 시데하라 기주로 내각은 히로히토를 면소하는 각의 결정을 했다.95) 맥아더가 히로히토에 대해 전쟁 책임을 추구하지 않는다는 결정은 미국 정부도 승인한 결과였고, 이는 일본과 미국의 의도가 합치한 것이었다.

1946년 4월 도쿄재판에서 심리할 피고인 28명이 확정되었고, 최종적으로 25명이 심리 대상이 되었다.96) 검찰들이 작성한 기소장에는 1928년97) 1월 1일부터 1945년 9월 2일까지의 기간에 피고인들의 정치적 판단과 행위 등에 관한 55항목의 소인(訴因)이 규정되었다. 기소장 머리말에는 "일본의 대외, 대내 정책은 범죄적 군벌에 의해 지배되었으며, 지도했던 그러한 정책은 중대한 세계적 분쟁 및 침략전쟁의 원인과 더불어 평화를 사랑하는 국민의 이익 및 일본 국민 자신의 이익을 크게 훼손한 원인"을

---

95) 橫島公司, 「東京裁判の影: 昭和天皇は何故裁かれなかったのか」, 『史苑』 第70卷 第2号 (2010), pp. 213-216.
96) 28명은 다음과 같다. (1) 총리대신 경험자: 고이소 구니아키(小磯國昭), 도조 히데키, 히라누마 기이치로(平沼騏一郎), 히로타 고키(廣田弘毅). (2) 천황 측근(궁중 그룹): 기도 고이치(木戸幸一). (3) 육군 군인: 아라키 사다오(荒木貞夫), 이타가키 세이시로(板垣征四郎), 우메즈 유시지로(梅津美治郎), 오시마 히로시(大島浩), 기무라 헤이타로(木村兵太郎), 사토 겐료(佐藤賢了), 스즈키 데이이치(鈴木貞一), 도이하라 겐지(土肥原賢二), 하시모토 긴고로(橋本欣), 하타 슌로쿠(畑俊六), 마쓰이 이와네(松井石根), 미나미 지로(南次郎), 무토 아키라(武藤章). (4) 해군 군인: 오카 다카즈미(岡敬純), 시마다 시게타로(嶋田繁太郎), 나가노 오사미(永野修身). (5) 외교관: 시게미쓰 마모루(重光葵), 시라토리 도시오(白鳥敏夫), 도고 시게노리(東鄕茂德), 마쓰오카 요스케(松岡洋右). (6) 경제관료: 가야 오키노리(賀屋興宣), 호시노 나오키(星野直樹). (7) 민간 우익: 오카와 슈메이(大川周明). 마쓰오카 유스케와 나가노 오사미는 도쿄재판 개정 직후에 병사했기 때문에 피고인 명단에서 제외되었다. 유일 민간인으로서 기소된 오카와 슈메이는 정신적인 문제를 이유로 제외되었다. 赤澤史朗 (1989), pp. 17-22를 참조하여 작성했다.
97) 1928년 6월에 일어난 평톈사건(奉天事件)을 비롯하여 3월사건(1931년 3월에 일본 육군 중견간부들이 일으키려고 한 쿠데타 미수 사건), 류탸오후사건(1931), 만주사변, 10월사건(1931년 10월에 일본 육군 중견간부들이 일으키려고 한 쿠데타 미수 사건), 5·15사건(1932), 만주국 건국(1932), 동아신질서, 대동아공영권 등이다.

제공했다고 되어 있다. 이어서 일본 국민은 "전세계의 다른 여러 민족에 대한 일본의 민족적 우월성을 주장하는 유해한 사상으로 인해 조직적으로 해독"을 끼쳤고, 일본의 의회제도는 "히틀러의 나치당" 및 "이탈리아의 파시스트당"과 마찬가지로 "침략의 도구"로서 사용되었다고 했다.98)

심리에서 검찰은 피고인들 개인의 형사책임을 주장할 때, '평화에 대한 죄'의 법적 유효성을 베르사유평화조약 제227조에서 찾았다. 베르사유평화조약 제227조는 제1차 세계대전을 일으킨 독일의 국가수반인 빌헬름 2세에 대한 개인 처벌 조문이었다. 이에 대해 일본인 변호단은 베르사유평화조약 제227조는 형사책임이 아니라 민사책임을 결정하려고 했던 하나의 시도였다는 사유를 주장함으로써 검찰의 법 논리를 거부했다.99) 도쿄재판에서 베르사유평화조약 제227조가 법적 근거로서 큰 쟁점이 된 흔적은 안 보였지만, 그 조문에 대해 일본 변호단도 준비하고 있었다. 정치인이며, 도조 히데키의 개인 변호를 맡은 일본 변호단 부단장 기요세 이치로(淸瀬一郎, 1884-1967)의 회고에 따르면, 아시아-태평양전쟁 말기에 그는 국제법학자, 외교사학자 등과 함께 "베스트팔렌조약에서 이후의 종전 조약, 특히 제1차 구주전쟁(歐洲戰爭)을 종결시킨 베르사유조약 등에 대해 면밀한 연구"를 했다.100)

---

98) Neil Boister and Robert Cryer (ed.), *Documents on the Tokyo International Military Tribunal: Charter, Indictment and Judgments* (Oxford; New York: Oxford University Press, 2008), p. 16. 이 자료집에는 극동국제군사재판소 헌장, 기소장, 판결문 세 가지가 수록되어 있다.
99) Neil Boister and Robert Cryer, *The Tokyo International Military Tribunal: A Reappraisal* (Oxford; New York: Oxford University Press, 2008), p. 128. 그러나 본서 제2부에서 언급했듯이 베르사유평화조약 제227조에는 일본을 포함한 5대국에서 재판관이 임명된다고 규정되었다.

판결은 1948년 11월 4일부터 12일에 걸쳐 이루어졌는데, 판사는 호주인으로 도쿄재판 재판장이었던 웹(William Flood Webb, 1887-1972)[101]이었고, 그는 낭독한 판결문을 통해 피고인 중 7명은 사형, 16명은 종신형, 2명은 유기금고형[102]을 선언했다. 도쿄재판에 대한 평가는 긍정론과 부정론이라는 이분법적인 평가가 있지만, 전쟁범죄의 법규범 공고화와 국제인도법 발전의 진보에 기여했다.[103]

한편 도쿄재판에서 심리된 것이 아니었지만, 일본군에 가담한 "코리안"

---

100) 清瀬一郎,『秘録 東京裁判』(東京: 中央公論新社, 1986), p. 27. 기요세의 책 초판은 그가 사거한 1967년에 출판되었다. 그는 1945년 12월 17일 중의원의원선거법 개정에 따라 종래 참정권을 가지고 있었던 "재일조선인·타이완인"의 참정권 정지에 영향을 끼친 인물이기도 했다. 일본의 항복문서 조인으로 "조선"은 일본의 주권에서 분리되었다고 생각했기 때문이다. 鄭栄桓,『朝鮮独立への隘路: 在日朝鮮人の解放五年史』(東京: 法政大学出版局, 2013), pp. 27-28.
101) 극동국제군사재판소헌장 제2조에 규정되었듯이, 판사는 포츠담선언 서명국, 즉 미국, 영국, 캐나다, 호주, 뉴질랜드, 프랑스, 네덜란드, 중국, 소련, 그리고 이와 별도로 추가된 인도, 필리핀 전 11국 중에서 선정되었다. 오스트레일리아는 1945년 8월 15일에는 이미 히로히토를 전범으로 지목하고 있었다. 히로히토에 대한 맥아더의 의향과 달리 사법 독립의 신념을 가지고 있었던 웹은 히로히토에게 전쟁 개시의 책임이 있고 도쿄재판에서 쟁점이 되지 않았던 것에 불만을 가지고 있었다. 그러나 다수결 방식이었던 판사들의 결정에 웹의 의견은 반영되지 않았다. Yuma Totani, *The Tokyo War Crimes Trial: The Pursuit of Justice in the Wake of World War II* (Cambridge, MA: Harvard University Asia Center: Distributed by Harvard University Press, 2008), pp. 52-58 and 204-205.
102) 교수형은 도조 히데키, 히로타 고키, 이타가키 세이시로, 기무라 헤이타로, 도이하라 겐지, 마쓰이 이와네, 무토 아키라. 금고 20년은 도고 시게노리. 금고 7년은 시게미쓰 마모루.
103) 뉘른베르크재판과 도쿄재판에서의 원칙들은 1948년 '집단살해죄의 방지와 처벌에 관한 협약(Convention on the Prevention and Punishment of the Crime of Genocide)', 1968년 '전쟁범죄와 인도의 죄에 대한 시효부적용에 관한 협약(Convention on the Non-Applicability of Statutory Limitations to War Crimes and Crimes against Humanity)', 1974년 '침략의 정의에 관한 결의(United Nations General Assembly Resolution 3314 on the Definition of Aggression)', 그리고 1998년 '국제형사재판소에 관한 로마 규정(Rome Statute of the Inter- national Criminal Court)' 등의 채택 배경이 되었다. 특히 '국제형사재판소에 관한 로마 규정'은 뉘른베르크재판과 도쿄재판의 법리를 계승하여 보편성을 얻었다. Yuma Totani (2008), pp. 78-79. 한국은 '국제형사재판소에 관한 로마 규정'을 2002년에 비준하고, 일본은 2007년에 비준했다.

은 B, C급 전범으로서 유죄 판결을 받았다. B, C급 전범 용의자는 일본인을 포함한 2만 5천 명 이상이었고, 약 5700명이 처벌을 받았다. 이 가운데서 "코리안" 148명(사형은 23명)과 타이완인 173명(사형은 26명)은 전범이 되었다.104) 사형을 당한 "코리안" 중에서 14명은 포로 간수(prison guards)였다.105)

"코리안" 전범에 대한 국제군사재판소의 처우는 결국 "코리아"에 대한 인식의 결과였다. 이는 도쿄재판의 판결문을 통해 알 수 있다. 판결문에는 부분적으로 "코리아"가 등장했지만, 주로 일본의 만주 침략 관련 내용에서 "코리아"는 지역 이름으로서 언급된 뿐이었고, 특별히 일본의 "코리아"에 대한 불법적 행위를 지적하지 않았다. 그러나 판결문을 통해 연합국은 1910년 한국병합을 정식으로 인정했다. 즉, 1928년 이전에 일본이 "코리아"를 병합한 것은 "일본이 부담하게 된 의무와 취득한 권리(Obligations Assumed and Rights Acquired by Japan)"의 하나였다는 것이다.106) 판결문에는

---

104) 이에 관해서는, 우쓰미 아이코, 이호경(옮김), 『조선인 BC급 전범, 해방되지 못한 영혼』 (서울: 동아시아, 2007); 하야시 히로후미, 현대일본사회연구회(옮김), 『일본의 평화주의를 묻는다: 전범재판 헌법 9조 동아시아 연대』 (서울: 논형, 2012), pp. 21-76; 林博史, 『BC級戰犯裁判』 (東京: 岩波書店, 2005) 등을 참조할 것.

105) 국제판사이며 유고슬라비아국제형사재판소 부소장을 맡은 권오곤에 따르면 연합국이 "코리안" 포로 간수에 대해 처벌을 한 이유가 1910년에 "코리아"가 일본의 일부가 되었기 때문이라고 한다. 그는 1910년 한국병합조약이 무효임으로 "코리안"에 대한 처우는 정당하지 않다고 했고, 한일관계라는 이국 간 속에서 한국병합조약 유무효론에 초점을 맞추어 주장했다. O-Gon Kwon, "Forgotten Victims, Forgotten Defendants," in Yuki Tanaka, Tim McCormack and Gerry Simpson (eds.), *Beyond Victor's Justice?: The Tokyo War Crimes Trial Revisited* (Leiden; Boston: Martinus Nijhoff Publishers, 2011), pp. 227-239. 그런데 본서에서 서술했듯이 도쿄재판의 판결문을 본다면, 연합국은 일본이 "코리아"를 병합한 것 자체를 문제시하지 않았다. 즉, 판결문을 통해 '한일관계'가 아닌 '코리아-연합국 관계'의 관점이 부각되어 있었다.

106) "Judgments," in Boister and Cryer (2008), p. 88.

다음과 같은 짧은 글로 1910년 한일관계를 지적했다.

> 한국병합(Annexation of Korea): 일본은 1910년에 코리아를 병합하여, 중국에서 일본의 권리가 간접적으로 증대되었다. 따라서 만주에 있었던 코리안의 이민들은 일본제국의 신민(subjects of the Japanese Empire)이 되었다. 1928년 1월 1일까지 만주에 있었던 코리안은 약 80만 명에 이르렀다.107) [밑줄: 필자 강조]

위의 글은 우선 1910년 일본에 의한 대한제국의 병합을 인정했고, 이를 일본-만주 관계의 전제조건으로서 간주하고 있다. 이 한일관계에 대한 인정은 판결문을 관통했다. 만주와 일본 간의 문제를 중심으로 논리가 전개되어 있는 위의 글은 만주에 있었던 "코리안"이 일본제국의 신민이 되었던 것을 인정했다. 따라서 자동적으로 한반도에 있는 인민은 일본의 신민이 된다는 해석은 무리가 없을 것이다. 도쿄재판은 일본의 한국에 대한 식민지를 문제시하지 않았고, 1928년부터 1945년의 일본 군벌에 의한 전쟁범죄를 심리한 도쿄재판에서 식민주의는 심리 대상이 아니었다.108)

---

107) "Judgments," in Boister and Cryer (2008), p. 92.
108) 다우어(John W. Dower)는 일본 민족주의자들이 도쿄재판을 "승자에 의한 재판(victor's justice)"이라고 비판하는 것과 반대로 다음과 같은 점들을 통해 미국과 일본이 은폐했다는 것으로 양국의 "승자에 의한 재판" 결과였다고 한다. (1) 일본의 침략과 잔혹 행위에 대한 천황의 인식과 책임. (2) 731부대가 만주에서, 적어도 3,000명에 실시한 의학실험. (3) 천황의 군대를 위해 위안부의 모집과 사살상의 노예화. 특히 코리아의 여성들. (4) 중국에서의 일본의 화학전 전체적 양상 등이다. John W. Dower, "An Aptitude for Being Unloved?: War and Memory in Japan," in *Ways of Forgetting, Ways of Remembering: Japan in*

그리고 판결문에는 독일이 소련을 공격한 후, 일본은 소련에 "적극적인 전쟁 준비"를 하여, 만주와 소련 국경 근처에 "관동군(Kwantung Army), 조선군(Korean Army), 내몽골의 일본군(Japanese Army in Inner Mongolia)"을 배치하여 소련에 대한 공격에 사용하려고 했다는 내용 등이 있었다.[109] "조선군"의 주체는 일본 사령관이 통솔한 군을 의미했다. 판결문에서는 일본이 "코리아"를 통해 제도를 만들고, 전쟁을 수행했다는 내용이 부분적으로 나왔지만, 만주에 대한 침략이 쟁점이었고, "코리아"의 피해는 특별한 관심사가 아니었다.[110]

---

the Modern World (New York: New Press, 2012), pp. 123-124. 다우어는 일본의 "피해자 의식(victim consciousness)"이 히로시마와 나가사키에의 원폭, 1945년 이후 일본국민의 경제적 어려움, 그리고 냉전으로 미국이 과거 일본군의 행위보다 소련이 주도하는 공산주의의 위험성을 강조한 것에 기인한다고 했다. Dower (2012), pp. 118-120. 당시 일본국민은 도쿄재판의 결과를 소극적이었지만, 받아들였다. 그런데, 도쿄재판은 일본 국민의 사회적 공통의 기억으로서 잔존하지 않았다. 1978년 야스쿠니신사(靖國神社)가 A급 전범을 합사한 이후 야스쿠니신사와 A급 전범이 주목을 받게 되었지만, 이때도 여전히 도쿄재판 자체에 대한 비판은 사회적으로 고양되지 않았고, 일부 지식들만이 공유했다. 도쿄재판에 대한 일본인들의 기억을 재생산시키는 장치와 이벤트가 없다는 것도 생각된다. "집단적 기억"이나 일본인들의 "전쟁기억과 공동체의 상상"과 다른 양상을 보여준 것이다. 이러한 논의에 관해서는, 김상준, 「기억의 정치학: 야스쿠니 vs. 히로시마」, 『한국정치학회보』 39집 (5)호 (2005); 김상준, 「일본 전쟁기억과 공동체의 상상: 기억의 사회적 재생산을 중심으로」, 『일본연구논총』 제30호 (2009).
109) "Judgments" in Boister and Cryer (2008), pp. 448-449.
110) 인도인 판사 팔(Radhabinod Pal, 1886-1967)은 피고인 25명을 무죄로 했다. 그는 도쿄재판이 내린 판결과 상이한 반대의견서(Dissentient Judgement)를 작성했다. 팔의 의견은 후일 '일본무죄론(日本無罪論)'이나 '도쿄재판사관(東京裁判史觀)', 즉 도쿄재판이 부당했다는 의견 근거로서 인용되곤 했다. 2005년 야스쿠니신사 경내에는 팔의 현창비가 세워졌다. 도쿄재판에 대한 팔의 주된 반박을 정리하면 다음과 같다. 첫째, 팔은 '전쟁범죄'에 관해서는 국제법상의 의의를 인정하되 '평화에 대한 죄'와 '인도에 대한 죄'가 죄형법정주의(罪刑法定主義, Nulla poena sine lege), 즉 사후적으로 만들어진 법으로 소급하여 재판을 실시하는 것에 반대했다. 둘째, 팔은 일본군의 잔혹행위를 인정했지만, 일본이 일으킨 분쟁과 침략행위를 모두 피고인들의 지도에 따라 결정되었다는 것에 증거 부족을 지적했다. 셋째, 팔은 일본의 만주 침략 등을 비판했지만, 일본 제국주의는 서구 제국주의에 기인했다고 보았고, 일본의 침략이 비판을 받는다면, 서구 열강의 식민지지배도 문제가 있다고 했다. 팔은 '무조건적'으로 일본을 옹호한 것이 아니라 만주사변 이후 일본의 아시아 침략에 비판적인

도쿄재판은 식민지 문제를 다루지 않았거나, "아시아 부재"111)의 재판이었다는 비판적 평가는 타당하지만, "코리아"와 도쿄재판의 관계에서 본다면, 단순히 '식민지 문제의 부재'가 아니었다. 1928년 이전에 일본이 한국/조선에 실시한 식민지화를 도쿄재판이 인정했다는 것은 '코리아-도쿄재판 관계'에서 알 수 있다.

1948년 10월 7일 NSC 13/2에 따라 미국의 대일정책은 본격적으로 냉전과의 관련 속에서 진행하게 되었다. "소련에 의한 침략적 공산주의 세력의 팽창정책이 일으킨 국제정세"는 유동적이며 불안정했다. 이 시점에서 미국에게는 일본과의 평화조약 체결을 추진하는 것보다 평화조약 체결 예정 국가들과의 사전 협의가 더 중요했다. 시기와 절차(Timing and Procedure)에 대해 신중함을 요하는 반면, 평화조약의 성질(The Nature of the Treaty)에 관해서는 "가급적 간결하고 일반적이며 비징벌적인 것으로 하는 것을

관점도 분명히 있었다. 그는 "절대평화주의"에 의거한 인물이었다. 이러한 내용에 관해서는, Nakajima Takeshi, "Justice Pal(India)," in Yuki Tanaka, Tim McCormack and Gerry Simpson (2011), pp. 127-144. 물론 팔의 반대의견서는 검찰관에 반박하는 내용이었기 때문에 그의 인식에도 특별히 "코리아"에 대한 인식은 안 보인다. 그런데, 팔은 영국과 싸웠던 인도 국민군에 관여한 흔적은 없지만, 일본과 제휴하고, 오카와 슈메이와 교류하던 보스(Rash Behari Bose, 1886-1945)에게 공명했다. 도쿄재판에 참가하기 전까지 국제법 전공자가 아니었던 팔은 반제국주의자, 반식민지주의자, 반공주의자였다. 나카자토(中里成章)는 팔이 다양한 인도 내셔널리즘 속에서 보수・우파에 공명했고, 일본 군국주의 이데올로기의 영향을 받은 아시아 지식인이라고 했다. 中里成章, 『パル判事: インド・ナショナリズムと東京裁判』東京: 岩波書店, 2011). 따라서 서구 제국주의의 억압을 받고 있는 아시아인이라는 인식이 그에게 강했던 것으로 보인다. 간디(Mahatma Gandhi, 1869-1948)를 존경한 팔의 의견서에는 법적 관점과 더불어 정치적 관점이 존재한다. 그는 서구 제국주의와 아시아의 구도를 잘 파악했음에도 불구하고, 아시아 제국주의와 아시아 식민지의 구도에 대해서는 그다지 예민하지 않았다. Radhabinod Pal, *Dissentient Judgement of Justice Pal* (Tokyo: Kokusho- Kankokai, Inc., 1999).
111) 진보적 일본 학자들은 식민지 문제의 부재 또는 아시아인들의 피해를 고려하지 않았던 도쿄재판의 문제점을 적극적으로 주장했다. 이러한 일본인 학자들의 주장 변천을 추적한 것으로, Yuma Totani (2008), pp. 246-259를 참고할 것.

우리의 목적으로 해야 했다." 평화조약을 통해 취해야 할 많은 문제들을 최소화시키는 것, 즉 "재산권과 배상"에 미국은 특별한 주의를 기울였다.[112]

---

112) NSC 13/2, "Recommendations with Respect to United States Policy toward Japan" in U.S. Department of State, *Foreign Relations of the United States, 1948*, Ⅵ, pp. 858-862.

제8장 평화체제에 대한 일본의 수용과 변용

1. 지역적 양자동맹에 대한 이해

샌프란시스코평화체제는 냉전의 영향 하에서 탄생했지만, 정확히 말하자면 열전이었던 6·25전쟁의 발발이 평화체제의 탄생에 결정적인 역할을 했다. 평화조약은 전쟁 처리의 원칙들을 포함하고, 새로운 평화체제를 구축하지만, 샌프란시스코평화체제는 단순히 아시아-태평양전쟁의 전후 처리뿐만 아니라 공산주의에 대한 전략적인 의도 하에서 주권 국가로서 일본의 복권(復權)과 재부상을 가능하게 했다.

1946년 11월 3일에 공포된 일본국헌법은 일본 정치인들이 1852년 11월 3일인 메이지 천황(明治天皇) 무쓰히토(睦仁, 1852-1912)의 생일[明治節]을 의식하여 결정한 날이었다.[113] 1946년이라는 시점에서 일본국헌법은 냉전의 직접적인 영향이 보이지 않았던 반면, 1947년 5월 3일의 헌법 시행에 앞서 3월 12일 공산주의 세력의 확대를 막기 위해 터키와 그리스를 지원하는 트루먼 독트린(Truman Doctrine)이 미국 의회에서 발표되었다.[114] 5일

---

113) 入江俊郎文書66,「日本國憲法成立の經緯原稿5」, 1954. 5. 21, 国立国会図書館,「日本国憲法の誕生」, http://www.ndl.go.jp/constitution/index.html

후인 3월 17일에 맥아더는 일본과의 평화조약 체결 촉진을 언급했다. 그러나 소련은 평화조약을 위한 예비회의의 개최를 거절했다. 중국의 공산화에 따라 미국은 일본의 경제를 부흥시켜 아시아의 중심 국가로 설정하는 구상을 마련했다.

일본에게 '전후(戰後)'란 아시아-태평양전쟁 후를 의미한다. '전후 일본'의 갈 길은 두 가지가 있었다. 하나는 공산주의 국가를 포함한 모든 연합국과 평화조약을 체결하는 전면 강화론(講和論)이었고, 또 하나는 연합국 중에서 일부 국가들과 평화조약을 체결하는 단독 강화론이 있었다. 그러나 6·25전쟁의 발발로 일본 정부가 가장 우선시하던 단독 강화가 유력하게 되었고, 6월 28일에 출범한 제3차 요시다 내각(吉田內閣)은 이를 적극적으로 추진했다.

요시다는 6·25전쟁 와중인 8월 29일 맥아더에게 일본 정부와 국민은 미국이 필요로 하는 시설 및 노무(勞務)를 제공할 준비가 되어 있다고 하면서, "나는 우리가 공산주의자의 침략에 대한 국제연합의 십자군(Crusade)과 협력하는 데 많은 것을 하지 못하는 것을 유감스럽게 여긴다"115)고 말했다. 요시다는 국제연합을 존중했으나, 비군사적 분야에서 국제연합에 협력하기를 원했다. 일본의 주권 회복을 위한 평화조약 체결을 우선시한 그는 재군비(再軍備)에는 부정적 입장을 견지하고 있었다.116)

---

114) Harry S. Truman, "Special Message to the Congress on Greece and Turkey: The Truman Doctrine," (1947. 3. 12), Harry S. Truman, Library & Museum, http://trumanlibrary.org/publicpapers/index.php?pid=2189&st=&st1
115) 吉田茂・マッカ-サ- 著, 袖井林二郎(編訳), 『吉田茂=マッカ-サ-往復書簡集: 1945- 1951』 (東京: 法政大学出版局, 2000), pp. 340-341.
116) 간접통치 하에 있었던 일본은 6·25전쟁의 실체적인 교전 세력이 아니었으나, 연합국

1950년 8월 19일 외무성에서 나온 『조선의 동란과 우리의 입장』이라는 소책자에서는 "북선공산군(北鮮共產軍)"이 "한국"을 공격했으므로 "헌법에 의해 군비를 포기한 일본인이 어떠한 운명에 빠질까"라는 우려를 제시했다. 또한 공산주의 세력과 "민주주의 세계"의 대결구도를 설명하면서 "두 개의 세계" 사이의 대결에서 일본이 주의해야 하는 점은 "사상전(思想戰)"이라고 했다. 6·25전쟁은 한반도에서의 "국지적 문제"가 아니고, 공산주의는 일본에 특별한 관심을 가지고 있기 때문에 일본도 6·25전쟁의 와중에 있다고 했다. 애치슨라인이 일본의 안보에 중요한 시사점을 제공했다고 평가한 이 소책자는 공산주의와 "민주주의" 세력이 공동으로 일본의 안보를 보장하지 않는다고 주장하면서 전면강화를 부정했다. "공산주의의 폭력을 막을 수 있는 것은 민주주의 국가의 단결"이며, 헌법으로 교전권을 포기한 일본은 "민주주의 국가의 단결에 협력"함으로써 그 진영의 "강화(強化)"에 조력하는 것이 일본을 지키는 것이라는 논리를 내세웠다.117)

자유진영과의 단독강화를 바탕으로 하여, 일본이 미국과 안보조약 관련 교섭에 임하기 위해 준비한 안보 구상은 주로 네 가지가 있었다. 그러한 구상안은 외무 사무당국을 중심으로 작성되어 요시다에게 보고되었다.

세력에 서 있었고, 후방지원 국가로서 역할을 수행했다. 1950년 8월 16일 외교백서를 통해 일본은 국제연합에 대한 협력을 명분으로 미국을 지원했다. 이종판, 「한국전쟁과 일본: 한국전쟁 당시 일본의 대응과 협력내용을 중심으로」, 『한일군사문화연구』 창간호 (2003). 6·25전쟁 와중에 "기지국가(基地國家)"로서 역할을 수행한 일본에서는 샌프란시스코평화조약 체결 이후의 1952-53년 사이에 미군 기지의 개수는 삭감되었으나, 미군 기지가 차지하는 면적은 증가되었다. 일본의 '기지국가'로서의 역할에 관해서는, 남기정, 「한국전쟁과 일본: '기지국가'의 전쟁과 평화」, 『평화연구』 제9권 (2000).

117) 「朝鮮の動亂とわれらの立場」 (1950. 8. 19). 日本外交主要文書·年表 (1), 113-119頁. 外務省 情報部パンフレット, 출처는 http://www.ioc.u-tokyo.ac.jp/~worldjpn/

첫째, '대일강화 문제에 관한 정세 판단'을 기초로 하여, '미국의 대일평화조약안의 구상', '미국의 대일평화조약안 구상에 대응하는 우리 요망 방침', '대미진술서'를 합친 내용(A작업)은 전면강화를 전제로 한 내용이었기 때문에 요시다는 이 구상안에 반대했다. 둘째, '안전보장에 관한 일미조약안'(B작업)이다. 전문과 본문 전 12조로 구상된 이 내용은 미국과 다른 국가들 간의 안보조약에 집중한 것이었다. 이 조문에는 평화조약과 안전보장조약을 별도로 마련한다고 규정했다. 제2조에서 미국과의 안보 관계는 "헌장 제51조의 적용을 막지 않는다"고 되어 있다. 이 조문안을 보완한 '안전보장에 관한 미일조약안 설명서'에서는 "직접 평화조약에 주둔[駐兵]의 원칙이 규정되면, 그것은 강제적 주둔[駐兵]의 색채가 강해진다"는 우려가 표시되어 있었다.118) 셋째, '북태평양6국조약안(北太平洋六国條約案)'(C작업)이다. 6개국이란 일본, 한국, 미국, 중화민국, 영국, 소련이었고, 전 11조로 구성되었다. 넷째, '덜레스(John Foster Dulles)의 방일에 관한 건'(D작업)이었다. 12월 27일에 마련된 이 구상안은 11월 24일에 미국 국무성이 공표한 '대일강화7원칙'의 내용을 상당히 고려한 것이었다. '대일강화7원칙'은 샌프란시스코평화조약에 대한 미국의 입장이었다. 이에 대응한 일본의 D작업은 부분적으로 B작업의 내용을 답습했다.

　이러한 구상안은 국제연합의 목적을 존중하면서도 미국과의 양자 간 안보조약을 중요시했고, 안보 문제뿐만 아니라 영토 문제, 경제문제 등 다양한 영역까지 포함했다. 그러나 이 구상안들 가운데서 이른바 C작업이

---

118) 外務省, 『日本外交文書: サンフランシスコ平和条約 対米交渉』 (東京: 外務省, 2007), p. 46.

라고 불린 '북태평양6국조약안'은 안보 문제에만 집중한 다자적 지역 안보 구상안이었다. 이 구상안은 1950년 10월 21일 요시다 시게루가 외무사무당국에 작성을 지시하여 완성되었다. 전문에는 국제연합헌장의 목적과 원칙을 따르고, 동북아 지역의 안전과 평화를 유지하기 위해 노력한다는 내용이 규정되어 있었다. 이 안에서 제3조부터 7조까지는 미국, 중화민국, 영국, 소련에 의한 비무장 지역의 설정, 군비제한 지역에서 각 나라들이 가지고 있는 군사력의 현상유지 등을 규정했다. 이 조문에서 대한민국과 중화민국(타이완)은 각각 한반도와 중국전토를 지배하는 정통정부라는 전제로 작성되었다.[119] 그런데 이 구상안의 제1조와 제2조를 주목할 필요가 있다.

제1조: 일본국은, 육해공군의 어떤 전력(戰力)도 보유[保持]하지 않을 것을 약속한다. 또한, 일본국은, 타국[別國]에게, 그 군사상의 용도로 제공할 목적으로, 자국 영토의 일부를 제공, 대여 혹은 할양하지 않을 것을 약속한다.

제2조: 대한민국은, 육해공군의 어떤 전력(戰力)도 보유[保持]하지 않을 것을 약속한다. 또한, 대한민국은, 타국[別國]에게, 그 군사상의 용도로 제공할 목적으로, 자국 영토의 일부를 제공, 대여 혹은 할양하지 않을 것을 약속한다.[120]

---

119) 豊下楢彦,『安保条約の成立: 吉田茂と天皇外交』(東京: 岩波書店, 1996), p. 26.
120) 外務省 (2007), pp. 78-81.

두 조문은 "일본국"과 "대한민국"이라는 주어를 제외하고, 나머지 문장은 동일한 내용이었다. 이 구상의 기본사항은 요시다 시게루가 발안했다. 그는 외무성 조약국장 니시무라 구마오(西村熊雄) 등에게 작성을 요청하기 전에 구(舊)군부의 인사들과 만남을 가졌다. 단, 요시다 시게루는 그러한 인사들과 의견을 교환한 것이 아니라, 자신이 생각한 구상이 유효한가를 확인했을 뿐이었다.121) 따라서 이 구상안은 요시다 시게루의 인식이 반영된 것이었다. 이러한 조문이 만들어진 이유는 한반도의 불안정성에 크게 영향을 받았기 때문이다.122) 이는 한국에만 일본과 동일한 내용을 규정함으로써 지리적으로 가장 근접한 한국의 안정이 일본의 생존을 보전한다는 것을 의미하는 것이기도 했다.

또한 극단적으로 말하자면 거대한 유라시아대륙의 동쪽까지 내려온 공산 세력의 영향권에 한국이 속하는 것을 우려했을지도 모른다. 19세기 러시아의 남하에 대한 공포는 일본을 맹주로 하는 아시아주의를 공고화시켰다. 20세기 볼셰비키의 대두에 따라 소련 정부가 수립된 이후 일본은 소련과 1925년 1월 일·소 기본조약으로 국교를 정상화했지만, 같은 해

---

121) Michael M. Yoshitsu, *Japan and the San Francisco Peace Settlement* (New York: Columbia University Press, 1982), pp. 49-50. 구술사 중심인 요시쓰(Michael M. Yoshitsu)의 연구에서 이 부분은 니시무라 구마오, 요시다의 군사고문인 다쓰미 에이치(辰巳榮一), 외교관 후지사키 마사토(藤崎萬里) 등의 인터뷰를 통해 밝혀졌다.
122) 도요시타 나라히코(豊下楢彦)에 의하면 '중립화'론에 기인한 것이라고 했다. 豊下楢彦 (1996), p. 27-30. 그러나 그의 연구서 및 구스노키 아야코(楠綾子) 등 기존 연구들은 한국 관련 조문이 규정된 의미에 대해 충분한 주의가 기울여지지 않았다. 구스노키의 연구는 요시다 시게루와 안보 문제를 둘러싼 기존 연구들 중에서도 막대한 1차 자료의 활용과 포괄성에 연구 특징이 있다. 다만, 요시다 시게루라는 인물이 있었기 때문에 일본과 미국의 안보조약이 체결되었다는 인물 중시의 연구 결과는 다른 기존 연구와 차이가 없었다. 楠綾子, 『吉田茂と安全保障政策の形成: 日米の構想とその相互作用, 1943-1952年』 (京都: ミネルヴァ書房, 2009).

3월 국내법인 치안유지법을 마련하여 공산주의 확대를 막았다.[123] 아시아-태평양전쟁에서의 소련 참전은 '방공(防共)'의 입장을 견지해온 일본의 항복에 영향을 주었다.[124]

'북태평양6국조약안' 제4조 (1)에는 중화민국 및 소련은 각각 대한민국과의 국경선에 따라 이 국경선에서 100km 범위의 자국 영역을 완전히 비군사화해야 한다는 내용이 있다. 한국의 전력 보유를 부정함은 일본을 둘러싼 완충지역의 확대 또는 방위선으로서의 한국을 확립시킬 의도로 읽을 수 있다. 비군사 지역과 전력 보유를 금지한 한국의 존재는 공산주의 세력에서 일본을 방위하는 이중벽(二重壁)을 설치하는 것이었다. 이미 체결되어 있었던 공산진영의 조약은 일본에 두려움을 증폭시켰다. 1950년 2월 14일 중화인민공화국과 소련의 중소우호동맹상호원조조약 전문에는 "일본제국주의의 부활 및 일본국의 침략 또는 침략 행위에 대해 어떠한 형태로 일본국과 연합하는 나라의 침략"을 공동으로 방지하며, "국제연합의 목적 및 원칙에 따라 극동 및 세계의 장기에 걸친 평화 및 전반적 안전을 강화하는 것을 희망"한다고 되어 있고, 제1조에도 전문과 거의 동일한 내용이 규정되었다.[125] 일본과 연합하는 나라는 미국을 의미했

---

123) 물론 치안유지법에는 '공산주의'라는 용어는 나타나지 않는다. 제1조에 있듯이 "국체(國體)의 변혁"과 "사유재산제도를 부인"하는 조직을 대상으로 했다.
124) 1945년 일본의 항복은 미국에 의한 두 번의 원폭투하보다 8월 9일 소련의 참전이 오히려 커다란 영향이 있었다는 주장도 있다. Tsuyoshi Hasegawa, *Racing the Enemy: Stalin, Truman, and the Surrender of Japan* (Cambridge, Mass.: Belknap Press of Harvard University Press, 2005).
125) 細谷千博(編集),『日米関係資料集: 1945-97』(東京: 東京大学出版会, 1999), pp. 71-72. 소련과 중국은 이 조약 작성 과정에서 조문의 성격과 원칙에 완전히 합치했다. 일본에 대한 부분 역시 소련과 중국의 공통된 희망이었다. 다만, 현실적인 문제로서 창춘철도, 뤼순항, 다롄항 등의 이익과 관련된 문제는 조정이 필요했다. 션즈화, 김동길 역,『조선전쟁

다.126)

한편 국제 공산주의의 단결에 따른 일본의 경계심은 분명했지만, 한국의 "전력 보유"를 금지시키고자 했던 이유에 대한 다른 추측도 가능하다. 1950년 10월이라는 시점을 고려했을 때, 공산주의에 대한 경계심뿐만 아니라 한국 자체에 대한 일본의 인식을 고려할 필요가 있다. 9월 15일 맥아더에 의한 인천상륙작전이 성공한 후, 전쟁의 형세는 역전되었다. 10월 7일 제5회 국제연합 총회에서는 통일한국의 실현을 목표로 했고 국제연합군이 38선을 돌파하는 것을 승인했다.

그러나 국제연합군이 평양을 점령하고 압록강에 접근하자 10월 25일 중공군이 참전했다. 따라서 10월 21일에 드러난 '북태평양6국조약안'은 아직 중공군의 참전이 현실화되지 않았던 시점에서 공산주의 세력을 물리치고 한반도를 완전히 장악하게 될 한국을 염두에 둔 것이었다고도 볼 수 있다. 자유진영에 서 있었던 한국을 새로운 잠재적 위험국가로서 상정했을 가능성도 전혀 배제할 수 없을 것이다. 이 구상안은 원래 미국과의 교섭 준비 과정에서 마련되었지만, 결국 미국 측에 제시되지 않았다.127) 다만, 일본의 다자적 지역 안보의 구상을 볼 수 있다는 것, 무엇보다 한국에

의 재탐구: 중국·소련·조선의 협력과 갈등』(서울: 선인, 2014), p. 232.
126) 당시 가상적국을 일본으로 설정한 중·소 조약과 더불어 후일 밝혀진 6·25전쟁 관련 자료에서도 스탈린은 마오쩌둥(毛澤東)에게 "만약 그러한 전쟁이 불가피한 것이라면, 일본의 군국주의가 미국의 동맹국으로서 부활하게 되는 몇 년 후보다는 차라리 지금 터지는 편이 나을 것"이라고 한 바 있다. 드미트리 안토노비치 볼코고노프, 김일환(외, 옮김), 『크렘린의 수령들 (상): 레닌 스탈린 흐루시초프』(서울: 寒松, 1996), p, 352.
127) 일본이 이 이상적인 구상을 제출했다면, 미국을 실망시키고, 평화조약 체결에 악영향을 미쳐 평화조약 체결이 연기될 가능성도 있었다는 견해가 있다. 坂本一哉, 『日米同盟の絆: 安保条約と相互性の模索』(東京: 有斐閣, 2000), p. 34.

관한 구체적 조문이 있었다는 측면에서 일본 정부가 인식한 지정학적 구도가 나타난 것이었다. 이 조문이 의미하는 바는 일본이 자국의 안전보장을 확보하기 위해 다자적 지역 안보를 통해 한국의 전력을 일본과 같은 수준까지 억제하려고 했다는 것이다.

평화조약을 둘러싼 일본과 미국의 본격적인 교섭은 1951년 1월부터 8월까지 단속적으로 행해졌지만, 안전보장조약의 윤곽은 1월 25일부터 2월 21일까지 일본에 체류한 덜레스와의 교섭을 통해 거의 결정되었다. 덜레스의 관심사는 평화조약 체결 이후에도 일본 내에 미군 주둔을 가능케 하는 것과 더불어 일본에 재군비를 요청하는 것이었다. 재군비란 전쟁의 교전국 자격이 부여되는 것을 의미했다. 이에 대해 일본은 2월 3일에 미국에 제시한 문서에서 5만 명으로 구성되는 보안대(保安隊) 발족에 동의했고, 이것이 "일본에 재건되는 민주적 군대의 발족"이라고 했다.[128] 미국의 재군비 요청에 대한 일본의 판단이었다.[129]

국제연합헌장과 국제연합 창립이 1945년 샌프란시스코회의에서 결정되었다면, 샌프란시스코평화조약은 1951년 미국과 영국의 공동 초청으로 9월 4일부터 시작하여 9월 8일에 서명된 샌프란시스코평화회의를 통해서 탄생했다. 헌장과 창립이 1945년의 제1차 샌프란시스코회의에서였다면, 1951년의 제2차 샌프란시스코회의에서 규정되었다고 할 수 있다. 그러나 아시아-태평양전쟁을 공식적으로 마감한 샌프란시스코평화조약이 1951

---

[128] 外務省 (2007), pp. 223-224.
[129] 1950년 11월 15일 『아사히신문(朝日新聞)』의 여론조사에 따르면 단독강화 45.6%, 전면강화 21.4%였고, 재군비에 관해서는 찬성 53.8%, 반대 27.6%였다. 『朝日新聞』(2015. 5. 26).

년 9월 8일에 서명되었다는 점을 감안할 때, 제2차 샌프란시스코회의는 전쟁을 마감하는 평화조약을 위한 강화(講和)회의였다. 샌프란시스코평화조약은 52개 참가국 중에서 소련, 폴란드, 체코슬로바키아를 제외한 49개국이 샌프란시스코의 전쟁기념관에서 서명함으로써 체결되었다. 샌프란시스코평화조약이 샌프란시스코에 위치한 전쟁기념관에서 서명된 후, 미국과 일본은 프레시디오에서 미일안전보장조약을 체결했다.[130]

미일안전보장조약과 다른 국제조약 사이의 관련 사항은 다음과 같다. 첫째, 조약 서명의 시간적 순서와 더불어 조약 내용상 미일안전보장조약에 앞선 것은 샌프란시스코평화조약이었다. 평화조약 '제3장: 안전' 제5조 (a)에는 일본이 국제연합헌장 제2조에 있는 의무를 받아들인다고 되어 있다. 특히 국제분쟁에 대해 국제적 평화, 안전, 정의를 위태롭게 하지 않도록 국제분쟁을 해결한다고 되어 있고, 국제관계에서 무력에 의한 위력 또는 무력 행사는 어떠한 나라의 "영토적 보전(territorial integrity)"과 "정치적 독립(political independence)"에 대해 국제연합의 목적과 일치하지 않는 어떠한 방법도 "삼간다(refrain)"고 규정했다. 이 "영토적 보전"과 "정치적 독립"이라는 구절은 국제연합헌장 제2조를 그대로 이식한 것이었고, 거슬러 올라가면 1919년 국제연맹규약 제10조 집단안보 관련 조문에서 나온 구절과 일치한다. 샌프란시스코평화조약에서 규정한 안보 조문의

---

[130] 제78대 내각총리대신(1991. 11. 15-1993. 8. 9)이었던 미야자와 키이치(宮澤喜一)는 1951년 당시 대장대신(大藏大臣) 이케다 하야토(池田勇人)의 비서관으로서 샌프란시스코평화회의에 수행했다. 그의 회고록에 따르면 미일안보조약의 자세한 내용은 조약 체결 시까지 일부 인사들을 제외하고 기밀 내용이었다. 국내적으로는 사회당, 국제적으로는 소련의 반박을 예상했기 때문이었다. 御厨貴・中村隆英(編),『(聞き書) 宮澤喜一回顧錄』(東京: 岩波書店, 2005), pp. 151-152.

구절은 국제연맹규약-국제연합헌장에서 규정된 집단안보에서 지켜야 되는 원칙을 계승한 것이었다.131) 샌프란시스코평화조약 제5조 (b)에서는 연합국과 일본의 관계에서 국제연합헌장 제2조의 원칙을 지침으로 한다는 것을 확인했고, 제5조 (c)에서 연합국은 "일본국이 주권국가로서 국제연합헌장 제51조의 개별적 혹은 집단적 자위의 고유한 권리를 가진다는 것"과 "일본국이 집단적 안전보장 약정(collective security arrange- ments)을 자발적으로 체결하는 것을 승인한다"고 규정했다. 샌프란시스코평화조약은 제5조를 통해 일본이 국제연합헌장 제2조의 원칙을 지침으로 하는 것과 헌장 제51조에 있는 개별적, 집단적 자위권을 가지고 있다는 것을 인정했고, 이와 함께 일본이 개별적으로 "안보 약정"을 체결하는 것을 허용했다. 이 평화조약에 군비 제한 조문은 없었다.

둘째, 샌프란시스코평화조약 '제3장: 안전(제5-6조)'을 구체화시킨 것이 미일안전보장조약이다.132) 전 5조로 구성된 미일안전보장조약 전문에는 일본이 "평화조약의 효력 발생 시에 고유한 자위권을 행사하는 유효한 수단을 가지지 않"지만, "군국주의가 아직 세계에서 구축(驅逐)되어 있지 않"으므로, 일본은 미국과의 "안전보장조약을 희망한다"고 언급하고 있다.

---

131) 1949년 8월 24일에 발효된 북대서양조약(North Atlantic Treaty) 역시 국제연합헌장의 목적과 원칙을 수용하여, 제4조에서 체결국 중에서 "영토보전"과 "정치적 독립"이 위협을 받고 있을 때, 이에 대해 협의한다는 내용이 있다.
132) 후일 요시다 시게루는 안전보장조약에 관한 국내 반박에 대해 미군의 주둔은 미국과의 합의로 이루어지고, 일본의 주권에 대한 제한이 아니라고 했다. 즉, "평화조약과 안전보장조약은 불가분한 관계"에 있고, "평화조약에 의해 일본은 독립하고, 이 독립을 안전보장조약에 의해 지킨다"고 했다. 안전보장조약은 자위권을 기반으로 하고 있고, "침략적인 무력을 사용하지 않는다는 헌법 9조에 위반하지 않는다"는 논리를 내세웠다. 吉田茂, 『回想十年(中)』 改訂版 (東京: 中央公論新社, 2014), pp. 342-343.

이어서 전문에는 평화조약에서 규정한 문구를 근거로 하면서, "일본에 대한 무력 공격을 저지하기 위해 일본 국내와 부근에 미국이 군대를 유지하는 것을 희망한다"고 했다. 따라서 일본이 방위 조치에 따라 미군의 주둔을 허용한다고 규정되었다. 샌프란시스코평화조약의 발효와 동시에 효력을 가지게 된 미일안전보장조약 제1조에서는 일본 국내 및 그 부근에서 미군이 주둔하는 권리를 일본이 받아들이고, 미군은 "극동에서의 국제 평화와 안전의 유지에 기여"하여, "외부 나라에 의한 교사(教唆) 혹은 간섭으로 인해 일어나"는 일본 내에서의 "내란 및 소요(騷擾)를 진압하기 위해" 일본의 요청을 통한 원조를 포함한다. '극동 조항'과 '내란 조항'을 규정한 이 안보조약은 일본에 대한 외부의 공격으로부터 '자동적으로' 방위 의무에 임하지 않는다는 것으로 해석되었다.[133]

셋째, 일본은 미일안전보장조약 교섭 과정에서 국제연합헌장 제52조 '지역적 약정'을 중시했다. 니시무라 구마오는 국제연합 하에서 5대국은 자신들과 동맹을 맺은 국가에 대해 강제조치를 실시하는 데 한계가 있다고 생각했고, 이를 보완하기 위한 것이 제52조 '지역적 약정'이라는 법이론을 중시했다.[134] 따라서 "일본은 평화조약과 별도로 국제연합헌장에서의 지

---

133) 니시무라는 미일안전보장조약으로 미국이 일본을 지킨다는 기대감을 가지고 있었으나, 일본에 대한 미국의 방위 의무에 대해 "확실성이 조약 문면에 나타나지 않는다"는 것을 인정한 바 있다. 2004년 방위백서(防衛白書)에서도 1951년 미일안전보장조약은 미국과 일본의 협력을 기초로 했으나, 일본에 대한 방위 의무가 불명확했다고 언급했다. 일본에서 내란이 발생한다면 미군이 출동할 수 있는 '내란조항(內亂條項)'은 불평등이라는 논쟁이 일어나곤 했다. 防衛省・自衛隊, http://www.clearing.mod.go.jp/hakusho_data/2004/2004/html/1624c3.html
134) 西村熊雄, 『サンフランシスコ平和条約・日米安保条約』(東京: 中央公論新社, 1999), pp. 14-15.

역적 약정을 미국과 체결하는 의도 하에서, 물론, 구체안을 마련하여 교섭에 임했다"고 증언했다.135) 이러한 증언을 고려했을 때, 샌프란시스코평화조약을 통해 마련된 미일안전보장조약에서 일본 측이 중요시한 법적 근거는 국제연합에서 허용된 '지역적 약정'에 있었다. 국제연합헌장으로부터 샌프란시스코평화조약, 미일안전보장조약으로 이어지는 미국과의 동맹관계는 국제주의인 국제연합헌장을 준수한 지역주의적 역학의 결과물인 지역 안보의 탄생을 의미했다.136)

일본의 지역 안보 구상에서 마지막으로 지적해야 하는 것은, 1951년 10월부터 일본과 한국은 국교정상화를 위해 한일교섭에 들어갔고, 1953년에는 한미상호방위조약이 체결되었다는 점이다. 샌프란시스코평화조약 발효 전인 1952년 1월 18일 이승만은 대한민국과 주변 국가 간의 수역 구분을 명확하게 하고 주권 국가의 영역을 제시한 '대한민국 인접 해양의 주권에 대한 대통령의 선언'(평화선)을 공표했다. 그리고 1953년 8월 8일 한미상호방위조약이 가조인되었다. 공산주의 세력의 남하에 위기감을 가지고 있었던 일본의 입장에서 보았을 때, 한미상호방위조약의 "전망"은 계속적으로 주시할 필요가 있었지만, 성립에 관해서는 "자유제국(自由諸

---

135) 西村熊雄 (1999), p. 21.
136) 요시다가 선택한 전후 일본의 외교정책은 안보를 미국에 위임하고 일본은 경제적 부흥을 우선적으로 하는 것이었고, 이는 1980년대에는 '요시다 독트린'이라고 불렸다. 1950년대 일본에서는 요시다 노선에 대한 부정적인 시각이 적지 않았지만, 1960년대에 들어와 고사카 마사타카(高坂正堯)의 『재상(宰相) 요시다 시게루』를 통해 요시다와 그의 외교정책이 긍정적으로 평가를 받기 시작했다. '요시다 독트린'이라는 명칭은 1985년 나가이 요노스케(永井陽之助)의 『현대와 전략(現代と戰略)』에 의해 전파되었다. 中西寬, 「講和に向けた吉田茂の安全保障構想」, 伊藤之雄・川田稔(編), 『環太平洋の国際秩序の模索と日本: 第1次世界大戰後から五五年体制成立』 (東京: 山川出版社, 1999), p. 301.

國)에 협력하는 일환"으로 받아들여졌다.137) 1953년 8월 20일 일본 측의 한일회담 관련 문서에는 "일한(日韓) 양국의 극동 지역에서의 공통된 이익의 지지"라고 언급하고 있다.138)

상대적으로 일본의 한미상호방위조약에 대한 반응은 부정적이지 않았지만, 다음과 같은 의견이 있었다. 1953년 9월 17일 중의원(衆議院) 외교위원회에서 "이승만라인" 등으로 미국과 관련된 두 개의 "안전보장협정"이 "충돌"할 가능성에 대한 질의가 나왔을 때, 외무사무관 조약국장은 그러한 문제에 일본, 미국, 한국이 "안전보장조약의 문제" 또는 "미한상호원조조약(米韓相互援助條約)의 문제"로 거론하지 않을 것이라고 했다.139) 두 개의 안보조약 충돌 가능성은 부인되었다. 단, 일본 국회에서 두 개의 안보조약의 충돌 가능성이 제기되었다는 것은 인식의 한 측면을 나타냈다.

요시다 시게루는 회고록에서 "국제 공산주의의 위협에 대비하는 것이 일미공동방위체제의 목적"이라고 했다. 그에 의하면 무장해제되어, 사상적으로 아직 확고하지 않은 일본은 국제 공산주의의 침략 목표가 될 가능성도 있었지만, "제2의 조선"이 되지 않을 수 있었던 것은 미군 주둔이 "무언의 위력을 발휘"했기 때문이라고 주장하면서 미일안전보장조약의 정당성을 강조했다. 하지만 그는 국제 공산주의에 대한 경계와 아울러 다음과

---

137) 이는 외무대신 오카자키 가쓰오(岡崎勝男)가 말한 내용이다. 그는 요시다 시게루가 추진한 대미협조주의를 지탱한 주요 인물이었다. 參議院本会議(1953年 8月 10日), 国会会議録検索システム, http://kokkai.ndl.go.jp/SENTAKU/sangiin/016/0512/01608100512038a.html
138) 국민대학교 일본학연구소·동북아역사재단,『韓日會談: 日本外交文書 20』(서울: 선인, 2010), p. 19.
139) 시모다 다케소(下田武三)의 대답이다. 衆議院外交委員会(1953年 9月 17日), 国会会議録検索システム, http://kokkai.ndl.go.jp/SENTAKU/syugiin/016/0082/ 01609170082030a.html

같이 언급했다.

그러나 한걸음 더 나아가, 일본을 외부에서 노리는 무력 위협은 반드시 공산 침략뿐만 아니다. 이를 간과하고 있는 사람들은 의외로 많다. 많은 것을 말할 필요도 없이 일의대수(一衣帶水)의 바다 방향에 있는 한국이 그 무력을 배경으로 우리 이도(離島)나 출어선박에 대해 비행(非行)을 하고 있는 것은 이미 알려져 있을 것이다.140)

요시다는 쓰시마(對馬)에 대한 영토권을 주장하고 있는 한국에도 "일미 공동방위체제"는 무언의 위력을 보증해준다고 했다. 1956년 10월 일본은 소련과 국경 확정 문제를 거론하지 않았던 일소공동선언을 통해 국교를 회복했고, 이에 따라 일본은 국제연합 가입이 가능해졌다. 1945년 9월 2일 외무대신이었으며 일본 전권대사로서 일본의 항복문서에 조인한 시게미쓰 마모루(重光葵)는 1956년 12월 18일 다시 외무대신으로서 뉴욕의 국제연합 본회의장에서 일본의 가맹 연설을 했다.

2. 주권회복과 영토 획정

1945년 포츠담선언 제8항에는 일본의 영토가 규정되었다. 패전 직후부

---

140) 吉田茂, 『回想十年 (下)』 改訂版 (東京: 中央公論新社, 2014), pp. 153-154.

터 일본 역시 미국과 소련, 그리고 한반도에서의 미, 소 대립과 남북문제를 인지하고 있었다. 1945년 9월 2일 일본은 연합국에 의한 항복문서에 조인했다. 항복문서에는 "'포츠담'선언의 조항을 성실하게 이행하는 것"이 명시되었는데, 같은 날 일본 정부가 육군과 해군에 내린 관보에 따르면, "만주, 북위 38도 이북의 조선, 가라후토(樺太) 및 지시마제도(千島諸島)에 있는 일본국의 선임(先任) 지휘관 및 일체의 육상, 해상, 항공 및 보조부대는 '소비에트' 극동최고사령관에 항복해야 한다"고 하여, 38선 분할과 소련에 대한 언급을 했다. 또한 "일본국 본토, 이에 인접하는 제소도(諸小島), 북위 38도선 이남의 조선, 류큐제도(琉球諸島) 및 '필리핀' 제도에 있는 선임 지휘관 및 일체의 육상, 해상, 항공 및 보조부대는 합중국 태평양육군부대 최고사령관에 항복해야 한다"고 되어 있었다.[141]

일본은 냉전 격화의 상황에 맞추어 일본과 한반도의 영토 변경을 인식했다. 1946년 1월 31일 외무성 정무국이 마련한 문서에는 "제국의 영토에 관해서는 '카이로'선언 및 '포츠담'선언"에 의해 일본의 영토가 변경되는 것을 상정했고, "조선"에 관해서는 카이로선언으로 "독립"시킨다고 되어 있으나, 1945년 12월 모스크바 3상회의 결과로 미, 영, 소, 중에 의한 5년 이내의 신탁통치가 시행되는 것이라고 명기했다.[142] 1947년 6월 5일 '평화조약에 대한 일본 정부의 일반적 견해'에서도 일본 국민은 포츠담선언을 "충실히 이행"할 것, "포츠담선언의 조건은 평화의 예약(豫約)이며 평화

---

141) 外務省(編纂),『日本外交年表竝主要文書 (下)』(東京: 外務省, 1965), pp. 640-641.
142) 領土條項(平和條約問題研究資料・政治條項4), 外務省,『日本外交文書: サンフランシスコ平和条約 準備対策』(東京: 外務省, 2006), pp. 46-49.

조약의 기초"라고 되어 있다. 포츠담선언은 일본의 주변의 제도(諸島) 이름을 언급하지 않았지만, 일본 영토의 대부분을 구성한 "혼슈, 홋카이도, 규슈 및 시코쿠" 등에 대한 변경이 없다는 포츠담선언 내용은 일본이 수용해야 하는 당연한 것으로서 받아들여졌다.

그런데 당시 일본에서는 1952년 4월 샌프란시스코평화조약 발효까지 "코리아" 혹은 "조선"에 대한 영토적 주권 인식을 가지고 있었다는 논리가 있다. 일본은 포츠담선언을 수락했지만, 바로 일본의 외지(外地)에 대해 주권 상실이라는 법적 효과가 발생하는 것이 아니라, 법적으로는 어떠한 영향도 받지 않고, 평화조약 발효로 인해 법적인 효과가 나타난다는 해석을 유지했다는 것이다.[143] 미국 국무성도 1945년 직후 "코리아"에 대해 "일본의 기존 주권(former sovereignty)"이 있다는 논리를 내세웠고, 공식적 조약에 규정되어야 이전(移轉)이 가능하다고 했다. 1898년 미국-스페인전쟁의 결과 승전국 미국은 스페인이 보유하던 식민지에 대한 주권은 평화조약을 체결함으로써 이양된다는 원칙을 취했다.[144] 미국은 이 원칙을 "코리아"에도 적용시켰기 때문에 적어도 1945년부터 1946년 사이에 미국과 일본은 "코리아"에 대해 같은 인식을 공유했다. 따라서 일본은 1952년 샌프란시스코평화조약 발효까지 "코리아"를 둘러싼 주권 변경에 대해 부정적이었다는 것, 즉 "코리아"에 대해 통치권이 아닌 영토 주권으로서의 "잔여주권

---

[143] 나가사와 유코, 「日本의 「朝鮮主權保有論」과 美國의 對韓政策: 韓半島 分斷에 미친 影響을 中心으로(1942년-1951년)」, 고려대학교 대학원 정치외교학과 박사논문 (2007). 나가사와 유코, 「일본 패전 후의 한반도 잔여주권(殘余主權)과 한일 '분리': 신탁통치안 및 대일강화조약의 '한국포기' 조항을 중심으로(1945- 1952)」, 『아세아연구』 제55권 (4)호 (2012).

[144] 나가사와 유코 (2012), p. 65.

(residual sovereignty)"145) 인식을 가지고 있었다는 것이다.

1951년 4월 23일 요시다 시게루는 덜레스와의 회담에서 미국 측에 "Korea and the Peace Treaty"라는 문서를 전달했다. 이 문서의 일본어는 「韓國政府の平和條約署名について」(한국 정부의 평화조약서명에 관해서)이다. 영문에는 "Korea"라고 되어 있지만, 이 문서는 일본 정부가 작성하여 미국에 전달한 것이다. 문서에는 "화문원안(和文原案)"이라고 일본어가 원문이라는 것을 표시하고 있기 때문에 일본어 문서를 우선적으로 보아야 한다. 그리고 이 문서의 첫 번째 단락에는 일본어로 "합중국정부는 오는 평화조약에 한국 정부를 서명국으로서 초청한다는 의향이 있다는 것을 승낙[承知]했다"고 되어 있다. 이 문장의 일본어 "한국 정부(韓國政府)"란 영어로 "Korea"라고 되었으나, 이는 당시 미국이 대한민국을 평화회의에 초청할 생각을 가지고 있었기 때문에 영문의 "코리아"란 한국으로 간주할 수 있다. 일본어 문서에는 다음과 같이 기록되어 있다.

한국(韓國)은 '해방민족'(1948년 6월 21일 SCAP각서는, Special Status Nations로 한다)이며, <u>일본에 대해서는, 평화조약으로 비로소 독립국가가 되는 것이다</u>. 일본과 전쟁상태도 교전상태도 아니었고, 따라서, 연합국으로

---

145) 나가사와 유코 (2012), pp. 67-68. 나가사와 유코가 사용한 "잔여주권"이란 『(21세기) 정치학대사전』에 따르면 "잔존주의(residual sovereignty)"라고 한다. 이 개념은 "미국 시정(施政) 하의 오키나와에 대한 일본의 권한을 나타낸 개념"이며, 덜레스가 샌프란시스코평화조약 제3조에 규정된 "오키나와의 지위에 대해 일본에는 잔존주권(잠재주권이라고도 한다)이 있다고 서술한 것에서 유래한다." 정치학대사전편찬위원회 엮음, 『(21세기) 정치학대사전 (하)』 (서울: 아카데미아리서치, 2002), p. 1993. 그러나 덜레스는 "코리아"에 어떤 나라의 잔존주권이 있다고는 하지 않았다.

서 인정되어야 하는 것이 아니다.

 한국이 조약 서명국이 된다면, 재일조선인(在日朝鮮人)이 연합국인(聯合國人)으로서, 평화조약의 규정에 따라 그 재산의 회복, 보상 등에 대해 권리를 취득하여, 이를 주장하게 된다. 현재에도 100만 명에 가까이, 종전 당시에는 150만에 이르는 조선인이 이러한 권리를 주장한다면, 일본 정부로서는 거의 견디지 못하는 부담을 임하게 된다. 더구나 이러한 조선인의 대부분이 유감이지만, 공산 계통(共産系統)이라는 사실도, 또 고려해야 한다.

 일본 정부로서는, 평화조약에는 조선(朝鮮)에 대한 모든 권리, 권원 및 청구권을 포기한다는 것(미국안 제3장 영역, 제3) 외, 한국(韓國)의 독립을 승인한다는 문구를 삽입하고, 이리하여, 일본에 대한 관계에 있어 법적으로 독립국가가 된 것을 규정해 놓고, 그리고 나서, 조선동란이 해결하여, 반도(半島)에서의 사태가 안정된 후에, 일한(日韓) 간의 관계를 평화조약의 제원칙에 따라 해결하기 위해 따로 협정하는 것이 가장 현실적이라고 생각한다.[146] [밑줄: 필자 강조]

원래 이 문서는 일본의 한국에 대한 인식을 나타낸 것이며, 샌프란시스

---

146) 「韓国政府の平和条約署名問題に関するわが方見解」, 外務省 (2007), pp. 413- 415. 1951년 7월 19일 주미 한국대사 양유찬은 덜레스에게 샌프란시스코평화조약에 대한 한국의 서명을 호소했다. 이때 양유찬은 일본에 많은 "Koreans in Japan"이 있다는 한일관계도 말했다. 덜레스는 그들이 북한("North Korea") 출신이며, 일본을 흔드는 공산주의를 형성한다고 했다. 덜레스는 일본으로부터의 영향을 받았다고 볼 수 있다. "Memorandum of Coversation, by the Officer in Charge of Korean Affairs in the Office of Northeast Asian Affairs (Emmons) (1951)," *Foreign Relations of the United States, 1951, Asia and the Pacific*, Vol. VI, Part 1, pp. 1202-1206.

코평화조약 서명국에서 한국이 제외되었던 요인의 하나로서 간주되어 왔다.147) 일본은 "한국"이 평화조약 서명국이 된다면 일본 내에 있는 "재일조선인(在日朝鮮人)"이 연합국인(聯合國人)"이 된다고 우려했다. 당시 일본에 있는 "조선인의 대부분"이 "공산 계통"이라는 것이 일본 정부의 주장이었다.

그러한 한국과 "재일조선인"의 관계를 통해 한국을 평화조약 서명국에서 제외시키려고 한 일본의 주장148)과 더불어 중요한 것은 한국에 대한 일본의 주권 인식이다. 미국의 평화조약 초안과 마찬가지로 일본은 "조선"에 대한 모든 권리를 포기하는 데에 동의했다. 문제는 일본의 주장은 "조선"이 아닌 "한국"의 독립에 있다. 이는 "일본에 대한 관계"라고 한정되어 있기 때문에 '일본은 한국의 독립을 평화조약을 통해 인정한다'고 해석할 수 있다. 일본은 평화조약 발효로 한국이 독립국가가 되는 것을 인정한다고 규정함으로써 한일관계를 설정하려고 했다. 다만 이러한 견해에 대해 덜레스는 일본 정부에 명확한 대답을 하지 않았다.149)

한국의 독립과 평화조약에 대한 일본 정부의 견해에는 복잡한 양상이 보인다. 일본 국내에서는 1951년 9월 8일 평화조약 체결 이후인 10월

---

147) 김태기 (1999), pp. 363-365; 박진희 (2010), pp. 136-137. 정병준 (2010), pp. 662-669. 그들의 연구는 요시다가 언급한 한국의 주권 문제에 충분한 주의를 기울이지 않았다.
148) 그러나 4월 23일 일본 정부는 덜레스의 사절단에 수행한 외교관 피어리(Robert Appleton Fearey, 1918-2004)에게 전달한 '대(對)필리핀배상 문제 및 한국 정부의 평화조약 서명 문제에 관한 일본의 추가 진술'이라는 문서에서 "재일조선인이 평화조약으로 인해 일본 국내에서 연합국인의 지위를 획득하지 않는다는 것이 명확해지면, 한국 정부가 서명하는 것에는 이견을 고집하지 않는다"고 되어 있다. 外務省 (2007), pp. 422-423.
149) 西村熊雄,『日本外交史 27: サンフランシスコ平和条約』(東京: 鹿島研究所出版会, 1971), p. 114.

국회에서 평화조약에 관한 심의가 있었을 때, 요시다 내각의 외무정무차관 (外務政務次官)이었던 구사바 류엔(草葉隆圓, 1895-1966)은 평화조약에서의 "조선의 독립을 승인한다"는 문구는 "남북 어느 쪽"도 명시하지 않았다고 했다. 그러나 민주적 선거를 통해 수립된 대한민국은 국제연합의 승인을 받았기 때문에 "조선의 정권"에 대한 일본의 접근은 대한민국을 상대로 해야 한다는 논리를 제시했다.[150] 한편 1953년 한일교섭에서 일본은 한국에 대해 1948년 "한국"이 국제연합을 통해 주권국가로서 인정받았다는 사실을 알고 있었다고 하면서도 샌프란시스코평화조약 발효일인 1952년 4월 28일 이후에 "한국"이 독립했다는 견해를 한국에 전달한 바 있다.[151]

---

150) 第12回衆議院參議院各'平和條約及び日米安全保障條約特別委員会'(1951年10月11日-11月30日), 高野雄一,『日本の領土』(東京: 東京大学出版会, 1962), pp. 350-355에서 인용.
151) 長澤裕子,「戦後日本のポツダム宣言解釈と朝鮮の主権」, 李鍾元・木宮正史・淺野豊美(編),『歷史としての日韓国交正常化 II: 脱植民地編』(東京: 法政大学出版局, 2011), pp. 145-146. 1952년 4월 28일 이후에 한국이 주권 국가가 되었다는 견해는 1953년 10월 15일 한일교섭 일본 측 수석대표였던 구보타 간이치로(久保田貫一郞)의 발언이다. 이른바 '구보타 발언'인데, 그는 일본의 식민지 정책을 긍정적으로 언급했기 때문에 한일교섭은 결렬되고, 4년 넘게 교섭은 중단되었다. 구보타는 청구권 문제에 관한 교섭 중에 "사유재산뿐만 아니라, 더욱 중요한 영토의 문제에 있어서도 평화조약 성립 전에 일본의 동의를 얻지 않고 독립시킨 것은 선례가 없다", "사견이지만, 우리로서는 (강화조약 성립 전에 영토를 독립시키고) 사유재산을 몰수한 것은 국제법 위반이라고 생각한다"고 했다. 국민대학교 일본학연구소・동북아역사재단(편),『韓日會談 日本外交文書 20』(서울: 선인, 2010), pp. 464-465. 구보타의 발언 내용과 의도는 10월 27일 일본 국회에서 개최된 참의원수산위원회 질의(參議院水産委員会質疑)에서 명확하게 나왔다. 구보타는 한국 측에 다음과 같은 내용을 말했다고 했다. "한국의 독립이란 샌프란시스코조약이 효력이 발생했을 때였기 때문에 그 전에 독립했다는 것은, 과연 연합국이 인정했다고 해도, 그것은 일본에서 본다면 이례의 조치"였다.「日韓会談「久保田発言」に關する參議院水産委員会」, "The World an Japan" Database Project Database of Japanese Politics and International Relations Institute of Oriental Culture, University of Tokyo, http://www.ioc.u-tokyo.ac.jp/~worldjpn/documents/texts/JPKR/19531027.O1J.html 교섭에 임한 수석대표 김용식(주일대표부 공사)의 회고록에 따르면 구보타는 "한국이 對日 강화조약 이전에 독립된 것은 국제법 위반"이라고 발언했다. 김용식,『새벽의 약속: 김용식 외교 33년』(서울: 김영사, 1993), p. 199. 한국과 일본 측의 인식에는 약간의 차이가 있다. 구보타 발언에 대한 분석 및 과정과 파문, 그리고 철회에 관해서는, 다카사키 소오지, 최혜주(옮김),『일본망언의 계보』(서울:

1951년 9월 7일 요시다 시게루는 샌프란시스코평화회의에서 평화조약 수락 연설을 일본어로 했다. 그는 소련이 쿠릴열도를 점령하고 있다는 불만을 드러냈으며 명시적으로 소련을 비판했다. 중국과 관련된 영토 문제에 관해 언급하지 않았으나, 그는 통일되지 않는 중국이 평화회의에 참석하지 못하는 것에 아쉬움을 드러냈다. 한편에서 "공산주의적 압제와 전제(專制)를 수반하는 음험(陰險)한 세력"이라고 하여 암시적으로 중화인민공화국을 비판했다. 그의 연설에 '조선'에 관한 언급은 없었다.[152]

3. 전쟁 책임에 대한 이해와 배상 논리

도쿄재판에서 금고 20년의 형을 선고받은 도고 시게노리(東鄕茂德, 1882-1950)의 인식을 보는 것은 무익하지 않을 것이다. 출생 시 박무덕(朴茂德)이라는 이름이었던 그는 조선(朝鮮, 1392-1897)과 관련된 '재일조선인' 역사 범주 속에서 태어났다. 그리고 1910년 한국병합조약으로 주어진 '재일조선인'의 역사 속에서 살아갔다.[153]

도쿄재판은 식민지 문제를 다루지 않았지만, 도고 시게노리의 인식에는

한울, 1996), pp. 187-208을 참조할 것.
152) 外務省 (1951), pp. 301-307.
153) 일본에서 출생한 도고 시게노리는 박무덕이라는 이름을 다섯 살까지 사용했다. 그의 가계는 1886년 평민(平民) 신분에서 사족(士族)으로 바뀌었을 때, 도고라는 성을 댔다. 도고 시게노리의 조상은 임진왜란(壬辰倭亂)을 계기로 일본에 연행되었다. 도고 시게히코, 「도고 시게노리의 생애」, 도고 시게노리, 김인호(옮김), 『격동의 세계사를 말한다』 (서울: 학고재, 2000), pp. 395-397.

서구의 식민지에 대한 인식이 있었다. 그는 도조 히데키 내각에서 외무대신(재임 기간, 1941. 10. 18-1942. 9. 1), 1942년에 위임통치령 및 점령 지역의 통치를 위해 설립된 대동아성(大東亞省)의 대신(재임 기간, 1945. 4. 9- 1945. 8. 17)을 역임했다. 미국과의 전쟁이라는 측면에서 개전과 패전을 중앙정부에서 직접 경험했다. 그는 재판 후, 스가모구치소(巢鴨拘置所; Sugamo Prison)에 수용되어 있을 때, 수기를 남겼다.

제1차 세계대전이 끝난 지 30여 년이 지난 오늘날에도, 판명되지 않은 것이 있는데도 전쟁 발생 책임을 전부 독일에 돌리는 것은 형평에 어긋난다는 판단이 공정한 역사가들 사이에서 계속 정론화되는 실정이다. 따라서 당시 독일인들이 전쟁 책임을 자기들에게만 돌리려 하는 데 큰 불만을 가졌던 것은 충분한 이유가 있다고 할 수 있다. 특히 전쟁의 간접 원인을 살펴보면 당시의 열강은 어차피 자국의 이익을 감추고 군비를 증강한 것이었기 때문에 누가 옳고 누가 그르다고 판정하는 것은 불가능하다.[154]

도고 시게노리는 1919년 파리평화회의 일본대표단의 한 사람이었고, 1919년부터 1921년까지 독일에서 근무한 경험이 있었다. 그는 수기에서 제1차 세계대전 후의 독일에 동정심을 보여주었지만, 당시 독일에 전쟁 책임을 인정시킨 베르사유평화조약의 서명국이었던 일본에 관해서는 설명

---

[154] 도고 시게노리 (2000), p. 47. 이 수기는 1950년에 집필되었기 때문에 회고록의 성격을 가진다. 따라서 도고가 1919년 시점에 어떤 생각을 가지고 있는지가 아니라, 1950년 시점에서 과거를 보는 인식이 나타나 있는 것이다.

하지 않았다. 이어서 그는 서구 열강과 식민지 문제의 관계성을 지적했다.

또한 "우리들(서구 국가들을 의미함—필자)이 다른 나라의 영토를 병합하여 식민지를 획득한 것은 옛적의 일로서 문제가 되지 않는다. 다만 지금 이후 이러한 행동은 세계의 평화를 해치는 일이며, 우리의 안전을 위협하고 있으므로 침략을 통해서라도 근절시켜야 한다"는 주장도 매우 이기적인 것이다. … <u>다만 과거에 침략 또는 병합을 해왔던 나라들이 도의상 충심으로 반성하지 않는다면 국제 사회의 올바른 진보는 존재할 수 없다는 사실을 지적하는 것일 뿐이다.</u>[155) [밑줄: 필자 강조]

전쟁이 아닌 "병합", 즉 식민지 문제를 지적한 그의 인식은 중요하다. 그러나 서구 열강들의 식민지 문제에 대한 서구 제국주의를 비판한 수기의 이 부분에서 그의 지적은 '일본과 대한제국' 또는 '일본과 조선'까지 연계시키지 못했다.

1950년 3월 13일 외무성 자료인 '천황제에 관해서'에는 "일본의 정치형태는 일본인이 자유롭게 결정한다는 근본원칙을 연합국이 확인한 것을 기뻐하는 것"이라고 되어 있었다. "천황의 전쟁 책임론에 관해서는 구(舊)헌법의 규정과 헌법적 관행, 개전의 사정을 보았을 때, 천황에게는 책임이 없다고 일본 국민은 믿고 있"고, "연합국이 전범재판에서 천황을 제외한 것은 우리 국민감정에도 합치하는 것"이라고 결론지었다. 외무성은 천황

---

155) 도고 시게노리 (2000), pp. 47-48.

이 기소되지 않았다는 것을 지적했고, "일본 국민은, 공산당을 제외한 그 대다수가, 신헌법에 의해" 천황이 헌법의 상징이 되었다는 것, 즉 "천황의 존치를 택했다"고 했다. 그리고 천황이란 다음과 같은 존재였다. "일본인은, 일본국은 천황을 중심으로 한 일대가족적 협동체(一大家族的協同體)이며, 천황과 국민과의 관계는 부자(父子)와 같은 것이라는 국가적 이념을 가지고 있다."156)

도쿄재판 이후 일본 국내에서는 냉전의 영향에 따른 사회적 변화가 있었다. GHQ/SCAP는 1949년 9월에 일본공산당이 공산주의자 정보 기구(Communist Information Bureau), 이른바 코민포름(Cominform)에서 혁명에 관한 지도와 지지를 받았다는 정보를 수집했다.157) 1949년부터 1951년에 걸쳐 GHQ/SCAP가 일본 공산당원과 이에 동조하는 자를 공무원이나 민간 기업에서 해고, 배제시킨 레드 퍼지(red purge)158)는 매카시즘(McCarthyism)의 일본판이었다. 미국에 의한 일본의 민주화, 비군사화 정책은 역코스(reverse course)로서 나타났고, 이에 일본도 적응하여, 능동적인 행보를 보였다.159)

---

156) 外務省 (2006), pp. 474-483. 물론 당시 히로히토와 천황제에 대해 일본인들이 책임요구를 한 움직임이 있었다. 존 다우어, 최은석(역), 『패배를 껴안고: 제2차 세계대전 후의 일본과 일본인』(서울: 민음사, 2009), pp. 412-415.
157) 荒木義修, 『占領期における共産主義運動』 (東京: 芦書房, 1993), pp. 223-224.
158) 레드 퍼지는 국가공무원, 대학 교원, 미디어, 노동조합 등 다양한 분야에서 실시되었다. GHQ의 문서에는 purge, red scare, red baiting이라는 용어가 등장했지만, 레드 퍼지라는 용어는 이에 반대하는 일본 학생들이 만든 용어였다. 平田哲男, 『レッド・パージの史的究明』 (東京: 新日本出版社, 2002), pp. 1-20.
159) 레드 퍼지에 대한 통설은 GHQ가 지시를 하고, 일본이 실행자, 가담자라는 것이 일반적이었지만, 기존 연구에 대한 검토와 1차 자료를 활용하여 실증적 분석을 행한 묘진 이사오(明神勳)에 따르면, 맥아더는 일본의 보도기관, 관공청, 민간산업까지 퍼지(purge)를 '시사'했지만, '지시'까지는 하지 않았다고 한다. 그는 오히려 일본 정부, 최고재판소, 기업 경영자가

샌프란시스코평화조약은 일본에 항복을 촉진시킨 포츠담선언과 전쟁을 추진했던 일본 정치 지도자들에 대한 도쿄재판의 결과를 계승했다. 평화조약 제11조는 연합국에 의한 국제군사재판 결과를 수락했다. 평화조약을 통해 일본은 연합국에 의한 재판을 수락하고, 일본 국내에서 구금되어 있는 일본 국민에게 과한 판결을 "시행"한다는 것에 동의했다. 평화조약 체결 전인 1950년 8월 일본 법무부는 통첩을 통해 연합국의 군사재판으로 형벌에 처하는 자는 군사재판과 마찬가지로 국내에서 형벌을 가한다고 했다. 그러나 1952년 5월 1일 평화조약으로 주권을 회복한 후 법무성은 전범이란 국내법에서는 범죄자가 아니라고 하는 태도를 취했다. 즉, 평화조약 체결 이전의 원칙을 부정했다. 일본의 전범은 국제법에 따르면 범죄자이며, 국내법에 따르면 범죄자가 아니라는 이중적 기준을 세웠다.[160]

미국은 1950년 11월 24일에 발표한 '대일강화 7원칙'에서 일본에 대한 평화조약의 윤곽을 제시했다. 이 원칙들에서 영토 문제와 관련된 제3항에는 "일본은 코리아의 독립을 승인(Japan would (a) recognize the independence of Korea;)"한다고 되어 있었고, 안보 문제와 관련된 제4항에는 평화조약에 안전보장에 관한 내용이 규정된다고 명시했다. 그리고 제6항에 청구권(Claims)이 등장했다. 원칙은 "모든 당사국은 1945년 9월 2일 이전의 전쟁행위에서 생긴 청구권을 포기"하고 예외로서 전쟁 기간에 일본이 연합국에 가한 손해에 대해서는 일본의 재외자산으로 충당할 것이라고 했다. 사실상

실시한 역할은 능동적, 적극적이었으며, 맥아더나 GHQ를 능가했다고 주장했다. 明神勲, 『戰後史の汚点 レッド・パージ GHQの指示という「神話」を検証する』(東京: 大月書店, 2013).
160) 日暮吉延, 『東京裁判』(東京: 講談社, 2008), p. 378.

배상 포기를 명기한 것이었다.[161]

아시아·태평양전쟁 직후 연합국과 미국에서는 엄격한 배상 논리가 존재했으나, 일본과의 전쟁에서 주도적인 역할을 한 미국은 냉전의 격화와 더불어 일본의 경제 부흥을 우선시했다. 그러한 논리는 '대일강화 7원칙'을 통해 명시되었으며, 샌프란시스코평화조약이 '관대'하다고 평가받게 된 큰 전환점으로 간주할 수 있다. 후술하듯이 '청구권(Claims)'이라는 용어는 샌프란시스코평화조약 제4조에 규정되었다.

일본 역시 배상 문제에 대해 독자적으로 준비했다. 1945년 10월 시점에서 일본이 참고한 것은 베르사유평화조약이었다. '평화조약 체결의 방식 및 시기에 관한 고찰'이라는 이 문서는 "'베르사유'강화조약과 대동아전쟁평화조약(大東亞戰爭平和條約)과의 비교"라고 표기되었다. 1919년의 파리평화회의처럼 성급한 상황이 아니라는 것을 지적한 이 문서에서 "전쟁 범죄인의 처벌"에 관해서는 포츠담선언에 명기되어 있기 때문에 평화조약 체결과 상관없음을 지적했다. 이는 평화조약에서 전쟁 범죄자의 처벌이 결정되는 것이 아니라 그 전에 처벌이 결정되어 있을 것이라는 견해를 의미했다.

배상에 관해서는 베르사유평화조약 당시 프랑스가 배상금으로 부흥을 기도(企圖)했기 때문에 성급하게 조약 규정이 이루어졌으나, 지금 "제국"(일본)의 경제력은 궁박한 상태라서 배상은 사실상 많지 않을 것이라 했다. 그리고 일본에 대한 평화조약은 제1차 세계대전의 프랑스처럼 배상을

---

161) 오오타 오사무 (2009), p. 80; 細谷千博, 『サンフランシスコ講和への道』(東京: 中央公論社, 1984), p. 114; 김명섭·김숭배 (2009), pp. 42-43.

요구하는 "실력"이 있는 국가가 없을 것이라고 했다. 이는 역사적인 독일-프랑스 관계가 아시아-태평양전쟁 참전국에는 없다는 것으로 해석할 수 있다.

이와 더불어 아직 평화조약의 양상이 안 보이는 가운데서 일본은 포츠담선언을 중시했다. 이 문서는 연합국에 대한 정보가 부족하다는 결론162)을 내렸으나, 베르사유평화조약과 비교한 결과, 일본은 상대적으로 배상 문제에 낙관적인 자세를 보였다. 1946년 1월 평화조약에 대한 일본의 희망 사항은 1937년에 출간된 E. H. 카의 저작 『평화조약 이후의 국제관계』(International Relations since the Peace Treaties)를 참고하여 문서가 작성되었다. 평화조약이란 "개관적 세계정세 및 국내체제가 성숙한 상황에서 체결하"는 것이라고 하여, "명령된 평화", "원칙이 왜곡된 조건"을 피해야 한다는 것이었다. 그리고 연합국의 "적개심, 증오, 복수심의 자연적 소멸을 순치"시키는 방향으로 이끌어가는 것이 필요하다고 했다. 이 문서는 배상에 관해 포츠담선언 제11항(일본의 경제부흥)을 중시했고, "장기에 이른 계속적 실물 배상"이 아니라 단기적으로 될 수 있도록 노력할 필요성을 제시했다.163)

이러한 내용들은 베르사유평화조약의 징벌성을 참고하면서도 한편에서 포츠담선언을 가장 중시한 결과였다. 다만 후술하지만 한국이 「대일배상요구조서」에서 중시하던 폴리(Edwin W. Pauley)를 단장으로 한 대일조사단은 일본에 엄격한 배상을 요구했다. 폴리 안(案)에 관해서는 1946년 12월 17일

---

162) 外務省 (2006), pp. 3-11.
163) 外務省 (2006), pp. 16-21.

에 일본과 미국이 토의한 바 있다. 일본 정부는 엄격한 내용을 담은 폴리안의 변경에 기대를 걸었다.164)

그러나 1950년 11월 덜레스에 의한 '대일강화 7원칙'이 발표된 후, 일본은 1947년 2월 10일에 이탈리아와 연합국이 체결한 이탈리아평화조약(Treaty of Peace with Italy)을 참고했다.165) '대일강화 7원칙'이란 일본의 국제연합 가입 문제, 영토 문제, 안보 문제 등이었는데, 그 항목들 중에서 일본은 배상 문제의 항목에만 이탈리아평화조약에 관한 지적이 있었다. '대일강화 7원칙' 제6항은 원문인 영문에는 "Claims"(청구권)라고 되어 있지만, 일본 정부는 이를 "배상청구권(Claims)"으로 번역했다. 그리고 배상 문제에 대한 일본의 해석 항목에는 연합국은 일본의 "시설 및 생산물을 요구하지 않는다는 것을 의미한다. 즉 배상 요구권을 각국이 그 영토 내에서 전쟁 중에 압수한 일본 재산에만 한정한다는 취지"라고 했다. 여기서 이탈리아평화조약을 사례로 들었다. 만약 중립국에 있는 일본 재산이 일본에 반환되지 않을 경우, "손해를 입게 되는 일본 국민에 대한 일본 정부의 보상 의무"는 불명확하지만 "이탈리아평화조약에는 그러한 내용의 규정이 있다"고 규정했다.166)

---

164) 이는 종전연락중앙사무국 총무부장 아사카이 고이치로(朝海浩一郎, 1906-1995)와 맥아더의 대리인으로 대일이사회의장을 맡은 조지 애치슨(George Atcheson Jr., 1896-1947)의 대화 내용이다. 外務省 (2006), pp. 150-154.
165) 1947년 2월 연합국과 추축국 사이에 체결된 파리평화조약(Paris Peace Treaties)은 다음과 같은 평화조약들을 포함했다. 이탈리아에 대한 평화조약, 루마니아에 대한 평화조약(Treaty of Peace with Roumania), 불가리아에 대한 평화조약(Treaty of Peace with Bulgaria), 헝가리에 대한 평화조약(Treaty of Peace with Hungary), 핀란드에 대한 평화조약(Treaty of Peace with Finland).
166) 外務省 (2007), pp. 73-78.

일본, 독일167)과 함께 1940년 삼국동맹(Tripartite Pact)을 맺었던 이탈리아에 대한 평화조약은 전문 및 90개조의 조문과 17개의 부속서가 첨부되었다. 이탈리아평화조약 제23조에는 이탈리아의 식민지였던 리비아, 에리트레아, 이탈리아령 소말릴란드에 대해 "일체의 권리 및 권원을 포기"한다고 되어 있다.168) 제6편 '전쟁에서 생긴 청구권(Claims Arising out of the War)'의 제1관 배상(Reparation) 제74조에는 파시즘 이탈리아가 침략한 국가에 대한 배상의무가 규정되었다. 즉, "청구권"이란 항목은 "배상"을 포함했다는 것이다. 배상 금액은 소련에 1억 불, 알바니아에 5백만 불, 에티오피아에 2천 5백만 불, 그리스에 1억 5천만 불, 유고슬라비아에 1억 2500만 불 등, 구체적으로 규정되었다. 이탈리아가 지배했던 식민지에는 배상이 규정되지 않았다.169) 1947년에 맺어진 이탈리아평화조약은 배상 대상국과

---

167) 독일은 제2차 세계대전 직후에 분단되었기 때문에 평화조약이 유보된 상태였다. 독일에 대해서는 평화조약과 같은 성격을 가진 것은 1990년 독일의 재통일에 즈음하여 체결된 '독일 관련 최종 해결에 관한 조약(Treaty on the Final Settlement with Respect to Germany)'이 있다.
168) 外務省条約局, 『イタリア平和条約』(東京: 外務省, 1947), p. 31. 国立国会図書館近代デジタルライブラリー, http://kindai.ndl.go.jp/info:ndljp/pid/1272610 일본의 외무성 조약국은 1947년에 바로 이탈리아평화조약을 번역했다. 그 평화조약의 중요성을 인지했다는 것이다.
169) 이탈리아는 지속적인 식민지 지배를 요구했지만, 연합국이었던 프랑스, 미국은 이탈리아에 의한 식민지 통치의 계속이나 국제연합에 의한 신탁통치를 상정하고 있었다. 즉 연합국은 이탈리아에 대해 전쟁 책임을 추구했지만, 식민지 지배에 관해서는 "식민지 지배의 죄를 물어 그것을 청산하겠다는 생각은 갖고 있지 않았다"는 것이었다. 오오타 오사무, 「식민지주의의 '공범': 두 개의 강화조약에서 초기 한일교섭으로」, 『아세아연구』 제55권 (4)호 (2012), pp. 19-23. 이탈리아평화조약과 샌프란시스코평화조약을 비교분석한 오오타 오사무는 연합국과 이탈리아 및 일본은 식민지 처리 문제에 관해서는 이해(利害)를 공유하는 "공범관계"였다고 했다. 오오타 오사무 (2012), p. 49. 2008년 8월 30일 이탈리아와 리비아는 이탈리아에 의한 리비아의 식민지 지배(1911-1943)에 대해 65년 만에 사과했고, "보상금(compensation)"으로 25년에 걸쳐 매년 2억 불씩 총 50억 불을 지급하는 협정에 서명했다. Natalino Ronzitti, "The Treaty on Friendship, Partnership and Cooperation between Italy and Libya: New Prospects for Cooperation in the Mediterranean?," *The Mediterranean Strategy Group Conference* (Genoa, 2009); 김명섭·김숭배 (2009), p.

구체적인 금액을 규정했다는 점에서 엄격했다.

　1950년 '대일강화 7원칙'을 통해 연합국이 배상적인 청구권을 포기한다는 것은 이탈리아평화조약과 일본에 대한 평화조약이 분명히 다른 형식으로 체결되는 것을 의미했다. 이탈리아평화조약은 미국, 영국, 프랑스, 소련의 4개국이 바로 비준했지만, 샌프란시스코평화조약의 경우, 소련이 서명하지 않았다. 1947년에 체결된 이탈리아평화조약과 1951년 샌프란시스코평화조약을 비교했을 때, 변수의 하나는 그 시간 차이에 있었다. 즉 냉전의 영향력이 후자의 평화조약에 크게 영향을 끼쳤다는 것이다.170) 다음은 샌프란시스코평화조약 제14조 (a)에 규정된 배상조문이다.

　일본국은 전쟁 중에 생기게 한 손해 및 고통에 대해 연합국에 배상을 지불하는 것을 승인한다. 그러나 또 존립 가능한 경제를 유지해야 한다고 하면 일본국의 자원은, 일본국이 모든 전기의 손해 및 고통에 대해 완전한 배상을 행하고, 또한 동시에 다른 채무를 이행하기 위해서는 현재 충분하지 않다는 것도 승인한다.

　이 조문은 이어서 일본은 어떤 연합국의 "현재 영역이 일본 군대에

---

39. 이탈리아와 리비아 간의 조약(Treaty on Friendship, Partnership and Cooperation between Italy and Libya)은 이탈리아에 의한 경제지원, 안전보장, 북아프리카에서 이탈리아에 향한 이민 규제에 관한 문제들도 다루고 있다.
170) 이근관, 「샌프란시스코 강화조약 및 대이탈리아 강화조약의 비교연구: 이른바 '청구권' 문제의 해결을 중심으로」, 김부자(외), 『한일간 역사현안의 국제법적 재조명』(서울: 동북아역사재단, 2009), pp. 365-369.

의해 점령되어 일본에 의해 손해를 받은 연합국이 희망"할 경우, "생산, 침몰한 선박의 인양, 기타 작업에 의한 일본인의 노역을 연합국에 제공할 것"이라는 방식을 취했다. 금전이 아닌 노역배상이라는 경제협력 방식을 의미했다. 또한 제14조는 일본의 사유재산을 포함한 재외재산의 접수(接收)를 가지고 연합국은 그 이상의 배상을 요구하지 않는다고 했다. 이러한 방법을 채용한 미국은 제1차 세계대전 후의 금전배상 방식의 실패를 교훈으로 삼았고, 미국이 자유진영을 주도하기 위해서는 일본의 경제부흥과 더불어 일본의 경제발전이 미국의 수출시장에서 중요한 상대국이 되는 것을 원했기 때문이었다.171)

---

171) 浅野豊美,「経済協力の国際政治的起源: 世界平和維持費用分担の起源としての賠償」, 浅野豊美(編),『戦後日本の東アジア地域再編: 請求権と歴史認識問題の起源』(東京: 慈学社, 2013), pp. 207-210.

제9장 평화체제에 대한 한국의 수용과 변용

1. 지역적 양자동맹에 대한 이해

1949년 2월 일본의 주권을 회복하는 샌프란시스코평화조약에 따라 일본의 재군비 가능성을 감지한 이승만은 이를 견제했다. 그는 일본에서 미군이 철수하면 일본이 공산주의와 합세하여 알래스카를 통해 태평양에서 소련과 근접하고 있는 미국에게 위협이 될 것이라고 했다.172) 일본에 미군이 주둔하는 것은 일본의 부활과 공산주의 세력과의 연계를 막을 수 있는 수단이라고 보았다.

한국의 경우, 패전국이었던 일본과 달리 초기부터 미국과의 군사동맹 구축을 염두에 두면서 동아시아의 다자적 지역 안보체제에 공감했다. 필리핀 대통령 퀴리노(Elpidio Quirino)는 나토를 모방하여, 지역적인 집단 안보체제인 태평양동맹(Pacific Pact)173) 결성을 제창했다.174) 1949년 3월

---

172) 공보처, 『大統領 李承晩博士 談話集』(서울: 공보처, 1953), pp. 142-143. 이승만은 1941년에 출간된 *Japan Inside Out*에서 알래스카가 태평양에서 마닐라, 괌, 하와이 등, 미국의 전략적 요충지에서 가장 군사적으로 중요한 위치에 있다고 했다. 알래스카는 소련과 일본의 영공 침범에 대처할 수 있는 지역이라는 것이다. Syngman Rhee, *Japan Inside Out: The Challenge of Today* (New York: Fleming H. Revell Company, 1941), pp. 146-147.
173) 태평양동맹에 관해서는, 김명섭의 연구를 참고할 것. 미국이 태평양동맹을 거부한 실정과

24일 이승만은 퀴리노가 말한 미국 지휘 아래의 태평양동맹의 필요성과 기대감을 드러내면서 집단안보체제의 중요성을 언급했다.

과거 2차에 달한 세계대전의 쓰라린 경과를 통하여 세계 각 국가는 대소를 막론하고 집단적 안전보장은 '一개를 위한 전부요 전부를 위한 一개'를 의미한다는 것으로 인식하게 되었던 것으로 이 무서운 전쟁이 우리들에게 아직 이 교훈을 가르키지 않았다면 우리들은 또 하나의 전쟁을 면치 못할 것을 두려워하는 동시에 나아가 우리들의 영구한 평화를 달성하기 위하여 이 동맹은 필요한 것이라고 말하여야 할 것이다.[175]

7월 11일 퀴리노와 장제스 간의 회담에서 태평양동맹, 반공연합전선 결성, 필리핀과 중화민국 간의 유대 강화, 경제적 협조, 그리고 필리핀, 중화민국, 한국이 태평양동맹의 주동이 되는 것으로 이승만의 필리핀 초청을 결정했고[176], 12일에 이승만은 "반공투쟁을 조직화"한 태평양동맹

이에 따른 동아시아 지역질서 형성의 한계점을 처음으로 1차 자료를 활용하여 실증적으로 분석했다. Myong-sob Kim, "Declined Invitation by Empire: The Aborted Pacific Pact and the Unsolved Issue of Regional Governance," in Dong-Sung Kim, Ki-Jung Kim, and Hahnkyu Park (eds.), *Fifty Years after the Korean War: From Cold-War Confrontation to Peaceful Coexistence* (Seoul: Korean Association of International Studies: Korea Research Institute for Strategy, 2000), pp. 127-154.

174) 3월 23일 이승만 역시 퀴리노가 말한 북대서양조약의 주의(主義)에서 태평양동맹도 미국 지휘 하에 형성되어야 한다는 의견을 전폭적으로 옹호한다고 했다. 공보처 (1953), pp. 143-144.

175) 李承晩, 金珖燮(編), 『李大統領 訓話錄』 (서울: 中央文化協會, 1950), pp. 111-112.

176) 「중국·필리핀 정상회담, 태평양동맹 건설을 위한 관계국 예비회담의 소집을 제창」, 『서울신문』 (1949. 7. 13), 국사편찬위원회, 『資料 大韓民國史 13: 1949年7-8月』 (과천: 국사편찬위원회, 2000), pp. 109-112.

참가에 모든 준비가 되었다고 발언했다.[177] 이에 대해 20일 애치슨(Dean Gooderham Acheson, 1893-1971)은 북대서양조약이 "안정적 정부 간의 협조의 토대 위에서 구성된 것"인 반면, "극동"에서는 그러한 토대가 없기 때문에 시기상조라는 견해를 제시했다.[178] 그럼에도 불구하고, 장제스의 방한이 결정되었을 때, 이승만은 태평양동맹에 관해 "이 문제를 토의하게 된다면 어디까지나 UN헌장에 채택되었고 UN 참가국 사이에 체결된 지역적 조약에 의해 재확인되고 적용된 기본평화를 원칙으로 해서 토의할 것으로 믿는"다고 국제연합헌장 하의 지역적 약정을 존중했다.[179]

태평양동맹 결성에 소극적이었던 미국은 1950년 1월 20일 애치슨라인을 통해 한국과 중화민국, 인도차이나 반도를 미국의 방위선에서 제외했다.[180] 6·25전쟁 발발로 이승만은 태평양동맹 체결을 "장기 과제"로 삼았고, "단기 과제"로 미국과의 양자 방위조약 체결을 추진했다.[181] 1951년 2월, 미국과 일본의 안전보장조약 체결을 감지하고 있던 그는 미국이 일본과의 동맹조약을 맺을 경우, 거기에 한국도 포함시킬 것과 그렇지

---

177) 「李承晩 대통령, 태평양동맹 참가에 모든 준비가 되었다고 담화」, 『자유신문』 (1947. 7. 13), 국사편찬위원회 (2000), p. 124.
178) 국사편찬위원회 (2000), pp. 209-210.
179) 공보처 (1953), pp. 144-145.
180) 1949년에 간행된 『중국백서(United States Relations with China)』는 미국 정부가 공표한 문서집이다. 이 전문(前文)에는 애치슨이 트루먼에게 보고한 문서(letter of transmittal)가 게재되어 있다. 애치슨은 미국의 지원이 있었음에도 공산주의 세력에 패배한 국민당에 대해 비판적인 보고를 했다. 그러나 그는 마지막 부분에서 중국 공산 정권과 소련이 중화민국의 인접 국가들에 침략을 한다면, 미국과 국제연합 회원국은 국제연합헌장의 기본 정신에 대한 침해라고 받아들여야 한다고 마무리했다. 美國務省(編), 李泳禧(編譯), 『中國白書』 (서울: 전예원, 1982), pp. 15-31.
181) 이완범, 「이승만 대통령의 한미상호방위조약 추진배경과 협상과정」, 김영호(외), 『이승만과 6·25전쟁』 (서울: 연세대학교 출판문화원, 2012), pp. 28-34.

않으면 미국은 한국과 별개의 동맹조약을 체결할 것을 고려한 바 있다.[182] 이는 극단적으로 말하자면, 한편으로는 미국의 주도 하에서 한국과 일본을 포함한 다자적 지역 안보를 상정했다는 것이며, 그것이 성사되지 못할 경우 미국과 일본의 양국 간 안보조약처럼 한국에도 양국 간 안보조약을 기대했다는 것이다. 결과적으로 미국은 일본과 안보조약을 체결했으나 당시 상황에서 한국과의 조약 체결에는 부정적이었다.

샌프란시스코평화조약 및 미일안전보장조약의 체결이 임박하자 1951년 7월 19일 주미 한국대사 양유찬(梁裕燦, 1897-1975)은 덜레스에게 샌프란시스코평화조약이 체결된다면 일본의 경제력 부활로 인해 "장래의 한국 안전보장에 가장 심각한 문제(the future security of Korea a most serious problem)"가 된다고 강조했다.[183] 한국의 안보 문제에서 중요했던 것은 미일안전보장조약을 포함한 샌프란시스코평화체제로 인해 일본이 부상하게 되는 문제였다.

대한민국 제3대 외무장관(1951. 4. 16-1955. 7. 28)이었던 변영태(卞榮泰, 1892-1969)는 1951년 8월 28일 한국이 샌프란시스코평화회의에서 제외된 것은 "불합리의 절정"이라고 표현했고, "평화는 적대성(敵對性)이 있는 곳에 실현되어야 한다"면서 일본에 대한 경계심을 드러냈다. ANZUS조약(태평양안전보장조약)과 미일안전보장조약이 체결되는 것을 보면서, 그는 미국

---

[182] 로버트 티. 올리버, 朴日泳(譯著), 『(大韓民國)建國의 內幕, 下』(서울: 啓明社, 1998), p. 578.
[183] "Memorandum of Coversation, by the Officer in Charge of Korean Affairs in the Office of Northeast Asian Affairs (Emmons) (1951)," in U.S. Department of State, *Foreign Relations of the United States, 1951*, Asia and the Pacific, Vol. VI, Part 1, pp. 1202-1206.

에 대해 "수난기(受難期)에 있어 이런 지역적 안전조치를 가장 아쉬워하는 대한민국과는 그런 동맹을 결성할 의사는 별로 없는 듯이 간과된다"고 언급했다.184)

6·25전쟁 해결을 공약으로 내세웠던 아이젠하워(Dwight D. Eisenhower, 1890-1969) 행정부가 1953년 1월 출범했다. 이는 한미상호방위조약 체결 과정에서 전환기가 도래했음을 의미했다. 이승만은 4월 30일 국제연합군 사령관 클라크(Mark W. Clark)에게 중공군과 국제연합군의 동시철수 조건으로 8항목의 안전조치를 제시했다. 이승만은 미군의 철수 이전에 한미상호방위조약 체결을 희망했는데, 이 항목 중에는 어떠한 상황이라도 일본의 군대가 한반도에서 활동하는 것을 거부하는 내용이 있었다.185) 1953년 4월 말부터 본격적으로 시작된 한미상호방위조약 협상은 6월 18일 이승만의 반공포로석방에 의해 야기된 한미 간의 갈등으로 위기를 맞는 듯했지만, 7월 9일 이승만과 로버트슨의 협의를 통해 방위조약의 체결을 확약하고 11일 공동선언을 통해 이를 공표했다.186)

미일안전보장조약 서명자가 요시다 시게루와 애치슨, 덜레스, 와일리(Alexander Wiley), 브리지스(Styles Bridges)였다면, 한미상호방위조약에는 변영태와 덜레스 국무장관이 서명자로 나섰다. 동 조약은 1953년 8월 8일 경무대에서 가조인되었고, 10월 1일 워싱턴에서 공식 서명되었다.

---

184) 卞榮泰,『나의 祖國』(서울: 自由出版社, 1956), pp. 236-237.
185) *Foreign Relations of the United States, 1952-1954.* Korea (in two parts) Volume XV, Part 1, pp. 955-956. "6. Under no circumstances, Japanese trps shall be made to fight in the Korean theatre of action."
186) 이완범 (2012), pp. 47-61.

1954년 11월 18일에 발효된 한미상호방위조약은 지역 안보의 탄생을 의미했다.[187]

한미상호방위조약과 다른 국제조약의 관련성은 다음과 같다. 첫째, 한미상호방위조약은 공산주의 세력에 대한 한국 방위를 조약으로 현실화시켰다. 미일안전보장조약에서 미국은 일본과 상호를 방위하는 것이 아니었다. 따라서 미일안전보장조약 제1조에 있는 "극동에서의 국제 평화와 안전의 유지에 기여"한다는 내용은 주일미군의 자율성을 의미한 것이었다.[188] 미국은 일본 방위 의무가 수반되는 상호적 방위조약보다 일본이 미군에 기지를 제공하는 것을 의미하는 안보조약(security treaty)을 원했다. 이는 1948년 6월 11일 미국 상원에서 승인된 반덴버그 결의(Vandenberg resolution)에 따른 것이었다. 국제연합을 통한 국제협력이 필요하다고 강조한 반덴버그 결의는 미국이 어떤 국가와 상호방위조약을 체결할 때의 기본원칙을 선언한 것이다. 이 결의 제3항에는 미국은 "계속적 또한 효과적인 자조 및 상호원조(continuous and effective self-help and mutual aid)"를 할 수 있는 국가와 지역적 및 집단적 약정(regional and other collective arrangements)을 체결하는 것을 규정했다. 미국은 반덴버그 결의를 준거로 일본의

---

187) 한미상호방위조약이 지역 동맹이라고 강조한 것으로, Yasuyo Sakata, "The Origins of the U.S.-ROK Alliance as a "Regional Alliance": Evolution of U.S. Policy on Asia-Pacific Collective Security and Korea in 1950's," paper presented at the Institute for Military History Compilation, Ministry of National Defence, Republic of Korea, Seminar on "The Korean War, and the Change and Development of Military Relationship in Northeast Asia," at the War Memorial of Korea, Seoul, ROK, June, 2005; 阪田恭代, 「米国のアジア太平洋集団安全保障構想と米韓同盟: '地域同盟'としての米韓同盟の起源, 1953-54年」, 鐸木昌之(編集), 『朝鮮半島と国際政治: 冷戦の展開と変容』(東京: 慶應義塾大学出版会, 2005).
188) Michael Schaller, *Altered States: The United States and Japan Since the Occupation* (New York: Oxford University Press, 1997), p. 39.

방위를 거부했다.189) 한편 한미상호방위조약의 명칭에는 "상호방위(Mutual Defense)"가 들어갔고, 제2조에는 반덴버그 결의에 나온 "자조와 상호원조(self help and mutual aid)"라는 용어가 규정되었다.190) 비록 한미상호방위조약은 편무조약(片務條約)191)이라는 문제점이 지적되어 왔지만, 미일안전보장조약과 한미상호방위조약에는 격차가 있었다. 이승만이 초기부터 원했던 미국의 자동 개입은 조약에 명기되지 않았으나, 미국이 두 개 사단을 휴전선 일대에 배치한 '인계철선(引繼鐵線)'이라는 형태로 보완되었다.192)

둘째, 한미상호방위조약 제1조는 "당사국은 관련될지도 모르는 어떠한 국제적 분쟁이라도 국제적 평화와 안전과 정의를 위태롭게 하지 않는 방법으로 평화적 수단에 의하여 해결하고 또한 국제관계에 있어서 국제연합의 목적이나 당사국이 국제연합에 대하여 부담한 의무에 배치되는 방법으로 무력에 의한 위협이나 무력의 행사를 삼가할 것을 약속한다"고 규정하고 있다. "평화적 수단(peaceful means)"이라는 구절은 미국이 한국의

---

189) 西村熊雄 (1999), pp. 23-24. 1954년 국회에 초청된 국제법학자 다바타 시게지로(田畑茂二郎)도 같은 맥락으로 설명했다. 參議院外務委員会(1954年第 3月 25日) 国会会議録検索システム, http://kokkai.ndl.go.jp/SENTAKU/sangiin/019/ 0082/01903250082011a.html
190) ANZUS조약 제2조에는 북대서양조약과 같은 구절이 들어갔다. 한편 미국-필리핀의 상호방위조약 제2조에는 "단독 및 공동으로 자조 및 상호원조"라고 되어 있고, 1955년에 발효된 중미공동방어조약(中美共同防禦條約) 제2조에도 같은 구절이 있다. 즉, ANZUS조약과 북대서양조약은 동일한 내용이며, 동아시아지역에서 미국이 체결한 한국, 필리핀, 중화민국이 체결한 조약 조문에는 동일 구절이 들어갔다.
191) 유영익, 「한미동맹 성립의 역사적 의의: 1953년 이승만 대통령의 한미상호방위조약 체결을 중심으로」, 『한국사시민강좌』 36 (2005), p. 168.
192) 김일영은 정전협정, 상호방위조약, 합의의사록, 그리고 인계철선으로 주한미군을 배치시킨 것을 "한미동맹의 「삼위일체+1」 구조"라고 했다. 김일영, 「이승만정부의 북진·반일정책과 한미동맹의 형성」, 하영선·김영호, ·명섭(공편), 『한국외교사와 국제정치학』 (서울: 성신여자대학교출판부, 2005), pp. 209-218.

단독 무력행사를 간접적으로 제어하려는 의도와 한반도 평화통일을 암시한 것이었다.193) 즉, 이 구절은 한국에 의한 '북진통일'을 제어하기 위한 목적을 내포하고 있었다는 것이다. 다만, 이 조문 전체는 국제연합헌장 제2조의 원칙들을 압축적으로 요약한 내용이었다.

셋째, 한미상호방위조약에 미일안전보장조약을 가중(加重)시켰을 때 보이는 의미이다. 한국의 입장에서 보았을 때, 1947년에 시행된 일본국헌법으로 전력 보유가 금지된 일본이 중립화까지 이루어졌다면 일본에서의 방위를 성사할 수 있었지만, 샌프란시스코평화조약과 미일안전보장조약은 최소한도라고 해도 일본 재군비의 길을 마련했다. 미일안전보장조약 체결 바로 직후, 애치슨과 요시다 시게루가 교환한 문서에는 일본이 국제연합헌장 제2조를 승낙할 것, 6·25전쟁 와중이라는 점, 그리고 불안한 장래에 있어 국제연합의 행동을 지탱하기 위해 일본의 시설 및 역무(役務)의 필요성이 계속된다고 나와 있다.194) 미국은 미일안전보장조약으로 극동에서의 분쟁에 개입할 수 있는 준거 지역을 확보했다. 따라서 직접적, 물리적인 힘이 아니더라도 간접적, 잠재적으로 일본의 영향력이 한반도에 미칠 가능성은 부정하기 어려워졌다.195)

---

193) 이완범 (2012), pp. 82-83.
194) 'Notes Exchanged between Prime Minister Yoshida and Secretary of State Acheson at the Time of the Signing of the Security Treaty between Japan and the United States of America' "The World and Japan" Database Project, Database of Japanese Politics and International Relations, Institute of Oriental Culture, University of Tokyo, http://www.ioc.u-tokyo.ac.jp/~worldjpn/ documents/texts/docs/19510908.T3E.html
195) 일본의 한국의 안전보장에 대한 공식적 발언은 1969년 닉슨(Richard Milhous Nixon)과 사토 에이사쿠(佐藤榮作)의 공동선언에서 나타난 것이 처음이었다는 견해가 일반적이다. 선언문의 제4항은 "총리대신과 대통령은, 특히 조선반도에 여전히 긴장상태가 존재한다는 것을 주목했다. 총리대신은 조선반도의 평화유지를 위한 국제연합의 노력을 높이 평가하

그러나 미국의 입장에서 한미상호방위조약은 한국에 대한 공산주의 세력의 침략을 방위하는 조약이었으며, 동시에 북진통일을 단념시키는 "이중봉쇄(dual containment)"였다면, 한국의 입장에서 한미상호방위조약은 공산주의 세력의 공격에서 한국을 방위하는 조약이었으며, 동시에 이승만이 우려했던 일본의 "팽창주의적 야욕"도 저지시키는 "이중봉쇄"의 의미를 가지고 있었다.196) 이와 더불어 미국이 주도적으로 일본과 안전보장조약을 체결했다는 것은 미국의 일본에 대한 통제력으로서 볼 수도 있다. 실제로 1949년 미국은 취약한 일본이 새로 재건된다면 장래에 있어 소련과 협력관계로 전환될 가능성을 우려한 바 있다. 일본의 존재가 동아시아에서 잠재적 위협이 된다는 것이다. 따라서 일본을 관리하는 해결방법이 1951년 안전보장조약이라는 관점이 있었다.197) 1951년 9월 4일 샌프란시스코평화회의에서 트루먼의 연설은 일본의 안보를 언급하면서도 반면에 '일본의

여, 한국의 안전은 일본자신의 안전에 있어 긴요하다고 말했다." 外務省, 『わが外交の近況』 第14号 (1970), http:// www.mofa.go.jp/mofaj/gaiko/bluebook/1970/s44-3-1-3.htm#a6
196) "이중봉쇄"라는 개념을 정립한 연구는 차상철, 「이승만과 한미상호방위조약」, 오영익·이채진(공편), 『한국과 6·25전쟁』(서울: 연세대학교출판부, 2002), p. 283; 차상철, 「6·25전쟁과 한미동맹의 성립」, 김영호(외), 『6·25전쟁의 재인식』(서울: 기파랑, 2010), pp. 213-214. 이승만의 반일주의가 한미상호방위조약 체결을 위한 "수사"가 아니었다는 점으로, 이완범 (2012), p. 67.
197) 특히 이는 애치슨의 인식이다. Timothy D. Temerson, "Double Containment and the Origins of the U.S.-Japan Security Alliance," Working Paper 91-14. Cambridge: MIT-Japan Program, 1991, pp. 57-58. 2차 세계대전 후, 미국의 전략이란 독일과 일본에 대한 봉쇄(double containment)였다는 주장에 관해서는, Christopher Layne, "From preponderance to Offshore Balancing: America's Future Grand Strategy," *International Security*, Vol. 22, No.1 (Summer 1997), p. 90. 애치슨은 한 번 "러시아의 권력 궤도(the orbit of Russian power)"에 빠지면, 국가 독립에 어떠한 영향이 미치는지는 폴란드인과 헝가리인을 제외하고 경험 없는 사람들은 모른다고 했다. 소련 공산주의에 대해 단순한 힘의 창조가 아니라 "자유국가(free state)"의 발전에 대한 협력이 중요하다고 주장한 그는 "어떠한 동맹이든 동맹국이 적국과 제휴하는 것이 가장 타격적인 일"이라고 했다. Dean Acheson, *Power and Diplomacy* (Cambridge: Harvard University Press, 1958), pp. 105-135.

위협'을 제한시키는 측면을 언급했다.

그러나 우리가 인정할 수밖에 없는 것이 하나 있다. 그것은 일본 국민과 태평양에서의 그 인방(their neighbors)이 침략의 위협에서 보장되지 않으면 어떠한 진보도 없다는 것이다. … 따라서 우리가 일본과 강화를 체결함에 있어서 큰 관심사의 하나는 일본이 침략 받지 않도록 보장하는 것198)과 더불어 일본도 다른 나라의 안전을 위태롭게 하는 행동을 취하지 않도록 명확하게 하는 것이다. 이로 인해 일본을 국제연합의 각 원칙 아래에 놓고, 국제연합을 구성하는 각국의 상호보호 의무에 두는 것이 중요하다.199)

한미상호방위조약을 통해 한국이 일본에 대해 가지게 된 봉쇄적 효과는 미국의 존재와 미일안전보장조약으로 중층(重層)적인 양상을 띠게 되었다는 점이다.

한미상호방위조약에 근거한 한미동맹의 국제법적 성격과 지위는 "샌프란시스코 평화조약체제의 일환"이었으며, "곧 한미동맹은 샌프란시스코 평화조약체제의 일부를 이루면서 한반도는 물론 동북아의 안정과 평화에 이바지하는 역할을 담당하게 되었다"는 지적이 있다.200) 국제공산주의에 대한 인식 수준에서 한미상호방위조약과 미일안전보장조약은 공통된 목

---

198) 앞서 지적했듯이 미일안전보장조약에는 미국이 일본을 지킨다는 규정이 없었기 때문에 이후에 논쟁을 일으켰다.
199) "Address in San Francisco at the Opening of the Conference on the Japanese Peace Treaty," http://trumanlibrary.org/publicpapers/index.php?pid=432&st= &st1
200) 제성호, 『한미동맹의 법적 이해』 (서울: KIDA Press, 2015), pp. 21-22.

적을 공유하고 있었다.

그러나 일본에 대한 경계심은 한미상호방위조약에 투영되었다. 이는 한국과 일본의 역사성에만 해당되는 인식이 아니었다. 6·25전쟁을 계기로 미국은 캐나다, 호주, 뉴질랜드, 필리핀, 그리고 일본으로 구성되는 지역적 집단안보체제 구축을 시도했으나, 특히 호주와 필리핀의 반대, 그리고 일본의 소극적인 태도 때문에 무산되었다. 공산주의와 맞서기 위해 체결된 미국, 호주, 뉴질랜드의 ANZUS조약에서 호주는 일본의 존재를 우려했다. 역사적으로 호주는 일본을 안보 대상 국가로 삼았고,[201] ANZUS(태평양안전보장)조약 체결 과정에서도 제2차 세계대전을 통해 일본의 공격을 받은 오스트레일리아는 지속적으로 일본에 경계심을 가지고 있었다.[202] 6·25전쟁 와중에 탄생한 샌프란시스코평화체제와 6·25전쟁 휴전 후에 탄생한 한미상호방위조약이 결과적으로 현재까지 동북아의

---

201) 1919년 파리평화회의에서 일본은 국익을 극대화시키기 위해 이민문제 해결을 포함한 인종평등조안을 주창했다. 이에 백호주의를 견지한 호주 수상 휴즈(William Morris Hughes)가 반대했지만, 이는 이민문제만의 이유가 아니었다. 호주에서는 1904-5년 러일전쟁을 계기로 부상한 일본의 존재가 안보 위협이 된다는 인식이 이미 존재했다. Neville Meaney, *The Search for Security in the Pacific, 1901-1914* (Sydney: Sydney University Press, 1976), pp. 122-125; 김숭배·김명섭 (2012), p. 55.

202) Frank P. Donnini, *Anzus in Revision: Changing Defense Features of Australia and New Zealand in the Mid-1980's* (Maxwell Air Force Base, Ala.: Air University Press, 1991), pp. 45-46. 호주는 아시아 전반에 공포심을 가지고 있었고, 특히 일본에 관해서는, David Walker, *Anxious Nation: Australia and the Rise of Asia 1850-1939* (St Lucia: University of Queensland Press, 1999)를 참조. 과거 호주와 일본 간에는 긴장관계가 있었지만, 현재 교류 심화와 미국과의 동맹 기반이라는 공통점을 가지고 있다. 반(反)아시아주의가 없는 호주와 과거의 제국주의에 대한 성찰이 필요한 일본의 건설적인 조화를 추장한 연구로서, Joseph A. Camilleri, "Between Alliance and Regional Engagement: Current Realities and Future Possibilities," in Joseph A. Camilleri (et al.), *Asia-Pacific Geopolitics: Hegemony vs. Human Security* (Cheltenham; Northhampton, MA: Edward Elgar, 2007).

평화와 안전에 기여했다는 것을 부정할 수 없다. 그러나 1953년 당시 한미상호방위조약 체결은 공산주의 세력을 염두에 두고 있었지만, 평화체제로 인해 다시 부상되는 일본에 대한 인식도 등가적으로 표출되었다. 당시 아직 '먼 과거'라고 할 수 없었던 1945년 이전의 기억이 내포되어 있었다.

한국의 지역 안보 구상에서 마지막으로 지적해야 하는 것은, 한미상호방위조약 체결 이후, "장기적 과제"였던 다자적 지역 안보체제를 한국이 추진했다는 점이다. 한미상호방위조약 전문에는 ANZUS조약 전문과 동일 내용이 규정되었다. "태평양 지역에 있어서 더욱 포괄적이고 효과적인 지역적 안전보장 조직이 발생될 때까지 평화와 안전을 유지하고자 집단적 방위를 위한 노력을 공고히 할 것을 희망"한다는 것이다. "지역적 안전보장 조직"이라고 언급하고 있듯이 한미상호방위조약 서명 이후에도 한국은 한미상호방위조약이라는 양국 간 조약과 더불어 1949년에 제기된 태평양동맹과 같은 동아시아 반공 국가들의 결집으로 조직되는 다자적 지역 안보체제를 주창했다. 1953년 11월 30일 변영태는 아시아 반공국가들에 의한 태평양회의를 개최하는 것을 선언했다.[203] 1954년 6월 15일부터 3일 동안 진해(鎭海)에서 아시아민족반공대회가 개최되었고, 한국, 중화민국, 베트남, 홍콩, 마카오, 태국, 오키나와, 마카오 등이 참석했다. 17일에는 '아시아반공연맹헌장'이 채택되었고, 조직 명칭을 '아시아민족반공연맹 (The Asian People Anti-Communist League: APACL)으로 했다. 그러나 중화민국

---

203) 『동아일보』 (1953. 12. 2).

은 일본의 참가를 원했지만, 한국은 이에 반대했다.[204]

이승만의 일본에 대한 인식이란 결국 샌프란시스코평화체제를 통해 부상된 일본이었다. 1954년 12월 *Korean Survey*에는 다음과 같은 글이 게재되었다.

상당히 많은 미국인들이 일본을 아시아의 강대국 지위로 회복시키는 위험을 충분히 깨닫지 못하고 있다는 사실은 분명하다. 일본 국력의 재건이 아시아 문제를 해결하는 한 가지 방법이라고 하는 일반적인 생각을 표시하는 많은 논평이 나에게 전해졌다. 나 자신의 견해는 그와 정반대이다. 간추려 말한다면 소련과 그 위성 국가들을 저지시키고 불법 점령 지역에서 몰아내야 하며 일본 역시 다시는 인접 국가들을 지배하지 못하도록 해야 한다고 나는 믿는다. … 미국이 일본을 경제적으로 군사적으로 강화시키지 않으면 일본 사람들이 소련과 손잡는 일을 막을 방법이 없다고 어떤 사람들은 말한다. 이리하여 일본 지원이 반공 투쟁과 연결되어 있다. 이러한 논거는 매우 중요한 가능성을 간과하고 있는 것이다. 일본이 일단 아시아의 지배 세력으로 회복되면 이 나라가 공산권과 여전히 거리를 두고 떨어져 있으리라고 누가 장담할 수 있단 말인가?[205] [밑줄: 필자 강조]

1941년 8월에 출간된 *Japan Inside Out*에서 일본의 아시아-먼로주의

---

204) 이에 관해서는, 최영호, 「이승만 정부의 태평양동맹 구상과 아시아민족반공연맹 결성」, 『국제정치논총』제39집 (2)호 (1999); 노기영, 「이승만정권의 태평양동맹 추진과 지역안보 구상」, 『지역과 역사』(11)호 (2002).
205) 로버트 티. 올리버 (1998), p. 742-743.

("Asiatic Monroe Doctrine")라는 범(汎)아시아주의에 대처하지 않는 미국의 반전 여론을 비판했던 이승만은 1954년에도 미국의 대일정책에 문제점이 있음을 호소했다.206) 그는 일본이 강대국이 된다면 공산주의 세력권에 머물러 있을 뿐만 아니라 그 이상의 국가가 된다고 문제를 제기했다.

2. 국제적 승인과 주권 문제

대한민국임시정부는 1941년 12월 10일에 대일선전포고를 발표했다. '임시정부의 대일선전성명서'에는 추축국(樞軸國)에 대한 선전을 포고하여, 1910년 한국병합조약 및 일체의 불평등조약의 무효, 그리고 "루스벨트 · 처칠 선언의 각 조항이 한국의 독립을 실현하는 데에 적용되기를 강력하게 주장"한다고 하였듯이, 대서양헌장을 염두에 두었다.207) 대한민국임시정부 주석이었던 김구(金九, 1876-1949)는 1941년경에 집필하고 있었던 『백범일지』에서 3·1운동은 윌슨의 민족자결 원칙으로부터 영향을 받았다고 했다.208) 1941년 8월 루스벨트는 제2차 세계대전 전후질서 구상과 민족자결 원칙을 포함한 대서양헌장을 주창했는데, 그 직전에 김구는 루스벨트에게 청원서를 보낸 바 있다. 청원서에 있는 항목들 중에서 다음과 같은

---

206) Syngman Rhee (1941), pp. 102-104.
207) 국사편찬위원회, 『대한민국임시정부자료집 16: 외교부』 (과천: 국사편찬위원회, 2007), p. 47.
208) 김구, 배경식 풀고 보탬, 『올바르게 풀어쓴 백범일지』 (서울: 너머북스, 2008), p. 457; 김숭배·김명섭 (2012), p, 44.

내용은 1919년의 파리평화회의와 국제연맹을 연상시킨다.

> 현재 진행 중인 세계대전이 종결되면 평화회담에서 미국 정부가 한국의 독립문제를 논의하고, 우리 대표단이 모든 논의에 참여할 수 있도록 보장하여 주시기 바랍니다. … 만일 새로운 국제기구가 세계대전 종결 이후 수립된다면 그 국제기구에도 참여하도록 해 주십시오.[209]

김구가 제2차 세계대전 이후에 개최될 평화회의에 관한 언급을 했다는 것은 파리평화회의에서 한국이 광복을 실현하지 못했던 역사적 사실을 염두에 둔 것이었다. 이미 구심력이 저하했던 국제연맹을 대체하는 제2차 세계대전 이후의 새로운 국제기구 수립에 한국의 가맹이 중요 요건이라 생각하고 요청했다는 것을 알 수 있다. 그는 1942년 12월 29일에 충칭(重慶)에서 다음과 같이 언급했다.

> <u>1919년 3월 1일, 우리는 혁명적 운동을 통해 윌슨 대통령의 민족자결주의가 세계의 모든 압제 받는 민족들에게 적용되기를 바라는 소망을 전 세계에 내보였습니다.</u> 이후 우리는 가장 발전된 민주주의 이상에 따라 이 혁명적 정치체제를 수립하게 되었고, 그 결과가 중경에 수립된 현 임시정부입니다. … 따라서 이번 전쟁이 끝난 이후 우리의 완전한 독립을 보장하기를 원합니다. 다른 한편으로는 <u>대서양헌장에서 천명되었던 네 가지 자유가 세계의</u>

---

[209] 김구, 「김구가 루스벨트에게」, 1941년 2월 25일, 백범학술원, 『백범 金九先生의 편지』 (파주: 나남출판, 2005), p. 95; 김숭배 · 김명섭 (2012), pp. 51-52.

모든 약소국과 압제하의 민족들에게 적용되어야 한다고 주장합니다. …
우리 한국인에게는 자결권이 있기 때문에 우리나라를 강압적으로 통치하려
는 어떠한 의도도 거부하여, 한국의 주권이나 독립을 훼손시킬지도 모르는
어떠한 타협안도 절대로 받아들이지 않을 것입니다.210) [밑줄: 필자 강조]

이 내용은 윌슨의 민족자결 원칙이 한국의 민족자결과 깊이 연관성이 있다는 것을 재확인시켰을 뿐만 아니라 다시 한국의 민족자결을 확실하게 천명했다. 대서양헌장에 규정된 궁핍으로부터의 자유, 공포로부터의 자유 등이 한국에도 적용하도록 요청했다.

민족자결의 한국적 변용도 있었다. 김구의 인식이 윌슨의 민족자결에 호응적이었다면 임시정부 외무부장 조소앙의 인식은 민족자결이 가지는 보편성을 언급하면서 광복운동과 연계시켰다. 그는 1941년「대한민국건국강령」을 작성했다. 그 강령은 헌법문서가 아니었지만, 장래 대한민국 헌법제정에 대비한 것이었고, 1945년 이후 대한민국 헌법 초안들에 영향을 끼치게 된 문서였다.211) 조소앙이 작성한「대한민국건국강령」제1조 6항은 다음과 같다.

> 臨時政府는 十三年 四月에 對外宣言을 發表하고 三均制度의 建國原則을 闡明하였으니 이른바「普通選擧制度를 實施하야 政權을 均하고 國有制度를 採用하야 利權을 均하고 公費敎育으로써 學權을 均하며 國內外에 對하

---

210) 김구,「태평양전쟁 1주년 기념 선언서」, 1942년 12월 29일, 백범학술원 (2005), pp. 161-162.
211) 신우철 (2008), pp. 434-438; 김숭배·김명섭 (2012), p. 51.

야 民族自決의 權利를 保障하야써 民族과民族 國家와國家와의 不平等을 革除할지니 이로써 國內에 實現하며 特權階級이 곧 消亡하고 少數民族의 侵凌을 免하고 政治와 經濟와 敎育의 權利를 고로히 하야 軒輊이 없게하고 同族과 異族에 對하야 또한 이러하게한다.」하였다 이는 三均制度의 第一次 하 宣言이니 이 制度를 發揚光大할 것임.

"민족자결의 권리"를 보장해야 "민족과 민족", "국가와 국가"의 불평등성을 개혁할 수 있다고 했다. 그는 1942년에 「임시정부의 목적과 임무: 제23주년 3·1절 선언」이라는 글에서 1919년 당시 미국의 상원 대다수가 윌슨의 민족자결을 거부한 태도에 실망감을 드러냈고, 1917년 볼셰비키가 내세웠던 민족자결 원칙 역시 일부 민족에만 적용되었다고 비판했다. 조소앙은 미국이나 러시아(소련)의 민족자결 원칙 중에서 일방에 무게를 두었다기보다는 원래 민족자결 원칙이 가지고 있는 보편성에 주목함으로써 민족자결을 주장했다.

<u>민족자결의 원칙은 이미 인류가 환영하는 바이며 3·1절은 그것이 원소가 되어 전개된 민족자결주의의 고동인 것이다. 본 정부는 민족자결주의와 한국독립선언에 의거하여 성립됨으로써 실로 중대한 의의를 지니고 있다고 하겠다.</u> 한국독립선언에 의하면, "한국은 독립국임과 한국민족은 자유인임을 선언하노라"고 선언 벽두에 대문자로 제목을 달았다. 실로 한국민족이 자결권을 실행한 최초의 장엄한 행동이 아닐 수 없다. 민족자결 원칙은 세 가지 결정할 권리를 지니는데, ① 소속된 국가로부터 자유로운 결정에

의해 떠날 수 있는 권리, ② 이탈자가 자유로운 결정에 의하여 나라를 세울 권리, ③ 이탈자가 자유로운 결정에 의하여 정치, 외교, 군사 등 건국강령을 세우며 재차 타국에 부속되지 아니할 권리를 의미한다. 무릇 이 세 종류의 자유 결정과 자유 행사를 실행할 수 있는 권리는 실로 민족자결주의의 본질적인 뜻이다. … 따라서 <u>독립선언서는 실로 민족자결의 대의를 선언한 문서이다.</u>212) [밑줄: 필자 강조]

임시정부 중심 요원들의 인식에는 1919년 윌슨의 민족자결 원칙을 복원적, 변용적으로 받아들인 흔적이 있었다.

루스벨트가 식민지 지역에 민족자결을 적용시키려고 한 것은 1941년 대서양헌장에 나타나 있었다. 제3항에는 "주권 및 자치를 강제적으로 빼앗긴 인민에 대한 정부형태의 선택 권리를 존중한다"고 되어 있다. 처칠은 영국이 보유하는 식민지 지역에는 주권이 없기 때문에 대서양헌장 제3항에 거부감을 가지고 있었으나, 루스벨트는 이 원칙을 보편적으로 적용시키는 것을 주장했다.

윌슨의 민족자결 원칙을 존중하던 루스벨트는 식민지 쟁탈전이 전쟁을 일으킨다고 인식한 윌슨과 유사한 생각을 가지고 있었다. 그러나 국제연맹 규약에서의 위임통치가 식민지에 대한 문명의 계몽, 발전이 목적이었다면213) 제2차 세계대전 와중에 발안된 미국의 신탁통치 구상은 탈식민지를

---
212) 조소앙,「임시정부의 목적과 임무: 제23주년 3·1절 선언」, 조소앙, 강만길(편),『조소앙』 (서울: 한길사, 1982), pp. 170-171.
213) 윌슨은 아시아, 아프리카, 태평양 지역의 어떠한 공동체에는 야만에서 문명에의 진보적 단계가 필요하다고 믿고 있었고, 바크의 사상에 공명하던 그는 급진적인 변화를 원하지

위한 제도가 아니라 미크로네시아 지역에의 군사기지의 설치 등, 전후 미국의 군사전략을 보완하는 것이 배경에 있었다. 미크로네시아 영유 문제와 더불어 오키나와에 대한 미국의 집착은 군사전략과 신탁통치를 연계시킨 결과물의 하나였다.214) 미국의 신탁통치안은 어떤 특정 지역에서 미국과 경쟁할 가능성이 있는 국가, 특히 소련을 견제, 의식한 것이었고, 신탁통치라는 국제적 관리 방식으로 미국의 세력권을 확보하는 구상이었다.215)

대한민국임시정부는 일본에 선전포고를 한 후에도 계속적으로 연합국으로부터 승인을 받기 위한 외교활동을 펼쳤다. 1945년 4월 국제연합 창립을 위한 샌프란시스코회의 개최에 맞추어서 임시정부는 회의에 참석할 수 있도록 노력했으나, 국제연합 창립을 추진하던 미국은 샌프란시스코 회의 참석 국가는 이미 결정되어 있다는 이유 등으로 임시정부 참석을 거부했다.216)

국제연합의 창립은 "코리아"와 신탁통치안의 관계가 일본과 전혀 무관하지 않았다는 것을 암시했다. 제2차 세계대전의 추축국을 염두에 두고

않았다. Lloyd E. Ambrosius, *Wilsonian Statecraft: Theory and Practice of Liberal Internationalism during World War I* (Wilington: SR Books, 1991), pp. 7-9.
214) 池上大祐, 『アメリカの太平洋戦略と国際信託統治: 米国務省の戦後構想 1942-1947』(東京: 法律文化社, 2014), p. 73.
215) 이러한 미국의 전략에 대해 이완범은 "새로운 미국식 식민지배양식"이라고 했다. 이완범, 「미국의 한반도 신탁통치에 대한 초기 구상: 그 본질적 의도와 심층적 해석(1942-1943년)」, 이기택(외), 『전환기의 국제정치이론과 한반도』(서울: 일신사, 1996), p. 244.
216) 고정휴, 「太平洋戰爭期 大韓民國臨時政府의 承認外交活動」, 『한림일본학』 9권 (2004), pp. 133-138. 고정휴는 '한국대표단'이 샌프란시스코회의에 참석 못했던 이유를 얄타회담에서 이미 루스벨트와 스탈린이 합의한 것과 같이 한반도에 신탁통치가 예정되어 있었기 때문이라고 했다. 고정휴 (2010), p. 390-392.

작성된 국제연합헌장에는 '적국조항(Enemy Clauses)'이 있는데, 제77조 신탁통치제도 관련 조문에 그것이 규정되었다. 헌장 제12장 '국제신탁통치제도(International Trusteeship System)'는 제75-85조에 규정되었다. '적국조항'인 제77조는 신탁통치제가 실시되는 범주 지역을 (가) 현재 위임통치하에 있는 지역, (나) 제2차 세계대전의 결과로서 적국으로부터 분리될 수 있는 지역, (다) 시정에 책임을 지는 국가가 자발적으로 그 제도 하에 주는 지역이라는 내용을 규정했다.217) (나)에서 알 수 있듯이 연합국의 적국이었던 일본으로부터 분리될 수 있는 지역, 즉 "코리아"는 국제연합 하에서의 신탁통치 구상 범위에 해당되는 지역이라고 볼 수도 있다. 국제연합헌장은 원칙적으로 연합국의 "적국"이었던 일본이 보유했던 "코리아"에 대해 신탁통치를 실시할 수 있는 기능을 가지고 있었다.

1945년 12월 미, 영, 소에 의한 모스크바 3상회의가 개최되었다. 미국과 소련의 공동위원회는 "코리아"에 대해 최대 5년의 신탁통치를 영국, 중국, 그리고 임시적 코리아의 정부("provisional Korean Government")와 합의하여 결정한다고 되었다.218) 이러한 결정은 남한 내에서 많은 반탁운동을 일으켰다. 대한민국임시정부 국무위원회(주석: 김구, 외무부장: 조소앙)는 신탁통치를 적용한다는 모스크바회의 "의결에 대해 반대한다"고 했고, 네 가지의 취지를 공표했다. (1) "민족자결의 원칙을 고수하는 한국 민족의 총의에 절대로 위반된다." (2) "제2차 세계대전 중, 누차 선언한 귀국(貴國)의 숙약

---

217) 외교통상부 조약국 (2008), p. 30.
218) 합의문의 원문은, http://avalon.law.yale.edu/20th_century/decade19.asp 모스크바 3상회의를 통한 신탁통치안의 결정 과정과 의미에 관해서는, 이완범, 『한국해방 3년사: 1945-1948』(파주: 태학사, 2007), pp. 49-66.

에 위반된다. (3) 연합국헌장에 규정한 삼종류 탁치작용조례의 어느 항에도 한국에는 부합되지 않는다." (4) "한국에 탁치를 실시함은, 원동(遠東)의 안전과 화평을 파괴할 것이다."[219] 대한민국임시정부는 "한국 민족의 원칙을 고수하는 한국 민족의 총의"를 강조했을 뿐만 아니라, 국제연합헌장에 규정된 신탁통치 관련 조문을 거부했다. 모스크바 3상회의에 따라 1946년 3월에 제1차 미소공동위원회, 1947년 5월에 제2차 미소공동위원회가 개최되었으나, 미국과 소련은 각 점령 지역에서 어떠한 정치세력을 허용하면서 통일정부를 구성하는지, 합의에 이르지 못했다.[220]

냉전의 격화와 더불어 1947년 10월 제2차 미소공동위원회가 해체되자 미국은 한반도 문제를 국제연합에 이관시켰다. 11월 14일 국제연합 총회는 "코리아(Korea)"의 독립문제에 관해서 결의112(Ⅱ)[221]를 채택했고, 이를 근거로 국제연합 관리 하에서 1948년 5월 10일 남한의 단독선거가 실시되었다.[222] 남한에서는 1948년 7월 17일 헌법이 제정되었고, 8월 15일 대한민국이 탄생했다. 대한민국 초대 대통령 이승만은 대한민국의 국제적 승인을 얻기 위해 장면(張勉, 1899-1966)을 수석대표로 한 한국대표단을 제3차 국제연합 총회가 개최되는 파리에 파견했다.

---

219) 『동아일보』(1945. 12. 30).
220) 미소공동위원회의 결렬과 단독정부 수립 추진에 관해서는, 이완범 (2007), pp. 161-177을 참조. 한반도의 분단 원인은 미국과 소련에 의한 외세적 영향과 한반도 속의 내정적 요인이 복합적으로 얽힌 결과였지만, 1945년부터 1948년까지의 시기는 외세적 요인이 압도적이었다. 이완범은 이를 "국제적 성격이 우세한 복합형"이라고 했다. 이완범 (2007), p. 19.
221) 112(Ⅱ): The problem of the independence of Korea (14 November 1947), General Assembly, http://www.un.org/documents/ga/res/2/ares2.htm
222) 자세한 내용은, 박홍순, 「대한민국 건국과 유엔의 역할」, 이인호·김영호·강규형(편), 『대한민국 건국의 재인식』(서울: 기파랑, 2009), pp.98-138을 참조.

한편 이승만은 조병옥(趙炳玉, 1894-1960)을 대통령 특사로 임명했다.[223] 이승만은 한국의 국제적 승인을 위해 지금까지 한국을 지원해준 나라와 그렇지 않은 나라에 조병옥을 보내고 한국 정부에 대한 협조 요청을 시도했다. 조병옥은 자신의 수행원으로서 김우평(金佑枰, 1898-1961), 정일형(鄭一亨, 1904-1982), 비서로서 김준구(金俊九)를 임명했다.[224] 조병옥 일행은 우선 일본에 가서 "도쿄거류동포(東京居留同胞)들"이 주최한 간담회에 참석했다. 그는 "한민족(韓民族) 대일본민족(對日本民族)의 관계인데 한일국교가 국제적 정상상태로 수립되는 것이 시급한 문제"라고 하여, "한일관계의 개시는 결국 연합국의 강화조약의 체결을 기다리지 않으면 안 될 것이나 그 전이라도 국교의 친선을 촉진함이 절대로 필요하다"고 언급했다.[225] 일본이 주권을 회복한 후에 본격적인 한일 교섭을 시작할 수 있다는 것이다.

이후 조병옥 일행은 중국, 필리핀, 미국, 케나다, 영국을 순방했고, 파리에서 한국대표단의 장면, 장기영(張基永, 1903-1981), 전규홍(全奎弘, 1906-2001), 김활란(金活蘭, 1899-1970) 등과 합류했다.[226] 1948년 12월 12일 파리의 샤이오궁(Palais de Chaillot)에서 제3차 국제연합회의가 개최되었다. 찬성 48표, 반대 6표(소련 3표와 체코슬로바키아, 폴란드, 유고슬라비아), 기권 1표(스웨덴)의 결과 대한민국의 국제적 승인은 결의195호(III)를 통해 이루어졌다.[227]

---

223) 대한민국 정부 수립과정에 대한 조병옥의 영향과 공헌에 관해서는, 진덕규, 「조병옥, 민족우파의 실천적 자유민주주의자」, 『한국사시민강좌』 제43집 (2008)를 참조.
224) 조병옥, 『나의 회고록: 개인보다는 당, 당보다는 국가』 (서울: 선진, 2003), pp. 207-210.
225) 조병옥, 『特使 유·엔 紀行』 (서울: 서울신문사출판국, 1949), p. 6.
226) 조병옥 (2003), p. 225. 한국대표단에는 모윤숙(毛允淑, 1910-1990)도 참여했다.
227) 195(III): The problem of the independent of Korea (12 December 1948), General

한국이 국제적으로 승인된 현장에 참석했던 조병옥은 국제연합총회에서 결정된 "48대 6의 의의"를 다음과 같이 강조했다.

첫째, 48대 6의 승리란 소련의 부정의가 한국의 정의 앞에 굴복한 첫 계단의 승리를 의미한 것이다. ⋯
둘째, 48대 6의 승리란 미국을 위시(爲始)한 민주주의 진영에 속한 국가군이 소련 및 소련 뿔럭에 대한 융화정책을 포기한 것을 의미한 것이다.
셋째, 48대 6의 승리란 한국이 그 정부의 수립으로써 최대최고의 목표인 남북통일을 환수할 수 있을 것이라는 것을 민주주의 진영 전체가 인정하는 동시에 그 진영은 한국이 방공진영(防共陣營)의 중요한 일익(一翼)으로서 그 국력을 방공투쟁에 충실히 가담할 것을 믿고 기대함을 의미하는 것이다.[228]

한국이 국제적 승인을 받은 다음, 이제 중요한 것은 남북통일이라고 한 조병옥은 마지막으로 국제연합에 대한 소감을 밝혔다. 그는 윌슨의 "14개조 원칙"으로 인해 국제연맹이 탄생되었으나, 일본, 독일, 이탈리아의 "군국주의적 제도의 발호(跋扈)"와 "미국의 고립주의"로 인해 붕괴되었다

Assembly, http://www.un.org/documents/ga/res/3/ares3.htm 김영호는 '국가 승인'과 '정부 승인'이 동시적으로 수반되는 것이라고 했다. 즉, "국가가 성립되었다고 하더라도 승인을 받고 그 이후 다른 나라들과 외교관계를 맺을 수 있는 효율적 정부가 없다고 한다면 국가로서의 기능에 문제가 생기기 때문이"라는 것이다. 이러한 논리와 아울러 대한민국 수립과 국제적 승인 과정에 관해서는, 김영호, 「대한민국 정부 승인과 외교 기반 구축」, 김용직(외), 『대한민국 정부수립과 국가체제 구축』 (서울: 대한민국역사박물관, 2014), pp. 293-294.
228) 조병옥 (1949), pp. 88-93.

고 했다. 그러나 루스벨트와 처칠에 의한 '대서양헌장'의 주요 취지인 "민족의 자결권과 민족의 자유를 확보"한다는 것이 국제연합헌장의 기초가 되었다고 했다. 다양한 국제기구의 설치와 기술의 발달에 따라 "세계정부의 실현은 가능"하다고 국제연합의 중요성을 다시 강조했다.229)

한국이 국제적 승인을 얻게 된 이유는 한국대표단의 노력은 물론 미국의 지원, 즉 덜레스의 역할이 적지 않았다.230) 1959년에 덜레스가 사거했을 때, 조병옥은 1948년 당시 한국의 국제적 승인을 둘러싼 치열함과 한국에 조력한 덜레스에 대해 다음과 같이 회고했다.

> 특히 '덜레스' 씨는 한국에 대하여는 큰 은인이다. … 당시 한국독립승인안은 '유엔'총회 폐회 전 4일 만에 상정(上程)되었는데, 공산 뿔록은 소련 대표 '비신스키' 이하 위성국가 대표들이 의사진행을 방해하여 대한민국을 승인하지 못하도록 지연작전을 썼던 것이다. 그러므로 당시 '덜레스' 씨는 '유엔' 정치위원회 석상에서 공산 뿔록의 모든 대표들에게 향하여 역설하기를 '필리뿌스타' 즉 '의사방해를 하지 말아야 한다'고 전제하고 '이번 유엔총회에 있어서 가장 큰 사명의 하나는 한국독립안을 승인하는 데 있다'고 역설하였던 것이다.231)

---

229) 조병옥 (1949), pp. 96-98.
230) 허동현,「대한민국의 건국외교와 유엔(UN)」,『숭실사학』제30집 (2013), pp. 265-268. 한국대표단의 요원이었던 정일형에 따르면, 국제연합총회에서 한국문제가 상정(上程)된 것은 필리핀 수석대표 로물로(Carlos P. Romulo, 1898-1985), 중국 수석대표 장연불(蔣延黻), 그리고 미국 수석대표의 덜레스 등이 열렬한 지지를 했기 때문이라고 회상했다. 정일형,『유엔 成立과 業績』(부산: 國際聯合韓國協會, 1952), p. 83.
231) 조병옥,「追悼!「덜레스」氏長逝 (上)」『동아일보』(1959. 5. 29).

덜레스는 1953년 한미상호방위조약 미국 측 서명자였고, 한국의 안보와 관련된 인물이었지만, 1948년 한국의 국제적 승인시에도 이미 한국에 관여한 바 있다. 장면 역시 덜레스를 "한국의 은인(恩人)"이라고 표현했다.232)

덜레스는 1950년 6·25전쟁 발발 전에 War or Peace(『전쟁 또는 평화』)라는 책을 출간했다. 이 책은 국무장관 취임을 예상하던 그가 자신의 생각을 대중들에게 전달하기 위해 작성한 것이었다.233) 자유진영과 공산진영의 이분법적 대립 구도를 명확하게 드러낸 이 책에서 그는 "코리아"가 카이로 선언에서 "적절한 시기"에 독립이 부여되는 것이 결정되었다고 했다. 얄타협약으로 "코리아"는 신탁통치 하에 들어가는 것이 비공식적으로 결정되었으나, 그렇게 되지 않았다고 서술했다. 그는 이 책에서 1948년에 한국이 국제적 승인을 얻은 것을 강조했다.

국제연합 위원회는 코리아에 가서 남쪽에서 조사를 하는 충분한 기회를 얻었다. 그러나 북한("North Korea")의 소련 지역에 발을 들여놓는 것은 허용되지 않았다. 남한(South Korea)은 면적과 인구의 측면에서도 나라("country")의 약 3분의 1을 차지하고, 또 자유, 공정한 선거를 실시할 수

---

232) 덜레스는 1959년 5월 24일에 사거했는데, 장면은 6월 1일에 덜레스에 대한 추모문을 발표했다. 장면, 「韓國의 恩人 덜레스氏를 追憶한다 (上)」, 『조선일보』(1959. 6. 1). 장면, 「韓國의 恩人 덜레스氏를 追憶한다 (下)」, 『조선일보』(1959. 6. 2). 장면이 작성한 추모문의 일부는, 허동현, 『장면: 건국, 외교, 민주의 선구자』(칠곡군: 분도출판사, 1999), p. 81; 허동현 (2013), p. 268에 수록되어 있다.
233) John Robinson Beal, *John Foster Dulles: A Biography* (New York: Harper & Brothers, 1957), p. 20.

있는 상황이라서 선거가 실시되었다. 격렬한 선거전 후, 주민 대부분이 투표했다. 그 결과의 정부가 '합법정부'이며, '유일'의 정부임을 국제연합 총회는 인정했다. 그 판결은 1948년 12월 12일, 48표 대 6표로 정해졌다.234)
[밑줄: 필자 강조]

그의 책에서 "합법정부(lawful government)"와 "유일(only)"이라는 부분은 덜레스가 직접 강조한 부분이다. 그리고 미국에 있어 대한정책이란 다음과 같은 것이었다.

남한("South Korea")에 관해서 우리는 이 지역을 점령하고, 그 독립으로의 이행(transitions to independence)에 주된 후원자로서의 역할을 했다는 사실에 대한 책임을 가지고 있다. … 우리가 도와준 이 젊은 국가(young nation)가 세계에서 살아남기 위해서는 계속적인 경제적 원조와 군사적 지원이 필요하다.235)

덜레스는 국제연합을 통해 승인된 한국 정부 수립과 독립의 의미, 그리고 한국에 대한 미국의 지원이 중요하다고 크게 인식한 인물이었다.
그런데 1948년 대한민국 탄생과 1951년에 서명된 샌프란시스코평화조약과의 관련성에 주목하고, 동시에 '코리아'라는 지역 명칭과 주권 국가

---

234) John Foster Dulles, *War or Peace* (New York: The MacMillan Company, 1950), pp. 47-48.
235) Dulles (1950), p. 231.

'대한민국'의 차이를 재고찰할 필요가 있다. 일각에서는 미국이 주도한 샌프란시스코평화조약 제2조에 관해 "일본은 한국의 독립을 승인하고 한국에 대하여 국제법상 유효하게 주권을 획득했음을 전제로 하는 것"이라는 설을 소개한 바 있다.236) 또한 샌프란시스코평화조약을 통해 "한국은 일본으로부터 분리되어 독립하게 되었다"는 논리를 부정하여, 그것은 1948년 이미 한국이 주권 국가가 되었기 때문이라는 견해도 있다.237) 후자의 견해는 샌프란시스코평화조약이 한국의 주권에 미치는 영향을 부정했다는 측면에서 맞지만, 한국이 일본으로부터 분리, 독립했다는 '가정적 전제'를 검토할 필요가 있다.

다시 확인한다면 샌프란시스코평화조약 제2조에는 '대한민국'이라고 명확하게 규정되지 않았다. 영문은 "코리아(Korea)", 일본어는 "조선(朝鮮)"이라고 규정했다.238) "코리아"란 한국이 아니라 지역 명칭에 밀접한 영토적 용어라고 보는 것이 타당할 것이다. 물론 어떤 시점에서는 "코리아"와 "대한민국"이 동일한 의미를 가지고 있었다. 예를 들면, 1949년 10월 미국 국무성의 평화조약 초안에는 "일본이 권리, 권한을 포기하는 코리아"

---

236) 이근관, 「1948년 이후 남북한 국가승계의 법적 검토」, 한국미래학회(편), 『제헌과 건국』 (파주: 나남, 2010), p. 175.
237) 김영호는 샌프란시스코평화조약과 한국과의 관계성을 다음과 같이 지적했다. "이 조약을 통해 한국은 일본으로부터 분리되어 독립하게 되었다. 그렇다고 해서 한국의 독립과 주권이 이때 재회복되었다고 볼 수 없다." 김영호 (2014), p. 314.
238) 한국과 일본이 국교정상화를 시도하기 위해 시작한 예비회담(1951.10.20.- 1952.2.27.), 제1차 회담(1952.2.15.-1952.4.25.), 제2차 회담(1953.4.15.-1953. 7.23)에서 한국 측 위원이었던 임송본(林松本; 식산은행 총재)은 1952년 자신의 글에서 평화조약 제2조 (a)를 "日本은 韓國의 獨立을 認定"이라고 서술했다. 임송본, 「韓日會談의 感想」, 『自由世界』 제1권 제(1)호 (1952년 1월), p. 97. 평화조약 제2조 (a)를 "일본은 한국의 독립을 승인"한다고 번역한 연구는 오늘날에도 있다. 정재민, 「대일강화조약 제2조가 한국에 미치는 효력」, 『국제법학회논총』 제58권 제(2)호 (2012), p. 45.

라고 나왔다. 이는 장래 대한민국이 "코리아" 전체를 통일하는 것을 희망했던 국무성이 "코리아"를 국가 명칭의 의미로 사용했다. 그리고 일본이 포기하는 "한반도(Korean Peninsula)"는 국가 명칭인 "코리아"에 귀속된다고 명기되었을 경우도 있었다.[239] 또한 1949년 12월 국무성이 작성한 평화조약 초안에는 평화조약 체결 국가의 리스트가 있었는데, "코리아"를 국가 명칭으로 했다.[240]

1950년 4월 덜레스가 국무성 고문(Consultant to Secretary)에 취임하자 평화조약의 내용은 점차 구체화되어 갔지만, 덜레스 주도 하의 초안에도 "코리아"라고 표시되어 있었다. 이 "코리아"는 기본적으로 국제연합으로 승인된 대한민국을 의미할 가능성도 있었지만, 1951년 1월 당시 덜레스는 "코리아"가 공산화될 수도 있는 인식도 가지고 있었다.[241] 6·25전쟁의 정세가 불명확한 가운데 작성된 샌프란시스코평화조약은 결국 대한민국과 북한 중에서 어느 쪽의 독립을 의미하는지 미확정이었고[242] "코리아"가 국가 명칭인지, 지역 명칭인지, 불명확한 상태로 규정되었다고 한다.[243]

그렇지만, 조문의 해석은 '있는 그대로의 해석'이 가장 중요하고, 이와 더불어 조약 체결 당사자가 사용하는 특정 용어의 의미를 고려해야 한

---

239) Hara (2007), pp. 29-30.
240) Hara (2007), p. 34.
241) Hara (2007), p. 36.
242) 波多野澄雄, 「サンフランシスコ講和体制: その遺産と負債」, 波多野澄雄(編), 『日本の外交 第2巻 外交史 戦後編』(東京: 岩波書店, 2013), p. 36.
243) 하라(Kimie Hara)는 덜레스가 고의적으로 명확하게 규정하지 않았다고 주장한다. Hara (2007), pp. 42-43. 덜레스는 일본 내에 미국의 군사기지 등을 설치하는 것을 목표로 했기 때문에 미국에 대한 일본의 내셔널리즘 고양을 경계했다. 따라서 미국 이외의 나라와 일본 간에 갈등의 씨앗을 남기는 것으로 일본의 미국에 대한 시선을 회피하는 전략이 있었다는 것이다.

다.244) 샌프란시스코평화회의에서 미국의 주요 인물이 언급한 내용을 보면, "코리아"라는 명칭을 사용하면서도 국제연합 총회에서 승인받은 "대한민국(Republic of Korea)"을 인식, 구별하여 사용했다는 점을 확인할 수 있다. 1951년 9월 4일 샌프란시스코평화회의 개회식에서 연설한 미국 대통령 트루먼은 "코리아"에 관해 다음과 같이 말했다.

이 회의가 우리에게 준 임무는 일본과의 평화조약을 체결하는 것이다. 이는 태평양의 전반적인 평화를 향하여 큰 한 걸음이 될 것이다. 취해야 하는 조치는 이 이외에도 있다. <u>가장 중요한 것은 코리아의 평화와 안전의 회복이다. 일본이 국제사회(the family of nations)에서 그 장소를 얻어, 그것과 함께 코리아 사람들이 안전과 자유, 통일을 이루면</u>, 현재 평화를 위협하는 태평양, 기타 문제들에도 해결의 길을 찾아내는 것은 충분히 가능하게 된다.245) [밑줄: 필자 첨가]

샌프란시스코평화조약을 둘러싼 권력구조의 측면에서 미국 국가수반의 언급은 중요하다. 트루먼은 "코리아"와 일본을 연결시켰다. 즉, "코리아"의 안전과 일본의 국제사회 복귀이다. 그는 주권을 회복하는 일본과 미일

---

244) 1969년 빈에서 채택되어, 1980년에 발효된 '조약법에 관한 비엔나협약(Vienna Convention on the Law of Treaties)은 국제관습법을 성문화한 조약이다. 조약의 해석에 관해 제31조 1항은 "조약은 조약문의 문맥 및 조약의 대상과 목적으로 보아 그 조약의 문맥에 부여되는 통상적 의미에 따라 성실하게 해석되어야 한다"고 있다. 그리고 제31조 4항은 "당사국의 특별한 의미를 특정용어에 부여하기로 의도하였음이 확정되는 경우에는 그러한 의미가 부여된다"고 있다. 외교통상부 조약국 (2008), p. 138
245) "Address in San Francisco at the Opening of the Conference on the Japanese Peace Treaty," http://trumanlibrary.org/publicpapers/index.php?pid=432&st= &st1

안전보장조약 체결함으로써 6·25전쟁의 변화를 원했다. 그가 언급한 "코리아(Korea)"를 보았을 때, 자유진영의 대한민국을 염두에 두었다는 것으로 보이지만, 그렇다고 해서 '한반도'라고 해석할 수 있는 여지도 충분하다.

샌프란시스코평화조약의 경우, 트루먼보다 실제로 조약 작성 및 체결 실무자였던 덜레스의 연설을 더욱 주목해야 한다. 연설에서 트루먼은 자신의 요청에 따라 덜레스가 각국 정부와 평화조약 체결을 위한 교섭을 시작했다고 했다. 트루먼은 덜레스가 정치인으로서 고도의 수완을 발휘했고, 평화조약에 관한 "일을 충실하고 동시에 훌륭하게 완수했다"고 평가했다.

덜레스는 트루먼이 연설한 다음날인 5일 평화회의에서 샌프란시스코평화조약의 의미를 설명했다. "코리아는 1905년부터 일본의 통치 하에 있었다(Korea, under Japanese control since 1905)"고 언급한 덜레스는 평화조약과 포츠담선언의 관련성에 관해 다음과 같이 말했다.

포츠담 항복조항은 일본 및 연합국이 전체로서 구속되는 평화조항의 정의(定義)만을 규정하고 있다. … 본 조약은 일본의 주권이 혼슈, 홋카이도, 규슈, 시코쿠 및 기타 <u>제소도(諸小島)에 한정되어야</u> 한다고 규정한 항복문서 제8조를 구체화했다. 제2장 제2조에 포함된 포기는 엄격 및 신중히 그 <u>항복문서를 확인</u>하고 있다.246) [밑줄: 필자 강조]

---

246) 덜레스의 언급은 다음 출처에서 인용했다. "John Foster Dulles's Speech at the San Francisco Peace Conference", "The World an Japan" Database Project Database of

평화조약 작성에 커다란 영향을 주었던 덜레스는 샌프란시스코평화조약 제2조가 포츠담선언 제8항목에 있는 내용을 구체화시킨 것을 지적했고, 평화조약은 포츠담선언에서의 영토 조항을 "확인(confirm)"한 것이라고 했다. 그는 샌프란시스코평화조약에 규정된 "코리아(Korea)"와 "대한민국(Republic of Korea)"이라는 명칭을 구별했다.

샌프란시스코평화조약 제21조는 코리아(Korea)를 위한 특별 규정이다. <u>대한민국(Republic of Korea)은 코리아가 일본과 전쟁하지 않았다는 이유만으로 평화조약에 서명하지 않는다. 코리아는 비극적으로 전쟁 훨씬 이전에 독립을 상실했고, 일본이 항복할 때까지 독립을 회복(regain)할 수 없었다. 많은 코리안(Koreans)이 일본과 싸웠다. 그러나 그들은 개인적인 것이었고, 승인된 정부가 아니었다.</u> [밑줄: 필자 강조]

샌프란시스코평화조약에는 "코리아"라는 단어가 총 세 번 등장했고, 그 가운데서 두 번이 평화조약 제2조에 규정되었다. 남은 한 번이 평화조약 제21조였고, "코리아는 이 조약의 제2조, 제4조, 제9조 및 제12조의 이익을 받는 권리를 가진다"는 내용이었다.247) 위에 있는 내용에서 알 수 있듯이 덜레스는 평화조약 조문에 구체적으로 나온 "코리아"를 언급하면서도 별도로 "대한민국"을 지적했다. "대한민국"은 "코리아"가 일본과 전쟁상태가

Japanese Politics and International Relations Institute of Oriental Culture, University of Tokyo, http://www.ioc.u-tokyo.ac.jp/~worldjpn/documents/texts/JPUS/19510905.S1E.html
247) 제4조는 청구권 문제, 제9조는 일본 근해의 어업 문제, 제12조는 무역관계의 조문이다.

아니었다는 이유로 서명국이 될 수 없다는 것이다. 다음과 같은 내용 역시 "코리아"와 "대한민국"을 구별하여 보았을 때, 이해할 수 있는 문맥이다.

코리아는 연합군에 특별한 요구를 갖고 있으며, 이는 자유롭고 독립된 하나의 코리아라는 그들의 목표를 달성할 수 있을지 불분명했기 때문에 더욱 그렇다. 코리아는 불행하게도 반자유(half free), 반독립(half independent)에 불과하고, 단편적인 자유 및 독립조차도 북측("North")에 의한 무력 침공으로 심하게 훼손됐고, 위협에 놓였다. [밑줄: 필자 강조]

"코리아"는 완전한 하나의 자유와 독립 국가가 아니라는 것, "단편적인 자유 및 독립"이라는 것은 한국을 가리키고 있다. 그리고 이 연설 당시 한반도는 6·25전쟁 와중이었다. 덜레스는 한국이 북한의 공격을 받고 있다는 현실을 지적했다.

마지막으로 덜레스의 다음 언급은 샌프란시스코평화조약을 통한 "코리아"와 일본의 영토적 관계를 지적하고, "대한민국"과 일본의 식민지 문제에 연관된 재산 문제를 언급한 부분이다.

많은 연합군은 코리아에 대한 자유와 독립의 약속을 이행하여, 국제연합의 회원국은 코리아가 그 희생이 되고 있는 침략을 억제하려고 노력하고 있다. 이 조약에 따라, 연합국은 코리아(Korea)를 위해 코리아의 독립에 대한 일본의 공식적 승인[248]과 코리아에 있는 일본 재산의 상당 부분을 대한민국(Republic of Korea)[249]에 귀속시키는 것에 대한 일본의 동의를 획득한다.

덜레스는 1950년 자신의 책에서 "남한(South Korea)"이 "'합법정부'이며, '유일'의 정부"라고 한 바 있다. 그에게 "코리아"와 '대한민국'의 의미는 다른 것이었다. "코리아"가 지역 명칭이며, '한반도'를 의미했다면, "코리아"에서 합법정부라고 인정을 받았던 대한민국은 샌프란시스코평화조약에 규정된 "코리아"에 존재한 주권국가였다. 평화조약 조문에 규정된 "코리아"는 지역 명칭이며, "코리아"에서 주권국가로서 인정을 받게 된 한국은 제21조의 권리를 가지고 있다는 것이다.

평화조약에 규정된 "코리아(조선)"는 지역 명칭이었고, 대한제국 시기였던 1900년에는 사용되어 있었던 '한반도'였다. 덜레스는 북한의 정식 명칭인 '조선민주주의인민공화국(Democratic People's Republic of Korea)'을 한 번도 언급하지 않았다.

3. 전쟁 책임에 대한 이해와 배상 논리

대한민국 정부가 수립하기 전부터 남한에서는 독자적으로 일본에 대한 배상 요구 방침을 설정했다. 우선 1947년 8월 13일 남조선과도정부는

---

248) 영문은 "the Allies will obtain for Korea Japan's formal recognition of Korea's independence,"이라고 되어 있다. 그러나 일본 외무성의 자료에는 다음과 같이 번역되어 있다. "본 조약에 따라 연합국은 조선을 위해 일본으로부터의 독립 정식승인(本条約により、連合国は朝鮮のために日本からの独立の正式承認….)" 外務省 (1951), p. 72. 이러한 번역은 '연합국이 평화조약을 통해 코리아의 독립을 승인한다'고 해석할 여지가 생긴다.
249) 일본 외무성 자료는 "Korea"를 "조선"으로 하고, "Republic of Korea"를 "대한민국(大韓民國)"으로 정확히 번역했다. 그러나 이 부분에 관해서는 "대한민국"을 "조선"이라고 번역했다.

대일배상요구조건조사위원회를 설치했고, 9월 조선은행은 '조선은행의 대일채권일람표'를 공표했다. 배상이라는 것은 경제문제에 속하는 것이지만, 비군사화, 비무장화의 목적과 연결된 이번 전쟁의 귀결로서의 일본에 대한 배상 문제란 "정치적 중요성"이 있다는 것을 강조했다.250)

이상덕(李相德)은 그러한 내용들을 1948년 1월에 발표한 「대일배상요구의 정당성」이라는 논문에서 구체화시켰다. 그는 후일 한일교섭 제2차 회담(1953.4.15-7.23)과 제3차 회담(1953.10.6-10.21)에서 한국은행 외국부장으로서 참가하게 된 인물이었으며251) 박정희 정권 하에서도 한일교섭에서 청구권 문제에 관여했다. 그의 글은 "1차 대전의 배상 문제"라고 시작했듯이, 베르사유평화조약에 대한 평가가 있었다. 윌슨의 14개조 사상에서 표출된 "완화 배상의 사상"과 클레망소에 의한 "징벌적 전액 배상주의"의 두 사상의 교차가 베르사유평화조약에 귀결되었다고 했다. 베르사유평화조약에 규정된 배상 논리를 지적한 그는 제1차 세계대전과 제2차 세계대전의 의미를 구별했을 뿐만 아니라 제2차 세계대전에 따른 전쟁범죄를 지적했다는 점에 주목해야 한다.

1차 대전은 중세기의 봉건제도를 계승발전한 제국주의적 식민지쟁패전(帝國主義的植民地爭霸戰)이었으나, 이번 대전은 파시즘 침략에 대한 민주주의 방어전으로 그 특색은 해방전쟁인 점이다. 전쟁범죄인(戰爭犯罪人)의

---
250) 朝鮮銀行, 『朝鮮銀行調査月報』 제7호 (1947년 11월), pp. 93-97.
251) 이승만 정권하에서 행해진 한일 교섭 대표단의 명단은, 국민대학교 일본학연구소, 『한일회담 외교문서 해제집Ⅴ』 (서울: 동북아역사재단, 2008), pp. 667-672에 수록되어 있다.

소구(訴求)는 그 저저(著著)한 일례이겠고 대서양헌장에 제시된 이상 UN헌장에 포함된 정신 역시 민주주의 원칙에 입각하야 일체의 포학지배(暴虐支配)를 배제하려는 것이다.252)

남한에서는 이미 일본에 배상할 수 있는 자격에 관한 우려감과 미국이 대일배상을 요구하지 않을 것이라는 위기감이 있었다. 1947년 8월 극동위원회는 연합국만이 일본에서 배상을 취득할 수 있는 권리가 있고, 연합국이 아닌 남한은 일본인이 남긴 재산의 취득을 잃을 가능성이 있었다. 미국은 극동위원회보다 더욱 배상 자체에 부정적이었다. 1947년 1월 28일 스트라이크(Clifford Stewart Strike)를 단장으로 한 조사단은 일본의 배상문제와 경제문제를 조사한 보고서를 맥아더에게 제출했다. 그 조사단은 일본에 배상을 요구하면 일본 경제에 악영향을 미치고, 미국의 재정 부담이 커지기 때문에 일본에 대한 배상정책의 전환을 권고했다.253) 즉, 남한이 일본에서 배상을 취득할 수 있는 권리는 이 시점에서 부정되었다.

이러한 움직임을 알고 있었던 이상덕의 생각과 더불어 중요한 것은 "전쟁범죄인"에 관한 문제다. 이상덕은 제2차 세계대전이란 파시즘에 대한 해방전쟁이었다고 하여 "전쟁범죄인의 소구"를 지적하고 있기 때문에 도쿄재판에서 일본인 전쟁범죄자들이 기소, 심리가 계속되어 있는 것을 당연히 알고 있었다. 앞에서 보았듯이 도쿄재판에서의 심리 대상은 전쟁과 관련된 것이었고, 식민지 문제가 아니었다. 그럼에도 불구하고 이상덕은

---

252) 이상덕, 「對日賠償要求의 正當性」, 『新天地』 제3권 제(1)호 (1948), p. 32.
253) 오오타 오사무 (2008), pp. 52-54.

다음과 같이 했다.

일본의 장구(長久)한 조선지배가 국제정의의 기본적 조건인 도의 공평 호혜의 원칙에 입각한 것이 아니고 폭력과 착취의 지배에 있음은 카이로회담, 포츠담선언에 '조선인민의 노예상태'를 지적한 바로 충분하다. 원래 1910년 한일합방은 조선인민의 자유의지에 반하여 일본으로부터의 강제되었던 것이다. 이번 대전도 일본이 기획하고 강제로 동원케 되었으나 조선인민은 가능한 모든 방법으로 근거 있게 반항하였다. <u>그러나 대일배상에 있어서의 조선의 요구는 일본을 징벌하기 위한 보복의 부과가 아니고 폭력과 탐욕의 희생이 된 피해회복 필연적 의무의 이행이다.</u> [밑줄: 필자 강조]

1910년 한국병합조약을 지적한 그는 식민지가 된 것으로 생긴 "피해회복"을 주장했다. 따라서 "우리"의 "기본적 표준"이란 "일본으로부터 합방 이래" 모든 "희생 또는 손해손실"과 "일본이 기획하고 강제로 관련된 전쟁의 결과"로 생긴 모든 "손해 및 손실은 그 책임이 일본국에 있"다는 것이었다.[254] 일본에 대한 배상요구의 표준이란 전쟁 피해라는 '전쟁 책임'과 식민지로 인해 생긴 '식민 책임'을 의미했다.

한국의 배상 논리는 국가 명칭 속에 있는 '한(韓)'의 의미를 재확인시키기도 한다. 고종은 1897년 10월 12일 '대한제국'이라는 국호를 선포했다. '대한(大韓)'이란 마한(馬韓), 진한(辰韓), 변한(弁韓)의 땅을 통합한 것이

---

254) 이상덕 (1948), p. 32; 김명섭・김숭배 (2009), pp. 39-40.

삼한(三韓)이었으며, 이를 아우르는 커다란 '한'을 의미했다. 이에 따라 고대 주변 나라도 '韓'이라는 용어를 사용한 바 있다.255)

대한제국은 일본에 의해 주권을 상실했지만, 고종이 내세운 '대한'은 대한민국임시정부가 계승했다. 전제군주제였던 대한제국에 대해 1919년 '대한민국임시헌장' 제1조는 "대한민국은 민주공화제"256)라고 천명했듯이 군주제를 거부했다.257) 그러나 '대한민국임시헌장'이 공표될 때, 당시 임시정부의 어떤 요원들은 '대한제국'의 '대한'은 "일본에게 빼앗긴 국호이니 일본으로부터 다시 찾아 독립했다는 의의를 살려야" 한다고 주장했다.258) 1919년 당시 '대한민국'이라는 국호는 신석우(申錫雨, 1894-1953)의 동의(動議)와 이영근(李渶根)의 재청으로 가결되었다.259) 다만, 대한민국이라는 국호의 실제적 주창자는 조소앙이었다.260) '민국'의 유래는 '중화민국'의 영향이 커 보인다.261) 1919년 '대한민국임시헌장'은 그 기본 정신뿐만

---
255) 이선민, 『'대한민국' 국호의 탄생』(파주: 나남, 2013), pp. 96-108.
256) 임시헌장에 규정된 "민주공화제"라는 표현은 세계사에서도 선구적인 것이었다. 제헌헌법 제1 "대한민국은 민주공화국"이라는 의미를 19세기 말까지 거슬러 올라가 연구한 것으로서, 박찬승 (2013)을 참조.
257) 군주제를 거부했지만, 임시헌장 제8조에는 "대한민국은 구황실(舊皇室)을 우대함"이라고 있다.
258) 여운홍, 『夢陽 呂運亨』(서울: 靑廈閣, 1967), p. 41.
259) 臨時議政院紀事錄 第1回(1919.4), 국사편찬위원회, 『대한민국임시정부자료집 2: 임시의정원 I』(과천, 국사편찬위원회, 2005), p. 17.
260) 이완범의 주장은 다음과 같다. "임시의정원 회의록에 따르면 공식적으로 회의 때 제안한 사람은 신석우 선생이다. 하지만 그 명칭의 정신적 기초를 닦은 사람은 조소앙 선생으로 추정된다."『매일경제』(2012. 8. 1). 다음 연구도 궤를 같이 한다. 이선민 (2013), pp. 81-86, 92-94.
261) 신우철 (2008), p. 299. 그런데, '민국'에는 민주공화국 또는 민주국가라는 말의 준말이 최소한 내포했다는 견해도 있다. 이완범 (2008), p. 64. 이와 달리 '민국'의 기원이란 18세기 영조(英祖)와 정조(正祖) 시대에 널리 사용된 자생적 말이었고, '민'과 '국'이 일체된 '국체'를 의미했다는 주장이 있다. 황태연, 「'대한민국' 국호의 기원과 의미」, 『정치사상연구』제21집 (1)호 (2015).

아니라 명시적 조문에 규정된 운영 법리에 있어도 1948년 대한민국 헌법에 영향을 끼쳤다.262)

1948년 7월 17일 대한민국헌법(제정헌법)이 제정되었다. 1987년에 개정된 현행 대한민국헌법 전문(前文)에는 "대한민국임시정부의 법통"을 계승한다는 문구가 있지만, 1948년 제헌헌법 전문에는 그러한 문구가 아니라, "대한국민은 기미 삼일운동으로 대한민국을 건립하여 세계에 선포한 위대한 독립정신을 계승하여 이제 민주독립국가를 재건함"이라고 했다.

제헌헌법 작성 과정에서 유진오(兪鎭午, 1906-1987)가 헌법기초위원회에 제출한 시안은 회의를 거쳐 정부형태 등이 변경되었으나, 그가 작성한 전문(前文)은 거의 제헌헌법 전문에 반영되었다.263) 유진오는 제헌헌법 전문을 설명하는데, 헌법을 제정하여 수립된 대한민국 정부는 "기미년에 삼천만의 민의에 의하야 수립한 대한민국임시정부를 계승하여 재건하는

---

262) 예를 들면 임시헌장 제10조에는 "임시정부는 국토회복 후 만 1년 내에 국회를 소집함"이라고 있는데, 광복 후 이승만과 김구는 이 조문을 근거로 하고 임시정부세력을 중심으로 새로운 주권국가 수립을 시도했다. 정종섭,『대한민국 헌법 이야기』(서울: 대한민국역사박물관, 2013), p. 49, 54. 뿐만 아니라 1919년 상해 대한민국임시정부에서부터의 헌정사의 흐름과 역사적 경험은 제헌국회에 권력구조와 제헌헌법의 혼합적 권력구조 형성에 적지 않은 영향을 주었다. 진영재·최선,「'한국적 권력구조'의 기원적 형태: 대한민국임시정부(1919년~1945년)의 헌법 개정과 권력구조 변천사 분석」,『한국정치학회보』제43집 제(2)호 (2009).
263) 이영록,『유진오: 헌법사상의 형성과 전개』(파주: 한국학술정보, 2006), p. 131. 1948년 5월 31일에 완료된 '第二段階 憲法草案'은 유진오, 이상기(李相基), 장경근(張暻根), 노용호(盧龍鎬), 김용근(金龍根), 차윤홍(車潤弘), 윤길중(尹吉重), 최하영(崔夏永), 황동준(黃東駿) 등 9명이 작성했다. 이 기초안에는 "유진오씨 개인 기초안의 헌법초안 및 행정연구회 헌법분과위원회의 대한민국헌법초안을 기준안으로 하여 재기초한 것"이라고 한다. 전문은 "悠久한 歷史와 傳統에 빛나는 우리 韓國人民은 三一革命의 偉大한 발자취와 거룩한 犧牲을 追憶하며 不屈의 獨立精神을 繼承하여 지금 自主獨立의 祖國을 再建함"이라고 되어 있었다. 거의 제헌헌법 전문의 기본정신과 일치한다. 국회보편집부,『국회보』제25호 (1958), pp. 70-76.

것"을 선언했다고 했다.264) 비록 유진오는 자신의 헌법 초안에서 "조선"이나 "인민"이라는 용어를 사용했지만,265) 1949년에 출판된 그의 『헌법해의(憲法解義)』에서는 대한민국임시정부와 대한민국 정부의 연속성을 강조했다.266)

1948년 5월 31일 이승만은 국회 개원식사에서 '대한민국'이라고 국호를 천명했다. 6월 7일 헌법기초위원회에서 국가명칭에 관한 표결이 실시된 결과, 대한민국 17표, 고려공화국 7표, 조선공화국 2표, 한국 1표로 '대한민국'이라는 국호가 결정되었다.267) 헌법기초위원회에서 대한민국이라는 국호를 주장한 어떤 자는 대한제국 시기에 일본에 의해 주권을 상실했기 때문에 과거와의 연속성, 즉 '대한'을 계승함으로써 "일본에 배상을 청구"하는 것이 유리하게 된다는 논리를 제기했다.268) 이후 제헌국회에서도 국호를 둘러싼 논쟁이 다소 있었지만, 조국현(曺國鉉, 1896-1969) 의원은 '대한'을 국호에 넣어야 한다고 했다. 그는 "일본에게 침략 당했든 대한을 차자서 광복하자는 것일 것입니다. 이 광복의 의미는 이민족에게 뺏기였든 주권을 찾는 것을 광복이라고 하는 것"이라고 했다.269) 국호에 관해서는 가결에

---

264) 유진오,『憲法解義』(서울: 一潮閣, 1949), pp. 15-16.
265) 고려대학교박물관(편),『현민 유진오 제헌헌법관계자료집』(서울: 고려대학교출판부, 2009).
266) 그런데, 1953년에 새로 출판한『憲法解義』에서는 제헌헌법 전문에 있는 "모든 사회적 폐습을 타파하고 민주주의제제도를 수립"이란 "구래(舊來)의 봉건적, 비민주주의적 또는 식민지적인 일체의 폐습을 타파하는 것이 선행조건"이 된다는 내용 등이 추가 설명되었다. 유진오,『憲法解義』(서울: 一潮閣, 1953), p. 41.
267) 김수용,『건국과 헌법: 헌법논의를 통해 본 대한민국건국사』(서울: 경인문화사, 2008), p. 273.
268) 이선민 (2013), pp. 188-189; 이영록,『우리 헌법의 탄생: 헌법으로 본 대한민국 건국사』(파주: 서해문집, 2006), p. 138.
269) 제1대 국회 제1회 제20차 국회본회의 (1948. 6. 29).

참석한 제헌의원 188명 중 163명이 찬성했다. 대한민국임시정부를 계승한 것이 대한민국이었다. 그리고 대한민국임시정부라는 명칭과 대한민국이라는 국가 명칭에서 '대한'이라는 글자는 일본과 무관하지는 않았다.[270]

이승만은 대통령시정방침연설에서 9월 21에 개최된 국제연합 총회에 대처하기 위해 대통령 특사를 파견했다고 보고했다. 즉 한국의 국제적 승인을 위한 것이었다. 그는 이어서 다음과 같이 말했다.

여기에 한마디 첨가할 것은 대일 문제에 관한 정부의 대책이니 우리는 극동 우호 제 국가와 더부러 일본의 금후 동향에 지대한 관심을 가질 것입니다. 제1차 세계대전 이후의 독일이 당시의 파리강화조약을 일방적으로 파기하고 재무장 국가로 등장하여 소위 추축 국가군의 주동국으로 제2차 세계대전의 직접 도화선이 되었던 역사적 사실을 전감(前鑑)한 우리는 일본의 제국주의적 침략주의의 완전 포기와 향후의 민주주의적 재건에 관하여 맞당히 엄정한 감시를 게을리하지 아니할 것입니다.

정부는 과거의 일본 제국주의 정책으로 인한 모든 해악을 회복하고 또한 장래 인접 국가로서의 정상한 외교 관계를 보호하기 위하여 <u>연합국의 일원으로서 대일강화회의에 참렬(參列)케 할 것을 연합국에 요청할 것이며, 민국이 대일 배상에 대한 정당한 권리를 보유할 것이며 또한 그 이후의 발전에 관하여 국제적 의무를 부하할 것을 주장할 것입니다</u>. 요컨대 대한민

---

270) 대한제국 시기부터 광복 후까지 '대한'과 '조선'의 명칭에 따른 정치적·역사적 의미, 두 명칭의 대립에 관한 선구적 연구로서, 임대식(1993). 임대식에 따르면 3·1운동 이전인 1910년대 광복운동의 비밀단체들은 대한제국의 국호를 조선으로 개칭한 일본을 부정하는 측면에서 '한'이라는 용어를 사용했다고 한다. 임대식(1993), p. 38.

국은 오직 정의와 인도에 입각한 진정한 민주주의의 실천 국가이며 또 민주주의를 보위하는 국가군의 일원으로써 안으로 생존의 길을 찾고 밖으로 정신이 같은 우방들과 더부러 국제 만방의 친선 원조와 세계 인류문화의 수립 공헌에 전력을 다할 심산입니다.271) [밑줄: 필자 강조]

이승만이 언급한 논리로 보았을 때, 한국의 국제적 승인은 연합국의 일원이 되는 것을 의미했고, 이는 일본에 대한 배상 요구의 권리를 취득하는 것이었다. 즉, 그에게 한국의 국제적 승인은 연합국의 일원으로서 일본에 대한 정당한 배상 요구 권리의 취득을 의미했다. 그가 예를 들었던 것이 제1차 세계대전의 독일과 "파리강화조약", 즉 베르사유평화조약이었다. 이승만은 여기서 베르사유평화조약의 문제점보다 일방적으로 평화조약을 파기한 독일을 비판했다.

그러한 이승만 정권 하에서 주목해야 하는 것이 「대일배상요구조서」이다.272) 이는 1949년 2월 초에 기획처 기획국 산하에 대일배상청구위원회가 설치되었는데, 위원회가 9월에 완성시킨 요구서였다.

(一) 1910년부터 1945년 8월 15일까지의 일본의 한국 지배는 한국 국민의 자유의사에 반한 일본 단독의 강제적 행위로서 정의, 공평, 호혜의 원칙에 입각치 않고 폭력과 탐욕의 지배이었던 결과 한국 및 한국인은 일본에

---

271) 제1대 국회 제1회 제78차 국회본회의 (1948. 9. 30).
272) 이 조서의 각주에는 1949년 9월 1일까지 조사한 내용을 정리한 것이며, 앞으로 내용이 추가될 것을 지적했다.

대한 여하한 국가보다 최대의 희생을 당한 피해자인 것이며 "한국 인민의 노예상태에 유의하여 한국을 자주독립시킬 결의"를 표현한 "카이로"선언이나 또는 이 "선언의 조항을 이행할 것"을 재확언한 "포쓰담"선언에 의하여 한국에 대한 일본인의 지배의 비인도성과 비합법성은 전세계에 선포된 사실인 것이다.

(二) 대한민국의 대일배상의 응당성은 다시 의심할 여지가 없는 바, 이미 (1)「포쓰담」선언과 (2) 연합국일본관리정책 (3) <u>포레배상사절보고에 명시되어있다는 것을 명백히 하는 바이다. 그러나 우리 대한민국 대일배상청구의 기본정신은 일본을 징벌하기 위한 보복의 부과가 아니고 희생과 회복(恢復)을 위한 공정한 권리의 이성적 요구에 있는 것이다.</u>

(三) 이 기본정신에 입각하여 정부로서는 신중한 태도로서 대일배상에 필요한 기본조서를 실시하여 우리나라로서의 정당한 요구를 四부에 나누어 여기에 청구하는 바이다.273) [밑줄: 필자 강조]

이 조서 역시 이상덕이 작성한 글과 마찬가지로 1910년 한국병합조약부터 시작한 일본의 지배에 대해 배상을 선언했고, 징벌이 아닌 "희생과 회복"을 주장했다. 그런데 여기서 주목해야 하는 점으로서「대일배상요구조서」에는 "포레배상사절보고"라는 것이 있다는 점이다. 이는 폴리가 이끌었던 대일조사단의 보고서로, 이 조사단은 1945년 12월 7일, 1946년 11월에 일본의 배상 문제에 관한 조사보고서를 작성했다. 내용에는 경금속,

---

273) 大韓民國 外務部 政務局, 『對日賠償要求調書』 (1949), pp. 1-2.

항공기, 구(舊)육해군의 모든 공장과 철강, 조선소, 화력발전소 등의 공장 약 50%를 배상으로서 철거하는 내용을 밝혔다. 그러나 미국은 엄격한 폴리 보고서 내용을 받아들이지 않았다.274) 앞서 보았듯이 미국은 1947년 일본의 경제부흥을 우선적으로 실시한다는 스트라이크 안과 같은 방침을 취했다.275) 그러나 1949년에 공표된 「대일배상요구조서」는 1947년의 스트라이크 안이 아니라 1945년 폴리 안에 중점을 두었다. 이미 일본에 대한 배상 요구가 관대한 방향으로 가고 있는 가운데, 한국이 주목한 것은 폴리 안이었다. 이는 한국이 일본에 대한 엄격성을 요구하는 폴리 안을 중요시했기 때문이다.

「대일배상요구조서」는 일본에 '식민 책임(1910-1945)'과 '전쟁 책임(1937-1945)'이라는 두 책임을 물었다는 점에서 독자적이었다. 이 조서의 "정당한 요구"는 4부로 나누어지고 있는데, 제3부에 있는 요구의 취지는 다음과 같다.

중일전쟁 및 태평양전쟁에 기인한 인적 물적 피해의 부로 우리는 을사조약의 무효성을 국제법적으로 변명할 수도 있고 또는 「카이로」, 「포쓰담」의

---

274) 吉澤文壽, 『戰後日韓關係: 国交正常化交渉をめぐって』(東京: クレイン, 2005), pp. 28-29. 폴리시절단과 한국의 관계에 관해서는, 박진희 (2008), pp. 47-50.
275) 미국의 배상 논리에 따른 동아시아 재편 구상과 배상 정책의 변용에 관해서는, 아사노 도요미, 「식민지의 물리적 청산과 심리적 청산: 청구권의 법적 문맥과 정치적 해결」, 국민대학교 일본학연구소(편), 『한일회담과 국제사회』(서울: 선인, 2010). 아사노의 연구는 일본의 제국적 지배와 얽힌 지역의 분리, 이에 따른 재산, 채권의 처분 문제가 결국 국제법적 논쟁을 일으키고, 국민감정이 결합된 국가와 국가의 충돌로 가는 양상을 잘 보여준다. 그리고 미국과 일본의 경제적 관계 및 일본의 배상 외교 정책으로 동아시아 지역이 재편된 것을 실증적 분석과 정치학적 관점에서 밝혔다.

양 선언의 신의를 천명하여 한국에 대한 일본의 과거 三十六년 간의 지배를 비합법적 통치로 낙인하는 동시에 그 사이에 피해 입은 방대하고도 무한한 손실에 대하여 배상을 요구할 수도 있다. 그러나 우리의 대일배상 요구 기본정신에 비추어 이는 자(玆)에 전혀 불문에 부치는 바이다. 다만 중일전쟁 및 태평양전쟁 기간 중에 한하여 직접 전쟁으로 인하여 우리가 받은 인적 물적 피해만을 조사하여 여기에 그 배상을 강력히 요구하는 바이다.[276]

「대일배상요구조서」의 의의는, 역사적으로 배상이란 전승국이 패전국에게 요구하거나 전쟁 참전국이 요구하는 권리였고, 1949년 시점에서 여전히 한국이 샌프란시스코평화조약 서명국이 될 수 있을지 여부가 유동적인 상황이었음에도 불구하고, 식민지를 경험한 한국이 일본에 요구한 것은 "희생과 회복"을 위한 배상 논리였다. 이는 "배상 문제의 역사"에서 주목할 만한 것[277]이었다고 할 수 있다. 이와 동시에 조서에서는 "인적" 피해를 규정했다. 베르사유평화조약 제232조에 규정된 것처럼, '민간인에 대한 보상'이라는 인적 피해 개념은 「대일배상요구조서」에서도 발견할 수 있다. 베르사유평화조약은 민간인이라는 인적 피해에 대해 적극적으로 '보상'이라는 용어를 사용했고, 평화조약에 국가뿐만 아니라, 민간인이 입은 피해를 제시한 것이 획기적이었다면, 한국 역시 인간의 피해를 내세울 수 있는 것이다.

---

276) 『對日賠償要求調書』 (1949), p. 3.
277) 오오타 오사무 (2008), pp. 77-78.

요컨대 '전쟁 책임'과 '식민 책임'을 요구한 한국의 이 조서에는 세부적인 인적 피해라는 측면에서 인간에 대한 '전후 보상'과 '식민 보상'이라는 두 보상 개념이 내재되어 있다는 것이다.[278] 한국은 일본에 대한 배상 요구가 징벌성에 기초한 것이 아니라고 했다. 이는 베르사유평화조약의 징벌성에 동조하지 않는다는 뜻이다. 그렇지만, 한편에서 베르사유평화조약에 규정된 보상 개념의 핵심인 '인적 피해'를 내세웠고, 베르사유평화조약의 일부를 계승하면서도 '식민 책임'을 지적한 것이다.

'대일강화 7원칙'이 발표되었으나, 한국은 샌프란시스코평화조약 서명 자격을 획득하기 위해 미국과 접촉했다. 1949년 말까지 한국의 평화조약 서명 자격은 확보되어 있는 상황이었으나, 영국의 반대에 미국은 동의했다. 그 배경에는 한국의 서명 자격은 한일관계뿐만 아니라 서양 국가들이 여전히 보유하고 있었던 식민지 문제와 연관될 가능성이 있기 때문이었다.[279]

따라서 샌프란시스코평화조약 제14조 배상 조문은 한국과 관계가 없었다. 평화조약 제21조에 규정되었듯이 한국은 "코리아"(한반도)에 있는 합법 정부로서 제4조에 대한 권리를 가지게 되었다.

제4조 (a)에 규정된 청구권(claims) 문제는 일본과 한국 간에서 특별협정("特別取極; special arrangements")으로 규정했다. 이는 다음 (b)에서 보다 구체적으로 "일본국은, 제2조 및 제3조에 규정된 지역의 어느 쪽에 위치한

---

278) 이 부분에 관해서는, 김명섭·김숭배 (2009), pp. 41-42.
279) 이 부분에 관해서는, 본서의 기존 연구 검토에서 이미 논의했다. 정성화 (1990); 김태기 (1999); 박진희 (2008), pp. 70-84; 박진희 (2010). 냉전전략의 영향보다 식민주의, 제국의 논리가 있었다는 주장에 관해서는, 金民樹 (2002), 오오타 오사무 (2008), pp. 79-85.

미군정으로부터 또는 그 지령에 의해 행해진 일본국 및 그 국민 재산의 처리의 효력을 승인한다"고 규정되었다. 즉, 재한 일본 재산의 처리 문제를 규정한 제4조 (b)의 내용은 1951년 7월 이미 한국이 평화조약 서명국이 될 수 없게 되었던 상황이었지만, 양유찬과 덜레스의 회담에서 한국의 주장이 반영된 부분이었다. 미군정 하에 있었던 한국은 이를 통해 재한 일본 재산 취득을 명문화시킬 필요가 있었기 때문이다. 그러나 제4조 (a)에 있듯이 평화조약과 별도로 일본과 한국은 청구권 문제에 관해서는 특별협정을 통해 해결하는 형태가 되었다.[280]

샌프란시스코평화조약 초안을 미리 통보받았던 한국은 무엇보다 제4조의 중요성을 인지했다. 변영태는 1951년 7월 16일 국회에서 다음과 같이 보고했다.

그런데 우리에게 제일 관계되는 제4조라는 것은, 전문(全文)은 아니라도 제일 우리에게 관계되는 부분만 읽겠습니다. 제2조 및 3조에 언급된 지역 내에 있는 혹은 동 지역을 현재 관리하는 당국 및 주민(「법인을 포함」), 주민을 상대로 하는 일본 및 일본인의 부채를 포함하는 재산 및 청구권의 처리 우(又)는 일본 및 일본인에 대한 동(소) 당국 및 주민의 부채를 포함한 재산 및 청구권의 처리는 일본과 동 당국 간에 특별한 법적 협정의 문제가 되는 것이 있습니다. 그런데 이것은 물론 다른 경제 문제도 있겠지만 주장(主張)으로 우리가 아는 소위 귀속재산(歸屬財産)이라든지, 일시(一時)에

---

280) 이원덕 (1996), pp. 37-42.

적산(敵産)으로 알려지든 일본 정부, 일본인의 한국에 있는 그 재산의 귀속이 궁경(窮境)은 양국 간의 직접 교섭에 달려 있다는 것입니다.281) [밑줄: 필자 강조]

변영태는 제4조를 통해 일본과 "특별한 법적 협정", 즉 평화조약에 규정된 "특별 협정"의 존재를 강조했다. 그는 8월 17일에도 이 부분에 관해 보고했는데, 이 시점에는 덜레스와 양유찬의 회담을 통해 평화조약 제4조 (b) 삽입이 결정된 후였다.

<u>제4조에는 그 문구가 한국에 유리하도록 되어야 되겠는데 과거에 군정이 한국에 있는 일본 사람의, 일본 정부의 재산 처리한 것이 그 효력을 일본이 인정해야 된다는 문구</u>를 거기에 집어넣는 동시에 제21조에 가서는, 제21조는 다 기억 못 하실 것입니다마는 한국이 대한민국이 연맹국은 아니라도 이러이러한 조약 조목은 한국에도 적용되는 것인데 이 사람의 기억은 2조, 9조, 12조입니다.282) [밑줄: 필자 강조]

그의 언급에서 "과거에 군정"이라는 것은 1945년 12월 6일 미군정 법령 33호로 인해 남한에서의 일본계 재산 구속과 소유권이 미군정에 이양되었다는 것을 의미했다. 그리고 미군정의 통치가 종료하여, 한국이 주권국가로 되었기 때문에 미군정에 이양된 일본 재산은 자동적으로 한국에 이양된

---

281) 제11회 국회임시회의속기록 제27호 (1951. 7. 16).
282) 제11회 국회임시회의속기록 제45호 (1951. 8. 17).

다는 논리가 있었다. 따라서 주권 국가로서 "대한민국" 내에 있는 귀속재산에 대해 일본이 개입할 수 없다고 말한 변영태는 "일본에 대해서 우리가 주장할 것은 역시 양국 직접 교섭에 의지해서 이야기할 수 있게 된 것"이라고 했다.283) 한국 내에 있는 일본의 재산은 한국이 소유한다는 인식과 별도로 일본에 대한 요구는 청구권이라고 평화조약에 규정되었기 때문에 한국은 일본과의 교섭을 통해 결정해야 하는 사항이었다는 것이다.

이후, 한국과 일본은 국교정상화를 위한 교섭에서 샌프란시스코평화조약에서 규정된 제4조를 둘러싼 의미와 해석문제에 관해 14년에 걸쳐 논쟁이 지속되었다. 샌프란시스코평화체제는 한일교섭을 포함했다.284)

덜레스는 한일관계에 영향을 끼치며, 복잡한 양태를 가지게 된 평화조약 제4조와 배상 조문인 제14조의 최종 결정자였다. 그의 인식에는 분명히 베르사유평화조약에 대한 기억이 있었다. 그는 베르사유평화조약 체결에 관련하여, 원래 배상이란 전쟁에서 사용한 전비(戰費)의 획득이 가장 우선시해야 하고, 과도한 배상 요구는 상대에게 복수심을 품게 한다는 것이었다. 특히 동맹 체결국에 대한 배상은 갈등을 일으키는 요인이 된다고 생각했다.285) 반공주의자였던 그에게 샌프란시스코평화조약 체결에서 가

---

283) 제11회 국회임시회의속기록 제55호 (1951. 9. 1).
284) 이후의 한일관계에 관해서는 이원덕 (1996); 오오타 오사무 (2008); 박진희 (2009)를 참고할 것. 이러한 연구 성과와 맥을 같이하면서도 '자세히 쓰기로 전개한 연구는, 장박진,『미완의 청산: 한일회담 청구권 교섭의 세부 과정』(서울: 역사공간, 2014). 1965년 6월에 서명된 한일기본조약 전문에 샌프란시스코평화조약을 중시한 내용이 규정되었다. 이와 더불어 부속협정으로 체결된 '대한민국과 일본국 간의 재산 및 청구권에 관한 협정' 제4조 1항에는 다음과 같이 규정되었다. "양 체약국은 양 체약국 및 그 국민(법인을 포함함)의 재산, 권리 및 이익과 양 체약국 및 그 국민간의 청구권에 관한 문제가 1951년 9월 8일에 샌프런시스코우시에서 서명된 일본국과의 평화조약 제4조 (a)에 규정된 것을 포함하여 완전히 그리고 최종적으로 해결된 것이 된다는 것을 확인한다."

장 중요했던 것은 일본과의 안보조약 체결이었다.

덜레스는 맥아더와 일본의 안전보장 문제에 관해서는 생각을 달리했으나, 일본에 관대하게 배상하게 한다는 측면에서는 같은 생각이었다. 덜레스가 생각한 일본에 대한 배상 인식은 1951년 3월 31일 캘리포니아의 위티어 칼리지(Whittier College)에서의 연설이 가장 잘 드러났다.[286] 덜레스는 일본의 오키나와와 오가사와라제도를 신탁통치하여, 미국이 책임을 지게 될 가능성을 말했다. 신탁통치는 미국의 군사력을 보완하는 측면과 일본에 미군기지를 주둔시키는 목적의 두 측면이 있었다.

덜레스는 침략으로 손해를 준 일본이 다른 나라에 배상을 하는 것은 원래 정당한 것이라고 했지만 "배상은 단순히 정의(正義)의 문제가 아니라 비참한 결과를 초래하지 않으면서 경제적으로 얼마나 실행"할 수 있을지, 그것이 중요하다고 했다. 배상으로 일본 사회에 혼란이 일어난다면 그러한 상황을 공산주의 국가가 이용한다는 것이었다. 주권국가가 되는 일본과 안보조약을 체결하여, 자유진영의 일원이 된다면 점령 중에는 미국이 원조했지만, 이제 일본은 경제적으로 자립할 수가 있어야 한다고 생각했다. 따라서 일본에 대한 평화조약은 "화해"와 "신뢰의 강화(peace of trust)"가 되어야 하는 것이었다.[287]

---

[285] Seigen Miyasato, "John Foster Dulles and the Peace Settlement with Japan," in Richard H. Immerman (ed.), John Foster Dulles and the Diplomacy of the Cold War (Princeton, N.J.: Princeton University Press, 1990), pp. 193-194.

[286] Harry N. Scheiber, "Taking Responsibility: Moral and Historical Perspectives on the Japanese War-Reparations Issues," Berkely Journal of International Law vol. 20 (2002), p. 242.

[287] 이 덜레스의 연설은 다음과 같은 자료집에 수록되어 있는 것을 사용했다. 岡倉古志郎・牧瀬恒二(編), 『資料沖繩問題』(東京: 旬報社, 1969), pp. 499-506.

기독교 신념이 강했던 덜레스에게 배상 문제는 "정의(正義)"의 문제가 아니었다.288) 공산주의가 가지는 폭력성에 대한 우려와 6·25전쟁 발발을 체재하던 일본에서 맞이한 그는 확고한 현실주의자였다. 그렇다고 해서 그가 말했듯이 평화조약은 "화해"와 "신뢰"가 되어야 한다는 것 역시 수사가 아니었다. 샌프란시스코평화조약 작성 과정에서 미국이 주장한 관대한 배상에 회의적 시각을 가지고 있었던 영국에 대해 덜레스는 포츠담선언 제11항을 강조했다. 즉, 일본의 경제부흥에 어긋나지 않은 배상과 일본이 국제무역체제에 복귀할 수 있어야 한다는 것이다. 그리고 평화조약이란 "카르타고"식처럼 해야 하지만, 패전국을 복귀시킨다면 국제사회에서의 평등성과 위신을 생각해야 한다고 했다. 1919년 파리평화회의에서 미국대표단이었던 경력을 말한 덜레스는 베르사유평화조약이란 윌슨의 희망과 클레망소의 독일에 대한 공포와 증오라는 두 사람의 원칙이 반영되었기 때문에 이를 굴욕적으로 받아들인 독일에서는 나치스가 발흥했다고 했다. 베르사유평화조약은 자유주의와 비자유주의적인 원칙들이 혼재한 타협적인 평화조약이라고 했다.289) 평화조약이란 "타협에 불과하다"고 말했던 18세기 국제법학자 바텔의 언급과 달리 덜레스는 오히려 다양한 원칙들이 혼재한 타협적 평화조약의 비극적인 결과를 지적했다.

---

288) 아시아·태평양전쟁 중에 덜레스가 일본을 적시(敵視)한 것은 틀림없었다. 1939년 덜레스는 제네바에서 개최된 국제기독교회의에 미국교회를 대표하여 참가했고, 교회를 통한 세계평화의 달성을 협의했다. 1940년에는 국제기독교회의가 창설한 위원회 '공정하고 지속성 있는 평화를 위한 위원회(Just and Durable Peace)'의 의장에 취임했다. 덜레스는 당대의 독일과 일본을 "사악한 신념(evil faiths)"을 가진 국가로 보았다. John Foster Dulles (et al.), *A Righteous Faith for a Just and Durable Peace* (New York: Federal Council of the Churches of Christ in America, 1942), p. 7.
289) 岡倉古志郎·牧瀨恒二 (1969), pp. 516-517.

베르사유평화조약의 교훈을 상기시킨 덜레스는 9월 5일 샌프란시스코 평화회의에서 샌프란시스코평화조약을 "전쟁-승리-평화-전쟁이라는 악순환을 차단하는 것"이라고 평가했다.290) 평화조약의 의미를 설명하는 덜레스는 배상 문제가 평화조약 체결시에는 항상 논쟁이 된다고 인정하면서 미국은 항복 후의 일본을 지원하기 위해 많은 경제적 부담이 있었다고 강조하여 더 이상 일본이 미국에 의존하지 않고, 자립적인 나라가 되는 것을 희망한다고 했다.

···만약 이 평화조약이 일본에 금전적 배상청구권(monetary reparation claims)의 효력을 인정한다면 일본의 통상적 상업 신뢰는 떨어지고, 일본국민의 동기는 파괴된다. 그리고 육체적, 정신적 비극에 빠져, 그 결과 착취의 희생이 된다. <u>전체주의적인 선동자(totalitarian demagogues)는, 우리가 코리아를 통해 보았던 것처럼, 이미 침략자적인 경향이 있는 인근의 도움을 받아 재개된 침략성을 통한 안심을 약속할 것이다.</u>291) [밑줄: 필자 첨가]

금전배상 방식은 일본의 경제적 자립을 어렵게 만들고, 이는 미국의 경제에도 악영향을 끼친다는 것이다. 그는 일본에 경제적 어려움이 생기면 "전체주의", 즉 공산주의의 희생이 된다고 하여 일본이 공산화될 위험성을 감안했다. 배상 문제는 공산주의 문제와 연계된 것이었고, 현실적으로

---

290) 김명섭·김숭배 (2009), p. 46.
291) "John Foster Dulles's Speech at the San Francisco Peace Conference," (September 5, 1951).

공산주의의 위험성은 6·25전쟁 와중에 있던 '한반도'를 통해 증명되어 있었다. 그리고 만약 일본에 엄격한 배상을 실시할 경우, 일본의 미래는 한반도("Korea")의 '지금'을 의미한다는 것이었다.

제4부
두 평화체제의 구조와
한일관계

제10장 두 평화체제의 의미 구조

전쟁의 원인이 인간의 심리적 요인이나 개별국가의 특성보다 무정부상태라는 국제정치의 구조에 있다는 주장은 국제정치학의 발전에 크게 기여했다.[1] 그러나 이러한 구조 결정론의 중요성을 인정하면서도 전쟁이 자연적으로 발생하는 것이 아니라는 점에서 그 한계 역시 지적하지 않을 수 없다. 국제정치의 구조가 가지는 취약성은 분명히 '전쟁이 일어난 원인'을 보여주지만, 국제정치의 구조 속에서 '전쟁을 일으킨 원시적 원인'에는 인간의 '결정적 판단'이 차지하는 바가 크다. 비물질적인 요소들 중에서 특히 인간의 관념은 인간에 의한 인간 간의 물리적 충돌을 일으킨다.[2]

인간의 손으로 만들어진 역사적인 평화조약들에는 전쟁의 종료에 따른 평화의 회복과 선언, 영토의 할양 또는 변경에 따른 재편성, 배상 조문 등이 포함되어 있다. 전쟁보다 평화의 실천은 더욱 추상적이지만 전쟁을 공식적으로 마무리한 평화조약은 평화체제라는 구조를 만들었다. 평화체

---

1) 케네스 월츠, 정상훈(역), 『인간 국가 전쟁: 전쟁의 원인에 대한 이론적 고찰』(서울: 아카넷, 2007).
2) 국제정치의 물리적 구조의 중요성을 인정하면서도 인간의 관념이 국가의 경계를 초월하여 충돌했다는 연구로서, 김명섭·김석원, 「관념충돌로서의 전쟁: 임진왜란과 6·25전쟁의 관념적 기원을 중심으로」, 『국제정치논총』 제53집 (3)호 (2013).

제는 일정기간 지속한다.

평화조약으로 인해 1919년에 탄생한 베르사유평화체제와 1951년에 탄생한 샌프란시스코평화체제는 국제적 환경과 배경, 평화체제 구성 국가들의 권력관계라는 측면에서 분명히 상이성이 있다. 두 평화체제가 탄생하게 된 원인은 각각 제1차 세계대전과 아시아·태평양전쟁 때문이었다. 전자의 결과로서 체결된 베르사유평화조약은 패전국인 독일에, 후자의 결과로서 체결된 샌프란시스코평화조약은 패전국 일본이라는 하나의 국가에 집중된 것이었다. 서로 다른 전쟁의 결과는 서로 다른 구조의 평화체제를 구축했다. 그러나 두 평화체제는 국제연맹과 국제연합이라는 국제기구를 중심으로 동·서양이라는 지리적 경계선을 초월하여 세계 여러 국가들이 참가한 다국적 평화체제라는 점에서 공통성을 가졌다.

이처럼 가시적으로 발견할 수 있는 두 평화체제의 상이성 및 공통성과는 별개로 두 평화체제 간의 '수직적 관계'를 포함하는 '비교의 관점'을 통해 새롭게 지적할 수 있는 것은 다음과 같다.

첫째 두 평화체제는 제국주의 시대의 연장선에서 탄생했고, 식민주의를 변용시켰다. 1789년 프랑스혁명부터 1914년 제1차 세계대전까지를 "장기 19세기(The Long 19th Century)"라는 시대 개념으로 포괄한 홉스봄(Eric John Ernest Hobsbawm)은 세부적으로 1875년부터 1914년 제1차 세계대전 발발까지를 "제국의 시대(The Age of Empire)"라고 규정했다. 부르주아 계급이 추진했던 자본주의의 축적된 잉여자본은 아시아와 아프리카를 투여 지역으로 설정했고, 이것이 서구 열강들의 식민지 획득 경쟁의 원동력이 되었다는 것이다.[3] 한정적이었지만, 윌슨의 민족자결 원칙이라는 이념이 반영된 베르사유평화체제는 '공식적 식민지' 획득을 부정했다는 점에서 식민주의를 변용시켰다. 제국주의 국가들은 새로운 식민지 확대의 정당성을 잃었다. 그러나 베르사유평화조약에 내재된 국제연맹규약은 위임통치제도를 규정함으로써 '문명'과 '인종'의 관념적 사고가 여전히 지배적이었다는 측면을 보여주었다. 무엇보다 강대국들은 이미 유지하고 있는 자신들의 식민지를 해체시키지 않았다. 분명히 베르사유평화체제는 식민주의를 변용시켰지만, 이는 세력권의 새로운 형태였다. "식민지 없는 제국주의(Imperialism without Colonies)"라는 개념은 식민지 획득을 대체하는 세력권의 팽창을 의미했다.4)

그러나 베르사유평화체제의 탄생이 식민주의를 변용시켰다고 하더라도 이미 제국주의 국가들이 유지하고 있었던 식민지는 오히려 기정사실로 인정되었다. 제국주의 국가에 의한 새로운 세력권의 팽창이 평화체제를

---

3) 에릭 홉스봄, 김동택(옮김), 『제국의 시대』 (서울: 한길사, 1998). 제국주의라는 용어가 사용된 것은 19세기 중반 나폴레옹 3세 하의 프랑스와 그 후의 영국에서였다. 이때 제국주의는 영토 확대를 지향하는 것을 의미했다. 1902년 『제국주의론』을 출판한 영국 경제학자 존 홉슨(John A. Hobson)은 영국이 남아프리카에서 행한 보아전쟁을 취재하여 제국주의 정책의 근간을 이룬 경제적 동기를 지적했고, 이를 발전시킨 것이 레닌이었다. 그는 1917년 『제국주의, 자본주의의 최고단계』를 출판하여, 자본주의에 의해 필연적으로 형성되는 독점자본을 논했다. 홉슨과 레닌에 의한 제국주의론과 달리 갤러거(John Gallagher)와 로빈슨(Ronald Robinson)은 1953년에 '자유무역제국주의'론을 발표했다. 이들은 직접적으로 영토를 획득하는 '공식적 제국'뿐만 아니라 식민지화가 아니라 경제적 지배를 행하는 "비공식의 제국(Informal Empire)"에 대해서도 주목할 필요성을 주장했다.
4) 두스(Peter Duus)는 1918년 이후, 유럽 국가들이 식민지 지배의 정당화에 사용한 것으로서, "위임통치"와 어떤 국가가 외부 세력의 진입을 막으려고 하는 공동체의 형성, 그리고 그 공동체를 공고화시키는 "범(汎)내셔널리즘적 이데올로기"를 지적했다. 그는 후자에 관해서 생존권(生存圈; Lebensraum)을 추구한 나치가 독일 민족의 통일을 위해 주장한 범게르만주의와 일본의 범아시아주의인 '대동아공영권'을 사례로서 들었다. Peter Duus, "Imperialism without Colonies: The Vision of a Greater East Asia Co-Prosperity Sphere," *Diplomacy & Statecraft* Volume 7, Issue 1 (1996).

통해 나타났다고 하기 전에 중요한 것은 '제국주의에 의한 식민지 보존(Preservation of Colony by Imperialism)'이 완성되었다는 것이다.

샌프란시스코평화체제 탄생 역시 제국주의 시대의 연장선에서 보아야 한다. 샌프란시스코평화체제의 배경적 국제조약은 국제연합헌장이었다. 1919년 국제연맹규약의 서명자이며 윌슨에게 영향을 주었던 스머츠는 국제연합헌장 전문 기초에도 크게 관여했다. 그의 전문 기초안은 다소 수정되기는 했지만 대부분 채택되었다. 제2차 세계대전 이전부터 국제연합 창립의 시대는 "제국주의적 국제주의(Imperial Internationalism)"가 관통했다는 것이다.5) 국제연합은 세력권의 유지를 묵인했다. 또한 베르사유평화조약이 패전국 독일이 가지고 있었던 식민지를 해체시켰다면, 샌프란시스코평화조약 역시 제2조에 "코리아" 관련 조문을 규정함으로써 일정한 식민지 문제의 해체를 보여주기도 했다. 다만, 이는 베르사유평화조약처럼 패전국에 대한 영토 분리를 의미했다. 국제연합 창립 이후에도 영국이나 프랑스 등은 여전히 식민지를 보유하고 있었다. 샌프란시스코평화체제가

---

5) 이 개념의 주창자이며, 영국인 학자 마조워는 20세기 국제기구의 체계적인 국제기구의 성립 과정에서 영국의 '제국주의적 국제주의'에 주목했다. Mark Mazower, *No Enchanted Palace: The End of Empire and the Ideological Origins of the United Nations* (Princeton: Princeton University Press, 2009), pp. 13-24. 20세기 국제기구의 창립에 있어 미국보다 영국 제국주의에 주목한 마조워는 영국을 신봉하던 스머츠 등을 통해 국제연합의 이데올로기를 조명했다. 보편적 권리를 포섭하는 국제연합 창립에 스머츠와 같은 백인 우월의 인종적 제창자가 관여한 것 자체가 제국주의적 국제주의의 체현이었다는 것이다. 스머츠는 자유주의, 이상주의적 말을 신중하게 선택했지만, 제국의 도의적 사명감을 당연시하고 있었다. Mark Mazower (2009), pp. 60-61. 마조워는 구체적으로 전문 구절에 관해 언급하지 않았으나, 스머츠가 전문에 크게 관여한 것을 감안했을 때, 다음과 같은 국제연합헌장의 전문 구절은 다른 암시적 의미를 지닌 것으로 볼 수 있다. 국제연합은 "더 많은 자유 속에서 사회적 진보와 생활 수준의 향상을 촉진할 것을 결의하였고, "모든 국민의 경제적 및 사회적 발전을 촉진하기 위하여 국제기관을 이용한다는 것을 결의하면서" 노력한다.

탄생한 시대는 '흔들리지 않는 제국주의자들'이 존재했다.

1919년 평화조약에 국제연맹규약을 포섭한 베르사유평화체제와 1951년 국제연합헌장을 국제적 배경으로 한 샌프란시스코평화체제는 분명히 국제주의를 표방했다. 두 평화체제는 19세기적 식민주의와 결별했지만, 이는 '전쟁' 결과에 수반된 것이었을 뿐, '식민지'를 위한 것이 아니었다. 두 평화체제는 '국제주의의 진보적 확장'과 '제국주의의 온존'이라는 측면에서 '국제주의 속의 제국주의(Imperialism in Internationalism)'의 흔적을 남겼다.

'민족자결'과 '식민지' 문제를 연계하지 않았던 국제연합헌장이었지만, 1960년 12월 14일 국제연합 총회는 '식민지독립부여선언(Declaration on the Granting of Independence to Colonial Countries and Peoples)'을 선언했다.6) 찬성 89, 반대 0, 기권 9였다. 기권한 국가는 미국, 영국, 프랑스, 남아프리카, 포르투갈, 스페인, 벨기에, 호주, 도미니카 공화국이었다. 국제주의가 식민지를 거부하기 이전의 시대에 두 평화체제는 탄생했지만, '식민지독립부여선언'은 여전히 국제주의 속에서 식민주의를 묵인하던 '흔들리지 않는 제국주의자들'에게 제국주의 시대가 종식으로 가는 국제주의를 보여주었다.7) 세력권적 식민지가 허용되지 않게 되는 것은 두 평화체제 탄생 이후

---

6) 전문과 전 7항목으로 구성된 '식민지독립부여선언'은 제2항에서 모든 사람들에게 자결권이 있다고 규정했다. 그리고 특히 다음과 같은 항목에 주목할 필요가 있을 것이다. "3: 정치, 경제, 사회, 교육의 준비 부족을 독립을 지연시키는 구실(pretext)로 삼아서는 절대(never)로 안 된다."
7) 물론 이 시점에도 여전히 자결권을 둘러싼 개념은 불명확한 상황이었다. 1960년 이후의 자결권 논의에 관해서는, 이성덕, 「국제법상 자결권의 개념과 그 형성과정」, 『국제법학회논총』 제48권 제(1)호 (2003)을 참고할 것.

였다.8)

둘째, 두 평화체제는 국제주의를 표방했다는 점에서 20세기 다국적 평화체제의 진보적 양상을 보여주었지만, 전통적 지역성을 부정하지 않았다. 베르사유평화조약 제1장(1-26조)에는 국제연맹규약이 내포되었다. 1918년 윌슨이 주창했던 '14개조의 평화원칙'에는 대국(大國)과 소국(小國) 구별 없이 '정치적 독립'과 '영토의 보전'을 목표로 한다는 구절이 있었다. 이를 실현시키는 것이 국제연맹이었고, 윌슨의 사상은 특히 국제연맹규약 제10조에 규정된 집단안보체제 확립을 핵심으로 삼았다. 그러나 한편에서 윌슨은 미국의 전통적 외교를 지지했다. 국제연맹규약 제21조(베르사유평화조약 제21) '지역적 양해(regional understanding)'에는 지역적 세력권의 보전을 의미하는 먼로주의를 규정했다. 즉, 집단안보체제가 확립되는 한편에서 기존의 지역주의적 세력권이 확보된 것이었다.9)

6·25전쟁10) 와중에 탄생한 샌프란시스코평화체제의 중심축이었던 샌

---

8) 제국주의의 개념을 탐구하고, 주로 제1차 세계대전 후까지를 연구 범위로 삼았던 정상수는 결론 부분인 "제국주의의 전망"에서 "21세기에 세계는 통합 체제 내지 연합 체제를 형성"하여, "지역별 연합 체제는 주도권을 장악하기 위해서 주변 지역으로 영토를 확대해갈 것이다. 즉 미래에도 제국주의는 계속될 것"이라고 했다. 정상수, 『제국주의』(서울: 책세상, 2009), p.141. 그렇지만 지역 연합체가 진행되는 경우 지역연합체와 그 이외의 지역과의 경계선이 생길 가능성이 있으나, 정상수가 주장하는 '영토'가 '순수한 땅'을 의미한다면 두 가지 점에서 동의하기 어렵다. 첫째, 지역연합체가 영토를 확대하는 것이 아니라 특정 국가가 지역연합체에 참여하는 경우 국민국가의 틀을 존중하면서도 연합체의 영향이 미치는 영토가 확대될 수 있다. 둘째, 민족의 자결로 인해 세계의 독립국가가 증대하여, 특정 영토에서 분리되는 새로운 영토가 탄생할 수도 있기 때문이다.
9) 베르사유평화체제 하에서 집단안보체제는 1925년 로카르노 조약(Locarno Treaty)을 통해 보완되었다. 영국, 프랑스, 독일, 이탈리아, 벨기에, 폴란드, 체코슬로바키아가 서명했고, 영국, 프랑스, 독일, 이탈리아, 벨기에 5개국은 지역적 안전보장조약을 체결했다. 이 안보조약은 베르사유평화조약에서 규정된 내용을 존중하여, 현상유지, 상호불침략 등이 명시되었다. 이 조약은 프랑스와 독일의 긴장 완화에 기여했고, 이 조약의 결과 독일은 1926년 국제연맹에 가맹했다.

프란시스코평화조약은 전문과 제5조에 규정되었듯이 국제조약의 차원에 서 국제연합헌장을 배경으로 했다. 국제연합헌장 제51조 집단적 자위권과 더불어 중요한 것은 제52-54조에 규정된 '지역적 약정'이었다. 제52조는 헌장 제1조와 2조에 규정된 국제연합의 목적과 원칙에 합치하면 "지역적 약정 또는 지역적 기관의 존재"를 받아들이는 것으로 규정했다. '지역적'인 것은 국제연합이 표방한 국제주의와 대립하지 않고, 지역적 분쟁에 대해서 는 국제주의 원칙 속에서 '지역적'인 것을 통해 해결하는 것을 허용했다.[11]

특히 헌장 제52조는 국제연합이 다자적이든 양자적이든 지역 안보체제 의 체결을 허용했고, 헌장의 목적과 원칙은 국제연합 창립 이후 지역 안보조약에 명기됨으로써 국제연합헌장에 적합한 안보조약들이 탄생했 다. 1919년 국제연맹규약 제21조에서 예외적으로 인정되고 미국의 집착으 로 규정된 '지역적 양해'보다 국제연합 하에서 '지역적 약정'은 더욱 보편성

---

10) "한국전쟁"을 분석한 김학재는 정전체제인 "판문점 체제"를 "자유주의 보편적 원칙들을 군사력으로 강제로 관철시키는 데는 성공했지만, 결코 안정적인 영구 평화를 창출하지 못한 실패 사례"였으며 "힘에 의해 강요된 임시적 평화"라고 했다. 칸트와 홉스적 자유주의의 관점을 부각시킨 그의 연구는 샌프란시스코평화체제에 대한 분석적 서술이 많지 않았던 한편 베르사유평화체제의 특징을 승자의 평화, 제도적 평화, 헌법적 평화라고 했다. 김학재, 『판문점 체제의 기원: 한국전쟁과 자유주의 평화기획』(서울: 후마니타스, 2015), pp. 77-93, 526-527. 본서는 제1부에서 이미 언급했듯이 정전체제를 평화적 체제로 전환시키는 것과 '완전히' 전쟁을 종결시킨 평화체제에는 차이가 있다고 주장했다.
11) 오늘날 "중국과 러시아의 부상을 부정적으로 보는 미국과 유럽 일부 국가들"이 있지만, 국제연합은 기후변화, 대량 살상무기, 빈곤 그리고 난민 문제 등의 해결을 주도해야 할 것이다. 이는 "유엔을 통한 세계 평화", 즉 "팍스 유니버살리타스(Pax Universalitas)"를 의미한다. 문정인, 「빈 1815, 유엔 2015」, 『중앙일보』(2015. 11. 9). Chung-in Moon and Taehwan Kim, "South Korea's International Relations: Challenges to Developmental Realism?," in Samuel S. Kim (ed.), *The International Relations of Northeast Asia* (Lanham, Md.: Rowman & Littlefield Publishers, 2004), p. 256. 1815년의 빈에 따른 유럽의 협조를 주도한 것은 본고에서 이미 언급했듯이 오스트리아제국의 메테르니히와 그레이트브리튼 아일랜드 연합왕국의 캐슬레이였다. 평화체제는 물론 역사적으로 형성된 국제체제, 국제질 서에는 주도력을 발휘한 국가가 있었다. 국제연합에서 안전보장과 같은 중요사항에 관해서 는 결국 거부권을 가지고 있는 5대국의 동향이 결정적이다.

을 가지게 되었다. 국제연합헌장의 정신은 이후 세계 지역에서 체결된 많은 군사동맹, 안보조약, 그리고 공산주의 국가도 기본 원칙으로 삼았다. 한국과 일본이 각각 미국과 체결한 안보조약의 전제조건도 국제연합헌장의 원칙이었다. 국제연합헌장은 제2차 세계대전의 추축국과 맞선 연합국이 작성한 국제조약이었고, 이 헌장에 의해 수립되었다. 국제기구에 법적 정당성을 부여한 국제연합헌장은 샌프란시스코평화체제의 '국제조약의 배경'이었다. 두 평화체제에서 특히 안보에 있어 지역성은 국제주의와 대립하지 않고 공존했다.

셋째, 두 평화체제에 내포된 가혹성 내지 징벌성과 관대성에는 '선악'이라는 가치판단이 아닌 전진성과 후퇴성이라는 양면성을 가지고 있었다. 어떤 사상(事象)을 역사적으로 보는 인간들의 고찰력은 현시점에서 과거를 볼 수밖에 없다는 한계점을 가지고 있기 마련이다. 베르사유평화조약이 제2차 세계대전의 원인(原因) 또는 원인(遠因)이 되었다는 견해는 일반적이다. 한편에서 베르사유평화조약에는 징벌성의 상징인 배상 조문에 금액이 규정되지 않았고, 상대적으로 독일에 가혹한 것이 아니었다는 것은 기존 연구들이 증명한 바 있다. 그렇지만, 베르사유평화조약 자체의 가혹성과 비가혹성이라는 쟁점 못지않게 중요한 것은 반(反)베르사유평화체제파의 인식이 나치당(Nazi Party)의 강령에 규정되었다는 역사적 사실을 간과할 수 없다는 점이다.[12]

---

12) 1920년 2월 24일에 채택된 '국가사회주의 독일 노동자당(나치당)'의 '25개조 강령(25-Punkte-Programm)'에는 다음과 같은 내용이 규정되었다. "1. 우리는 민족 자결권을 근거로서 모든 독일인이 하나의 대독일로 결집하는 것을 요구한다. 2. 우리는 다른 나라에 대해 독일 민족과의 동등한 권리, 베르사유조약과 생 제르망-앙-레이조약("St. Germain")의

베르사유평화조약은 전쟁을 일으킨 국가가 피해국에게 지불하는 배상과 전쟁을 일으킨 국가가 피해국 국민에게 지불하는 보상을 명시했다. 조약의 내용이 가혹하다고 의미마저 부정할 수는 없다. 베르사유평화조약의 내용이 패전국 독일에 가혹했지만, 이는 피해국가와 피해자들에 대한 고려가 있었기 때문이었다.

한편 샌프란시스코평화조약은 연합국에 배상을 지불하는 것을 "승인"했지만, 일본의 "존립 가능한 경제를 유지"하기 위해서는 현물배상의 형태를 취했고, 대부분의 연합국이 배상청구권을 포기했다.13) 샌프란시스코평화조약 역시 배상을 규정했지만, 그 방법과 이념의 측면에서는 베르사유평화

폐지를 요구한다. 3. 우리는 우리 민족을 부양하며 과잉인구를 이주시키기 위한 토지(식민지: "Kolonien")를 요구한다. 4. 민족동포만이 시민("Staatsbürger")이 될 수 있다. 종파에 관계없이 독일 민족의 피를 이어받은 자만이 시민이 된다. 따라서 유대인은 민족 동포가 될 수 없다." 후일 히틀러는 1925-26년 출간한 『나의 투쟁』에서 당 강령이란 "추상적으로 올바른 정치적 관념에 정치가의 실제적인 인식이 결부되어야만 한다"고 했다. 아돌프 히틀러, 이명성(옮김), 『나의 투쟁』 (서울: 홍신문화사, 2006), p. 231. 히틀러는 당 강령이 변경되는 것에 비판적이었다. 1920년 강령 내용은 『나의 투쟁』의 출판 앞서 발표된 것이다. 나치당 강령은 다음과 같은 함의를 보여준다. 첫째, 나치당은 윌슨의 민족자결 원칙을 역설적 원칙으로서 사용했다. 둘째, 나치당은 가혹성의 상징인 배상 문제만을 특정적으로 지적하지 않고 독일 민족의 권리를 부당하게 만든 베르사유평화조약과 오스트리아에 대한 생 제르망-앙-레이평화조약을 지적했다. 히틀러의 출신국이었던 오스트리아는 1938년 나치에 의해 장악되었다. 셋째, 강령에 규정된 식민지 문제는 나치의 팽창적 지향성을 이미 드러내고 있었다. 지라학자이며 생물학자인 라첼(Friedrich Ratzel)이 1901년에 고안한 생존권(Lebensraum)이라는 용어는 히틀러도 자신의 저작에서 인용한 바 있는데, 강령에도 나치당의 지정학적 인식이 나타나고 있었다. 넷째, 독일 민족과 대조된 유대인의 존재에 관한 부분이다. 이는 신에 대한 공물(供物)을 의미하는 '홀로코스트(Holocaust)' 또는 파국과 파멸을 의미하는 '쇼아(Shoah)'를 예시(豫示)했다. '25개조 강령' 제24조에는 다음과 같은 내용이 있다. "…당 자체는 특정한 종교적 신념에 묶이지 않으며 적극적 기독교(positive Christianity)의 입장을 지지한다. 적극적 기독교는 우리 내외의 유대적·유물론적 정신(Jewish-materialistic spirit)과 투쟁하며 근본적으로 내면에서만 달성되는 우리 민족의 영원한 구제를 확신시킨다."

13) 일본을 포함한 샌프란시스코평화조약 서명국 중에서 필리핀과 베트남 등은 1950년대 일본과 이국간 조약으로 배상협정을 맺었고, 샌프란시스코평화조약에 서명했지만, 비준하지 않았던 인도네시아도 1958년 일본과 배상협정을 체결했다.

조약과 상이했다. 평화조약의 역사에서 패전국에 과대한 가혹성을 부여한 것은 드문 것이었다. 하지만 베르사유평화조약이 가지는 가혹성이 평화조약의 역사에서 특이한 차원에 있었다는 것은 명확하다. 따라서 가혹성으로 보았을 때, 샌프란시스코평화조약은 베르사유평화조약에 비해 '가혹성이 후퇴'했기 때문에 샌프란시스코평화조약이 관대했다는 지적은 맞지만 샌프란시스코평화조약의 '관대성'은 평화조약의 역사에서 크게 어긋나지 않았다. "평화조약은 타협에 불과하다"는 바텔의 언급, 과거 서구적 평화조약에 보였던 '사면', '망각'은 샌프란시스코평화조약과 상통하는 부분이 있다. 물론 과거 역사적 평화조약과 달리 샌프란시스코평화조약에서 배상 조문이 가지는 의미는 냉전과 연관되어, 미국이 주도했던 '전략적 후퇴성'이 가미된 것이다.

두 평화체제에서의 징벌성은 양면성을 가지고 있다. 베르사유평화조약 제227조는 국가수반자의 책임을 명시했다. 1871년에 제정된 독일제국헌법(Constitution of the German Empire) 제11조에 규정되었듯이 독일 황제는 대외적으로 국제법상의 대표권, 선전포고권, 조약체결권을 가지고 있다. 개전 최종 결정자가 빌헬름 2세에 있었다는 것은 명확했다. 빌헬름 2세가 네덜란드에 망명했기 때문에 베르사유평화조약 제227조는 사문화 상태가 되었으나, 평화조약의 역사에서 선악을 떠나 획기적인 조문이었다고 할 수 있다.

1889년에 공포된 대일본제국헌법(Constitution of the Empire of Japan)은 독일제국헌법을 모방했다. 독일제국헌법과 마찬가지로 강력한 군주제를 지향했던 대일본제국헌법 제13조에는 천황의 외교권이 규정되었다. "천황은 전쟁을 선언하고, 강화(講和)하며 제반 조약을 체결한다." 그러나 아시아-태평양전쟁 개전 최종 결정자인 히로히토는 처벌되지 않았다.14) 전쟁 최고책임자에 대한 징벌성은 후퇴했다. 그렇다고 해서 샌프란시스코평화조약에 징벌성이 없었다고 할 수 없다. 이 평화조약은 베르사유평화조약과 달리 전쟁 범죄자들을 처벌했기 때문이다. 샌프란시스코평화조약 제11조에는 극동국제군사재판소의 "재판을 승낙"한다는 것을 규정했다. 평화조약은 국제재판을 내포했다는 것이다.

도쿄재판(극동국제군사재판)이 식민지에 대한 관점이 부족했다는 비판은 타당하다. 뿐만 아니라 법을 둘러싼 소급 문제, 승자에 의한 재판, 전쟁 결정 최고책임자에 대한 기소를 하지 않았고, 국제정치의 권력관계가 반영되었다는 점에서 논쟁적 양면성이 있으나, 책임의 소재를 분명히 하면서도 책임자에 대한 처벌이 실시되지 못했던 베르사유평화조약과 달리 샌프란시스코평화조약은 전쟁범죄자들에 대한 처벌을 수반했다. 두 평화체제의 구조를 비교했을 때, 징벌성에는 각각 전진성과 후진성이라는 양면성을 띠고 있었다.

---

14) 도요시타 나리히코(豊下楢彦)에 따르면, 천황 히로히토는 1945년 이후 두 가지의 위기에 직면했다고 한다. 첫 번째의 위기는 일본국헌법 제정과정에서 천황제가 폐지될 가능성 및 도쿄재판의 전개에 따라 히로히토는 자신이 추가적으로 소추되는 두려움을 가지고 있었다는 것이다. 두 번째 위기는 1947년 이후 일본 내외의 공산주의에 의한 천황제 타도라는 위협 인식이었다. 이 위협에 대항하기 위해 히로히토는 미군에 의한 천황제 방위를 원했다는 것이다. 도요시타는 이를 "안보국체(安保國體)"라고 했다. 豊下楢彦, 『昭和天皇の戦後日本: 〈憲法・安保体制〉にいたる道』(東京: 岩波書店, 2015). 도요시타는 히로히토가 요시다 시게루와 다른 경로로 미국과 안보에 관해 교섭을 했다는 설득력이 있는 가설을 제시한 바 있다. 豊下楢彦 (1996); 도요시타 나리히코, 권혁태(옮김), 『히로히토와 맥아더: 일본의 전후는 어떻게 만들어졌는가』(서울: 개마고원, 2009). 그는 2015년에 간행된『쇼화천황실록(昭和天皇實錄)』을 활용하여 자신의 가설을 뒷받침했다.

넷째, 두 평화체제는 과거의 전쟁에 따라 체결된 평화조약의 효력들을 부정했다. 베르사유평화조약은 1918년 3월 3일에 독일과 러시아가 조인한 브레스트-리토프스크조약을 실효시켰다. 또한 프로이센-프랑스 전쟁을 마감한 1871년 프랑크푸르트조약을 통해 프로이센이 알자스-로렌을 획득했지만 베르사유평화조약 제27조에는 프랑스와 독일의 국경을 "1870년 7월 18일" 이전의 영토로 획정했다. 그 날짜는 프로이센-프랑스 전쟁 개전일이었다. 프로이센-프랑스 전쟁의 결과 체결된 1871년 프랑크푸르트조약을 부정했다는 것이다. 제1차 세계대전의 결과로 탄생한 베르사유평화체제는 세계대전과 직접적으로 관련이 없었던 과거의 전쟁과 평화조약을 부정한 것이다.

샌프란시스코평화조약은 제2조 영토 조문 (b)에서 타이완을 포기했다. 타이완은 1895년 시모노세키조약으로 인해 일본에 할양된 지역이었다. 소련과 관련한 샌프란시스코평화조약 (c)에는 "1905년 9월 5일 포츠머스조약"이라고 명확하게 규정된 것처럼 포츠머스조약을 부정했다. 샌프란시스코평화조약은 암시적으로 시모노세키조약을, 명시적으로 포츠머스조약을 부정했다는 것이다. 샌프란시스코평화조약 제2조 (a) "코리아" 관련 조문을 보았을 때, 일본이 "코리아"의 독립을 승인한다는 것은 암시적으로 1910년 한국병합조약을 부정했다는 것을 의미한다. 그러나 이는 역설적이지만, 한국병합조약의 효과를 인정했다는 것으로서 받아들일 수도 있는 문맥이었다. 앞서 언급했듯이 샌프란시스코평화조약 제11조에 규정된 극동국제군사재판은 1928년부터 1945년까지의 일본이 행한 전쟁범죄를 재판했지만, 한국병합조약을 인정한 흔적이 있었다.

그리고 샌프란시스코평화조약은 베르사유평화체제를 부정했다. 샌프란시스코평화조약 제2조 (d)에는 일본의 위임통치제도 하에 있었던 영역을 포기한다는 내용이 규정되었다. 베르사유평화조약에는 위임통치제도가 규정되었지만, 일본을 포함한 수임국의 명칭이 규정되지 않았다. 위임통치제도의 구체적 내용은 국제연맹이사회에서 결정되었다. 샌프란시스코평화체제는 과거 5대국이었던 '일본의 베르사유평화체제'를 거부했다.

제11장 한국/조선-대한민국과 일본

1. 베르사유평화체제의 구조와 한일관계

조선 혹은 대한제국은 체결 당사자가 아니었음에도 불구하고 다른 나라들에 의한 양국 간 조약 및 협정에 명시되었다. 톈진조약(1885), 시모노세키조약(1895), 고무라-웨버 협정(1896), 러청(露淸) 밀약(1896), 야마가타-로바노프 협정(1896), 니시-로젠 협정(1898), 제1차 영일동맹(1902), 제2차 영일동맹(1905), 가쓰라-태프트 밀약(1905), 포츠머스조약(1905), 간도협약(1909) 등이다.[15] 1897년 고종은 조선이라는 명칭을 고쳐 대한제국의 독립을 선포했다. 1899년 공포된 대한국국제 제1조는 "대한국은 세계만국의 공인되온바 자주독립하온 제국(帝國)이니라"고 천명했다.

그러나 제국을 자칭하며 국제 속에서 탄생한 대한제국의 주권력(主權力)은 다른 제국들 간의 상호인정 조약의 주권력(周權力)에 의해 포위되어 축소되어 갔다. 1910년 한국병합조약은 대한제국 주권 상실의 귀결이었다.

---

15) 협정문에 명시되지 않았지만, 암시적으로 대한제국에 대한 일본의 세력권을 인정한 것으로서는 프랑스-일본 간 조약(1907), 제1차 러일협약(1907), 루트-다카히라 협정(1908) 등이 있다.

제1차 세계대전은 유럽 중심의 전쟁이었지만, 전쟁터의 확대와 총력전은 유럽 질서의 붕괴뿐만 아니라 동아시아를 포함한 '기존 질서'의 재편을 초래했다. 한국/조선은 세계대전에 따른 '기존 질서'의 붕괴를 통해 새로운 광복의 길을 모색했지만, 세계대전을 최종적으로 마무리한 베르사유평화조약에 "코리아"는 명시되지 않았다. 국제질서 또는 국제체제와 교집합이 있으면서도 더욱 구체적인 구조를 갖춘 베르사유평화체제는 '세계 전쟁' 이후의 '세계평화'를 도래시키지 않았다.

한국/조선은 광복을 1차적 목표로 했지만, 이와 더불어 중요한 것은 '국제정치'와 '제국정치'가 혼재한 시대에서 어떠한 주체성을 가지고 있었는가에 있다. 이 연구에서 한국/조선과 다국 간 국가들에 의한 국제적 평화 체제인 베르사유평화체제를 선택한 것은 많은 사례가 있는 가운데에서 베르사유평화체제를 선택한 것이 아니라 한국/조선에 관련된 20세기 다국 간 평화체제가 베르사유평화체제밖에 없기 때문이다.

베르사유평화체제가 한국/조선과 일본에 미친 영향은 다음과 같다. 첫째, 베르사유평화체제는 아시아-먼로주의를 뒷받침하는 공간을 창출했다. 윌슨에게 가장 중요했던 국제연맹 창립은 세력균형을 거부하는 집단안보체제의 구현을 의미했다. 그러나 동시에 미국의 남미에 대한 세력권 보전과 먼로주의에 대한 윌슨의 신봉은 국제연맹규약 제21조 '지역적 양해'를 통해 규정되었다. 아시아-먼로주의라는 용어는 이미 19세기 말 일본에서 일부 지식인들이 사용한 용어였지만, 일본이 아시아 국가와 연대한다는 수평적인 지향성보다 제1차 세계대전을 통해 일본이 아시아에서 중심이 되어야 한다는 용어뿐만 아니라 정책론으로서 부상된 개념이었다.

일본 중심적 아시아-먼로주의가 보다 본격적인 전개를 보여준 것은 만주사변을 계기로 해서였다. 일본의 대외정책 또는 일본의 태도로서의 아시아-먼로주의가 논의된 것은 제1차 세계대전기였다.16) 따라서 아시아-태평양전쟁을 예측하는 것처럼 제1차 세계대전 직후부터를 윌슨주의와 일본의 지역주의적 이데올로기의 대립으로 보는 시각이 있으나,17) 1919년 당시는 대립보다 적어도 평화조약 내용에 대립의 요인으로 받아들일 수 있는 맹아가 규정되었다는 해석이 타당하다.18) 베르사유평화조약에 규정된 먼로주의는 베르사유평화체제의 지속과 더불어 아시아-먼로주의의 팽창을 의미했다.19)

---

16) 江口圭一, 『十五年戰爭研究史論』(東京: 校倉書房, 2001), pp. 50-54. 러일전쟁에서 아시아-태평양전쟁까지 일본의 대외정책에 내재한 불안정성을 해명한 에구치 게이이치(江口圭一)에 따르면 1930년대 이후 일본제국주의의 특징은 영미에 의존, 협조하는 노선과 일본의 자립적인 아시아-먼로주의적 노선의 대립이었다고 한다. 결국 1930년대 이후, 후자의 논리가 승리했으나, 그러한 논리를 "이면적 제국주의론(二面的帝國主義論)"이라고 했다. 단, 에구치의 연구에서 제1차 세계대전 기간의 아시아-먼로주의에 관한 분석은 고노에 후미마로와 도쿠토미 소호(德富蘇峰, 1863-1957)에 대한 짧은 고찰에 그치고 있다.
17) Noriko Kawamura, *Turbulence in the Pacific: Japanese-U.S. Relations During Word War Ⅰ* (Westport, CT: Praeger, 2000), pp. 7-8.
18) 파리평화회의 당시 일본대표단으로 수행한 법학자이며, 외무성 법률고문이었던 다치 사쿠타로(立作太郎, 1874-1943)는 유럽 유학을 마친 1904년 3월부터 외무성에 설치된 임시취조위원회(臨時取調委員會)에서 근무하기 시작했고, 대한제국에 대한 "보호국(保護國)" 문제를 법적 측면에서 조사한 경력을 가지고 있었다. 明石欽司, 「立作太郎の国際法理論とその現実的意義: 日本における国際法受容の一断面」, 『法学研究』 85卷 2号 (2012), pp. 10-12. 그는 1932년 출판된 자신의 『国際聯盟規約論(國際聯盟規約論)』에서 1919년에 규정된 국제연맹규약 제21조 먼로주의 관련 조문은 제10조와의 관계에서 성문화된 것이라고, 조문 작성과정과 그 효과에 대한 자세한 법적 의미를 설명한 바 있다. 그는 제21조는 미국의 먼로주의에 초점을 맞춘 것이었지만, 이는 국제법에 규정된 "일반적 형성"을 의미하는 것이기 때문에 미국의 먼로주의 이외에도 '지역적 양해', 즉 일본의 아시아-먼로주의에 관해서도 긍정적 견해를 제시했다. 立作太郎, 『国際聯盟規約論』(東京: 国際聯盟協会, 1932), pp. 311-326. 다치는 1942년에 출간한 『미국외교상의 제주의(米國外交上の諸主義)』에서 더 확실하게 일본의 아시아-먼로주의를 옹호했다.
19) 1939년 영미권에서 일본의 아시아-먼로주의에 대한 비판들과는 다른 각도에서 접근한 것이 칼 슈미트(Carl Schmitt)였다. 그는 원래 먼로주의 원칙이란 현대적 자유자본주의 제국주의와 무관계하며, 세계를 블록화시키고, 추상적인 세계시장 및 자본시장을 전화(轉化)

그렇지만, 아시아-먼로주의에 대한 실감과 비판정신은 한국/조선에 있었다. 광복운동가들은 아시아-먼로주의의 영토적 시발점을 한국/조선이라고 보았다. 이러한 견해는 1905년 시어도어 루스벨트가 가네코 겐타로에게 일본에 먼로주의를 권유했다는 내용과 상통했다. 베르사유평화체제를 통해 국제연맹 창립과 일본의 국제적 입지의 공고화에 대한 광복운동가들의 비판은 특히 평화체제 탄생에 즈음하여 고양되었다. 1930년대 이후의 '역사의 결과'를 보았을 때, 광복운동가들의 구체적인 일본 비판은 틀리지 않았다는 것을 증명했다. 아시아주의라는 포괄적 용어와 개념에 비해 아시아-먼로주의라는 지역적 권력구조의 반영한 개념과 정책이 한국/조선과 일본 사이에서 상충했다.

시키는 것을 명시적으로 반대한 것이었다고 한다. 슈미트는 원래 먼로주의의 보편성을 인정했지만, 20세기 초 시어도어 루스벨트가 주창한 먼로주의 및 윌슨의 먼로주의에는 부정적이었다. 1917년 1월 22일 윌슨은 먼로주의에 포함된 비간섭주의적(非干涉主義的) 권역사상(圈域思想)을 다른 지역권에 확대시키는 것이 아니라 반대로 자유민주주의적 원칙들을 권역과 경계를 초월하여 전지구, 전인류에 확대하는 것이라고 주장했는데, 슈미트는 이것이 유럽 이외의 지역권과 유럽 국가들 간의 무력충돌에 대한 간섭을 정당화시키는 것이라고 비판했다. 슈미트가 보기에는 먼로주의는 비간섭적 정책이 아니라 미국의 이해관계로 규정된 것이었다. 다만 아시아-먼로주의를 언급한 슈미트는 직접적으로 아시아-먼로주의에 대한 평가보다 아시아-먼로주의를 비판한 학자들[Westel W. Willoughby, *Foreign Rights and Interests in China* (Baltimore: The John Hopkins Press, 1927); Walter C. Young, *Japan's Special Position in Manchuria, its Assertion, Legal Interpretation and Present Meaning* (Baltimore: The Johns Hopkins press; London, H. Milford, Oxford university press, 1931); Johnson Long, La Mandchourie et la doctrine de la porte ouverte (Paris: A.Pedone, 1933)]에 반박했고, 미국의 먼로주의를 비판했다. 슈미트의 관심사는 아시아-먼로주의에 대한 영국과 미국 내에서의 법적 논쟁과 독일에 대한 시사점에 있었다. 아시아-먼로주의를 포함한 슈미트의 먼로주의에 관한 글은 "GroBraum gegen Universalismus. Der völkerrechtliche Kampf um die Monroe-Doktrin," 長尾龍一(編), 「日本のアジア・モンロー主義」, 『カール・シュミット著作集Ⅱ』(東京: 慈学社出版, 2007), pp, 112-121에서 재인용했다. 당시 슈미트의 광역이론(廣域理論)은 먼로주의의 모방이라고 널리 받아들여졌다. 그는 '독일-먼로주의'를 표방하는 것에 유보적인 입장이었으나, 당시 히틀러는 1939년 4월 28일 의회연설에서 프랭클린 루스벨트의 외교노선에 대해 명시적으로 독일의 먼로주의를 원용했고, 외부의 간섭을 비판했다. 大竹弘二, 『正戦と内戦: カール・シュミットの国際秩序思想』 (東京: 以文社, 2009), pp. 190-191.

둘째, 베르사유평화체제의 이념이었던 민족자결은 한일관계에서 특히 대한민국임시정부에 커다란 영향을 주었다. 윌슨의 민족자결 원칙은 동방지역에 적용되었지만, 그의 민족자결 원칙의 파도는 세계 각지의 식민지에도 도달했다. 당초 일본 역시 이 원칙이 한국/조선에 영향을 끼칠 것을 우려했다. 일본은 민족자결 원칙으로 인해 강대국이 일본의 "신영토"인 "조선"에 대한 간섭이 이루어질 가능성을 우려하여 방어책을 마련했다. 그러나 파리평화회의에서 한국/조선 문제는 토의되지 않았다. 대신 이미 국가로서 확립된 일본에게 중요했던 것은 개별성과 고유성을 의미하는 '민족' 단위가 아니라 동양을 대표하는 일본을 위한 '인종' 문제였다. 다른 민족을 억압하고 있는 일본의 인종평등 제창은 일본 국내외에서 회의적 관점을 불러 일으켰지만, 이는 제한적이었다. 결과적으로 일본의 인종평등조안은 국제연맹규약에 규정되지 않았지만, 인종 문제의 민감성은 윌슨이 국제연맹규약에 삽입하고자 했던 '종교의 자유' 조문 폐지에 영향을 끼쳤다. 일본이 '민족자결'보다 중요시한 '인종 평등'은 '종교의 자유'를 상쇄시켰다.[20]

베르사유평화체제의 태동은 대한민국임시정부의 탄생과 연관되었다. 대한민국임시정부는 국제연맹 가맹을 천명했다는 점에서 국제사회를 의식했고, 군주제가 아닌 '민'을 강조했지만 대한제국의 '대한'을 계승했다는 점에서 일본을 의식했다. 그러나 국제연맹규약(베르사유평화조약)

---

[20] 한편 1945년 국제연합헌장에는 '종교'라는 용어가 규정되어 있다. 다만, 이는 '종교의 자유'를 보장한 것이 아니라, "인종, 성별, 언어 또는 종교에 의한 차별 없이"라는 헌장의 기본정신을 드러내는 것이었다(국제연합헌장 제1조, 13조, 55조, 76조).

제10조가 규정한 것처럼 국제연맹 가맹국에만 영토보전과 정치적 독립이 보장되었다.

흔히 제1차 세계대전 전승국 일본의 한국/조선에 대한 지배가 공고화되었다는 논리는 제10조를 중심으로 보아야 한다. 일본이 베르사유평화조약, 즉 국제연맹규약에 서명하여, 국제연맹에 가맹했다는 것은 이미 일본의 세력권 하에 놓여 있던 지역, 즉 한국/조선에 대한 일본의 배타적 권리를 국제연맹이 추인했다고 받아들일 수 있다. 이는 일본에 의한 한국/조선 통치를 연속적으로 인정했고, 국제연맹에 가맹한 일본이 1919년 시점에서 직접적으로 통치하고 있는 영토에 대하여 다른 국가가 간섭하지 않는다는 규범을 암묵적으로 존중한 것이기 때문에 광복을 봉인한 국제법적 규범으로서 볼 수 있다.[21]

따라서 제1차 세계대전을 통해 일본의 한국/조선 지배가 공고화되었다는 근거는 제10조로 귀착된다. 국제연맹규약 제10조의 집단안보체제 조문은 한일관계와 국제연맹규약의 상관성에서 보았을 때, 국제연맹 가맹국 중심으로 작성하여 국제연맹을 통해 서명국인 주권 국가들은 평등한 관계를 구축했으나, 일본의 한국/조선에 대한 통치를 계속적으로 승인한다는

---

21) 이러한 해석은 미국 상원의원 노리스(George W. Norris, 1861-1944)의 발언에서 확인 가능하다. 그는 미국의 베르사유평화조약 비준 문제에서 제10조를 문제로 삼았다. 이때, 다음과 같이 언급했다. "한국은 오늘날 기술적으로 (technically) 일본제국의 한 부분이며 우리 정부에 의해서도 그것이 인정된 바 있습니다. 마찬가지로 아일랜드 또한 대영제국의 일부분입니다. 만일 우리가 그 조약(베르사유 조약)을 승인한다면 (국제연맹규약) 제10조의 규정에 따라 우리는 일본의 한국 소유권을 보호해 줄 것을 약속해야만 합니다." *Congressional Record: Proceedings and Debates of the first session of the sixty-sixth Congress of the United States of America*, Vol. 58-Part 7, Washington D.C.: Government Printing Office, 1919, p. 6818, 고정휴 (2010), p. 368에서 재인용.

것을 의미했다. 민족자결 원칙이 광복을 실현하지 못했다는 것은 공산주의에 대한 공감을 증폭시켰다. 이는 베르사유평화체제의 한계점과 연계된 것이었고 한국/조선의 민족자결을 인정하지 않았던 베르사유평화체제 속에서 광복운동의 방향성은 분화되었다.22) 한국/조선의 민족자결은 베르사유평화체제의 집단안보체제의 확립과 연계되었고, 이로 인해 봉쇄되었다.

셋째, 베르사유평화체제에서의 전쟁 책임 문제는 한국/조선과 일본에 갈등적 요소를 제공했다. 베르사유평화체제의 탄생은 한국/조선에 영향을 주었지만, 그 이전에 제1차 세계대전 자체가 한국/조선에 영향을 주었다고 보아야 한다.23) 전쟁 초반기 일부 광복운동가들의 독일에 대한 지지는 한국/조선을 둘러싼 '기존 질서'의 중심이 일본이었기 때문이다. 세계대전에서 독일과 일본은 대립 구도 속에 있었다. 일본이 패전국이 된다면, 패전국 일본의 식민지 질서의 변동이 일어날 타산이 있었기 때문이다.

그러나 미국의 참전과 윌슨의 민족자결 원칙의 주창은 많은 광복운동가들이 받아들일 수 있는 것이었고, 국제연맹에 기대했지만, 일본은 전승국으로서 5대국의 일원이 되었다. 광복 운동가들이 일본을 독일로, 또는 일본을 "아시아의 카이저"라고 형용한 것은 베르사유평화체제의 징벌성을

---

22) 워싱턴회의 이후 대한민국임시정부의 외교정책은 국제사회에서 임시정부의 승인과 광복운동의 지원을 획득하는 방향으로 전환되었고, 만주사변, 아시아-태평양전쟁까지 지속했다. 전상숙, 「세계대전기 대한민국 임시정부 외교활동의 현재적 고찰」, 고정휴 (2010), pp. 448-457.
23) 강대국 중심으로 제1차 세계대전을 본다면 다음과 같은 결론도 도출할 수 있다. 일본의 중국에 대한 의도와 행위를 제외하고 "1차 세계대전이 동아시아에 미친 영향은 거의 찾아보기 어렵다. 당시 일본의 식민 통치하에 있던 한반도의 경우에는 더더욱 그리하다." 김준석, 「1차 세계대전의 교훈과 동아시아 국제정치」, 『역사비평』 통권 108호 (2014), p. 180.

인지한 결과였기 때문이다. 한편 일본 역시 국가수반에 대한 소추 문제가 국제법적으로 선례가 없다는 것과 더불어 천황제였던 일본의 국체에 미칠 영향을 우려했다. 그러한 염려는 1945년 일본이 패전하여, 군사재판이 실시되었을 때, 다시 부상되었다.

베르사유평화체제의 붕괴가 한국/조선과 완전히 무관했다고 할 수 없다. 1933년 일본이 국제연맹을 탈퇴했지만, 여전히 한국/조선은 일본의 지배하에 있었다. 그러나 제2차 세계대전으로 인해 베르사유평화체제의 기둥이었던 국제연맹은 와해되었다. 대한민국임시정부 요원들은 파리평화회의를 상기하면서 새로운 국제기구의 창립에 기대를 걸었다. 비록 1945년 국제연합이 창립한 샌프란시스코회의에 참석하지 못했지만, 1948년 국제연합총회는 대한민국을 국제적으로 승인했다.

베르사유평화체제 탄생기에서 '한일관계'라는 함은 '한국/조선과 일본의 관계'지만, 평화체제를 경로로 하여 상충과 교차가 있었다.

2. 샌프란시스코평화체제의 구조와 한일관계

시간적 개념상 미래는 회피할 수 없고 반드시 찾아오지만, 불확실한 미래를 예측하는 것은 한계가 있다. 그럼에도 불구하고 1919년의 시점에서 '언젠가' 일본의 팽창성이 임계점을 넘을 것이라는 '장기적 전망'에 의미를 부여한다면 서양권은 물론 아시아-먼로주의를 비판했던 광복운동가들의 '장기적 전망'은 더욱 구체적이었다. 제2차 세계대전의 일부였던 아시아-태평양전쟁은 샌프란시스코평화조약으로 공식적으로 종료했고, 샌프란시스코평화체제가 탄생했다.

샌프란시스코평화체제는 냉전질서 속에서 탄생했다. 냉전의 시작은 제2차 세계대전 와중에는 협력관계였던 미국과 소련이 전쟁 직후에는 균열되었다는 시점에서 보는 것이 일반적이다. 그러나 냉전이 미국과 소련을 맹주로 한 진영 간의 대결이었다는 관점은 1917년 볼셰비키혁명의 결과 탄생한 이념과 미국의 이념의 대립을 재조명한다.[24] 냉전은 상이한 사상 간의 충돌이었지만 그것을 표출하는 인간들 간의 충돌이기도 했다. 윌슨과 레닌 두 인물의 대결적, 경쟁적 인식에 대한 강조[25]는 권력의 구조와 형태를 다루는 정치학적 관점에서 보았을 때, 유익하다. 냉전이라는 용어가 사용되기 시작한 것은 제2차 세계대전 종결 이후였지만, 공산주의에 대한 경계와 적대감은 1945년 이전에도 있었다.[26]

1924년 윌슨과 레닌이 사거했다. 두 인물의 죽음으로 그들의 대결 구도는 종식되었지만, 레닌의 후계자로서 스탈린이 대두했다. 한편 윌슨의 국제연맹을 발전시키려고 했던 측면에서 프랭클린 루스벨트는 윌슨의 후계자였다. 그러나 존 포스터 덜레스 역시 윌슨의 후계자였다. 베르사유 평화체제 탄생의 가장 큰 공헌자였던 윌슨은 1923년 「혁명으로부터 멀어지는 길」("The Road Away From Revolution")이라는 짧은 에세이를 남겼

---

24) Denna Frank Fleming, *The Cold War and its Origins, 1917-1960 vol. 1. 1917-1950* (London: Unwin, 1968), p. 3.
25) Arno J. Mayer (1959).
26) 제1차 세계대전 이후의 평화체제를 위해 윌슨이 발족한 조사기관의 구성원이었으며, 언론인 리프만이 1947년에 출간한 『냉전: 미국 외교정책의 연구(*The Cold War: A Study in U.S. Foreign Policy*)』는 냉전이라는 용어를 전파시켰다.

다. 1919년보다 공산주의 세력이 확대된 1923년의 시점에서 윌슨은 러시아혁명이란 자본주의에 대한 반발이며, 그 비이상적인 혁명에 대해 민주주의는 아직 세계를 안전하게 만들지 않았다고 했다.27)

샌프란시스코평화체제 탄생의 설계자였던 덜레스는 공산주의를 경계한 윌슨의 주의(注意)와 주의(主義)를 계승하여 재생했다. 1904년 프린스턴대학교에 입학한 덜레스는 철학을 전공했지만, 당시 교수였던 윌슨의 미국정치론을 청강했으며, 정치학에도 관심을 가지게 되었다.28) 덜레스는 반공적 색채를 가진 자신의 저작 『전쟁 또는 평화』에서 공산주의 세력을 '적', '물질적', '무신론'이라고 규정하고, 이에 대해 미국인 '우리'는 '정신적', '종교적' 측면의 강화가 필요하다고 일관되게 주장했다. 덜레스는 1923년에 윌슨이 집필한 글이 공산주의의 혁명적 원리의 위험성을 주장한 것이라고 했다. 그는 윌슨의 글에서 다음과 같은 부분을 인용했다.

> 모든 문제를 요약한다면, 우리 문명은 정신적으로 구제를 받지 않으면 물질적으로 살아남을 수 없다. … 여기에 우리의 교회에 대한, 우리의 정치조직에 대한, 우리의 자본가에 대한―신을 경외하여, 혹은 자신의 나라를 사랑하는 모든 사람들에 대한―마지막 도전이 있다.29)

---

27) 윌슨의 글은, Project Gutenberg Australia, http://gutenberg.net.au/ebooks03/0300991.txt 이 글은 수정을 거쳐 1924년 *The Atlantic Monthly*에 게재되었다.
28) Pruessen (1982), pp. 9-13. 윌슨의 조부와 부친은 목사였다. 덜레스의 부친 알렌 M. 덜레스(Allen Macy Dulles)는 신학자였고, 미국 북부 장로교회 목사였다. 그리고 덜레스의 아들 에버리 덜레스(Avery Dulles, 1918-2008)는 신학자였고, 2001년에 추기경으로 임명받았다. 에버리는 프로테스탄트 가정에서 자랐지만, 대학교 시절에 가톨릭으로 개종했다.
29) Dulles (1950), p. 261.

반공에 기초를 둔 동맹광(同盟狂, pactomania)이었던 덜레스가 설계한 샌프란시스코평화조약이나 미일관계를 "덜레스의 세계(the world of John Foster Dulles)" 또는 "덜레스가 만든 세계(the world that Dulles built)"라고 표현할 수 있을 것이다.30) 그러나 덜레스가 설계한 '동아시아 세계'에서 일본은 중심이었지만, 그는 1948년 대한민국의 국제적 승인과 1953년 한미상호방위조약 서명자로서 한국에 깊이 관여했다. '덜레스가 만든 한일관계'는 샌프란시스코평화체제에 영향을 미쳤다. 그리고 샌프란시스코평화체제는 세계사에서 말하는 냉전(冷戰)의 영향을 받았지만 한반도에서 일어나고 있었던 열전(熱戰)이 샌프란시스코평화체제 탄생을 뒷받침했다.31)

---

30) Kent E. Calder, *Pacific Alliance: Reviving U.S.-Japan Relations* (New Haven: Yale University Press, 2009), p. 27. 물론 덜레스는 샌프란시스코평화조약 체결에 깊이 관여했기 때문에 캘더의 연구뿐만 아니라 많은 평화조약 관련 연구서에서 다루어진 인물이다. 긴밀한 미일관계를 구축한 덜레스 이후, 주일 미국대사 라이샤워(Edwin Oldfather Reischauer, 1910-1990), 맨스필드(Michael Joseph Mansfield, 1903-2001), 문화적 측면에서는 록펠러 3세(John D. Rockefeller III, 1906-1978)의 공헌으로 미일관계의 인적 관계가 지속되었으나, 1989년 탈냉전 후, 미일관계를 둘러싼 국제적 환경, 경제적 조건, 사회문화적 측면, 테러 등으로 미일관계는 "과도기의 시대"에 들어갔다. Calder (2009), Chapter 2.

31) 본서에서 이미 언급했듯이, 1951년 4월 요시다 시게루는 덜레스에게 일본에 있는 "재일조선 인들"은 "공산계통"이라고 했다. 7월 덜레스는 한국의 평화조약 서명 자격을 호소한 양유찬에게 "Koreans in Japan"은 공산주의 계열이라고 했다. 이에 앞서 1951년 2월 바그너(Edward W. Wagner, 1924-2001)는 *The Korean Minority in Japan 1904-1950*을 출간했다. 1961년 일본 외무성이 번역한 제목은 『일본에 있어서의 조선 소수민족: 1904년～1950년』이다. 바그너의 일본어판 머리말에 "본고는 태평양문제조사회국제사무국의 배려를 얻어 공간되지만, 모든 사실·의견의 서술에 관한 책임은 나에게만 있다"고 했다. 그의 책은 "코리아"의 '식민지 문제'가 아니라 일본에 건너간 "코리아인들"의 '이주'에 주목했고, 1945년 이후 일본에 있는 "조선인의 범죄성"에 관한 경고를 강조했다. 그리고 6·25전쟁은 "재일조선인"에 대한 미국과 일본 당국의 의혹과 반감을 심화시켰다고 했다. エドワード·W. ワグナー. 外務省アジア局北東アジア課(訳),『日本における朝鮮少数民族: 1904年～1950年』復刻版 (東京: 龍溪書舍, 1989). 대학원생 시절에 그러한 책을 쓴 바그너는 후일 하버드대학교에서 한반도 연구(Korean studies)의 권위자가 되었다. Department of East Asian Languages and Civilization, http://ealc.fas.harvard.edu/edward-wagner 오늘날도 영어권에서 나온 저작들은 영어권 아닌 나라에서 번역·출판된다. 어떤 언어를 번역한다는 것은 번역하는 나라에서

베르사유평화체제와 샌프란시스코평화체제 탄생의 상이점의 하나는 공산주의에 대한 강도(强度) 차이에 있었다.[32] 그러한 샌프란시스코평화체제가 한국과 일본에 미친 영향은 다음과 같다.

첫째, 미일안전보장조약을 포함한 샌프란시스코평화체제는 한국과 상충했다. 냉전 초기의 한일관계에는 미국의 존재와 개입이 컸다. 한미일의 삼각관계에서 각국의 냉전전략이 불일치, 불안정에 따라 한일관계도 정체되었다는 주장은 결국 미국의 존재감을 재조명한다. 미국의 외교정책은 한일관계를 규정하는 요인이었다.[33] 즉, 한국과 일본의 외교정책이 미국의 주도력과 그 영향을 받았다는 것은 역사적 사실이며, 1951년 미일안전보장조약과 1953년 한미상호방위조약을 통해 한국과 일본의 동맹국은 미국이었고, 이에 따라 양자동맹이 탄생했다. 그럼에도 한국과 일본은 독자적으로 다자적 안보 구상을 가지고 있었다.

일본은 6·25전쟁 와중에서도 주권을 복원하는 평화조약을 중시했지만, 일본의 주권을 수호하는 미국과의 안보조약 체결 역시 필수적이었다. 패전국이었기에 선택의 여지가 한정된 일본이 미국을 체결국으로 가장 우선시한 것은 틀림없었지만, 한편으로 일본의 독자적인 다자적 안보

수요가 있고, 시사점을 제공하며, 알아야 한다는 내용이 있기 때문일 것이다. 그리고 원서를 출판한 인물에 관해서도 중요하지만, 번역한 '인물', '기관', '단체' 등이 번역하는 '의도'도 함께 생각해볼 필요가 있다.

32) 1933년 일본과 독일이 국제연맹 탈퇴를 선언한 다음 해 1934년 소련은 국제연맹에 가맹했지만, 1939년 소련이 핀란드에 선전포고함으로써 국제연맹에서 제명되었다. 베르사유평화체제가 일관적으로 반공체제였다고 할 수 없다.

33) 최희식, 「이승만 정부 시기의 한일관계: 한미일 냉전전략의 불협화음과 한일관계의 정체」, 이창훈(외), 『한국 근·현대정치와 일본 Ⅱ』(서울: 선인, 2010); 平山龍水, 「朝鮮半島と日米安全保障条約: 日米韓連鎖構造の形成」, 『国際政治』第115号 (1997).

구상에 있어 한국이 차지한 위치는 독특했다. 1950년 10월 일본은 자국뿐만 아니라 "대한민국은 육해공군의 어떤 전력도 보유하지 않을 것을 약속한다"는 다국적 조약을 기초(起草)했기 때문이다. 최종적으로 미국과 지역안보조약을 체결한 일본에 있어 샌프란시스코평화체제의 탄생은 1945년 이전과 다른 일본의 재부상을 가능하게 했다. 다만, 미국에는 1953년 한미상호방위조약을 통해 한국의 '북진통일'을 제어하기 위한 인식이 있었던 것처럼 미일안전보장조약에도 일본을 관리하려고 하는 인식이 깔려 있었다.

한국은 다자적 지역 안보에 더 적극적이었다. 반공이라는 이념적 측면을 내세운 안보체제 형성에 크게 공감했지만, 미국의 미온적 태도로 인해 무산되었다. 최종적으로 미국과 체결한 한미상호방위조약은 공산주의 세력을 막을 수 있는 조약이었고, 한편으로 샌프란시스코평화체제로 부상한 일본에 대한 인식의 결과물이었다. 자유진영에 있어 미일안전보장조약과 한미상호방위조약은 대(對)공산주의라는 공통적 목표를 가지고 있었지만, 한국과 일본의 상호인식에는 괴리 또는 이몽(異夢)이 존재했다. 한국과 일본은 상위 개념인 평화체제 속에 공존하게 되었다.

1945년 이후 북한은 한반도 무력 통일을 우선시하고, 일본과의 관계를 뒤로 미루었지만, 1951년 6월 북한과 소련은 샌프란시스코평화조약에 대한 의견을 조절했다. 북한 외무장관 박헌영(朴憲永, 1900-1955)은 소련 외상 비신스키(A. Ia. Vyshinskii, 1883-1954)에게 전문을 보내 북한을 샌프란시스코평화회의에 초청해줄 것을 기대했다.[34] 그러나 소련 외무성이 마련한 평화조약 안에 따르면 '코리아'에 관해서는 1910년 이후 일본에 반출된 예술품이나 역사적 자료를 반환하도록 규정되었을 뿐이었다. 그러나 스탈린은 그 안을 받아들이지 않았다. 그는 미국 주도의 샌프란시스코평화조약에 소련의 의도가 반영되지 않을 것이라고 인식했고, 평화조약보다 평화회의에 소련 대표를 보냄으로써 소련의 입장을 선전하려고 의도했다.35)
8월 14일 김일성(金日成, 1912-1994)은 "일본군국주의를 재생시켜 일본파쇼 군대의 재무장을 목적한 〈대일단족강화조약〉체결"이라고 비판하여 "미제 국주의자들이 일본을 재무장시키는 목적은 어느 나라보다도 먼저 우리 조선을 침략하려는 데 있"다고 했다.36)

1946년부터 1949년까지 국제연합안보이사회 소련 대표를 역임했던 그로미코(Andrei Andreevich Gromyko, 1909-1989)는 1951년 소련 대표로 샌프란시스코평화회의에 참석했다. 그는 9월 5일 샌프란시스코평화조약에 대한 비판적인 연설을 했다. 평화조약의 중요성이란 일본의 침략에 대해 장기간 싸웠던 "중화인민공화국은 물론 이 회의에 참여하는 국가 대다수가 일본의 침략의 대상"이었다고 말하면서 불만을 표했다. 미국은 일본의 물적, 인적 자원을 사용하여 '코리아'에 군사 간섭한다고 했다. 그로미코의 북한이 아닌 '코리아'에 관한 언급은 한 번밖에 없었고, 6·25전쟁의 심각성을 언급하지 않았다. 그의 선전 목적은 주로 공산 중국에 관한 것이었다. 공산 중국의 입지를 강조하는 그로미코는 평화조약 수정을 제의했다.

---

34) 朴正鎭,『日朝冷戰構造の誕生 1945-1965: 封印された外交史』(東京: 平凡社, 2012), p. 29, pp. 483-485. 박정진은 북한이 한국과 마찬가지로 식민지 시대에 일본과 전쟁상태였고, 일본에 배상을 요구하는 의도가 있었을 것이라고 추측했다.
35) 와다 하루끼, 서동만(옮김),『한국전쟁』(서울: 창작과비평사, 1999), pp. 249-250.
36) 김일성,『김일성전집 14 (1951.7-1952.4)』(평양: 조선로동당출판사, 1996), p. 36.

제2조 영토 조문에서는 일본이 공산 중국의 "완전한 주권"을 인정해야 하고, 제14 배상 조문에 관해서는 일본이 지불해야 하는 배상 상대국은 중화인민공화국, 인도네시아, 필리핀, 버마라고 했다.37) 하지만 소련의 수정 제의에 '코리아'는 등장하지 않았다.

박헌영은 북한 외상으로서 9월 15일 샌프란시스코평화조약에 대한 성명을 공표했다. "일본 군국주의"의 힘을 이용한 미국은 소련과 중화인민공화국을 침략하기 위해 준비하고 있다고 했다. 그는 그로미코의 연설을 소개하면서 소련과 중국의 입장을 선전했다. 공산 중국의 권리를 강조한 박헌영의 언급은 그로미코의 복사판에 가까웠다. 그렇지만 다음과 같은 주장은 그로미코보다 한걸음 나선 것이었다.

> 조선 민주주의 인민공화국 정부의 성명들에 것 루차 지적된 바와 같이 일본의 물적 인적 자원들은 미국 간섭자들이 조선을 침범한 첫날부터 그들에게 복무하게 되었다. 현재 미 제국주의 자들은 <u>대일 단독강화조약을 체결함으로써 그들이 꺼리던 마지막 조선들까지 제거하여 버렸으며 조선정복을 위하여 일본을 공개적으로 리용하려고 시도하고 있음이 명백하다.</u>
> 또한 조선인민은 비법적 대일『강화조약』의 비호하에 침략적 미 제국주의 무력이 조선과 관접한 일본의 령토에서 강화되고 있는 사실을 묵과할 수 없다.38) [밑줄: 필자 강조]

---

37) 外務省 (1951), pp. 93-112. 1951년 9월 10일 소련 공산당의 기관지였던『프라우다』에는 기자 회견 내용이 실렸다. 그는 샌프란시스코평화회의에서의 자신의 언급을 설명했고, 덜레스에 대한 신랄한 비판을 가했다. グロムイコ,『サンフランシスコ条約は戦争への道: ソ連同盟代表グロムイコの演説』(東京: 平和と生活社, 1951), pp. 30-40.

샌프란시스코평화체제에서의 미일안전보장조약은 북한에도 당연히 새로운 위협이었다. 1951년에 체결된 미일안전보장조약과 1953년에 서명된 한미상호방위조약을 포함하여 한국, 일본, 북한의 안보를 둘러싼 삼각관계가 시작되었다.

둘째, 샌프란시스코평화체제의 탄생은 일본의 주권뿐만 아니라 대한민국의 주권 문제와 관련되었다. 역사적으로 평화조약 제1조에는 전쟁의 종료에 따른 평화의 회복 또는 평화를 선언하는 경우가 많다. 샌프란시스코평화조약 역시 제1조 (a)항에서 "일본국과 각 연합국 간의 전쟁상태"를 종료시키고, (b)항에서 연합국은 일본의 "완전한 주권(full sovereignty)"을 승인한다고 규정했다. 문제는 제2조에 규정된 "일본은 코리아(조선)의 독립을 승인"한다는 구절이었다. 기존 연구들은 이 조문의 애매성을 지적해왔다. 즉, "코리아"가 국가 명칭인지, 지역 명칭인지 애매했을 뿐만 아니라 한국과 북한 어느 쪽에 관련되었는가라는 점이다.

일본은 샌프란시스코평화조약에 "코리아" 또는 "조선"이 아닌 "한국(대한민국)"의 독립을 규정하려고 했다. 그러나 샌프란시스코평화조약 제2조에서 "코리아"가 의미하는 것은 대한민국이라는 주권국가가 독립하는 것을 일본이 승인한 것이 아니라, 1945년 이전에 일본이 보유하고 있었던 "코리아"라는 지역의 독립, 즉 분리를 연합국이 아닌 '일본이 공식적으로 승인'한다는 것이었다. 일본의 승인을 얻어야 비로소 "코리아"가 국제적으로 독립한다는 것이 아니라, "코리아"가 독립된다는 것을 일본이 승인해야

---

38) 조선중앙통신사, 『朝鮮中央年鑑 (1951-1952)』 (평양: 조선중앙통신사, 1952), pp. 115-116.

한다는 것이다. 다시 말해, 이는 1948년에 주권국가가 된 한국이 아니라 식민지를 경험한 지역 명칭인 "코리아"가 일본으로부터 분리·독립된 것을 일본이 정식으로 승인하여, 이를 평화조약으로 일본이 정식으로 인정해야 하는 '코리아-일본' 간의 문제였다.

대한민국은 1948년 8월에 대내적으로 주권국가로서 그 양태를 갖추게 되었고, 동년 12월에 국제연합을 통해 대외적으로 주권국가로서 국제적 승인을 얻었다는 것은 틀림없는 역사적 사실이다. 따라서 분명히 1951년 샌프란시스코평화조약은 주권국가로서의 대한민국을 이 시점에 처음으로 국제적으로 승인한 것이 아니었다. 다만, 대한제국이 주권을 상실했을 때, 일본이 대한제국의 명칭을 변경시킨 "조선" 또는 서양 국가들이 인식한 "코리아"라는 지역은 1951년 일본으로부터 정식으로 독립(분리)되었다는 것을 평화조약을 통해 '연합국이 일본에 인정시켰고, 이를 일본이 수락한 것'을 의미했다.

1952년 4월 28일에 발효된 샌프란시스코평화조약과 한국-일본 간의 관계는 샌프란시스코평화조약으로 한국의 독립이 인정된 것이 아니라, '평화조약으로 주권을 회복한 일본'이 주권국가로서 1945-1952년 사이에 독립된 국가를 인정할 수 있는 권리를 가지게 된 것이었다. 1945년부터 1952년까지 일본은 통상적인 주권국가가 아니었기 때문이다. 그러한 의미에서 일본은 1948년에 탄생한 대한민국을 1952년이 되어야 한국을 주권국가로서 인정할 수 있게 되었던 것이다. 1952년 4월 28일 일본 외무성은 주일 한국대표단에게 구상서(note verbale)를 보냈다. 구상서 내용은 평화조약의 발효로 일본이 대한민국과 같은 지위와 특권을 가지게 된 것을 상호 인정한다는 것이었다. 한국대표단도 이를 수락한 답장을 일본에 보냈다.39) 이미 주권국가였던 한국의 문제가 아니라 평화조약으로 주권을 회복한 일본이 이제 한국과 같은 주권 국가가 된 것을 한국에 통달했다는 것이다.

샌프란시스코평화조약 제2조 (a)의 "코리아"란 국제연합의 승인을 받은 한국과 공산진영인 북한을 엄밀하게 구별하지 않았다. 일반적으로 샌프란시스코평화조약은 식민지 문제를 많이 고려하지 않았다는 문제점을 포함한 평화조약이었다는 지적은 타당하다. 그러나 한국과 관련된 영토 조문은 애매성이 존재했으나, 그럼에도 불구하고, 일본이 지배했던 "조선"("코리아")이라는 지역을 정식으로 일본으로부터 독립시킨 것은 이미 대한민국이 존재하는 가운데 '사후적'으로나마 샌프란시스코평화조약은 이를 일본이 공식적으로 인정한 것이다.

이러한 측면에서 샌프란시스코평화조약은 식민지 영토 문제에 문제점이 있었다고 해도, 일본과 "코리아", 즉 한반도와의 관계를 평화조약에 규정함으로써 재정립했다. 지속되는 샌프란시스코평화체제에서는 여전히 일본과 주변국 간에 영토 문제를 둘러싼 정치적 대립을 포함하고 있다. 샌프란시스코평화조약 제2조 (a)에 명시되지 않았던 독도가 여전히 평화조약을 둘러싼 국제법적 논쟁을 일으키고 있는 반면, 평화조약에 명시된 "코리아"("조선")는 대한민국의 주권 문제가 아닌, 일본의 식민지였던 '한반도'라는 지역과 일본과의 관계를 획정했다. 다만, 이는 식민지 문제를

---

39) 국민대학교 일본학연구소 · 동북아역사재단(편), 『한일회담 일본외교문서 12』 (서울: 선인, 2010), pp. 345-348.

위한 처리가 아니라 전쟁 결과에 따른 처리였다.

한국과 일본이 국교정상화한 1965년을 "65년 체제"라고 한다.[40] 그렇다면 '65년 체제'에 앞서 '48년 체제'와 '52년 체제'를 지적해야 한다. 1965년 한일기본조약 전문(前文)에는 샌프란시스코평화조약의 규정을 중시함과 1948년 12월 12일 국제연합에서 채택된 결의195호(Ⅲ)를 통해 국제적 승인을 받은 대한민국의 성격을 명시했기 때문이다.[41] 한일기본조약 제3조는 다음과 같다.

> 제3조: 대한민국 정부가 국제연합총회의 결의 제195(Ⅲ)호에 명시된 바와같이, <u>한반도에 있어서</u>의 유일한 합법 정부임을 확인한다. [밑줄: 필자 강조]

한일기본조약 조문은 "정본인 한국어, 일본어 및 영어로" 했고, "해석에 상위가 있을 경우에는 영어본에 따른다"고 되었다. 한국어본에 "한반도"라

---

40) 이원덕은 1965년 한일기본조약 체제가 안고 있는 모순점이나 문제점이 향후 북·일 수교가 이루어질 때에 분출할 청구권 문제, 한반도 "관할권" 문제 등에 대한 시사점을 제공했다. 이원덕, 「한일관계 '65년 체제'의 기본 성격 및 문제점: 북·일 수교에의 함의」, 『국제지역연구』 제9권 (4)호 (2000). '65년 체제'라는 용어는 오코노기 마사오(小此木政夫)가 처음으로 사용한 용어라고 한다. 그는 다음과 같이 말했다. "'65년 체제는 결국 냉전과 개발 즉 안전보장과 한국의 경제개발이라는 두 가지 큰 목표를 가진 체제였다. 게다가 그 체제의 성립은 일한간의 어려운 교섭의 결과 나온 타협의 산물이었다." 『한겨레』 (2015. 6. 14). 한편 박정진은 1965년 한일기본조약의 체결로 인해 일본의 한반도 정책은 한국을 중시하는 제도화가 확립되었다고 했다. 이와 더불어 북한과 일본과의 관계가 동북아 냉전질서에 편입된 것을 "65년질서"라고 했다. 朴正鎭 (2012), pp. 495-497.
41) 한일기본조약 전문에는 다음과 같이 규정되어 있다. "…또한 1951년 9월 8일 샌프란시스코시에서 서명된 일본국과의 평화조약의 관계 규정과 1948년 12월 12일 국제 연합 총회에서 채택된 결의 제195호(Ⅲ)를 상기하며, 본 기본 관계에 관한 조약을 체결하기로 결정…."

고 규정된 부분은 영어본에서는 "Korea", 일본어본에서는 조선반도(朝鮮半島)가 아닌 "朝鮮"으로 규정되어 있다.

셋째, 샌프란시스코평화체제 탄생으로 인해 한일관계에서의 배상 문제는 '책임성의 소재'를 둘러싼 문제가 되었다. 전쟁을 마무리한 샌프란시스코평화조약은 "코리아의 독립"이 식민 책임이 아니라 전쟁 책임에 수반된 것처럼 '식민지 문제'를 위한 평화조약이 아니었다. 평화조약 제14조는 일본의 배상을 승인했지만, 연합국 대부분이 배상청구권을 포기했다. 대신 평화조약 제4조에 규정된 청구권 문제는 일본과 한국 간에서 특별협정을 통해 한국이 일본에 요구하는 책임성의 근거를 백지 상태로서 제공했다. 한국은 아시아·태평양전쟁 교전국 자격이 부여되지 않았음에도 불구하고 일본과 협정할 수 있게 되었다.

한국의 주장은 일본에 의한 '전쟁 책임'과 '식민 책임'에 있었다. 1949년 한국 정부는 「대일배상요구조서」를 통해 1910년부터의 일본의 부당성을 주장했다. 그러나 그 조서는 "중일전쟁 및 태평양전쟁 기간 중에 한하여 직접 전쟁으로 인하여 우리가 받은 인적 물적 피해"를 주장했다. 이러한 문맥은 한국의 대일배상이 1910년부터의 식민책임이 아니라 1937년부터의 전쟁 책임에 비중을 두었다고 생각할 수도 있다. 그런데 그것은 1910년부터 1945년까지를 식민 책임, 1937년부터 1945년까지를 전쟁 책임이라고 이분법적으로 보았을 때, 가능한 해석이다.

'전쟁'과 '식민지'라는 관점을 분리시켜서 한국/조선을 볼 수 없는 것은 한국/조선이 '전쟁 속에서의 식민지 지배의 피해'가 있었고, '식민지 지배 속에서의 전쟁의 피해'라는 중층성(重層性)이 있었기 때문이다. 대일배상

요구조서의 첫머리에 있는 대일배상요구의 "근거와 요강"에는 "1910년부터 1945년 8월 15일까지의 일본의 한국 지배는 한국 국민의 자유의사에 반"했다고 규정했다. 한국의 일본에 대한 식민 책임 추구의 '의지'와 전쟁 책임을 강조한 '현실적 전략'의 괴리는 샌프란시스코평화조약을 의식했기 때문이다. 연합국은 전쟁 책임을 일본에 요구하지만, 식민 책임을 묻지 않을 것이라는 예상은 가능한 상황이었다. 「대일배상요구조서」에서 지적할 수 있는 것은 베르사유평화조약처럼 국가에 의한 국가에 대한 배상과 국가에 의한 민간인을 위한 보상을 명시했고, 전쟁 책임뿐만 아니라 식민 책임을 포함하는 이중적 성격을 지닌 것이었다.[42]

샌프란시스코평화조약을 둘러싸고 전면강화와 단독강화의 이분론(二分論)이 있었던 일본에서는 전면강화를 주장한 평화문제담화회(平和問題談話會) 소속 지식인들의 인식에는 "조선"에 대한 식민지 문제가 의식되어 논의되지 않았다.[43] 6·25전쟁 와중인 1951년 학자 하타다 다카시(旗田巍, 1908-1994)는 "조선인의 고뇌를 자신의 고뇌로서 받아들이는 것이 조선사연구(朝鮮史硏究)의 기점(起點)"이라고 했다. 그의 문제 제기를 제외하고 식민지 책임론은 패전 직후부터 평화조약 발효까지 논의되지 않았다.[44]

---

42) 오늘날 사용되는 '형법적 보상'이 아니라 전쟁에 따른 전후처리를 목표로 한 베르사유평화조약에서 규정되어 사용된 배상(reparation)과 보상(compensation)의 흐름을 샌프란시스코평화조약에 적용한 연구로서, 김명섭·김숭배 (2009)를 참고할 것. 그 연구에서는 다음과 같은 주장을 했다. "식민지배를 당했던 한국이 식민침탈국이었던 일본에 대해 요구한 보상은 1937년 중일전쟁 이후의 아시아·태평양전쟁 피해에 대한 보상과 더불어 식민보상을 포함하는 이중적 성격을 지닌 것이었다." 김명섭·김숭배 (2009), p. 56.
43) 아베 요시시게(安倍能成), 마루야마 마사오(丸山眞男) 등이 소속됐다. 이 조직의 한반도 인식에 관해서는, 남기정, 「일본 '전후지식인'의 조선경험과 아시아인식: 평화문제담화회를 중심으로」, 『국제정치논총』 제50집 (4)호 (2010).
44) 吉澤文寿, 「日本の戰爭責任論における植民地責任: 朝鮮を事例として」, 永原陽子(編), 『「植

1950년 2월 조선은행에서 발행되는 『조선은행조사월보』에 「대일강화문제의 추이와 한국」이라는 글이 게재되었다. 이 글은 냉전의 정세와 더불어 "미국의 대일정책이 전쟁 종결 직후의 징벌적 태도에서 점차 연화일로(軟化一路)를 밟아"가고 있다고 분석했다. 징벌성에서 관대성으로의 이행을 인지한 이 글은 전쟁과 식민지를 특별히 구별하지 않았다. "대일배상에 있어서는 한국이 보유하는 막대한 채권의 변제를 추구하여야 할 것이다. 그러나 금일의 한국은 구적(舊敵)을 규탄하기에 많은 시간을 허비(虛費)할 수 없는 만큼 새로운 침략의 위협을 받고 있는 것이다." 샌프란시스코평화조약으로 대일배상 성격이 변화될 것을 감지한 것과 아울러 공산주의 세력에 대한 위기감이 나타나 있었다. "대일강화"로 인해 "동아방공(東亞防共)라인"의 형성은 한국의 입장과 상이하지 않다고 했지만, 최종적인 결론은 다음과 같았다.

그러나 한국으로서 정당히 요구되는 대일배상이 양국의 어떠한 궁극적 목적에 있어 정치적 상통성을 보더라도 그 궁극목표 달성에 배치되지 않는 한 한국으로서는 대일요구의 관철을 기하여야 할 것이며 미국의 애호정책(愛護政策)의 비호 하에 편승적으로 타에 전가시키려는 일본의 회피적 태도를 경계하여야 할 것은 물론이겠다.[45]

民地責任」論: 脫植民地化の比較史』(東京: 青木書店, 2009), pp. 134-137. 나가하라 요코(永原陽子)는 "식민지책임"론이란 "정치적 독립 이후에도 오래 지속되는 탈식민지화 과정을 다양한 주체의 역사인식에서 분석하는 역사학적인 탈식민지화 연구의 새로운 방법"이라고 했다. 永原陽子 (2009), p. 29.
[45] 「對日講和問題의 推移와 韓國」, 朝鮮銀行, 『朝鮮銀行調査月報』 제31호 (1950년 2월), p. 106.

일본 외무성은 위의 한국 자료를 1952년 1월 17일 일본어로 번역한 바 있다.46) 1952년 2월부터 시작하는 제1차 한일회담 본회담에 임하는 일본이 1950년 시점의 한국 입장을 참고하여 중요시했다는 것이다.

한국은 구적국(舊敵國) 일본과 신적국(新敵國) 공산주의 국가의 사이에 있었다. 1951년 9월 샌프란시스코평화회의 연설에서 덜레스는 일본에 엄격한 배상을 청구하게 되면, 일본의 경제력이 저하되어 공산화가 될 가능성도 배제하지 않았다. 한국의 입장에서 배상 문제는 전쟁과 식민지 문제에 연관된 문제였다는 측면에서 '책임성의 소재'가 중요했다. 그러나 당대를 지배한 이데올로기에 따른 안보 문제는 배상 문제와 연결되었다. 그리고 그것을 연결시킨 것은 새롭게 시작되고 있었던 6·25전쟁이었으며, 그 바탕에서 샌프란시스코평화체제가 탄생했고, 한일관계를 규정했던 것이다.

---

46) 일본어 문서는 浅野豊美·吉澤文寿·李東俊(編集·解說), 『日韓国交正常化問題資料: 第1期 1945年-1953年』(東京: 現代資料出版, 2010), pp. 135-147에 수록되어 있다.

결 론

 '전쟁'에 대한 반대개념은 '비전쟁(非戰爭)'일 것이다. 그러나 '비전쟁'을 가능하게 하는 적극적, 실천적 사상과 행동, 그리고 전쟁에 반대한다는 의미의 궁극적 용어와 개념이 '평화'라고 할 수 있다면, '전쟁과 평화'라는 반대 개념의 병렬은 전쟁과 평화의 반복을 관찰하는 국제정치학에서 중요한 명제가 된다. 전쟁의 원시적 원인은 인간이며, 인간이 일으킨 전쟁을 평화로 변화시키는 주체도 인간이며, 평화의 구조를 만들 수 있는 주체 역시 인간밖에 없다.

 이 저서의 핵심인 종합 분석은 제4부에서 정리했지만, 서론에서 제시한 문제제기와 관련해 본다면, 결론은 다음과 같이 압축할 수 있다. '국제주의 속의 제국주의' 시대에 탄생한 베르사유평화체제 속에 한국/조선과 일본은 공존했다. 여전히 '흔들리지 않는 제국주의자들'이 존재했던 시대에 탄생한 샌프란시스코평화체제 속에 대한민국과 일본은 공존했다. 공존은 공영(共榮)을 의미하지 않는다. 평화체제는 국제질서 혹은 국제체제라는 국제정치학적 개념들을 구성하는 중심축이 될 뿐만 아니라, 더 협의(狹義)적이며 추요(樞要)적 의미와 영향력 역시 지닌다. 이는 명문화된 평화조약이 있기 때문이다. 두 평화체제에 속한 한국/조선, 대한민국과 일본은 평화체제를 경로로서 교차, 상충했다.

　일본과 달리 한국/조선, 대한민국은 베르사유평화조약과 샌프란시스코 평화조약의 서명국이 아니었다. 후자의 평화조약에는 "코리아"가 규정되었지만, 전자의 경우 평화조약은 말할 것도 없고 평화회의에서조차도 "코리아"는 논의 대상이 아니었다. 그러나 베르사유평화체제가 한국/조선과 완전히 관계가 없었다고 할 수 없다. 1910년 한국병합조약으로 한일관계는 다른 형태가 되었다. 일본이 대한제국을 편입시키게 되면서 일본은 한국/조선을 수반하게 되었다.

　이에 반해 한국/조선은 일본으로부터의 분리, 독립을 지향했기 때문에 국제정치에 있어 일본의 동태에 주목할 수밖에 없게 되었다. 따라서 한국/조선은 일본이 활동하게 되는 새로운 국제질서 즉, 베르사유평화체제에 관심을 기울일 수밖에 없었다.

　샌프란시스코평화체제의 중심 국가 역시 일본이었다. 대한민국은 서명국이 아니었지만, 샌프란시스코평화조약의 영토 조문과 청구권 조문에 코리아와 관련된 내용이 명시되어 있었고, 이런 점에서 이 조약에 연루되어 있었다. 뿐만 아니라 샌프란시스코평화체제로 인해 다시 부상되는 일본과 상충 관계가 되었다. 샌프란시스코평화체제는 한일관계를 구속했고, 1965년 한일국교정상화를 관통했다.

　역사적으로 발생했던 모든 한일 간의 갈등적 문제들이 평화체제의 현상에서 기인했다고 볼 수는 없을 것이다. 그럼에도 불구하고 한국/조선, 대한민국과 일본 간의 관계를 포괄한 국제적 차원은 두 평화체제였다. 평화조약의 조문이 가지는 법규범으로 인해 어떤 지역과 국가를 초월한 상위적 평화체제가 국제적 구조로서 존재하게 되었고, 이는 한일관계를 구속했다. 그리고 유보된 문제, 해답이 요구되는 물음은 궁극적으로 식민지 문제에 귀착한다.

전쟁에는 명칭과 발발 연도가 있지만, 평화에는 없다. 전쟁의 충격성은 인간의 기억과 기록에 남게 되지만, 평화의 명칭과 지속 기간은 명시되지 않는다. 다만 평화에 명칭이 있다고 가정한다면 평화체제는 평화의 명칭을 완전히 대치하지 않아도 최소한 전쟁 없는 평화를 가리킨다. 그러한 뜻으로 평화체제는 '소극적 평화'이며 '상대적 평화'다. 따라서 평화체제는 '전쟁과 평화'에서 전쟁에 대치된 것으로서 평화의 의미를 재확인시킨다.

그러나 과거의 전쟁에는 식민지 문제가 수반되었다. 평화체제가 전쟁의 문제를 위한 것이었고, 식민지 문제를 위한 것이 아니었다는 것은 두 평화체제가 증명했다. 이는 전쟁과 평화에 식민지 문제가 동일선 상의 관계로서 성립되지 않았다는 것이다. 인류 역사상 전쟁에 관해서는 청산되었을 경우가 많았지만, 식민지 문제는 전쟁보다 상대적으로 회상되지 않았다. 평화조약이 과거의 식민지 문제를 유보했을 때, 평화체제가 존재하면서도 갈등의 불씨가 잔존하는 것은 평화체제 속에서 이루어졌던 한일관계가 보여준다.

현재에 시사해주는 함의를 우선적으로 찾기 위해 과거에 대한 분석을 하는 연구가 있을 것이고, 과거의 역사를 분석한 결과, 오늘날에 시사해주는 함의를 도출할 수 있는 연구도 있다. 이 책은 후자에 역점을 두었다. 베르사유평화체제와 샌프란시스코평화체제를 분석한 본서가 현재적 함의를 지적할 수 있다면 다음과 같다.

첫째, 평화체제의 역사는 전쟁과 평화가 반복되는 과정을 거치면서 나타난다. 과거에 있었던 평화체제는 전쟁으로 인해 붕괴되었고, 전쟁 후에 새로운 평화체제가 탄생되었다. 현재도 지속하고 있는 샌프란시스코평화체제는 이 평화체제의 구속력에서 이탈하려고 하는 일본이 전쟁을 일으킬 때 '완전히 붕괴'하게 될 것이다. 본서에서 지적했듯이 어떤 시대에 탄생한 평화체제는 후세에 탄생한 평화체제로 인해 부정되는 경우가 있었다.

둘째, 샌프란시스코평화체제의 구조에서 본서가 지적한 요소들은 고정적 구속력을 제공했지만, 시대의 흐름에 따라 변동하는 측면이 있다. 따라서 불안정한 샌프란시스코평화체제를 보완하기 위해서는 이 평화체제의 탄생 배경이었던 냉전 유산질서(遺産秩序)의 극복이 필요하다. 이를 위해서는 샌프란시스코평화체제에 직간접적으로 관련된 대한민국, 일본, 미국, 러시아, 중국 그리고 1991년 국제연합에 가맹한 조선민주주의인민공화국 (DPRK)이 참여하는 6자회담과 같은 다자적 접근은 여전히 의미가 있다. 또 통일 한반도가 이루어졌을 때, 혹은 일본과 북한이 국교정상화할 때에는 1965년 한일국교정상화를 지탱한 조약들이 재조명될 수밖에 없을 것이다. 이에 따라 1965년을 관통한 1948년 대한민국의 국제적 승인과 1952년에 발효된 샌프란시스코평화조약에 대한 논의도 부상될 공산이 크다.

셋째, 역사적 식민지 문제에 대한 '기억적, 문서적 보전'의 중요성이다. 앞으로도 전쟁 후에는 평화조약이나 이에 준하는 평화협정이 체결된다면 평화조약에는 전쟁 책임의 소재가 명시될 것이다. 하지만 현재의 국제주의에서 어떤 국가가 상대 국가의 영토를 침략해도 그 지역이 '식민지'로 전락하지는 않을 것임을 감안하면 식민책임이 명시될 가능성은 거의 없다.

그러기 때문에 이미 과거사적 식민지 문제는 앞으로도 일어날 수 있는 전쟁보다 상대적으로 주목을 받지 않고 있다. 어떤 국가들이 과거의 식민지 문제에 관해 화해한다고 할 때에는 책임 소재의 명확성은 물론 과거의 문제를 어떻게 기억으로서, 어떻게 명시된 문서로서 공동적으로 보전해야 할지라는 과제가 있다. 그리고 문서에 의한 합의를 통해 과거를 망각하는 종결형을 원하는지, 또는 공동으로 과거를 보전함으로써 새로운 관계를 구축, 유지해나가는지, 적어도 두 갈래의 길이 있다.

한일관계에서 식민지 문제를 다루기 위해서는 두 평화체제가 탄생한 과거의 시대와 아울러 필연적으로 평화체제가 탄생한 이전의 전과거(前過去)까지 거슬러 올라가야 할 것이다. 한반도-일본열도 간의 관계와 더불어 동시대 국제정치의 현상을 관찰하는 '한일관계의 국제정치학'적 관점이 요구되고 있다.

참고문헌

한국어 문헌

강동국. 「근현대 한국에서 국제정치영역의 자유개념」. 하영선·손열 외. 『근대한국의 사회과학 개념 형성사 2』 파주: 창비, 2012.
_____. 「근대한국의 국민/인종/민족 개념」. 하영선 외. 『근대 한국의 사회과학 개념 형성사』 파주: 창비, 2009.
강성학 편. 『유엔과 한국전쟁』 서울: 리북, 2004.
강영심. 『시대를 앞서간 민족혁명의 선각자 신규식』 서울: 역사공간, 2010.
고려대학교박물관 편. 『현민 유진오 제헌헌법관계자료집』 서울: 고려대학교 출판부, 2009.
고원. 「마르크 블로크의 비교사」. 『서양사론』 제93호 (2007).
고정휴. 「대한민국 임시정부와 국제연맹(LN) 한일교섭 국제연합(UN) 관계에 대한 고찰」. 고정휴 외. 『대한민국 임시정부의 현대사적 성찰』 파주: 나남, 2010.
_____. 「太平洋戰爭期 大韓民國臨時政府의 承認外交活動」. 『한림일본학』 9권 (2004).
_____. 「대한민국임시정부의 통합정부 수립운동에 대한 재검토」. 『한국근현대사연구』 제13집 (2000).
공보처. 『大統領 李承晩博士 談話集』 서울: 공보처, 1953.
國家報勳處. 『海外의 韓國獨立運動史料(Ⅰ): 國際聯盟編』 서울: 國家報勳處,

1991.

국민대학교 일본학연구소·동북아역사재단 편.『韓日會談 日本外交文書 12』 서울: 선인, 2010.

국민대학교 일본학연구소·동북아역사재단 편.『韓日會談 日本外交文書 20』 서울: 선인, 2010.

국민대학교 일본학연구소.『한일회담 외교문서 해제집 Ⅴ』서울: 동북아역사재단, 2008.

국사편찬위원회.『대한민국임시정부자료집 23: 대유럽 외교 Ⅰ』과천: 국사편찬위원회, 2008.

국사편찬위원회.『대한민국임시정부자료집 16: 외교부』과천: 국사편찬위원회, 2007.

국사편찬위원회.『대한민국임시정부자료집 2: 임시의정원 Ⅰ』과천, 국사편찬위원회, 2005.

국사편찬위원회.『資料 大韓民國史 13: 1949年7-8月』과천: 국사편찬위원회, 2000.

國史編纂委員會 編纂.『尹致昊日記 七』과천: 國史編纂委員會, 1986.

국회보편집부.『국회보』제25호 (1958).

권민주.「식민지 한국의 국제협조주의」. 하영선·손열 외,『근대한국의 사회과학 개념 형성사』파주: 창비, 2012.

권선홍.「아편전쟁」. 문정인·김명섭 외.『동아시아의 전쟁과 평화』서울: 연세대학교 출판부, 2006.

그레고리 프리몬반즈·토드 피셔. 박근형 옮김.『나폴레옹 전쟁: 근대 유럽의 탄생』서울: 플래닛미디어, 2009.

김광식.『한용운 연구』서울: 동국대학교출판부, 2011.

김광옥.「한일회담 청구권의 성립과정과 전개에 대한 이해」.『동아시아역사

연구』제1집 (1996).
김구. 배경식 풀고 보탬.『올바르게 풀어쓴 백범일지』서울: 너머북스, 2008.
김기승.『조소앙의 꿈꾼 세계: 육성교에서 삼균주의까지』서울: 지영사, 2003.
_____.『미국의 동아시아 개입의 역사적 원형과 20세기 초 한미 관계연구』서울: 문학과지성사, 2003.
김기정.「세계자본주의체제와 동아시아 지역질서의 변동」. 백영서 외.『동아시아의 지역질서』파주: 창비, 2005.
_____.「외교정책이론과 외교사 연구: 학제간 연구의 현황과 전망」. 김달중 편.『외교정책의 이론과 이해』서울: 오름, 1998.
_____.「21세기 동북아 국제질서와 한국의 전략적 선택」, 정진위 외,『새로운 동북아질서와 한반도』서울: 법문사, 1998.
김대순.『국제법론』서울: 삼영사, 2003.
김명기.『한반도평화조약의 체결: 휴전협정의 평화조약으로의 대체를 위하여』서울: 국제법출판사, 1994.
김명섭.『전쟁과 평화: 6.25전쟁과 정전체제의 탄생』서울: 서강대학교출판부, 2015.
_____.「조선과 한국: 두 지정학적 관념의 연속과 분화」.『한국정치연구』제25집 1호 (2016)
_____.「제1차 세계대전과 제국/국제질서의 변동」. 독립기념관, 한국독립운동사연구소 주최 학술회의 발표문 (2014년 8월 7일, 백범김구기념관 대회의실).
_____.「북핵문제와 동북아 6자회담의 지정학: 역사적 성찰과 전망」.『한국과 국제정치』제27권 제1호 (2011).
_____.「유럽의 델카세체제가 대한제국과 프랑스 사이의 외교관계에 미친 영향, 1898-1905」.『유럽연구』29권 1호 (2011).

김명섭. 「대한제국의 역사적 종점에 관한 재고찰」, 『한국정치외교사논총』 제32집 2호 (2011).
_____. 「한국 현대사 인식의 새로운 '진보'를 위한 성찰: 세계사적 맥락화와 '반반공'주의의 탈피를 위하여」, 한국현대사학회 학술회의 (2011년 5월 20일, 서울교대 컨벤션홀).
_____. 「냉전초기 봉쇄전략의 탄생: 죠지 F. 케난이 유일한 설계자였나?」, 『국제정치논총』 제49집 1호 (2009).
_____. 「전쟁명명의 정치학: "아시아·태평양전쟁"과 "6·25전쟁"」, 『한국정치외교사논총』 제30집 2호 (2009).
_____. 「지정학」, 한국정치학회 편. 『정치학이해의 길잡이: 국제정치와 안보』 파주: 법문사, 2008.
_____. 「샌프란시스코평화체제의 변동과 6자회담」, 『국방연구』 제50권 2호 (2007).
_____. 「아시아·태평양전쟁」, 문정인·김명섭 외. 『동아시아의 전쟁과 평화』 서울: 연세대학교 출판부, 2006.
_____. 「동아시아 냉전질서의 탄생: '극동'의 부정과 '대동아'의 온존」, 백영서 외. 『동아시아의 지역질서』 파주: 창비, 2005.
_____. 『대서양문명사: 팽창·침탈·헤게모니…』 서울: 한길사, 2001.
_____. 「제국정치학과 국제정치학: 한국적 국제정치학을 위한 모색」. 『세계정치연구』 1권 1호 (2001).
_____·김석원. 「관념충돌로서의 전쟁: 임진왜란과 6·25전쟁의 관념적 기원을 중심으로」. 『국제정치논총』 제53집 3호 (2013).
_____·김석원. 「독립의 지정학: 대한제국(1897-1910) 시기 이승만의 지정학적 인식과 개신교」. 『한국정치학회보』 제42집 제4호 (2008).
_____·김숭배. 「20세기 '전후보상' 개념의 형성과 변용: 한국과 일본 간의

보상문제를 중심으로」. 『한국과 국제정치』 제25권 제3호 (2009).
김명섭·김주희. 「20세기 초 동북아 반일(反日) 민족지도자의 반공(反共): 이승만과 장개석의 사례를 중심으로」. 『한국정치외교사논총』 제34집 2호 (2013).
김상준. 「일본 전쟁기억과 공동체의 상상: 기억의 사회적 재생산을 중심으로」. 『일본연구논총』 제30호 (2009).
_____. 「기억의 정치학: 야스쿠니 vs. 히로시마」. 『한국정치학회보』 39집 5호 (2005).
김성. 「'히타이트-이집트 평화조약'의 역사적 배경 연구: 히타이트 측 정황을 중심으로」. 『서양고대사연구』 제29집 (2011).
김성주. 「주권 개념의 역사적 변천과 국제사회로의 투영」. 『한국정치외교사논총』 제27집 제2호 (2006).
김수용. 『건국과 헌법: 헌법논의를 통해 본 대한민국건국사』 서울: 경인문화사, 2008.
김순태·문정인·김기정. 「한국과 일본의 대미 동맹정책 비교연구: 미국의 군사전환전력을 중심으로」. 『국제정치논총』 제49집 4호 (2009).
김승배. 「한국과 일본의 지역 안보 구상과 샌프란시스코평화체제의 탄생」. 한국국제정치학회 여수 하계학술대회 발표문 (2015년 6월 27일, 여수 엑스포 컨벤션센터).
_____·김명섭. 「베르사유평화체제의 '보편적 표준'과 한국과 일본의 이몽(異夢): 민족자결원칙과 국제연맹규약을 중심으로」. 『국제정치논총』 제52집 2호 (2012).
김승채. 『전략적 통합과 한반도 평화체제』 파주: 집문당, 2009.
김열수. 『국가안보: 위협과 취약성의 딜레마』 제3판 서울: 법문사, 2013.
김영수. 「한일회담과 독도 영유권: 샌프란시스코 강화조약과 한일회담 「기본

관계조약」을 중심으로」.『한국정치학회보』제42집 2호 (2008).
김영재.「분단체제의 극복 과정과 새로운 평화체제의 모색」.『국제정치논총』제43집 4호 (2004).
김영호.「대한민국 정부 승인과 외교 기반 구축」. 김용직 외.『대한민국 정부수립과 국가체제 구축』서울: 대한민국역사박물관, 2014.
김용구.「베르사유체제의 역사적 의의와 한반도」. 동북아역사재단 편.『3·1운동과 1919년의 세계사적 의미』서울: 동북아역사재단, 2010.
_____.『만국공법』서울: 소화, 2008.
_____.「번역의 국제정치학: 마틴과 휘튼」.『개념과 소통』1권 1호 (2008).
_____.『춤추는 화의: 비엔나회의 외교』서울: 나남출판, 1997.
김용식.『새벽의 약속: 김용식 외교 33년』서울: 김영사, 1993.
김응종.『아날학파의 역사세계』서울: 아르케, 2001.
김일성.『김일성전집 14 (1951.7-1952.4)』평양: 조선로동당출판사, 1996.
김일영.「이승만정부의 북진-반일정책과 한미동맹의 형성」. 하영선·김영호·김명섭 공편.『한국외교사와 국제정치학』서울: 성신여자대학교 출판부, 2005.
김준석.「1차 세계대전의 교훈과 동아시아 국제정치」.『역사비평』통권 108호 (2014).
_____.「17세기 중반 유럽 국제관계의 변화에 관한 연구」.『국제정치논총』제52집 3호 (2012).
김태기.「1950년대 초 미국의 대한외교정책: 대일강화조약에서의 한국의 배제 및 제1차 한일회담에 대한 미국의 정치적 입장을 중심으로」.『한국정치학회보』33집 1호 (1999).
김학성.「증오와 화해의 국제정치: 한·일간 화해의 이론적 탐색」.『국제정치논총』제51집 1호 (2011).

김학성. 「북·미관계의 개선 전망에 따른 한반도 평화체제 구축의 예상경로」. 『한국정치외교사논총』 제29집 제2호 (2008).
_____. 『한반도 평화체제에 대한 이론적 접근: 현실주의, 자유주의, 구성주의의 비교』 서울: 통일연구원, 2000.
긴학은. 『이승만과 마사리크: 대한민국·체코 건국 대통령의 인물과 사상 비교』 서울: 북앤피플, 2013.
김학재. 『판문점 체제의 기원: 한국전쟁과 자유주의 평화기획』 서울: 후마니타스, 2015.
김형국. 「한국의 국제정치학 연구: 성찰과 전망」. 『국제정치논총』 제46집 특별호 (2007).
김희곤. 『임시정부 시기의 대한민국 연구』 파주: 지식산업사, 2015.
나가사와 유코. 「일본 패전 후의 한반도 잔여주권(殘余主權)과 한일 '분리': 신탁통치안 및 대일강화조약의 '한국포기' 조항을 중심으로(1945~1952)」. 『아세아연구』 제55권 4호 (2012).
_____. 「日本의 「朝鮮主權保有論」과 美國의 對韓政策: 韓半島 分斷에 미친 影響을 中心으로(1942년~1951년)」. 고려대학교 대학원 정치외교학과 박사논문 (2007).
나가타 아키후미. 박환무 옮김. 『일본의 조선통치와 국제관계: 조선독립운동과 미국 1910-1922』 서울: 일조각, 2008.
남기정. 「일본 '전후지식인'의 조선경험과 아시아인식: 평화문제담화회를 중심으로」. 『국제정치논총』 제50집 4호 (2010).
_____. 「샌프란시스코 평화조약과 한일관계: '관대한 평화'와 냉전의 상관성」. 『동북아역사논총』 22호 (2008).
_____. 「한국전쟁과 일본: '기지국가'의 전쟁과 평화」. 『평화연구』 제9권 (2000).

남시욱. 『6·25전쟁과 미국: 트루먼·애치슨·맥아더의 역할』 서울: 청미디어, 2015.
노기영. 「이승만정권의 태평양동맹 추진과 지역안보구상」. 『지역과 역사』 11호 (2002).
노대환. 『문명』 서울: 소화, 2010.
다카사키 소오지. 최혜주 옮김. 『일본망언의 계보』 서울: 한울, 1996.
단재신채호전집편찬위원회 편. 『단재 신채호 전집: 제5권, 신문·잡지』 천안: 독립기념관 한국독립운동사연구소, 2008.
大韓民國 外務部 政務局. 『對日賠償要求調書』 (1949).
도고 시게노리. 김인호 옮김. 『격동의 세계사를 말한다』 서울: 학고재, 2000.
도미니크 모이지. 유경희 옮김. 『감정의 지정학: 공포의 서양, 굴욕의 이슬람, 희망의 아시아』 서울: 랜덤하우스, 2010.
드미트리 안토노비치 볼코고노프. 김일환 외 옮김. 『크렘린의 수령들 (상): 레닌 스탈린 흐루시초프』 서울: 寒松, 1996.
도요시타 나리히코. 권혁태 옮김. 『히로히토와 맥아더: 일본의 전후는 어떻게 만들어졌는가』 서울: 개마고원, 2009.
레이 황. 구범진 옮김. 『장제스(蔣介石) 일기를 읽다: 레이황의 중국 근현대사 사색』 서울: 푸른역사, 2009.
로버트 티. 올리버. 朴日泳 譯著. 『(大韓民國)建國의 內幕, 下』 서울: 啓明社, 1998.
로버트 스키델스키. 교세훈 옮김. 『존 에이너드 케인스: 경제학자, 철학자, 정치가 1』 서울: 후마니타스, 2009.
로이드 젠슨. 김기정 옮김. 『외교정책의 이해』 서울: 평민사, 1994.
론 L. 풀러. 姜求眞 譯. 『法의 道德性』 서울: 法文社 1971.

류시현. 『최남선 평전: 우리 근대와 민족주의가 담긴 판도라의 상자』 서울: 한겨레출판, 2011.
마쓰모토 겐이치. 정선태·오석철 옮김. 『기타 잇키: 천황과 대결한 카리스마』 서울: 교양인, 2010.
마르크 블로크. 고봉만 옮김. 『역사를 위한 변명』 파주: 한길사, 2007.
마르크 블로흐. 「유럽사회의 비교사를 위하여」. 김택현·이진일 외. 『역사의 비교, 차이의 역사』 서울: 선인, 2008.
마크 마조워. 이순호 옮김. 『발칸의 역사』 서울: 을유문화사, 2006.
문광건. 「한반도 정전협정의 본질과 평화조약의 필요성」. 『국방정책연구』 49권 (2000).
문정인·니시노 준야. 「국제정치학의 수용과 변용: 한일 비교」. 문정인. 오하타 히데키 공편. 『한일 국제정치학의 신지평: 안전보장과 국제협력』 서울: 아연출판부, 2007.
美國務省 編. 李泳禧 編譯. 『中國白書』 서울: 전예원, 1982.
박기덕·이상현 편. 『북핵문제와 한반도 평화체제』 성남: 세종연구소, 2008.
박상섭. 『1차 세계대전의 기원: 패권 경쟁의 격화와 제국체제의 해체』 서울: 아카넷, 2014.
_____. 「한국 정치학, 자아준거적 정치학은 영원한 숙제인가」. 권영민 외. 일송기념사업회편. 『한국 인문·사회과학 연구, 이대로 좋은가』 서울: 푸른역사, 2013.
박영준. 「일본형 국제질서관의 전개와 아시아정책론의 변화: 『문명론지개략』 (1875)에서 『새로운 중세』(1997)까지」. 『국제정치논총』 제51집 4호 2011.
_____. 「戰前 일본 자유주의자의 국가구성과 동아시아: 石橋湛山의 小日本主義를 중심으로」. 『한국정치학회보』 39집 2호 (2005).

박은식. 김도형 옮김. 『한국독립운동지혈사』 서울: 소명출판, 2008.
박진희. 「한국의 대일강화회담 참가와 대일평화조약 서명 자격 논쟁」. 이창훈·이원덕·한국정치외교사학회·사단법인 아셈연구원 편. 『한국 근·현대 정치와 일본Ⅱ: 해방 후』 서울: 선인, 2010.
박진희. 『한일회담: 제1공화국의 對일정책과 한일회담 전개과정』 서울: 선인, 2008.
＿＿＿. 「이승만의 대일인식과 태평양동맹 구상」. 『역사비평』 76호 (2006).
＿＿＿. 「戰後 韓日관계와 샌프란시스코 平和條約」. 『한국사연구』 131호 (2005).
박찬승. 『대한민국은 민주공화국이다: 헌법 제1조 성립의 역사』 파주: 돌베개, 2013.
＿＿＿. 『민족·민족주의』 서울: 소화, 2010.
박태균. 「한일회담 시기 청구권 문제의 기원과 미국의 역할」. 『한국사연구』 131집 (2005).
박현숙. 「윌슨의 민족 자결주의와 세계 평화」. 『미국사연구』 제33집 (2011).
박홍순. 「대한민국 건국과 유엔의 역할」. 이인호·김영호·강규형 편. 『대한민국 건국의 재인식』 서울: 기파랑, 2009.
배경한. 「카이로회담에서의 한국문제와 蔣介石」. 『역사학보』 제224집 (2014).
＿＿＿. 『쑨원과 한국: 중화주의와 사대주의의 교차』 파주: 한울, 2007.
백범학술원. 『백범 金九先生의 편지』 파주: 나남출판, 2005.
벤자민 콸스. 조성훈·이미숙 옮김. 『미국흑인사』 서울: 백산서당, 2002.
卞榮泰. 『나의 祖國』 서울: 自由出版社, 1956.
빅터 D. 차. 김일영·문순보 옮김. 『적대적 제휴: 한국, 미국, 일본의 삼각 안보체제』 서울: 문학과지성사, 2004.

사토 다쿠미. 원용진·오카모토 마사미 옮김. 『8월 15일의 신화: 일본 역사 교과서, 미디어의 정치학』 서울: 궁리, 2007.
서일수. 「1919~1923년 신채호의 反臨時政府 路線과 民族自決主義 인식」. 『한국독립운동사연구』 제43집 (2012).
石源華·金俊燁 共編. 『申圭植·閔弼鎬와 韓中關係』 서울: 나남출판, 2003.
션즈화. 김동길 역. 『조선전쟁의 재탐구: 중국·소련·조선의 협력과 갈등』 서울: 선인, 2014.
송대성. 『한반도 평화체제: 역사적 고찰, 가능성, 방안』 성남: 세종연구소, 1998.
송지예. 「"민족자결"의 수용과 2·8선언」. 『동양정치사상사』 제11권 1호 (2012).
申圭植 著. 閔丙河 譯. 『韓國魂』 서울: 博英社, 1974.
신용하. 「3·1獨立運動의 歷史的 動因과 內因·外因論의 諸問題」. 『한국학보』 제58호 (1990).
신우철. 『比較憲法史: 大韓民國 立憲主義의 淵源』 파주: 법문사, 2008.
신욱희. 「동아시아 국제이론의 모색: 국제사회론과 변형된 주권 논의를 중심으로」. 『세계정치』 제29집 2호 (2008).
申熙錫. 「近代日本의 對外政策決定機構와 外交의 一元化: 臨時外交調査委員會(1917-1922)를 중심으로」. 『국제정치논총』 제16집 (1977).
아돌프 히틀러. 이명성 옮김. 『나의 투쟁』 서울: 홍신문화사, 2006.
아르투어 누스바움. 김영석 옮김. 『국제법의 역사』 파주: 한길사, 2013.
아사노 도요미. 「식민지의 물리적 청산과 심리적 청산: 청구권의 법적 문맥과 정치적 해결」. 국민대학교 일본학연구소 편. 『한일회담과 국제사회』 서울: 선인, 2010.
아사노 토요미. 「제국청산 과정으로서의 한일교섭: 샌프란시스코 강화조약의 관련성을 중심으로」.『아세아연구』제55권 4호 (2012).
에릭 홉스봄. 김동택 옮김.『제국의 시대』서울: 한길사, 1998.
여운홍.『夢陽 呂運亨』서울: 靑廈閣, 1967.
오영섭.「대한민국임시정부 초기 위임통치 청원논쟁」.『한국독립운동사연구』제41집 (2011).
오오타 오사무. 송병권·박상현·오미정 옮김.『한일교섭: 청구권문제 연구』서울: 선인, 2008.
오충근.「한국전쟁과 소련의 유엔 안전보장이사회 결석: 허사로 끝난 스탈린의 '실리' 외교」.『한국정치학회보』35집 1호 (2001).
오카 요시타케. 김혜승 역.『국제정치사』서울: 博英社, 2002.
와다 하루끼. 서동만 옮김.『한국전쟁』서울: 책작과비평사, 1999.
외교통상부 조약국 편.『국제법기본법규집』서울: 외교통상부 조약국, 2008.
요네타니 마사후미. 조은미 옮김.『아시아/일본』서울: 그린비, 2010.
요시다 유타카. 최혜주 옮김.『아시아 태평양전쟁』서울: 어문학사, 2012.
우쓰미 아이코. 이호경 옮김.『조선인 BC급 전범, 해방되지 못한 영혼』서울: 동아시아, 2007.
유영익.「대한민국임시정부 수반 이승만의 초기 행적과 사상: 1919년에 작성된 영문 자료들을 중심으로」. 유영익 외.『이승만과 대한민국임시정부』서울: 연세대학교출판부, 2009.
_____.「한미동맹 성립의 역사적 의의: 1953년 이승만 대통령의 한미상호방위조약 체결을 중심으로」.『한국사시민강좌』36 (2005).
유진오.『憲法解義』서울: 一潮閣, 1949.
_____.『憲法解義』서울: 一潮閣, 1953.
六堂全集編纂委員會 編.『六堂崔南善全集9: 論說·論文Ⅰ』서울: 玄岩社, 1974.

윤건차. 하종문·이애숙 옮김.『日本: 그 국가·민족·국민』서울: 일월서각, 1997.
윤병석.『대한과 조선의 위상: 격동과 시련의 조선말·대한제국·대한민국시대』서울: 선인, 2011.
이규수 편역.『일본제국의회 시정방침 연설문』서울: 선인, 2012.
_____.「민본주의자, 요시노 사쿠조의 조선인식」.『역사비평』88호 (2009).
이근관.「1948년 이후 남북한 국가승계의 법적 검토」. 한국미래학회 편.『제헌과 건국』파주: 나남, 2010.
_____.「샌프란시스코 강화조약 및 대이탈리아 강화조약의 비교연구: 이른바 '청구권' 문제의 해결을 중심으로」. 김부자 외.『한일간 역사현안의 국제법적 재조명』서울: 동북아역사재단, 2009.
이기택.『국제정치사』제2개정판 서울: 일신사, 2000.
이리에 아키라. 이종국·조인구 역.『20세기의 전쟁과 평화』서울: 을유문화사, 1999.
이상덕.「對日賠償要求의 正當性」,『新天地』제3권 제1호 (1948).
이상민.「미국의 외교문서집 발간 사례: Foreign Relations of the United States (FRUS) 시리즈」. 2012년 외교문서 공개와 외교사 연구 발표문 (2012).
이석우.『동아시아의 영토분쟁과 국제법』서울: 집문당, 2007.
_____.「1951년 샌프란시스코 평화조약에서 독도의 영토 처리 과정에 관한 연구」.『동북아역사논총』7호 (2005).
_____.「獨島紛爭과 샌프란시스코 평화조약의 해석에 관한 소고」.『서울국제법연구』9권 1호, (2002).
_____.「샌프란시스코 平和條約에서의 쿠릴, 센카쿠섬의 地位와 獨島 紛爭과의 相關關係에 對한 소고」.『서울국제법연구』9권 2호 (2002).

이선민. 『'대한민국' 국호의 탄생』 파주: 나남, 2013.
이성덕. 「국제법상 자결권의 개념과 그 형성과정」. 『국제법학회논총』 제48권 제1호 (2003).
이승만. 류석춘·오영섭·데이빗 필즈·한지은 편. 『국문 이승만 일기』 서울: 대한민국역사박물관, 2015.
李承晩. 金珖燮 編. 『李大統領 訓話錄』 서울: 中央文化協會, 1950.
이영록. 『우리 헌법의 탄생: 헌법으로 본 대한민국 건국사』 파주: 서해문집, 2006.
_____. 『유진오: 헌법사상의 형성과 전개』 파주: 한국학술정보, 2006.
이완범. 「이승만 대통령의 한미상호방위조약 추진배경과 협상과정」. 김영호 외. 『이승만과 6·25전쟁』 서울: 연세대학교 출판문화원, 2012.
_____. 「한국형 외교문서집 발간의 필요성 및 의의: 기록보전 전통의 단절을 잇고 한국 외교사 연구의 활성화를 위해」. 2012년 외교문서 공개와 외교사 연구 발표문 (2012).
_____. 「국호 '대한민국'의 명명」. 『황해문화』 제60호 (2008).
_____. 『한국해방 3년사: 1945-1948』 파주: 태학사, 2007.
_____. 「동북아냉전의 원초적 전개과정: 소련의 대일전참전문제를 둘러싼 미·소간의 협상과정을 중심으로. 1941년 12월~1945년 2월」. 『한국정치외교사논총』 제25집 1호 (2003).
_____. 「한국정치에 대한 역사적 접근과 사료: 전통의 계승」. 『정신문화연구』 제26권 제1 호 (2003).
_____. 『한국전쟁: 국제적 조망』 서울: 백산서당, 2000.
_____. 「미국의 한반도 신탁통치에 대한 초기구상: 그 본질적 의도와 심층적 해석(1942-1943년)」. 이기택 외. 『전환기의 국제정치이론과 한반도』 서울: 일신사, 1996.

이원덕. 「한일관계 '65년체제'의 기본성격 및 문제점: 북·일 수교에의 함의」. 『국제지역연구』 제9권 4호 (2000).
_____. 『한일 과거사 처리의 원점: 일본의 전후처리 외교와 한일회담』 서울: 서울대학교출판부, 1996.
이장희. 「도쿄국제군사재판과 뉘른베르크 국제군사재판에 대한 국제법적 비교연구」. 『동북아역사논총』 제25호 (2009).
이정식. 『여운형: 시대와 사상을 초월한 융화주의자』 서울: 서울대학교출판부, 2008.
_____. 『김규식의 생애』 서울: 청구문화사, 1974.
_____ · 최상용 · 조영건 외. 『여운형을 말한다』 서울: 아름다운책, 2007.
이종원. 「한일회담의 국제정치적 배경」. 민족문제연구소 편. 『한일협정을 다시 본다: 30주년을 맞이하여』 서울: 아세아문화사, 1995.
이종판. 「한국전쟁과 일본: 한국전쟁 당시 일본의 대응과 협력내용을 중심으로」. 『한일군사문화연구』 창간호 (2003).
이진원 · 곽진오 · 유시현. 「동아시아 영토분쟁: 독도」. 이진원 외. 『동아시아 영토분쟁: 문제점과 대응전략』 서울: 국방대학교 국가안전보장문제연구소, 2014.
이진일. 「서구열강의 아시아분할과 민족의 '자기결정'(self-determination) 원칙」. 『사림』 제39호 (2011).
임경식. 『한국 사회주의의 기원』 서울: 역사비평사, 2003.
임대식. 「일제시기·해방후 나라이름에 반영된 좌우갈등: 右 '대한' · 左 '조선' 과 南 '대한' · 北 '조선'의 대립과 통일」. 『역사비평』 23호 (1993).
임송본. 「韓日會談의 感想」. 『自由世界』 제1권 제1호 (1952년 1월).
장박진. 『미완의 청산: 한일회담 청구권 교섭의 세부 과정』 서울: 역사공간, 2014.

장영권.『지속 가능한 평화론: 동북아 평화체제 구축 모델과 방안』파주: 한국학술정보, 2010.

장인성.「영국학파 국제사회론과 근대 동아시아의 국제사회화에 관한 고찰: 동아시아 국제사회론의 구축을 위한 시론」.『세계지역연구논총』27집 1호 (2009).

전상숙.「서장: '한국 근·현대 정치와 일본' 연구에 관한 소고」. 이창훈·전상숙·한국정치외교사학회 편.『한국 근·현대 정치와 일본 Ⅰ: 한말, 일제하』서울: 선인, 2010.

_____.「세계대전기 대한민국 임시정부 외교활동의 현재적 고찰」. 고정휴 외.『대한민국 임시정부의 현대사적 성찰』파주: 나남, 2010.

_____.「'평화'의 적극적 의미와 소극적 의미: 3·1운동기 심문조사에 드러난 '민족대표'의 딜레마」.『개념과 소통』제4호 (2009).

_____.「파리강화회의와 약소민족의 독립문제」.『한국근현대사연구』제50집 (2009).

_____.「제1차 세계대전 이후 국제질서의 재편과 민족 지도자들의 대외 인식」.『한국정치외교사논총』제26집 1호 (2004).

전재성.『동아시아 국제정치: 역사에서 이론으로』서울: EAI, 2011.

_____.「유럽의 국제정치적 근대 출현에 관한 이론적 접근: 중첩, 복합의 거시이행」.『국제정치논총』제49집 5호 (2009).

정병준.「카이로회담의 한국 문제 논의와 카이로선언 한국조항의 작성 과정」.『역사비평』107호 (2014).

_____.「1905년 윤병구·이승만의 시오도어 루즈벨트 면담외교의 추진과정과 그 의미」.『한국사연구』제157호 (2012).

_____.『독도 1947: 전후 독도문제와 한·미·일 관계』파주: 돌베개, 2010.

_____.『우남 이승만 연구: 한국 근대국가의 형성과 우파의 길』서울: 역사비

평사, 2005.

정병준.『몽양 여운형 평전: 머리가 희일수록 혁명 더욱 붉어졌다』서울: 한울, 1995.

정상수.『제국주의』서울: 책세상, 2009.

정성화.「샌프란시스코 平和條約과 韓國・美國・日本의 外交政策의 考察」.『인문과학연구논총』제7호 (1990).

정일형.『유엔의 成立과 業績』부산: 國際聯合韓國協會, 1952.

정재민.「대일강화조약 제2조가 한국에 미치는 효력」,『국제법학회논총』제58권 제2호 (2012).

정종섭.『대한민국 헌법 이야기』서울: 대한민국역사박물관, 2013.

정치학대사전편찬위원회 엮음.『(21세기) 정치학대사전 (상)』서울: 아카데미아리서치, 2002.

정치학대사전편찬위원회 엮음.『(21세기) 정치학대사전 (하)』서울: 아카데미아리서치, 2002.

제성호.『한미동맹의 법적 이해』서울: KIDA Press, 2015.

_____.『한반도 안보와 국제법』서울: 한국국방연구원, 2010.

趙德天.「카이로회담의 교섭과 진행에 관한 연구」.『한국근현대사연구』가을호 제70집 (2014).

조병옥.『나의 회고록: "개인보다는 당, 당보다는 국가"』서울: 선진, 2003.

조병옥.『特使 유・엔 紀行』서울: 서울신문사출판국, 1949.

朝鮮銀行.『朝鮮銀行調查月報』제31호 (1950년 2월).

_____.『朝鮮銀行調查月報』제7호 (1947년 11월).

조선중앙통신사.『朝鮮中央年鑑 (1951-1952)』평양: 조선중앙통신사, 1952.

조소앙. 강만길 편.『조소앙』서울: 한길사, 1982.

조정인.「국제기구의 역사적 발전」. 최동주 외.『국제기구의 과거・현재・

미래』 서울: 오름, 2013.
조지 이거스. 임상우・김기봉 옮김.『20세기 사학사: 포스터모더니즘의 도전, 역사학은 끝났는가?』 서울: 푸른역사, 1999.
존 다우어. 최은석 역.『패배를 껴안고: 제2차 세계 대전 후의 일본과 일본인』 서울: 민음사, 2009.
존 미첨. 이중순 옮김.『처칠과 루즈벨트: 그들은 세계 역사를 어떻게 바꾸었는가』 서울: 조선일보사, 2003.
존 베일리스.・스티브 스미스・퍼트리샤 오언스 편. 하영선 외 옮김.『세계정치론』 서울: 을유문화사, 2012.
진덕규.「조병옥, 민족우파의 실천적 자유민주주의자」.『한국사 시민강좌』 제43집 (2008).
진영재・최선.「'한국적 권력구조'의 기원적 형태: 대한민국임시정부(1919년~1945년)의 헌법 개정과 권력구조 변천사 분석」.『한국정치학회보』 제43집 제2호 (2009).
진정일. 이양자 옮김.『송미령 평전』 파주: 한울, 2004.
질 들뢰즈・펠릭스 가타리. 이정임・윤정임 옮김.『철학이란 무엇인가』 서울: 현대미학사, 1995.
차상철.「6・25전쟁과 한미동맹의 성립」. 김영호 외.『6・25전쟁의 재인식』 서울: 기파랑, 2010.
차상철.「이승만과 한미상호방위조약」. 오영익・이채진 공편.『한국과 6・25전쟁』 서울: 연세대학교출판부, 2002.
차하순.『현대의 역사사상』 서울: 探求堂, 1994.
찰스 틸리. 안치민・박형신 옮김.『비교역사사회학』 서울: 일신사, 1999.
채수도.『일본 제국주의의 첨병, 동아동문회』 대구: 경북대학교출판부, 2011.
천자현.「화해의 국제정치: 화해 이론의 발전과 중일관계에 대한 비판적 적용」.

『국제정치논총』 제53집 2호 (2013).

최명호. 「박용만: 문무를 겸비한 비운의 민족주의자」. 『한국사시민강좌』 제47집 (2010).

최영호. 「이승만 정부의 태평양동맹 구상과 아시아민족반공연맹 결성」. 『국제정치논총』 제39집 2호 (1999).

_____. 「카이로선언의 국제정치적 의미」. 『영토해양연구』 제5권 (2013).

최정수. 「T. 루즈벨트의 먼로독트린과 '세계전략'」. 『서양사론』 73권 (2002).

_____. 「丹齋 申采浩의 國際觀: 『大韓每日申報』 및 『天鼓』의 논설을 중심으로」. 『동아시아문화연구』 26권 (1995).

최진욱. 「평화조약의 역사적 변천과 사례: 한반도 평화체제에 주는 시사점」. KINU 정책연구시리즈 (2007).

崔哲榮. 「미국의 UN참여법과 미국의 6·25전쟁 참전의 합법성문제」. 『미국헌법연구』 제21권 제3호 (2010).

최희식. 「이승만 정부 시기의 한일관계: 한미일 냉전전략의 불협화음과 한일관계의 정체」. 이창훈 외. 『한국 근·현대정치와 일본Ⅱ』 서울: 선인, 2010.

케네스 월츠. 정상훈 역. 『인간 국가 전쟁: 전쟁의 원인에 대한 이론적 고찰』 서울: 아카넷, 2007.

케빈 맥더모트·제레미 애그뉴. 황동하 역. 『코민테른: 레닌에서 스탈린까지, 국제 공산주의 운동의 역사』 파주: 서해문집, 2009.

퀜틴 스키너. 「사상사에서의 의미와 이해」. 제임스 탈리 엮음. 유종선 옮김. 『의미와 콘텍스트: 퀜틴 스키너의 정치사상사 방법론과 비판』 서울: 아르케, 1999.

크리스티안 데로슈 노블쿠르. 우종길 옮김. 『태양을 삼킨 람세스』 서울: 영림카디널, 1999.

프랑크 볼드윈. 「윌슨, 민족자결주의, 3·1운동」. 동아일보사 편. 『3·1운동 50주년 기념논집』 서울: 동아일보사, 1969.

하야시 히로후미. 현대일본사회연구회 옮김. 『일본의 평화주의를 묻는다: 전범재판 헌법 9조 동아시아 연대』 서울: 논형, 2012.

하영선·김영호. 「한국외교사와 국제정치학: 한국국제정치학 바로 세우기」. 하영선·김영호·김명섭 편. 『한국외교사와 국제정치학』 서울: 성신여자대학교 출판부, 2005.

한국 오코노기 연구회 편. 『新한·일관계론: 과거에서 미래로』 서울: 오름, 2005.

한용운. 권영민 엮음. 『조선독립의 서 외』 파주: 태학사, 2011.

허동현. 「대한민국의 건국외교와 유엔(UN)」. 『숭실사학』 제30집 (2013).

_____. 『장면: 건국·외교·민주의 선구자』 칠곡군: 분도출판사, 1999.

현대일본학회 엮음. 『21세기 한·일관계와 동북아시아의 새로운 비전 Ⅰ』 파주: 한울, 2007.

황태연. 「'대한민국' 국호의 기원과 의미」. 『정치사상연구』 제21집 1호 (2015).

Antonio Cassese. 강병근·이재완 역. 『국제법』 제3판 고양: 삼우사 2014.

Alexis Dudden. 홍지수 역. 『일본의 한국식민지화: 담론과 권력』 서울: 늘품플러스, 2013.

G. 배러클로우. 이연규 譯. 『현대역사학의 추세와 방법론』 서울: 풀빛, 1983.

Patrick M. Morgan. 민병오 옮김. 『국제안보: 쟁점과 해결』 서울: 명인문화사, 2011.

W. G. Beasley. 정영진 옮김. 『일본제국주의 1894-1945』 서울: HUEBOOKs 2013.

영어 문헌

Acheson, Dean. *Power and Diplomacy*. Cambridge: Harvard University Press, 1958.

Akindele, R. A. *The Organization and Promotion of World Peace: A Study of Universal-Regional Relationship*. Toronto and Buffalo; University of Toronto Press, 1976.

Alagappa, Muthiah. "The Study of International Order." in Muthiah Alagappa ed. *Asian Security Order: Instrumental and Normative Features*. Stanford, Calif.: Stanford University Press, 2003.

Alperovitz, Gar. Atomic *Diplomacy: Hiroshima and Potsdam; The Use of the Atomic Bomb and the American Confrontation with Soviet Power*. New York: Simon and Schuster. 1965.

Ambrosius, Lloyd E. *Wilsonian Statecraft: Theory and Practice of Liberal Internationalism during World War I*. Wilington: SR Books, 1991.

American Society of International Law. "China, Soviet Union: Treaty of Friendship and Alliance." *American Journal of International Law* Vol. 40, No. 2, Supplement: Official Documents (1946).

Andelman, David A. *A Shattered Peace: Versailles 1919 and the Price We Pay Today*. New Jersey: John Wiley & Sons, Inc., Hoboken, 2007.

Bailey, Sydney D. *The United Nations: A Short Political Guide*. Houndmills, Basingstoke, Hampshire: Macmillan Press, 1989.

Baruch, Bernard M. *The Making of the Reparation and Economic Sections of the Treaty*. S.l.: Kessinger Publishing, 2007.

Beal, John Robinson. *John Foster Dulles: A Biography*. New York: Harper

& Brothers, 1957.

Blakeslee, George Hubbard. "The Japanese Monroe Doctrine." *Foreign Affairs* (January 1933).

Bobbitt, Philip. *The Shield of Achilles: War, Peace, and the Course of History.* New York: Alfred A. Knopf, 2002.

Boemeke, Manfred F. and Gerald D. Feldman, Elisabeth Glaser eds. *The Treaty of Versailles: A Reassessment after 75 Years.* Cambridge: Cambridge University Press, 1998.

Boister, Neil and Robert Cryer ed. *Documents on the Tokyo International Military Tribunal: Charter, Indictment and Judgments.* Oxford; New York: Oxford University Press, 2008.

Boister, Neil and Robert Cryer. *The Tokyo International Military Tribunal: A Reappraisal.* Oxford; New York: Oxford University Press, 2008.

Bonsal, Stephen. *Unfinished Business.* Garden City, New York: Doubleday, Doran and Co., 1944.

Borden, William S. *The Pacific Alliance: United States Foreign Economic Policy and Japanese Trade Recovery, 1947-1955.* Madison, Wis.: University of Wisconsin Press, 1984.

Brett, Annavel. "What is Intellectual History Now?," in David Cannadine eds. *What is History Now?* Houndmills, Basingstoke, Hampshire; New York: Palgrave Macmillan 2002.

Brown, Archie. *The Rise and Fall of Communism.* New York: Ecco, 2009.

Bull, Hedley; [forewords by Andrew Hurrell and Stanley Hoffmann]. *The Anarchical Society: A Study of Order in World Politics.* 3rd ed. New York: Columbia University Press, 2002.

참고문헌_425

Bull, Hedley. *The Anarchical Society: A Study of Order in World Politics*. New York: Columbia University Press, 1977.

Burkman, Thomas W. *Japan and the League of Nations: Empire and World Order, 1914-1938*. Honolulu: University of Hawai'i Press, 2008.

Butterfield, Herbert and Martin Wight eds. *Diplomatic Investigations: Essays in the Theory of International Politics*. Cambridge, Mass.: Harvard University Press, 1966.

Calder, Kent E. *Pacific Alliance: Reviving U.S.-Japan Relations*. New Haven: Yale University Press, 2009.

Calder, Kent E. "Securing Security Through Prosperity: The San Francisco Peace Treaty in Comparative Perspective." *The Pacific Review* vol. 17 no. 1 (March, 2004).

Camilleri, Joseph A. "Between Alliance and Regional Engagement: Current Realities and Future Possibilities." in Joseph A. Camilleri et al. *Asia-Pacific Geopolitics: Hegemony vs. Human Security*. Cheltenham; Northampton, MA: Edward Elgar, 2007.

Cassese, Antonio. *Self-Determination of Peoples: A Legal Reappraisal*. Cambridge: Cambridge University Press, 1995.

Cheong, Sung Hwa. *The Politics of Anti-Japanese Sentiment in Korea: Japanese-South Korea Relations under American Occupation, 1945-1952*. New York: Greenwood Press, 1991.

Chickering, Roger. *Imperial Germany and the Great War, 1914-1918*. 2.ed. Cambridge: Cambridge University Press, 2004.

Claude, Inis L. *Swords into Plowshares: The Problems and Progress of International Organization*. 4th ed. New York: Random House,

1971.

Claude, Inis L. *Power and International Relations*. New York: Random House, 1962.

Cobban, Alfred. *The Nation State and National Self-Determination*. New York: Crowell, 1969.

Coogan, John W. "Wilsonian Diplomacy in War and Peace." in Gordon Martel ed. *American Foreign Relations Reconsidered, 1890- 1993*. London and New York: Routledge, 1994.

Courtois, Stéphane et al. translated by Jonathan Murphy and Mark Kramer; consulting editor, Mark Kramer. *The Black Book of Communism: Crimes, Terror, Repression*. Cambridge, Mass.; London, England: Harvard University Press. 1999.

Crowley, James B. "A New Deal for Japan and Asia: One Road to Peal Harbor." in James B. Crowley ed. *Modern East Asia: Essays in Interpretation*. New York: Harcourt, Brace & World, 1970.

Degras, Jane ed. *The Communist International Documents*, vol. 1 1919-1922. London: Oxford University Press, 1956.

Dickinson, Frederick R. *War and National Reinvention: Japan in the Great War, 1914-1919*. Cambridge, Mass.: Harvard University Asia Center: Distributed by Harvard University Press, 1999.

Dinstein, Yoram. *War, Aggression, and Self-Defence*. 4th ed. Cambridge [England]; New York: Cambridge University Press, 2005.

Donnini, Frank P. *Anzus in Revision: Changing Defense Features of Australia and New Zealand in the Mid-1980's*. Maxwell Air Force Base, Ala.: Air University Press, 1991.

Dower, John W. *Ways of Forgetting, Ways of Remembering: Japan in the Modern World*. New York: New Press, 2012.

_____. *Empire and Aftermath: Yoshida Shigeru and the Japanese Experience, 1878-1954*. Cambridge, Mass: Council on East Asian Studies, Harvard University: distributed by Harvard University Press, 1979.

Dulles, John Foster. *War or Peace*. New York: The MacMillan Company, 1950.

_____ et al. *A Righteous Faith for a Just and Durable Peace*. New York: Federal Council of the Churches of Christ in America, 1942.

Duus, Peter. "Imperialism without Colonies: The Vision of a Greater East Asia Co-Prosperity Sphere." *Diplomacy & Statecraft* Volume 7, Issue 1 (1996).

Elman, Colin and Miriam Fendius Elman eds. *Bridge and Boundaries: Historians, Political Scientists, and the Study of International Relations*. Cambridge, Mass.: MIT Press, 2000.

Esthus, Raymond A. *Double Eagle and Rising Sun: The Russians and Japanese at Portsmouth in 1905*. Durham: Duke University Press, 1988.

Falk, Richard. *Law in an Emerging Global Village: A Post-Westphalian Perspective*. Ardsley, N.Y.: Transnational Publishers, 1998.

Fifield, R. H. *Woodrow Wilson and the Far East: The Diplomacy of the Shantung Question*. Hamden, CT: Archon Books, 1965.

Fleming, Denna Frank. *The Cold War and its Origins, 1917-1960* vol. 1.

1917-1950. London: Unwin, 1968.

Freud, Sigmund and William C. Bullitt. *Thomas Woodrow Wilson: Twenty-eighth President of the United States: A Psychological Study.* Book club ed. Boston: Houghton Mifflin; Cambridge: Riverside Press, 1966.

Furet, François translated by Deborah Furet. *The Passing of an Illusion: The Idea of Communism in the Twentieth Century.* Chicago: University of Chicago Press, 1999.

Gelfand, Lawrence E. *The Inquiry: American Preparations for Peace, 1917-1919.* New Haven: Yale University Press, 1963.

Gellman, Irwin F. *Good Neighbor Diplomacy: United States Policies in Latin America, 1933-1945.* Baltimore: Johns Hopkins University Press, 1979.

Gilpin, Robert. *War and Change in World Politics.* Cambridge: Cambridge University Press, 1981.

Gong, Gerrit W. *The Standard of 'Civilization' in International Society.* Oxford: Clarendon Press, 1984.

Goodrich, Leland M. *Korea: A Study of U.S. Policy in the United Nations.* Westport, Conn.: Greenwood Press, 1979.

Graebner, Norman A. and Edward M. Bennett. T*he Versailles Treaty and Its Legacy: The Failure of the Wilsonian Vision.* New York: Cambridge University Press, 2011.

Grew, Joseph C. *Ten Years in Japan: A Contemporary Record Drawn from the Diaries and Private and Official Papers of Joseph G. Grew, United States ambassador to Japan, 1932-1942.* New York: Simon and Schuster, 1944.

Griffis, William Elliot. "The Peace Conference at the Hague, and Its Bearings on International Law and Policy by Frederik W. Holls; Émeric Crucé by Thomas Willing Balch." *Annals of the American Academy of Political and Social Science* vol. 17 (1901).

Guhin, M. A. *John Foster Dulles: A Statesman and his Times.* New York: and London, 1972.

Hamashita, Takeshi. "The Intra-Regional System in East Asia in Modern Times." in Peter J. Katzenstein and Takashi Shiraishi eds. *Network Power: Japan and Asia.* Ithaca: Cornell University Press, 1997.

Hamitlon, Keith and Richard Langhorne. *The Practice of Diplomacy: Its Evolution, Theory and Administration.* London; New York: Routledge, 1995.

Hammersmith Reprints. *The First Congress of the Toilers of the Far East 1922.* Hammersmith Bookshop Ltd, 1970.

Hara, Kimie. *Cold War Frontiers in the Asia-Pacific: Divided Territories in the San Francisco System.* London; New York: Routledge, 2007.

Hasegawa, Tsuyoshi. *Racing the Enemy: Stalin, Truman, and the Surrender of Japan.* Cambridge, Mass.: Belknap Press of Harvard University Press, 2005.

_____. *The Northern Territories Dispute and Russo-Japanese Relations.* v. 1. Between War and Peace, 1697-1985. Berkeley, CA: University of California, International and Area Studies, 1998.

Hasenclever, Andreas. Peter Mayer. Volker Rittberger. *Theories of International Regimes.* New York: Cambridge University Press,

1997.

Haslam, Jonathan. *The Vices of Integrity: E. H. Carr, 1892-1982.* London: Verso, 2000.

Haynes, Sam W. "Anglophobia and the Annexation Texas: The Quest for National Security." in Sam W. Haynes and Christopher Morris eds. *Manifest Destiny and Empire: American Antebellum Expansionism.* College Station, Tex.: Published for the University of Texas at Arlington by Texas A&M University Press, 1997.

Heinrichs, Waldo H. *American Ambassador: Joseph C. Grew and the Development of the United States Diplomatic Tradition.* Little, Brown and Company, Boston, Toronto, 1966.

Henig, Ruth. *Versailles and After 1919-1933.* second edition. London; New York: Routledge, 1995.

Henrikson, Alan K. "The Growth of Regional Organization and the Role of the United Nations." in Louise Fawcett and Andrew Hurrell eds. *Regionalism in World Politics: Regional Organization and International Order.* New York: Oxford University Press, 1995.

Hilderbrand, Robert C. *Dumbarton Oaks: The Origins of the United Nations and the Search for Postwar Security.* Chapel Hill: University of North Carolina Press, 1990.

Hoffmann, Stanley. "Hedley Bull and His Contribution to International Relations." *International Affairs* vol. 62, No. 2 (Spring, 1986).

Hoffmann, Stanley. "International Systems and International Law." *World Politics* vol. 14 no. 1 (October, 1961).

Holsti, K. J "Theorising the Causes of Order: Hedley Bull's The Anarchical

Society." in Cornelia Navari ed. *Theorising International Society: English School Methods.* Basingstoke [England]; New York: Palgrave Macmillan, 2009.

Holsti, K. J. *Taming the Sovereigns: Institutional Change in International Politics.* Cambridge; New York: Cambridge University Press, 2004.

_____ *Peace and War: Armed Conflicts and International Order, 1648-1989.* Cambridge: Cambridge University Press, 1990.

Howard, Michael. *The Franco-Prussian War: The German Invasion of France, 1870-1871.* London; New York: Routledge, 2001.

_____. *The Invention of Peace: Reflections on War and International Order.* New Haven: Yale University Press, 2000.

_____. *War in European History.* London; New York: Oxford University Press, 1976.

Hull, Cordell. *The Memoirs of Cordell Hull.* vol. 2. New York: Macmillan Co., 1948.

Ikenberry, G. John. *After Victory: Institutions, Strategic Restraint, and the Rebuilding of Order after Major Wars.* Princeton: Princeton University Press, 2001.

Iriye, Akira. *The Origins of the Second World War in Asia and the Pacific.* London: Longman, 1987.

Iriye, Akira. *After Imperialism: The Search for a New Order in the Far East, 1921-1931.* Cambridge: Harvard University, 1965.

Joll, James and Gordon Martel. *The Origins of the First World War.* 3rd ed. Harlow, England; New York: Pearson Longman, 2007.

Kawamura, Noriko. *Turbulence in the Pacific: Japanese-U.S. Relations*

During Word War *I*. Westport, CT: Praeger, 2000.

Kearney, Reginald. *African American Views of the Japanese: Solidarity or Sedition?* Albany: State University of New York Press, 1998.

Kedourie, Elie. *Nationalism*. Oxford, UK: Blackwell, 1993.

Kennedy, Paul. *The Parliament of Man: The Past, Present, and Future of the United Nations*. New York: Random House, 2006.

Keynes, John Maynard. *The Economic Consequences of the Peace*. Rockville: Serenity Publishers, 2009.

Kim, Ki-Jung and Myongsob Kim, "The United States and the East Asian Regional Order: Historical Recasting and Forecasting." in Chung-in Moon and John Ikenberry eds. *The United States and Northeast Asia: Debates, Issues, and New Order*. Lanham, Md.: Rowman & Littlefield, 2008.

Kim, Kyu-sik. "The Asiatic Revolutionary Movement and Imperialism." in Dae-Sook Suh. *Documents of Korean Communism, 1918-1948*. Princeton, N.J.: Princeton University Press, 1970.

Kim, Myongsob. "Why No Westphalian Peace Order after the Toyotomi Hideyoshi War in Korea (1592-98)?" *Korea Observer* vol. 45, no. 1 (Spring, 2014).

_____. "Declined Invitation by Empire: The Aborted Pacific Pact and the Unsolved Issue of Regional Governance." in Dong-Sung Kim. Ki-Jung Kim and Hahnkyu Park eds. *Fifty Years after the Korean War: From Cold-War Confrontation to Peaceful Coexistence*. Seoul: Korean Association of International Studies: Korea Research Institute for Strategy, 2000.

Kim, Myongsob and Horace Jeffery Hodges. "Korea as a Clashpoint of Civilization." in Hyung-Kook Kim, Myongsob Kim, Amitav Acharya eds. *Northeast Asia and the Two Koreas: Metastability, Security, and Community*. Seoul: Yonsei University Press, 2008.

Kissinger, Henry. *Diplomacy*. New York: Simon & Schuster, 1994.

_____. *A World Restored*. New York: Grosset's Universal Library, 1964.

Knock, Thomas J. *To End All Wars: Woodrow Wilson and the Quest for a New World Order*. New York: Oxford University Press, 1992.

Krasner, Stephen D. *Sovereignty: Organized Hypocrisy*. Princeton, N.J.: Princeton University Press, 1999.

_____. "Structural Causes and Regime Consequences: Regimes as Intervening Variables." in Stephen Krasner ed. *International Regimes*. Ithaca: Cornell University Press, 1983.

Kwon, O-Gon. "Forgotten Victims, Forgotten Defendants." Yuki Tanaka, Tim McCormack and Gerry Simpson eds. *Beyond Victor's Justice?: The Tokyo War Crimes Trial Revisited*. Leiden; Boston: Martinus Nijhoff Publishers, 2011.

Lansing, Robert. *The Peace Negotiations: A Personal Narrative*. Boston: Houghton Mifflin, 1921.

Lauren, Paul Gordon. *Power and Prejudice: The Politics and Diplomacy of Racial Discrimination*. Boulder: Westview Press, 1988.

Layne, Christopher. "From preponderance to Offshore Balancing: America's Future Grand Strategy." *International Security*, Vol. 22, No.1 (Summer, 1997).

Lenin, Vladimir Ilyich. "The Right of Nations to Self-Determination." in Robert C. Tucker ed. *The Lenin Anthology.* New York: W.W. Norton & Company, 1975.

_____. "Decree on Peace." in Robert C. Tucker ed. *The Lenin Anthology.* New York: W.W. Norton & Company, 1975.

Lensen, George Alexander. *The Strange Neutrality: Soviet-Japanese Relations during the Second World War, 1941-1945.* Tallahassee: Diplomatic Press, 1972.

Lesaffer Randall ed. *Peace Treaties and International Law in European History: From the Late Middle Ages to World War One.* Cambridge and New York: Cambridge University Press, 2004.

Lind, Jennifer. "Memory, Apology, and International Reconciliation." *The Asia-Pacific Journal* Vol. 47-7-08 (November 21, 2008).

Long, David and Peter Wilson eds. *Thinkers of the Twenty Years' Crisis: Inter-war Idealism Reassessed.* Oxford: Clarendon Press; New York: Oxford University Press, 1995.

Louis, William Roger. "The Era of the Mandate System and the Non-European World." in Headley Bull and Adam Watson eds. *The Expansion of International Society.* Oxford: Clarendon Press, 1984.

Lowe, John. *The Great Powers, Imperialism and the German Problem, 1865-1925.* London; New York: Routledge, 1994.

Luard, Evam. *A History of the United Nations*, vol. I : *The Years of Western Domination, 1945-1955.* London: Macmi1884-llan Press, 1982.

MacMillan, Margaret. *Paris 1919: Six Months that Changed the World.*

New York: Random House, 2002.

Mahoney, James and Dietrich Rueschemeyer. "Comparative Historical Analysis: Achievements and Agendas." in James Mahoney and Dietrich Rueschemeyer eds. *Comparative Historical Analysis in the Social Science*. Cambridge: Cambridge University Press, 2003.

Manela, Erez. *The Wilsonian Moment: Self-Determination and the International Origins of Anticolonial Nationalism*. Oxford; New York: Oxford University Press, 2007.

Mantoux, Étienne; with an introduction by R. C. K. Ensor and a foreword by Paul Mantoux. *The Carthaginian Peace, or, The Economic Consequences of Mr. Keynes*. New York: Charles Scribner's Sons, 1952.

Marburg, Theodore and John H. Latané ed. *Development of the League of Nations Idea: Documents and Correspondence of Theodore Marburg*. New York: The Macmillan company, 1932.

Markwell, D. J. "J. M. Keynes, Idealism, and the Economic Bases of Peace." in David Long and Peter Wilson eds. *Thinkers of the Twenty Year's Crisis: Inter-War Idealism Reassessed*. Oxford: Clarendon Press; New York: Oxford University Press, 1995.

Masaryk, Thomas G. *Masaryk on Thought and Life:* [Conversations with Karel Capek]. New York: Arno Press, 1971.

May, Ernest R. *"Lessons" of the Past: The Use and Misuse of History in American Foreign Policy*. London: Oxford University Press, 1973.

Mayer, Arno J. *Political Origins of the New Diplomacy, 1917-1918*. New Haven: Yale University Press, 1959.

Mazower, Mark. *No Enchanted Palace: The End of Empire and the Ideological Origins of the United Nations.* Princeton: Princeton University Press, 2009.

McKercher, Brian. "Reaching for the Brass Ring: The Recent Historiography of Interwar American Foreign Relations." Michael J. Hogan ed. *Paths to Power: The Historiography of American Foreign Relations to 1941.* Cambridge: Cambridge University Press, 2000.

Meaney, Neville. *The Search for Security in the Pacific, 1901-1914.* Sydney: Sydney University Press, 1976.

Merk, Frederick; with the collaboration of Lois Bannister Merk. *Manifest Destiny: And Mission in American History: A Reinterpretation.* New York: Vintage Books, 1963.

Miller, David H. *The Drafting of the Covenant.* vol. 1. New York: Putnam, 1928.

_____. *The Drafting of the Covenant.* vol. 2. New York: Putnam, 1928.

Miyasato, Seigen. "John Foster Dulles and the Peace Settlement with Japan." in Richard H. Immerman ed. *John Foster Dulles and the Diplomacy of the Cold War.* Princeton, N.J.: Princeton University Press, 1990.

Moon, Chung-in and Taehwan Kim. "South Korea's International Relations: Challenges to Developmental Realism?" in Samuel S. Kim ed. *The International Relations of Northeast Asia.* Lanham, Md.: Rowman & Littlefield Publishers, 2004.

Morgenthau, Hans J. *Politics among Nations: The Struggle for Power and Peace.* 5th ed. New York: Knopf, 1973.

Morris-Suzuki, Tessa. "Anti-Area Studies." *Communal/Plural: Journal of Transnational & Crosscultural Studies* Vol. 8 Issue 1 (Apr. 2000).

Nakajima, Takeshi. "Justice Pal(India)." in Yuki Tanaka, Tim McCormack and Gerry Simpson eds. *Beyond Victor's Justice?: The Tokyo War Crimes Trial Revisited.* Leiden; Boston: Martinus Nijhoff Publishers, 2011.

Nakamura, Masanori translated by Herbert P. Bix, Jonathan Baker-Bates and Derek Bowen. *The Japanese Monarchy: Ambassador Joseph Grew and the Making of the 'Symbol Emperor System,' 1931-1991.* Armonk, N.Y.: M.E. Sharpe, 1992.

Nish, Ian. *Japanese Foreign Policy, 1869-1942: Kasumigaseki to Miyakezaka.* London: Routledge & K. Paul, 1977.

Nobile, Philip eds. *Judgment at the Smithsonian.* New York: Marlowe & Company, 1995.

Oppenheim, L. *International Low: A Treaties.* vol. 1. London: Longmans, 1920.

_____. *The League of Nations and Its Problems.* London: Longmans, 1919.

Pal, Radhabinod. *Dissentient Judgement of Justice Pal.* Tokyo: Kokusho-Kankokai, Inc., 1999.

Peattie, Mark R. *Nan'yō: The Rise and Fall of the Japanese in Micronesia, 1885-1945.* Honolulu: Center for Pacific Islands Studies, School of Hawiian, Asian, and Pacific Studies, University of Hawaii; Honolulu: University of Hawaii Press, 1988.

Philpott, Daniel. "The Religious Roots of Modern International Relations."

World Politics Vol. 52, No. 2 (Jan., 2000).

Philpott, Daniel. "Westphalia, Authority, and International Society." in Robert Jackson ed. *Sovereignty at the Millennium.* Oxford: Blackwell, 1999.

Pipes, Richard. *A Concise History of the Russian Revolution.* New York: Vintage Books, 1995.

Potter, Pitman B. "Origin of the System of Mandates under the League of Nations." *The American Political Science Review* Vol. 16, No. 4 (Nov., 1922).

Pruessen, Ronald W. *John Foster Dulles: The Road to Power.* New York: Free Press; London: Collier Macmillan, 1982.

Pyle, Kenneth B. *Japan Rising: the Resurgence of Japanese Power and Purpose.* New York: Public Affairs, 2007.

Rhee, Syngman. *Japan Inside Out: The Challenge of Today.* New York: Fleming H. Revell Company, 1941.

Ronen, Dov. *The Quest for Self-Determination.* New Haven: Yale University Press, 1979.

Ronzitti, Natalino. "The Treaty on Friendship, Partnership and Cooperation between Italy and Libya: New Prospects for Cooperation in the Mediterranean?" *The Mediterranean Strategy Group Conference* (Genoa, 2009).

Rosenau, James N. "Governance in the Twenty-First Century." *Global Governance* vol. 1, no. 1 (Winter, 1995).

Rosenau, James N. "Governance, Order, and Change in World Politics." in James N. Rosenau and Ernst-Otto Czempiel eds. *Governance*

Without Government. Cambridge; Cambridge Univ. Press, 1992.

Rosenberg, Justin. *The Empire of Civil Society: A Critique of the Realist Theory of International Relations*. London: Verso, 1994.

Russell, Ruth B. assisted by Jeannette E. Muther. *A History of the United Nations Charter: The Role of the United States, 1940-1945*. Washington, D.C.: Brookings Institution, 1958.

Saaler, Sven. "The Russo-Japanese War and the Emergence of the Notion of the 'Clash of Races' in Japanese Foreign Policy." in John Chapman and Inaba Chiharu eds. *Rethinking the Russo-Japanese War: Regional Issues and Diplomacy, Economics and Image*. Folkestone: Global Oriental and Hawai'i University Press, 2008.

Sakata, Yasuyo. "The Origins of the U.S.-ROK Alliance as a "Regional Alliance": Evolution of U.S. Policy on Asia-Pacific Collective Security and Korea in 1950's" paper presented at the Institute for Military History Compilation, Ministry of National Defence, Republic of Korea, Seminar on "The Korean War, and the Change and Development of Military Relationship in Northeast Asia." at the War Memorial of Korea, Seoul, ROK (June, 2005).

Schachter, Oscar. *International Law in Theory and Practice*. Dordrecht; Boston: M. Nijhoff Publishers, 1991.

Schaller, Michael. *Altered States: The United States and Japan Since the Occupation*. New York: Oxford University Press, 1997.

Scheiber, Harry N. "Taking Responsibility: Moral and Historical Perspectives on the Japanese War-Reparations Issues." *Berkely Journal of International Law* vol. 20 (2002).

Schonberger, Howard B. *Aftermath of War: Americans and the Remaking of Japan, 1945-1952.* Kent, Ohio: Kent State University Press, 1989.

Schroeder, Paul W. "Book Review: Class and the Making of the Modern International System." *European History Quarterly* vol. 35-1 (2005).

──────────────. "Epilogue: Transformation or Evolution - Linear or Catastrophic?" in Peter Krüger and Paul W. Schröeder eds. in cooperation with Katja Wüstenbecker. *The Transformation of European Politics, 1763-1848: Episode or Model in Modern History?* Münster: Lit Verlag; New York: Palgrave Macmillan, 2002.

──────────────. "History and International Relations Theory: Not Use or Abuse, but Fit or Misfit." *International Security* Vol. 22, No. 1 (Summer, 1997).

Schuman, Frederick L.; Maps by George Brodsky. *International Politics: Anarchy and Order in the World Society.* 7th ed. New York: McGraw-Hill, 1968.

Schwabe, Klaus; translated by Rita and Robert Kimber. *Woodrow Wilson, Revolutionary Germany, and Peacemaking, 1918-1919.* Chapel Hill: University of North Carolina Press, 1985.

Sharp, Alan. *The Versailles Settlement: Peacemaking After the First World War, 1919-1923.* Basingstoke [England]; New York: Palgrave Macmillan, 2008.

Shaw, Albert. *President Wilson's State Papers and Addresses.* New York: Geroge H. Doran, 1918.

Sheehan, Michael. *The Balance of Power: History and Theory.* New York: Routledge, 1996.

Shimazu, Naoko. *Japan, Race and Equality: The Racial Equality Proposal of 1919*. London: Routledge, 2009.

Simma, Bruno eds. *The Charter of the United Nations: A Commentary*. Oxford: Oxford University Press, 1995.

Smith, Steve. "In the Truth Out There?: Eight Questions about International Order." in T. V. Paul and John Hall eds. *International Order and the Future of World Politics*. Cambridge; New York: Cambridge Univercity Press, 1999.

Smuts, Jan Christian. *The League of Nations: A Practical Suggestion*. London: [s.n.], 1918.

Smyser, W. R. "Vienna, Versailles, and Now Paris: Third Time Lucky?" in Brad Roberts ed. *U.S. Security in an Uncertain Era*. Cambridge, Mass.: MIT Press, 1993.

Strachan, Hew. *The First Word War*. New York: Viking, 2003.

Stanton, Fredrik. *Great Negotiations: Agreements that Changed the Modern World*. Yardley, Penn.: Westholme, 2010.

Steiger, Heinhard. "Peace Treaties from Paris to Versailles." in Randall Lesaffer ed. *Peace Treaties and International Law in European History: From the Late Middle Ages to World War One*. Cambridge and New York: Cambridge University Press, 2004.

Stimson, Henry L. and McGeorge Bundy. *On Active Service in Peace and War*. New York: Harper & Brothers, 1948.

Suganami, Hidemi. "The English School and International Theory." in Alex J. Bellamy ed. *International Society and its Critics*. Oxford: University Press, 2005.

Temerson, Timothy D. "Double Containment and the Origins of the U.S.-Japan Security Alliance." *Working Paper 91-14*. Cambridge: MIT-Japan Program, 1991.

Temperley, H. M. V. *A History of the Peace Conference of Paris* vol. 2. London: London: Oxford University, 1969.

Teschke, Benno. *The Myth of 1648: Class, Geopolitics, and the Making of Modern International Relations*. London; New York: Verso, 2003.

Thorne, Christopher G. *The Issue of War: States, Societies, and the Far Eastern Conflict of 1941-1945*. New York: Oxford University Press, 1985.

Tilly, Charles. *Coercion, Capital, and European States, AD 990-1992*. Blackwell: Cambridge, MA, 1992.

Totani, Yuma. *The Tokyo War Crimes Trial: The Pursuit of Justice in the Wake of World War II*. Cambridge, MA: Harvard University Asia Center: Distributed by Harvard University Press, 2008.

Towle, Philip. *Democracy and Peacemaking: Negotiations and Debates, 1815-1973*. London and New York: Routledge, 2000.

Tuchman, Barbara W. *The Guns of August*. New York: Macmillan, 1962.

United Nations Department of Public Information. *United Nations Department of Public Information*. New York: United Nations Department of Public Information, 2014.

Vattel, E. de; translation by Charles G. Fenwick; with an introduction by Albert de Lapradelle. *The Law of Nations, or, The Principles of Natural Law: Applied to the Conduct and to the Affairs of Nations and of Sovereigns* v. 3, Translation of the edition of 1758.

Washington, D.C.: Carnegie Institution of Washington, 1916.

Walker, David. *Anxious Nation: Australia and the Rise of Asia 1850-1939*. St Lucia: University of Queensland Press, 1999.

Weiler Lawrence D. and Anne Patricia Simons. *The United States and the United Nations: The Search for International Peace and Security*. New York: Manhattan Pub. Co., 1967.

Weinberg, Albert K. *Manifest Destiny: A Study of Nationalist Expansionism in American History*. Chicago: Quadrangle Books, 1935.

Wight, Martin edited by Gabriele Wight and Brian Porter. *International Theory: The Three Traditions*. New York: Holmes & Meier, 1992.

Williams, William Appleman. *American-Russian Relations, 1781-1947*. New York: Octagon Books, 1971.

Wilson, Woodrow. *President Wilson's State Papers and Addresses: With Editorial Notes*, a Biographical Sketch, an Introduction. S.l.: s.n, 2012.

Wright, Quincy. *A Study of War*. vol. 1. Chicago: University of Chicago Press, 1942.

Yoshitsu, Michael M. *Japan and the San Francisco Peace Settlement*. New York: Columbia University Press, 1982.

일본어 문헌

赤澤史朗.『東京裁判』東京: 岩波書店, 1989.

明石欽司.「立作太郎の国際法理論とその現実的意義: 日本における国際法受

容の一断面」.『法学研究』85巻 2号（2012）.

明石欽司.『ウェストファリア条約: その実像と神話』東京: 慶應義塾大学出版会, 2009.

浅野豊美.「経済協力の国際政治的起源: 世界平和維持費用分担の起源としての賠償」.浅野豊美 編.『戦後日本の東アジア地域再編: 請求権と歴史認識問題の起源』東京: 慈学社, 2013.

浅野豊美.「国際関係の中の「保護」と「併合」: 門戸開放原則と日韓の地域的結合をめぐって」.森山茂徳・原田環.『大韓帝国の保護と併合』東京: 東京大学出版会, 2013.

＿＿＿＿.吉澤文寿.李東俊 編集・解説.『日韓国交正常化問題資料: 第1期 1945年-1953年』東京: 現代資料出版, 2010.

荒木義修.『占領期における共産主義運動』東京: 芦書房, 1993.

粟屋憲太郎.『東京裁判への道（上）』東京: 講談社, 2006.

家近亮子.『蒋介石の外交戦略と日中戦争』東京: 岩波書店, 2012.

五十嵐武士.『戦後日米関係の形成: 講和・安保と冷戦後の視点に立って』東京: 講談社, 1995.

池上大祐.『アメリカの太平洋戦略と国際信託統治: 米国務省の戦後構想 1942-1947』東京: 法律文化社, 2014.

池田十吾.『第1次世界大戦期の日米関係史』東京: 成文堂, 2002.

石井菊次郎.『外交余録』東京: ゆまに書房, 2002.

李鐘元.「戦後アジアの地域秩序と朝鮮半島」.細谷千博・入江昭・後藤乾一・波多野澄雄 編.『太平洋戦争の終結: アジア太平洋の戦後秩序』東京: 柏書房, 1997.

市川正明.『三・一独立運動 第一巻 朝鮮独立運動・別巻』東京: 原書房, 1983.

市川正明.『朝鮮独立運動Ⅰ分冊: 民族主義運動編』東京: 原書房, 1967.

伊藤之雄. 『元老 西園寺公望: 古希からの挑戦』東京: 文藝春秋, 2007.
犬丸義一. 「ロシア十月社会主義革命と日本の社会運動」. 日ソ歴史学シンポジウム組織委員会 編. 『革命ロシアと日本: 第一回日ソ歴史学シンポジウム記録』東京: 弘文堂, 1975.
井上響候伝記編纂会 編. 『世外井上公伝 第五卷』東京: 内外書籍, 1934.
入江啓四郎. 『ヴェルサイユ体制の崩壊』上, 中, 下卷 東京: 成文堂, 1974.
_____. 「ヴェルサイユ体制とその崩壊」. 創文社編集部. 『廿世紀の展望』東京: 創文社, 1953.
植田隆子. 『地域的安全保障の史的研究: 国際連盟時代における地域的安全保障制度の発達』東京: 山川出版社, 1989.
上野格. 「日本のおけるアイルランド学の歴史」. 『思想』617号 (1975).
内田康哉伝記編纂委員会 編. 『内田康哉』東京: 鹿島平和研究所, 1969.
宇都宮太郎関係資料研究会 編. 『日本陸軍とアジア政策: 陸軍大将宇都宮太郎日記3』東京: 岩波書店, 2007.
内海愛子・山脇啓造 編. 『歴史の壁を越えて: 和解と共生の平和学』京都: 法律文化社, 2004.
海野芳郎. 『国際連盟と日本』東京: 原書房, 1972.
江口圭一. 『十五年戦争研究史論』東京: 校倉書房, 2001.
エドワード・W. ワグナー. 外務省アジア局北東アジア課 訳. 『日本における朝鮮少数民族: 1904年～1950年』復刻版 東京: 龍溪書舎, 1989.
大杉栄・山川均. 大窪一志 編. 『アナ・ボル論争』東京: 同時代社 2005.
大竹弘二. 『正戦と内戦: カール・シュミットの国際秩序思想』東京: 以文社, 2009.
大谷正. 『日清戦争: 近代日本初の対外戦争の実像』東京: 中央公論新社, 2014.

岡倉古志郎・牧瀬恒二 編. 『資料沖縄問題』東京: 旬報社, 1969.

岡義武. 『近衛文麿:「運命」の政治家』東京: 岩波書店, 1966.

外務省. 『日本外交文書: サンフランシスコ平和条約 対米交渉』東京: 外務省, 2007.

_____. 『日本外交文書: サンフランシスコ平和条約 準備対策』東京: 外務省, 2006.

_____. 『巴里講和会議経過概要』東京: 外務省, 1970.

_____. 『日本外交文書 大正七年 第三冊』東京: 外務省, 1969.

_____. 『日本外交年表並主要文書 下』東京: 外務省, 1966.

_____. 『日本外交文書 大正八年 第三冊 上巻』東京: 外務省, 1965.

_____. 『日本外交年表並主要文書 下』東京: 外務省, 1966.

_____. 『日本外交文書 第37・38巻別冊「日露戦争V」』東京: 日本国際連合協会, 1960.

_____. 『日本外交文書 第四十巻 第一冊』東京: 外務省, 1959.

_____. 『サン・フランシスコ会議議事録』東京: 外務省, 1951.

外務省百年史編纂委員会. 『外務省の百年 上巻』東京: 原書房, 1969.

鹿島守之助. 『日本外交史 12: パリ講和会議』東京: 鹿島研究所出版会, 1971.

梶村秀樹. 『排外主義のための朝鮮史』東京: 平凡社, 2014.

加藤陽子. 『戦争の論理: 日露戦争から太平洋戦争まで』東京: 勁草書房, 2005.

金子堅太郎. 『日露戦役秘録』東京: 博文館, 1929.

川北稔. 「帝国主義史から帝国史へ」. 木畑洋一 編. 『現代世界とイギリス帝国』京都: ミネルヴァ書房, 2007.

川田稔. 『戦前日本の安全保障』東京: 講談社, 2013.

姜徳相. 『呂運亨評伝 2: 上海臨時政府』東京: 新幹社, 2005.
菅英輝 編. 『東アジアの歴史摩擦と和解可能性: 冷戦後の国際秩序と歴史認識をめぐる諸問題』東京: 凱風社, 2011.
北一輝. 『北一輝著作集 Ⅱ: 支那革命外史, 国家改造案原理大綱, 日本改造案大綱』東京: みすず書房, 1959.
木谷勤・望田幸男 編『ドイツ近代史』京都: ミネルヴァ書房, 1992.
木畑洋一 編. 『現代世界とイギリス帝国』京都: ミネルヴァ書房, 2007.
_____. 『大英帝国と帝国意識: 支配の深層を探る』京都: ミネルヴァ書房, 1998.
金民樹. 「対日講和と韓国参加問題」. 『国際政治』第131号「『民主化』以後のラテンアメリカ政治」(2002).
清瀬一郎. 『秘録 東京裁判』東京: 中央公論新社, 1986.
楠綾子. 『吉田茂と安全保障政策の形成: 日米の構想とその相互作用, 1943-1952年』京都: ミネルヴァ書房, 2009.
久保田徳仁. 「ウェストファリア国際体系の実像: 1648年はどのような意義をもつ年なのか」. 山影進 編. 『主権国家体系の生成:「国際社会」認識の再検討』京都: ミネルヴァ書房, 2012.
グロムイコ. 『サンフランシスコ条約は戦争への道: ソ連同盟代表グロムイコの演説』東京: 平和と生活社, 1951.
小管信子. 『戦後和解: 日本は〈過去〉から解き放たれるのか』東京: 中央公論新社, 2005.
近衛篤麿. 近衛篤麿日記刊行会 編. 『近衛篤麿日記: 附属文書』東京: 鹿島研究所出版会, 1969.
_____. 「講和会議所感」. 伊藤武. 『近衛文麿清談録』東京: 千倉書房, 1936.
小林龍夫. 「臨時外交調査委員会の設置」. 『国際政治』28号 (1965).

近藤釖一 編.『齋藤総督の文化統治: 朝鮮総督府資料選集』東京: 友邦協会, 1970.

権藤四郎介.『李王宮秘史』京城: 朝鮮新聞社, 1926.

阪田恭代.「米国のアジア太平洋集団安全保障構想と米韓同盟:'地域同盟'としての米韓同盟の起源, 1953-54年」. 鐸木昌之 編集.『朝鮮半島と国際政治: 冷戦の展開と変容』東京: 慶應義塾大学出版会, 2005.

坂本一哉.『日米同盟の絆: 安保条約と相互性の模索』東京: 有斐閣, 2000.

坂本雅子.『財閥と帝国主義』東京: 東京大学出版会, 2003.

サンケイ新聞社.『蔣介石秘錄14: 日本降伏』東京: サンケイ新聞社, 1977.

篠田英朗.『「国家主権」という思想』東京: 勁草書房, 2012.

柴垣和夫.『昭和の歴史〈9〉講和から高度成長へ』東京: 小学館, 1989.

ジャン＝ジャック・ベッケー. ゲルト・クルマイヒ.『仏独共同通史 第一次世界大戦』東京: 岩波書店, 2012.

蒋介石先生の遺徳を顯彰する会 編.『仰之彌高: 蒋介石先生の遺徳を偲ぶ』東京: 馬紀壯, 1987.

庄司潤一郎.「近衛文麿の対米観:「英米本位の平和主義を排す」を中心として」. 長谷川雄一 編.『大正期日本のアメリカ認識』東京: 慶應義塾大学出版会, 2001.

新城道彦.『天皇の韓国併合: 王公族の創設と帝国の葛藤』東京: 法政大学出版局, 2011.

申春野.「パリ講和会議と日米中関係」.『国際公共政策研究』第9巻 2号 (2005).

杉山伸也.『日本経済史 近世-現代』東京: 岩波書店, 2012.

鈴木多聞.『「終戦」の政治史: 1943-1945』東京: 東京大学出版会, 2011.

スピノザ. 畠中尚志 翻訳.『スピノザ往復書簡集』東京: 岩波書店, 1958.

スヴェン・サーラ.「アジア認識の形成と「アジア主義」: 第一次世界大戦前後

の「アジア連帯」・「アジア連盟」論を中心に」. 長谷川雄一 編.『アジア主義思想と現代』東京: 慶應義塾大学出版会, 2014.

住友豊. 「パリ講和会議と日米関係: 山東問題を中心に」.『同志社アメリカ研究』36 (2000).

戴逸・楊東梁・華立 共著. 岩田誠一・高美蘭 共訳.『日清戦争と東アジアの政治』大阪: 大阪経済法科大学出版部, 2003.

高岡裕之.「「十五年戦争」・「総力戦」・「帝国」日本; 歴史学研究会.『歴史学における方法的転回: 現代歴史学の成果と課題Ⅰ』東京: 青木書店, 2002.

高野雄一.『日本の領土』東京: 東京大学出版会, 1962.

高原秀介.『ウィルソン外交と日本: 理想と現実の間 1913-1921』東京: 創文社, 2006.

竹内好.『日本とアジア』東京: 筑摩書房, 1993.

立作太郎.『国際聯盟規約論』東京: 国際聯盟協会, 1932.

田保橋潔.『日清戦役外交史の研究』東京: 東洋文庫, 1965.

段瑞聡.『蒋介石と新生活運動』東京: 慶應義塾大学出版会, 2006.

千葉功.『旧外交の形成: 日本外交 1900-1919』東京: 勁草書房, 2008.

_____ 編.『日記に読む近代日本2: 明治後期』東京: 吉川弘文館, 2012.

鄭栄桓.『朝鮮独立の隘路: 在日朝鮮人の解放五年史』東京: 法政大学出版局, 2013.

辻野功.「極東勤勤労者大会について: 日本問題を中心として」.『キリスト教社会問題研究』13 (1968).

趙軍.『大アジア主義と中国』東京: 亜紀書房, 1997.

等松春夫.『日本帝国と委任統治: 南洋群島をめぐる国際政治, 1914-1947』名古屋: 名古屋大学出版会, 2011.

徳田球一.『徳田球一全集 第5巻』東京: 五月書房, 1986.

徳富猪一郎.『徳富蘇峰集』東京: 民友社, 1916.

富田武・和田春樹 編訳.『資料集 コミンテルンと日本共産党』東京: 岩波書店, 2014.

豊下楢彦.『昭和天皇の戦後日本: 〈憲法・安保体制〉にいたる道』東京: 岩波書店, 2015.

豊下楢彦.『安保条約の成立: 吉田茂と天皇外交』東京: 岩波書店, 1996.

仲晃.『黙殺: ポツダム宣言の真実と日本の運命 (上)』東京: 日本放送出版協会, 2001.

永井和.『青年君主昭和天皇と元老西園寺』京都: 京都大学学術出版会, 2003.

長尾龍一 編.「日本のアジア・モンロー主義」.『カール・シュミット著作集Ⅱ』東京: 慈学社出版, 2007.

長澤裕子.「戦後日本のポツダム宣言解釈と朝鮮の主権」. 李鍾元・木宮正史・浅野豊美 編.『歴史としての日韓国交正常化 Ⅱ: 脱植民地編』東京: 法政大学出版局, 2011.

中里成章.『パル判事: インド・ナショナリズムと東京裁判』東京: 岩波書店, 2011.

中西寛.「講和に向けた吉田茂の安全保障構想」. 伊藤之雄・川田稔 編.『環太平洋の国際秩序の模索と日本: 第1次世界大戦後から五五年体制成立』東京: 山川出版社, 1999.

中西寛.「近衛文麿「英米本位の平和主義を排す」論文の背景: 普遍主義への対応」.『法学論叢』132巻 4, 5, 6号 (1993).

永原陽子 編.『「植民地責任」論: 脱植民地化の比較史』東京: 青木書店, 2009.

奈良岡聰智.『対華二十一カ条要求とは何だったのか: 第一次世界大戦と日中対立の原点』名古屋: 名古屋大学出版会, 2015.

奈良岡聰智.「参戦外交再考: 第一次世界大戦の勃発と加藤高明外相のリーダーシップ」. 戸部良一 編.『近代日本のリーダーシップ: 岐路に立つ指導者たち』東京: 千倉書房, 2014.

奈良岡聰智.「第一次世界大戦と原敬の外交指導: 1914-21年」. 伊藤之雄 編著.『原敬と政党政治の確立』東京: 千倉書房, 2014.

西村熊雄.『サンフランシスコ平和条約・日米安保条約』東京: 中央公論新社, 1999.

西村熊雄.『日本外交史 27: サンフランシスコ平和条約』東京: 鹿島研究所出版会, 1971.

新渡戸稲造全集編集委員会 編.『新渡戸稲造全集第23巻』東京: 教文館, 1986.

_____.『新渡戸稲造全集第18巻』東京: 教文館, 1986.

日本共産党中央委員会.『日本共産党の八十年: 1922-2002』東京: 日本共産党中央委員会出版局, 2002.

朴慶植.『朝鮮三・一独立運動』東京: 平凡社, 1976.

朴正鎮.『日朝冷戦構造の誕生 1945-1965: 封印された外交史』東京: 平凡社, 2012.

長谷川雄一.「満川亀太郎における初期アジア主義の空間: 明治末を中心に」. 長谷川雄一 編.『アジア主義思想と現代』東京: 慶應義塾大学出版会, 2014.

波多野澄雄.「サンフランシスコ講和体制: その遺産と負債」. 波多野澄雄 編.『日本の外交 第2巻 外交史 戦後編』東京: 岩波書店, 2013.

服部龍二.『幣原喜重郎と二十世紀の日本: 外交と民主主義』東京: 有斐閣, 2006.

林忠行.『中欧の分裂と統合: マサリクとチェコスロヴァキア建国』東京: 中央公論社, 1993.

林博史．『BC級戦犯裁判』東京: 岩波書店, 2005.

原貴美恵．『サンフランシスコ平和条約の盲点: アジア太平洋地域の冷戦と「戦後未解決の諸問題』東京: 渓水社, 2005.

原口由夫．「三・一運動弾圧事例の研究: 警務局日次報告の批判的検討を中心として」．『朝鮮史研究会論文集』第23号（1986）.

原敬．『原敬日記 第8巻』東京: 乾元社, 1950.

＿＿．「恒久平和の先決考案」．『外交時報』（1921）.

日暮吉延．『東京裁判』東京: 講談社, 2008.

平田哲男．『レッド・パージの史的究明』東京: 新日本出版社, 2002.

平山龍水．「朝鮮半島と日米安全保障条約: 日米韓連鎖構造の形成」．『国際政治』第115号（1997）.

船尾章子．「大正期日本の国際連盟観: パリ講和会議における人種平等案の形成過程が示唆するもの」．『国際関係学部紀要』14（1995）.

フレッド・デイキンソン．「第1次世界大戦後の日本の構想: 日本におけるウィルソン主義の受容」．伊藤之雄・川田稔 編．『20世紀日本と東アジアの形成: 1867-2006』京都: ミネルヴァ書房, 2007.

細谷千博 編集．『日米関係資料集: 1945-97』東京: 東京大学出版会, 1999.

＿＿＿＿＿．『サンフランシスコ講和への道』東京: 中央公論社, 1984.

＿＿＿＿＿・斉藤眞 編．『ワシントン体制と日米関係』東京: 東京大学出版会, 1978.

細谷雄一．『外交: 多文明時代の対話と交渉』東京: 有斐閣, 2007.

牧野伸顕．『回顧録（下）』東京: 中央公論社, 1978.

松尾尊兊．『近代日本と石橋湛山:「東洋経済新報」の人々』東京: 東洋経済新報社, 2013.

松尾尊兊．『石橋湛山評論集』東京: 岩波書店, 1984.

松葉真美. 「集団的自衛権の法的性質とその発達: 国際法上の議論」. 『レファレンス』(2009. 1)

松本俊一. 『日ソ国交回復秘録: 北方領土交渉の真実』 東京: 朝日新聞出版, 2012.

御廚貴・中村隆英 編. 『(聞き書) 宮澤喜一回顧録』 東京: 岩波書店, 2005.

三谷太一郎. 『日本政党政治の形成』 増補版 東京: 東京大学出版会, 1995.

明神勲. 『戦後史の汚点 レッド・パージ GHQの指示という「神話」を検証する』 東京: 大月書店, 2013.

望田幸男. 「比較史の方法と意味: 経験からの試論」. 『政策科学』 11-3 (2004).

ヤロスラブ・シュラトフ. 「ポーツマスにおけるサハリン: 副次的戦場から講和の中心問題へ」. 原暉之 編. 『日露戦争とサハリン島』 札幌: 北海道大学出版会, 2011.

安田浩. 「近代日本における「民族」観念の形成: 国民・臣民・民族」. 『思想と現代』 第31号 (1992).

柳沢遊. 「日本人の居留民社会」. 和田春樹 編. 『東アジア近現代通史: 世界戦争と改造』 東京: 岩波書店, 2010.

山腰敏寛. 「原敬の山東半島還付構想: パリにおけるウィルソンの誤解」. 『立命館経済学』 第57巻 4号 (2009).

山本茂樹. 『近衛篤麿: その明治国家観とアジア観』 京都: ミネルヴァ書房, 2001.

山室信一. 「世界戦争への道, そして「現代」の胎動」. 山室信一 編. 『第一次世界大戦: 現代の起点 1, 世界戦争』 東京: 岩波書店, 2014.

_____. 『複合戦争と総力戦の断層: 日本にとっての第1次世界大戦』 東京: 人文書院, 2011.

_____. 『日露戦争の世紀: 連鎖視点から見る日本と世界』 東京: 岩波書店,

2005.

ユルゲン・コッカ(Jürgen Kocka).「比較史のかなた: 近現代史へのトランスナショナルなアプローチ」. 史学会 編.『歴史学の最前線』東京: 東京大学出版会, 2004.

横島公司.「ヴェルサイユ講和条約におけるカイザー訴追問題と日本の対応」.『日本史研究』604 (2012).

横島公司.「東京裁判の影: 昭和天皇は何故裁かれなかったのか」.『史苑』第70巻 第2号(2010).

吉澤文寿.『戦後日韓関係: 国交正常化交渉をめぐって』東京: クレイン, 2005.

_____.「日本の戰爭責任論における植民地責任: 朝鮮を事例として」. 永原陽子 編.『「植民地責任」論: 脱植民地化の比較史』東京: 青木書店, 2009.

吉田茂.『回想十年 (中)』改訂版 東京: 中央公論新社, 2014.

_____.『回想十年 (下)』改訂版 東京: 中央公論新社, 2014.

吉田茂. マッカ-サ- 著. 袖井林二郎 編訳.『吉田茂=マッカ-サ-往復書簡集: 1945-1951』東京: 法政大学出版局, 2000.

吉野作造.『吉野作造選集 第6巻』東京: 岩波書店, 1996.

_____. 松尾尊兊 編.『中国・朝鮮論』東京: 平凡社, 1970.

黎明会 編.『黎明講演集 第1巻』東京: 龍渓書房, 1990.

李廷江 編.『近衛篤麿と清末要人: 近衛篤麿宛来簡集成』東京: 原書房, 2004.

和田春樹.『日露戦争: 起源と開戦, 上』東京: 岩波書店, 2009.

NHK取材班 編.『日本の選択1 理念なき外交「パリ講和会議」』東京: 角川文庫, 1995.

신문 및 인터넷, 기타

김명섭. 「다시 읽는 '문제적 인간' 이승만」. 『중앙일보』(2013. 5. 18).
문정인. 「빈 1815, 유엔 2015」. 『중앙일보』(2015. 11. 9).
『동아일보』(1953. 12. 2).
『동아일보』(1959. 5. 29).
『동아일보』(1945. 12. 30).
『매일경제』(2012. 8. 1)
『조선일보』(1959. 6. 1).
『조선일보』(1959. 6. 2).
『한겨레』(2015. 6. 14).
『황성신문』(1900. 8. 8).
『東京朝日新聞』(1917. 10. 8).
『朝日新聞』(2015. 4. 6).
『朝日新聞』(2015. 5. 26).
국회회의록 시스템, http://likms.assembly.go.kr/record/
한국독립운동사 정부시스템, http://search.i815.or.kr
한국미국사학회, http://www.americanhistory.or.kr/modules/doc/index.php?doc=intro
한국언론진흥재단, http://www.mediagaon.or.kr/
外務省. 「尖閣諸島に関するQ&A」, http://www.mofa.go.jp/mofaj/area/senkaku/qa_1010.html
外務省. 「われらの北方領土」, http://www.mofa.go.jp/mofaj/press/pr/pub/pamph/hoppo6.html
神戸大学付属図書館新聞記事文庫, http://www.lib.kobe-u.ac.jp/sinbun/index.html

国立国会図書館近代デジタルライブラリー, http://kindai.ndl.go.jp/

国立国会図書館, 「日本国憲法の誕生」, http://www.ndl.go.jp/constitution/index.html

国立国会図書館デジタルコレクション, http://dl.ndl.go.jp/

国会会議録検索システム, http://kokkai.ndl.go.jp/

世界と日本-東京大学東洋文化研究所("The World and Japan" Database Project, Database of Japanese Politics and International Relations, Institute of Oriental Culture, University of Tokyo), http://www.ioc.u-tokyo.ac.jp/~worldjpn/

防衛省・自衛隊, http://www.clearing.mod.go.jp/hakusho_data/2004/ 2004 html/1624c3.html

Department of East Asian Languages and Civilization, http://ealc.fas.harvard.edu/edward-wagner

Harry S. Truman, Library & Museum, http://www.trumanlibrary.org/

Project Gutenberg Australia, http://gutenberg.net.au/ebooks03/0300991.txt

The ECCB Diaconia Center of Relief and Development, http://czechconnections.org/Diaconia%20crd.html

United Nations, http://www.un.org/en/aboutun/history/

University of Wisconsin Digital Collections, http://uwdc.library.wisc.edu/collections/FRUS

Yale Law School, Lillian Goldman Library, The Avalon Project, http://avalon.law.yale.edu/

NHK, 「もう一つの終戦: 日本を愛した外交官グルーの戦い」. (2015년 7월 29일 방영).

찾아보기

가

가네코 겐타로(金子堅太郎) 172, 173, 192, 377
가쓰라-태프트 밀약(1905) 374
가타리, 펠릭스(F. Guattari) 66
가타야마 센(片山潛) 214
가토 다카아키(加藤高明) 160
가톨릭 69
가혹성 150, 368
간도협약(1909) 374
간접통치 33, 260
강대국협조체제 125
강원룡(姜元龍) 212
강제조치 240, 241
「강화의 기초 조건」 177
거버넌스(governance) 81
거부권 229, 230, 238
거인의 어깨에 선다 65
경제체제 85
경찰권력 81
계급투쟁 93
계몽주의 144
계속성 22
고노에 후미마로(近衞文麿) 168, 259
고려공산당 209, 210
고립주의 328
고무라-웨버 협정(1896) 374
고종(高宗) 204, 341, 374; ~ 국장 204
고토 신페이(後藤新平) 179
공동방위체제 238
공산당 251
공산주의 133, 198, 207, 212, 213, 218, 286, 354, 356, 368, 380, 383, 385; ~ 인터내셔널 208; ~ 인터내셔널 집행위원회 선언 207; 「~ 인터내셔널의 정강」 207; ~ 진영 60, 330; ~ 혁명 207, 214; ~ 혁명의 시대 207; ~ 확대 280; ~의 폭력성 215; 국제~ 235, 315
공약삼장(公約三章) 199
공통성 115
공화국 206
과거사 청산 24, 54
관대성 368, 395
관동군 271
광복 19, 23, 43, 45, 50, 193, 197, 200, 218; ~ 노선 202; ~운동 19, 42, 43, 45, 51, 192, 203, 217, 321, 380
교전권 276
9개국 조약(1922) 89
구국외교론 203
구사바 류엔(草葉隆圓) 294
구상서 390
구식민지, 전승(패전)국의 56
구웨이진(顧維鈞) 165
구조 결정론 361
구주대전(전쟁) 18, 161
『국가와 혁명』 133→레닌
국가주권 32, 87, 135
국가평등 196
국경선 재획정 71
국공정전협정 251
국공합작(國共合作) 251
국내주권 94
국동국제군사재판 372
국민국가 178
국민당 246, 251
국민정부 250
국방최고위원회 246
국유제도 321

국제검찰국　265
국제군사재판　299; ~소헌장　264, 265
국제레짐　94, 98
국제무역체제　355
국제법　32, 33, 69, 77, 87, 88, 104, 107, 108, 116, 189; ~ 상 범죄 264; ~주권 94
『국제법(Le droit des gens)』 70, 127→바텔
국제분쟁　233, 283; ~ 평화적 처리조약(협약) 123, 150
국제사회주의대회　197
국제심사위원회　123
국제연맹 탈퇴, 일본의 381
국제연맹　19, 21, 22, 46~50, 89, 116, 122~127, 130, 131, 139~141, 143, 147, 152, 163, 170, 174, 184, 193, 196, 199, 200, 202, 212, 213, 219, 226, 232, 238, 240, 320, 328, 362, 366, 375, 378; ~, 사상적 배경 128; ~규약 19, 47, 116, 122, 124, 125, 127, 128, 131, 135, 138, 139, 141, 142, 149, 150, 164, 167, 170, 213, 232, 283, 323, 363, 364, 366, 375, 379; ~이사회 373
국제연합　21, 22, 49, 50, 116, 226, 228, 233, 234, 239~241, 260, 261, 283, 288, 294, 324, 328, 337, 362; ~ 창립 282; ~ 총회 326, 381; ~군 234, 235, 310; ~군 38선 돌파 승인 281; ~군 평양 점령 281; ~헌장 21, 116, 226, 229, 230~232, 237~239, 278, 282, 283, 313, 325, 329, 364, 365, 367, 368
『국제연합의 기초지식』 226
국제재판　371; ~소 116→극동국제군사재판, 뉘른베르크재판, 도쿄재판
국제정치사　28; ~, 국제정치학(역사학)의 28; ~적 분석 28
국제정치학　26~32, 66, 79, 92, 361, 397
국제조약　77, 88, 195, 241; ~의 함의 248
국제주의　122, 124, 125, 128, 131, 164, 240, 365, 366
국제질서　80, 84, 86, 92, 102, 107, 108; ~의 요소 85
국제체제　49, 85, 86, 88, 92, 107, 124, 129, 375, 397
국제평화회의　123
국제협조주의　48, 88, 206
국체론　178
군국주의　284; ~자 259, 262
군사기지　324
군사위원회 참사실　246
군사재판　264, 299, 381; ~의 법규범, 유럽에서의 264→극동국제군사재판
군주국가　191
군주제　342, 370
군축　91, 190, 228; ~조약 87
권동진(權東鎭)　205
권력구조　334
권력투쟁　30
귀속재산(歸屬財産)　351, 353
귀족원(貴族院)　213
그로미코(A. A. Gromyko)　387, 388
그루(J. C. Grew)　259, 260, 263, 264
극동(極東)-먼로주의　168→만로주의, 아시아-먼로주의
극동　20, 166, 185, 196, 209, 210, 214, 215; ~ 문제 210; ~위원회 340; ~전쟁 20
극동국제군사재판　264, 265, 371; ~소 258, 371; ~소헌장 265→뉘른베르크재판, 도쿄재판
극동근로자대회　209, 210, 212, 214, 215

찾아보기_459

극동피압박민족대회 215
금전배상 방식 305, 356
금전적 배상청구권 356
기독교 219; ~ 문명권 69
기미독립선언 196, 199, 204, 205
『기미독립선언서』 205
기요세 이치로(淸瀨一郎) 267
기회 포착론 44
기회균등주의 194
김교헌(金敎獻) 205
김구(金九) 319, 321→『백범일지』
김규식(金奎植) 44, 192, 195, 197, 203, 206, 210~212; ~의 청원서 220
김기정 83
김명섭 83
김민수(金民樹) 55, 56
김용구 50, 51
김우평(金佑枰) 327
김원경(金元慶) 210
김일성(金日成) 387
김준구(金俊九) 327
김태기 54, 55
김학성 98
김활란(金活蘭) 327

나

나가사키 원폭 투하 262
나가타 아키후미(長田彰文) 44, 45
나시모토노미야 마사코(梨本宮方子) 179
나치당 368
나치스 355
나토 306
나폴레옹 72, 105; ~ 시대 105; ~전쟁 71, 101
난징조약 73
남기정 57
남녀평등 213

남만주 166; ~철도 254
남북문제 289
남북통일 328
남아프리카연방 190
남양 군도 46, 47
남양제도 178
남장로교회 130
남조선과도정부 338
남태평양 지역 50
남한 325, 326, 330, 331, 338, 340, 352; ~ 단독선거 326; ~ 유일 정부 338; ~ 합법정부 338
내몽골 166, 271; ~의 일본군 271
내재적 요인 44
내정불간섭 원칙 95
냉전(冷戰) 24, 53, 57, 58, 60, 62, 84, 257, 272, 274, 298, 300, 304, 326, 370, 382, 384, 385; ~, 일본에 미친 영향 58; ~ 여파, 한국이 참가 서명 못한 이유 57; ~ 전략 385; ~질서 57, 382
네 명의 경찰관 229
네덜란드 149
노동자 단결의 자유 213
노동자계급 213
노역배상 305
뇌이조약 19
뉘른베르크 재판 264, 265→도쿄재판
니시-로젠 협정 374
니시무라 구마오(西村熊雄) 279
니콜라이 2세(Nicholas II) 123
니토베 이나조(新渡戶稻造) 184, 185

다

다국 간 조약 69
다국적 평화체제 362
다극체제 85
다롄(大連) 254

다문화제국 182
다수결 방식 139
다우어(J. W. Dower) 58, 59
다이쇼(大正) 데모크라시 181
다이쇼신시대(大正新時代) 188
다자적 지역 안보(체제) 309, 317
다카하라 슈스케(高原秀介) 47
다케시마(Takeshima) 문제 62
단극체제 85
단독강화(론) 60, 275, 276, 394
단절성 22
대동아공영권 108
대동아성(大東亞省) 296
대동아전쟁 종결 225
대량살상무기 41
대륙팽창정책 195, 201
대륙정책 198
대서양헌장 227, 231, 255, 319, 320, 323, 329, 340
대세순응(정책) 187, 189
대외주권 80
대일강화회의 345
대일강화 7원칙 277, 299, 350; ~, 미국의 302
「대일배상요구의 정당성」 339
대일배상요구조건조사위원회 339
「대일배상요구조서」 24, 301, 346, 348, 349, 393, 394; ~의 의의 349
대일배상청구위원회 346
대일본제국헌법 370
대일본주의 183
「대일본주의의 환상」 183
대일선전포고, 임정의 319
대일점령 정책 60, 265
대일조사단 301; ~ 보고서 347
대일참전의 대가, 소련의 250
대일평화조약 251
대통령시정방침연설, 이승만의 345

대한(對韓)정책, 미국의 54
대한국민의회 196
대한민국 33, 62, 110, 294, 329, 336~338, 345, 353, 389, 390; ~승인, 국제연합총회의 327, 334, 381; ~, 주권국가 338; ~ 탄생(1948) 326; ~ 헌법 343
「대한민국건국강령」 321
대한민국임시정부 195, 196, 198, 202, 216, 218, 245, 319, 324, 325, 342, 343, 345, 378, 381
대한민국임시헌장(1919.4) 219, 342
대한애국부인회(大韓愛國婦人會) 210
대한인국민회(大韓人國民會) 201
대한제국 32, 75, 76, 77, 177, 185, 195, 248, 342, 344, 374
덜레스(J. F. Dulles) 54, 62, 153, 156, 157, 256, 282, 291, 293, 302, 310, 329~331, 333, 335~338, 353, 354, 355, 382, 383, 384, 396; ~ 방일 건 277; ~ 양유찬 회담 352; ~레스, 일본에 재군비 요청 282; ~가 만든 세계 384; ~의 관심사 282; ~의 세계 384 →『전쟁 또는 평화』
덤버턴오크스회의 229, 231, 237
데이비스, 노먼(N. Davis) 153, 157
도고 시게노리(東鄕茂德) 295, 296→박무덕
도조 히데키 267; ~ 내각 296
도쿄거류동포 327
도쿄재판(東京裁判) 264, 265, 266, 268, 270, 295, 298, 299, 340, 371; ~, 조선 식민지화 인정 272; ~에 대한 평가 268; →뉘른베르크재판, 극동국제군사재판
도쿠가와막부 253
도쿠다 규이치(德田球一) 214
도키나가 우라조(時永浦三) 186

찾아보기_461

독도 61, 62, 391; ~문제 63; ~ 영유권 63
『독립신문』 199
독일 18, 19, 24, 46, 49, 77, 99, 102, 116, 122, 124, 147, 148, 151, 153, 160, 189, 241, 258, 345, 362; ~ 전범 254; ~ 제국주의 189; ~령 남양제도 (南洋諸島) 161, 162; ~ 비무장화 254; ~제국 117, 147, 149, 152; ~제국 헌법 370
동맹광(同盟狂) 384
『동방민족』 209
동방민족대회, 제1차 209→바쿠
동아(東亞)-먼로주의 168→먼로주의, 아시아-먼로주의
동아동문회(東亞同文會) 168
동아방공(東亞防共) 라인 395
동아시아 21, 54, 83, 84, 88, 91, 165, 167, 216, 375; ~ 문제 206; ~ 지역 210, 212
동양(東洋)-먼로주의 167, 198; 먼로주의, 동아-먼로주의, 아시아-먼로주의
동유럽 141
동제사(同濟社) 216
동청철도(東淸鐵道) 254
동태성 84
동화 181
동화정책 182
들뢰즈, 질(G. Deleuze) 66
디킨슨(F. R. Dickinson) 91

라
라슈타트조약 146
라이트(Q. Wright) 67
라틴아메리카 238
라틴아메리카의 위기 238
랜싱(R. Lansing) 138, 153, 166; ~-이시이 협정 46, 90, 166, 216
랴오둥반도(遼東半島) 73, 77; ~ 할양 74
러시아 75, 77, 101, 104, 133, 141, 147, 185, 209, 214; ~공산당 207; ~의 남하 공포 279; ~제국 253; ~혁명 133, 137, 213, 383
러일전쟁 74, 76, 172, 177, 187, 192, 194, 220, 256, 257
러일화친조약 253
러청(露淸) 밀약 374
런던회의(1945) 264
레닌(V. I. Lenin) 132, 134, 207, 382; ~식 민족자결 원칙 206, 207, 209, 215→『국가와 혁명』
레드 퍼지(red purge) 298
레서퍼(R. Lesaffer) 95→베스트팔렌조약
레이메이회(黎明會) 182
로마법 143
로버트슨 310
로잔조약 19
로잔회의 158
로즈노(J. Rosenau) 81, 82
루마니아 240, 241
루소(J. Rousseau) 123
루스벨트, 시어도어(Th. Roosevelt) 74, 172~174, 184, 192, 377
루스벨트, 프랭클린 227~230, 244~246, 259, 319, 323, 329, 382
루터교 69
뤼세마이어(D. Rueschemeyer) 114
뤼순(旅順) 조차권 254
류큐(琉球) 247

마
마넬라(E. Manela) 49, 134
마르크스(K. Marx) 115

마리아나 군도 46
마사리크, 토마스(T. G. Masaryk) 136
마셜 251
마셜 군도 46
마쓰이 게이시로(松井慶四郞) 162
마오쩌둥 251
마키노 노부아키(牧野伸顯) 139, 140, 164, 178, 189; ~의 회고 189
마호니(J. Mahoney) 114
만선일체화(滿鮮一體化) 188
만주 188, 194, 200, 249, 250; ~국 50; ~사변 48, 89, 173, 259, 376
망각(oblivion) 장치 70
『매일신보』 177
매카시즘 298
매클로이(J. J. McCloy) 264
맥아더(D. MacArther) 263~265, 275, 281, 340, 354; ~의 목적 265
먼로(J. Monroe) 130→아시아-먼로주의
먼로독트린 130
먼로주의 128~130, 165, 166, 168, 170, 172, 173, 196, 238, 366, 375, 377→아시아-먼로주의, 동양-먼로주의
메이지유신 247
메테르니히(K. von Metternich) 101, 105
멕시코 123
명백한 숙명 129, 130
모겐소 30
모스크바 207, 209, 214, 229; ~ 3상회의 289, 325; 「~선언」 229, 231, 240, 250
몰로토프(V. M. Molotov) 229
몽고 194, 200
무단통치 45, 182
무배상 원칙 71, 133
무솔리니(B. Mussolini) 258
무쓰 무네미쓰(陸奧宗光) 73

무쓰히토(睦仁) 173, 274
무저항 운동 211
무조건 항복 248, 250, 261
무초(J. J. Muccio) 54
무합병(無合倂) 원칙 133, 141
문호개방주의 194
뮌스터조약 68
미, 소 대립 289
미국 88, 131, 137, 233, 256, 290; 미국 독립전쟁 71; 한국, ~과 군사동맹 구축 306; 「~대통령회견시말(米國大統領會見始末)」 173; ~독립전쟁 68; ~독일평화조약 131; ~-스페인 전쟁 130, 290; ~외교정책 130; 이승만의 ~을 향한 호소문 219; ~의 대일정책 272, 319; ~의 대한정책 331; ~의 신탁통치 구상 323; ~의 신탁통치안 324; ~의 전통적 외교 366; 일본에 ~ 주둔 의미 306; 미일안보조약에서 미군에 기지 제공 의미 311
미군정 352
미일공동선언 194
미일안전보장조약 59, 256, 283, 284, 309, 310, 334, 385, 386, 389→반젠버그 결의
미일전쟁 20, 259
미크로네시아 신탁통치 처리 63
미크로네시아 지역 324
민본주의(民本主義) 181
민족 132, 177, 201; ~, 윌슨의 인식하는 142; ~ 공동체 177; ~운동 134; 민족자결 132, 134~136, 141, 147, 148, 185, 186, 192, 200, 205, 218, 378; ~ 자결권 133, 329; 민족자결운동 51; ~자결 원칙 43, 44, 47, 50, 126, 132, 134, 135, 137, 138, 141, 178, 180, 186, 192, 196, 203~205, 319, 322, 323, 362, 380; 민족자결의 권리

322; ~자결주의 45, 49, 170, 177, 200, 204, 320, 322; ~주의 49; ~평등 196
민주주의 206, 219, 320, 346; ~ 방어전 339; ~ 원칙 340
밀러(D. H. Miller) 128, 165

바
바룩(B. Baruch) 156
바젤조약 77
바쿠 208→동방민족대회
바텔(E. de Vattel) 70, 355, 370→『국제법』
박경 210
박경식(朴慶植) 177
박무덕(朴茂德) 295→도고 시게노리
박용만(朴容萬) 202
박은식(朴殷植) 198, 199, 205, 217→『한국통사』, 『한국독립지혈사』
박정희 정권 339
박진순(朴鎭淳) 209
박진희 57
박헌영(朴憲永) 386, 388
반공국가 53
반공연합전선 결성 307
반공체제 51
반공투쟁 307
반공포로석방 310→이승만
반덴버그 결의 311→미일안전보장조약
반도 남북분할 점령 63
반탁운동 325→신탁통치
발칸반도 194
방공진영(防共陣營) 328
방위조약 240
배상 105, 117, 150, 154, 155, 187, 303, 325, 338~340, 344, 349, 353; ~ 논리 300, 339, 349; ~ 문제 69, 147, 153, 154, 157, 158, 302; ~ 문제의 역사 349; 배상 요구 152; 배상 요구권 302; ~ 요구의 권리 346; ~ 요구 방침 338; ~ 원칙, 일본 경제 자립 위한 관대한 58; 배상 조문 153, 157, 368; ~ 책임 148, 152, 153; ~청구권 302, 369; ~ 포기 300
『백범일지』 319→김구
백호주의 138→호주
버크먼 47, 48
버터필드 31
번스(J. F. Byrnes) 261
베네시(V. Beneš) 137
베니젤로스(E. Venizelos) 140
베르나르두스 카르노텐시스(Bernardus Carnotensis) 65
베르니이힝 조약 190
베르사유 146; ~궁전 146; ~조약 102, 267; ~회의 51
베르사유(평화)체제 15, 16, 18, 19, 21, 23, 41, 42, 49~52, 88, 91, 125, 131, 132, 156, 174, 178, 179, 185, 191, 196, 198, 203, 206, 210~212, 215, 218, 221, 362, 363, 365, 375, 377, 378, 380~382, 385, 397; ~의 붕괴 49, 50; ~의 역사적 의의 51
베르사유평화조약 18, 19, 24, 45, 46, 49, 52, 64, 90, 117, 122, 131, 139, 141, 146, 148, 149, 152~154, 156, 157~159, 206, 258, 267, 296, 300, 339, 346, 349, 353, 355, 362~364, 369~373, 376, 379, 398
베버(M. Weber) 115
베스트팔렌(평화)조약 68~70, 75, 93, 95, 96, 141, 267; ~, 국제법 발전 단서 68; ~의 신화 93
베스트팔렌(평화)체제 32, 93~95, 101, 106

베스트팔렌회의 96
베케르(J. Becker) 158
벨기에 144
변영태(卞榮泰) 309, 310, 317, 351, 353
보복주의 147
보상 117, 151, 349
보어 민족 190
보어전쟁 190
보타(L. Botha) 190
보통선거 213; ~ 제도 321
복권(復權)과 재부상, 일본의 274
본토 상륙작전 261
볼셰비즘 198
볼셰비키 51, 133, 134, 207, 213, 322; ~ 대두 279; ~ 정권 51; ~혁명 382
봉쇄 전략 60, 251
부르주아 계급 362
북대서양조약 308
북미총회 201
북방사도(北方四島) 255
북진통일 313
북태평양6국조약안 277, 278, 280, 281
북한 235, 330, 391
분리 독립권 133
분쟁 237, 239
불(H. Bull) 31, 79, 80, 86
불가리아 19
불가침 원칙 76
불간섭 원칙 70
불평등조약 73
브라이언(W. J. Bryan) 166; ~ 노트 166
브레스트-리토프스크조약 158, 372
브리지스(S. Bridges) 310
블로크, 마르크(M. Bloch) 112, 113, 114
비교정치학 113
비망록 220
비스마르크(O. von Bismarck) 190
비신스키(A. La. Vyshinskii) 329, 386

비테(Sergei Witte) 74
비합법적 통치 349
빈강화 101
빈질서 104
빈(평화)체제 72, 73, 101~106, 125, 152
빈회의 101, 137; ~ 최종 의정서 103
빌헬름 2세(Wilhelm Ⅱ) 148~150, 191, 219, 370; ~ 개인 처벌 조문 267
빌헬름 1세(Wilhelm Ⅰ) 147

사
4개국 조약 89
4국동맹 103, 104
사라예보 사건 121, 131
사면(赦免) 71, 104; ~ 조문 70
사상전(思想戰) 276
사상투쟁 202
48년 체제 392
48대 6의 승리(의의) 328
사이온지 긴모치(西園寺公望) 164, 169, 190
사할린 253, 255; ~ 남부 254
사회민주당 213
사회애국주의 208
사회주의 198, 207; ~연구회 213
산둥반도 47, 90, 91, 161, 162, 178, 216, 217; ~ 문제 46; ~ 이권 46
산둥현안해결에 관한 조약 90
삼국간섭 77
삼국동맹 303
삼균제도 321
30년전쟁 68, 69, 101→종교전쟁
3·1운동 19, 43, 44, 45, 50, 177, 180, 181, 186, 196, 202, 203, 204, 205, 211, 319
상대적 평화 399
상설중재재판소 123
상임이사국 233, 238

찾아보기_465

상트페테르부르크 209; ~ 조약253
상해 프랑스 조계(租界) 196
상해사건 247
상해임시정부 195, 196; ~ 임시헌장 196
상호내정불가침 32
상호의존주권 94
샌프란시스코(평화)조약 19~21, 24, 52~55, 57, 61, 62, 64, 226, 231, 242, 243, 249, 250, 255, 256, 258, 277, 282, 284, 286, 299, 306, 309, 331, 334~337, 350, 351, 353, 362, 369, 371, 372, 382, 384, 387, 388, 391, 398; 샌~, 다국간 합의 조약 61; ~, 일본의 전략 58; ~, 한일회감의 전사적 성격 55; 샌프란시스코평화조약, 한일회담에 미친 영향 54; ~의 성격 63
샌프란시스코(평화)체제 15, 16, 19, 21, 23, 33, 36, 37, 41, 53, 59, 62, 112, 115, 117, 226, 257, 274, 316, 362, 364, 365, 368, 382, 383, 385, 386, 389, 397, 400; ~, 일본 경제적 부상 배경 59; ~, 일본 미국 시장 접근 허용 59
샌프란시스코(평화)회의 21, 230, 231, 237, 252, 282, 295, 324, 334, 381
생 제르망-앙-레이조약 19
생-피에르, 샤를(Ch. C. de Saint-Pierre) 123
서구 국가체제 87
선전포고 160, 216, 217; ~, 임정의 324; ~권 370
섬너(W. G. Sumner) 30
성낙형(成樂馨) 217
세계공황 158
세계전쟁 18→구주전쟁
세계체계론 36
세력균형 87, 91, 101, 105, 125, 127,

207, 240, 375
세브르조약 19
세실, 로버트(R.t Cecil) 140
소련 233, 250, 256, 295; ~군 240; ~ 참전 262, 280
소비에트 극동최고사령관 289
소비에트공화국 208
소일본주의(小日本主義) 183
소추결정권 265
손병희(孫秉熙) 205
송대성 99
쇼몽 조약 103
슈만(F. L. Schuman) 87
스가모구치소(巣鴨拘置所) 296
스머츠(J. Smuts) 141, 142, 145, 364→위임통치
스미스, 애덤(A. Smith) 115
스웨덴 70
스위스 70
스즈키 간타로(鈴木貫太郎) 262
스즈키 모사부로(鈴木茂三郎) 214
스탈린(J. Stalin) 229, 246, 382, 387
스테티니어스(E. R. Stettinius, Jr.) 260
스트라이크(C. S. Strike) 340; ~ 안 348
스팀슨(H. L. Stimson) 260
스페인 왕위 계승 전쟁 146
스피노자(B. de Spinoza) 106
슬로바키아 137
승리 없는 평화 129
승전국 290
시게미쓰 마모루(重光葵) 288
시데하라 기주로(幣原喜重郎) 89; ~ 내각 266; ~ 외교 89
시모노세키(평화)조약 73, 74, 76, 77, 187, 195, 247, 250, 257, 372, 374
시볼드(W. J. Sebald) 61; ~의 제안 62
식민주의 270, 363, 365; ~, 19세기적 365

식민지 19, 36, 134, 221, 364; ~, 공식적 363; ~ 독립 244; ~ 문제 안 다룬 도쿄재판 272; ~ 문제 청산 53; ~ 문제 135, 185, 297, 337, 350, 364, 399; ~ 쟁탈전 323; ~ 책임 20, 221, 341, 348, 350, 393; ~독립부여선언 365; ~의 역사 36; ~ 지배 책임, 일본의 56
신규식(申圭植) 216, 217, 218→『한국혼』
신석우(申錫雨) 342
신성동맹 103
신성로마제국 69, 70, 93
신식민지주의 182
신앙의 자유 227
신용하 43, 44
신채호(申采浩) 202
신탁통치 245, 246, 289, 324, 325; ~의 목적 354; ~제도 50, 325→반탁운동
신한민국정부 196
신한청년당(新韓靑年黨) 193
신한청년당 195, 203
신한혁명당(新韓革命黨) 217
신해혁명 216
실효지배 255
14개조 (평화)원칙 124, 141, 203, 218, 328, 366
17세기의 위기 69
쌀 소동 213

아
아날학파 112
아르메니아 209
아르카디아회담 228
아사노 토묘미(淺野豊美) 54, 55→청구권 문제, 샌프란시스코평화조약 54
아시아 부재 재판 도쿄재판 272
아시아-먼로주의 65~168, 171, 192, 194, 195, 197~199, 201, 318, 375~377, 381
아시아민족반공연맹 317
아시아반공연맹헌장 317
아시아의 발칸반도 194
아시아주의 167, 168, 218, 279, 377; ~, 일본 중심의 48; ~적 구상 167
아시아·태평양전쟁 19, 22, 24, 33, 52, 53, 92, 191, 225, 226, 259, 274, 280, 282, 300, 301, 362, 371, 376, 381
아우크스부르크 화의 69
아이젠하워(D. D. Eisenhower) 310
아이켄베리(G. John Ikenberry) 82, 83
아일랜드 186; 아일랜드 문제 186
아제르바이잔 208
아카시 긴지(明石欽司) 93
아편 보상금 73
아편전쟁 73
아프가니스탄 209
아프리카 142
아헨(Aachen) 회의 104
ANZUS(태평양안전보장)조약 316
안전(보장)이사회 229, 230, 233, 234, 236, 239, 241
안전보장체제 227
안창호(安昌浩) 203
알라가파(M. Alagappa) 80
알렉산드라 김 209
알자스-로렌 147, 372
애덤스(J. Adams) 129
애덤스, 존 퀸시(J. Q. Adams) 130
애치슨(D. G. Acheson) 308, 310, 313; ~라인 276, 308
앨리슨(J. M. Allison) 54
야마가타-로바노프 협정(1896) 374
얄타협약 250, 254, 255, 257, 330
얄타회담 230, 231, 238, 253
양극체제 85

양유찬(梁裕燦) 309; ~ 덜레스 회담 351
→덜레스
양자동맹 385
언론·출판·결사의 자유 213
언론의 자유 227
여운형(呂運亨) 44, 192~195
역사주의 112
역사학 26, 27, 28, 29, 112
연방제 123, 133
연합국 18, 19, 49, 116, 148, 153, 200, 225, 237, 258, 261, 269, 337, 345; ~공동선언 231; 「연합국선언」 228, 230, 250; ~ 회담(번스 회담) 263→번스
연합군 124, 337
영광의 고립 89
『영구평화론』 123
영국 54, 73, 88, 101, 104, 137, 144, 186, 233; ~-미국 공동선언 227
영국학파 31, 32, 33, 79; ~의 특징 31
영미동맹 89
영유권 45, 61, 63, 163; ~ 계승 46; ~ 변경 61
영일동맹 160, 195
영토 288~290, 297, 299, 302, 336, 337, 361, 364, 366, 372, 379, 388, 391; ~ 문제 61, 63, 299; ~ 변경 242; ~ 보전 126, 213, 283; ~ 분리 244; ~ 분할 190; ~ 불확대 원칙 255; ~ 재편 187, 242; ~ 쟁탈전 242; ~ 해체 242
오가사와라제도 354
『오사카아사히신문(大阪朝日新聞)』 181
5·3참변 247
5·4운동 46
오세창 44
오스나브뤼크조약 68
오스만투르크제국 19, 116

오스트리아 19, 101, 104, 189
오스트리아-헝가리 141; 오스트리아-헝가리 제국 116, 136
52년 체제 392
오영섭 203
오쿠마 시게노부(大隈重信) 160, 165
오키나와 324, 354
오펜하임(L. F. L. Oppenheim) 127, 128
온건주의자 259
와이트(M. Wight) 31
와일리(A. Wiley) 310
와타나베 하루오(渡邊春男) 214
완충국 185
완충장치 240; ~의 확대 80
완화 배상의 사상 339
왈러슈타인 36
『외교시보(外交時報)』 175
외교조사회 163, 187, 189
외국채 187
요시노 사쿠조(吉野作造) 181, 182
요시다 시게루(吉田茂) 58, 278, 279, 287, 291, 295, 310, 313
우루프섬(得撫島) 253
우쓰노미야 다로(宇都宮太郎) 185
우크라이나 133
우호동맹조약 250
워싱턴체제 88, 89, 90, 91, 206
워싱턴회의 88, 209, 210, 212, 214
워털루 전투 72
웹(W. F. Webb) 268
위성국가 329
위안스카이(袁世凱) 165
위임통치 141~145, 323, 325; ~ 제도 141, 152; ~ 청원 218; ~ 청원서 202, 203; ~제도 19, 50, 363, 373→스머츠
위트레흐트조약 123, 125
윌슨, 조셉(J. R. Wilson) 130
윌슨(W. Wilson) 43~46, 48, 49, 122,

124, 125, 128~131, 134, 135, 137~140, 145, 148, 151, 152, 155~157, 163, 166, 170, 176, 177, 180, 186, 189, 191, 196, 199, 200, 202, 203, 205, 218, 219, 319, 320, 322, 323, 328, 339, 355, 362, 364, 366, 375, 380, 382, 383; ~의 민족자결 원칙 215, 378; ~주의 376; ~주의적 순간 49, 134
유엔정치위원회 329
유진오(兪鎭午) 343, 344→『헌법해의』
65년 체제 392
6·25전쟁 20, 37, 45, 63, 97, 98, 100, 234, 235, 251, 256, 274~276, 308, 310, 313, 316, 330, 333, 335, 337, 355, 357, 366, 385, 387, 394
윤치호 44
을사조약의 무효성 348
이가라시 다케시(五十嵐武士) 60
이관용(李灌鎔) 197
이노우에 가오루(井上馨) 188
이동휘(李東輝) 209
이든, 앤서니(R. A. Eden) 229
이리에 게이시로(入江敬四郎) 49, 50
이리에 아키라(入江昭) 88
이명룡(李明龍) 205
이상덕(李相德) 339, 340, 347
이상설(李相卨) 217
이석우 61, 62
이승만 201, 203, 206, 218, 219, 286, 306, 307, 310, 319, 326, 344, 346; ~라인 287; ~의 일본 인식 318→위임통치 청원서
이승훈(李昇薰) 205
이시바시 단잔(石橋湛山) 183, 184, 186
이시이 기쿠지로(石井菊次郎) 166, 194
21개조 207; ~의 요구 16, 165, 166, 216, 247; ~ 작성 목적 208; ~의 의미 208

이영근(李泳根) 342
이은(李垠) 179
이중봉쇄 314
이진일 44
이집트 49, 68
이탈리아 241, 258; ~ 파시스트당 267; ~ 평화조약 302
이토 미요지(伊東巳代治) 162, 179
이토 히로부미(伊藤博文) 73, 172
이투루프섬(擇捉島) 253
2·8독립선언 203, 205
이홍장(李鴻章) 74
인계철선(引繼鐵線) 312
인도 49, 209
인류평등 196
인종 46, 138, 140, 144, 177, 232, 363; ~ 문제 139~141, 164, 170, 174, 187; 인종 평등 47, 140, 147, 378; ~ 평등 문제 184; ~ 평등 원칙 47; ~ 평등 조안 47, 138, 139, 170, 171; ~관 145, 164
인천상륙작전 281
일·소 기본조약 279
일·소중립조약 255
일독강화준비위원회 162
『일러전역비록(日露戰役秘錄)』 172
일미공동방위체제의 목적 287
일미조약안 277
일본 19, 20, 23, 33, 47, 48, 50, 54, 75, 77, 88, 90, 92, 117, 123, 136, 138, 144, 160, 185, 241, 345, 362; ~ 군벌 214; ~ 의회제도 267; ~ 재군비 313; 일본(日本)-먼로주의 168; ~, 다자적 지역 안보 구상 281; ~, 대한제국 병합 인정 270; ~, 보안대(保安隊) 발족 동의 282; ~, 한국을 잠재적 위험국가 상정 281; ~ 공산당 214, 298; ~공산당 강령 214; ~군 261; ~

만주 무역 188; ~식 식민화 184; ~어 243; ~에서 사회주의 운동 213; ~의 경제부흥 348; ~의 공식적 승인 337; ~의 국제사회 복귀 334; ~의 대륙정책 198, 220; ~의 안전보장 문제 354; ~의 재군비 가능성 306; ~의 책임 문제 219; ~제국 55, 117, 162; ~제국주의 177; ~제국주의의 부활 방지 280
일소공동선언 288
임경식 210
임시외교조사회 162
임시정부(대한민국) 195~198, 202, 216, 218, 245, 319~321, 323~326, 343~345, 378, 381; ~의 대일선전성명서 319
입헌군주제 260
입헌정치 194
잉글랜드 93
잉여자본 362

자
자본수출 188
자본주의 93, 207, 213, 214, 362, 383; ~적 세계체제 207
자위(self-defence) 239; ~권 236; ~권 행사 284
자유진영 60, 276, 330
잔여주권 290
장귀타오(張國燾) 210
장기영(張基永) 327
장덕수(張德秀) 192
장면(張勉) 326, 327, 330
장제스(蔣介石) 244, 246~248, 250, 307, 308
장지연(張志淵) 205
재군비의 의미 282
재일(在日) 한국계 재산 55

재일조선인 292, 293, 295
Japan Advertiser 204
Japan Inside Out 318
재한(在韓) 일본인 사유재산 55
적국 241; ~조항 325
적산(敵産) 352
적절한 시기 246
전간기 91
전규홍(全奎弘) 327
전면강화 277, 394; ~강화론(講和論), 27560
전범(戰犯) 299; ~ 재판 297, 230; 전범 처벌 71: ~ 해석, 법무성의 299→극동국제군사재판, 뉘른베르크재판, 도쿄재판
전비 배상금 73
전상숙 44
전승국 46, 53, 69, 71, 82, 150, 189, 190, 216, 219, 349
전시국제법(戰時國際法) 123
전시회담 244
전재성 94
『전쟁 또는 평화』 330, 383→덜레스
전쟁 책임 20, 53, 64, 117, 147, 152, 155, 189, 219, 221, 264, 296, 341, 348, 350, 380, 393; ~자 259
전쟁범죄 264, 339, 372; ~ 법정 재판 수락 258; ~인 262, 339, 340; ~인 처벌 300
전쟁채권 158
전제군주제342
전체주의 356
전후 보상 350
전후 질서 결정권 63
『전후구미견문록(戰後歐米見聞錄)』 170→고노에 후미마로
전후질서 82, 88, 229
전후처리 117, 274

정교분리 95
정병준 63
정성화 53, 55
정일형(鄭一亨) 327
정전체제 100
정전협정 98, 99
정통성 101, 102, 105
정한경(鄭翰景) 201, 203
제국개조론 182
제국사 35; ~의 특징 36
제국의 시대 362→홉스봄
제국의회 24
제국일본 61
제국주의 144, 182, 194, 363; ~ 부르주아 지의 극동 재분할 214; ~적 국제주의 364; ~적 식민지쟁패전 339; ~적 재분할 정책의 책략 214
제3 인터내셔널 207
제3차 국제연합회의 327
제3차 국제평화회의 124
제3차 요시다 내각(吉田內閣) 275
제2의 유신, 일본공산당의 214
제2의 혁명, 일본공싼당의 214
제2의 조선 166
제2차 미소공동위원회 326
제2차 세계대전 19, 22, 24, 48, 49, 64, 84, 99, 116, 131, 161, 162, 189, 225, 226, 231, 241, 244, 246, 250, 258; ~, 파시즘에 대한 해방전쟁 340 319, 323, 324, 339, 364, 368, 381
제2차 영일동맹 374
제2차 파리조약 71, 72, 103, 104, 105
제2차 헤이그평화회의 123, 124
제1의 혁명, 일본공산당의 214
제1차 미소공동위원회(1946) 326
제1차 샌프란시스코회의 282
제1차 세계대전 18, 19, 36, 42~44, 46, 48, 49, 88, 101, 116, 121, 124, 132, 137, 147, 151, 155, 160~162, 167, 171, 187, 188, 189, 191, 192, 196, 216, 218, 219, 221, 232, 267, 296, 300, 339, 362, 372, 375, 376, 379
제1차 영일동맹 374
제1차 파리조약 71, 72, 101, 103
제1차 한인대회 218
제1차 헤이그평화회의 123
제1회 극동근로자대회 209
제1회 동방민족대회 209
제정헌법 343
제헌국회 344
조국현(曺國鉉) 344
조미수호통상조약 219
조병옥(趙炳玉) 327~329
조선 50, 73, 76, 374
조선광문회(朝鮮光文會) 205
조선군 185, 271
「조선독립 감상의 대요」 199
조선독립운동 214
「조선독립의 서」 199
조선민국임시정부 196
조선은행 대일채권일람표 339
조선은행 339, 395; ~권 188
조선청년독립단(朝鮮靑年獨立團) 203
조선총독부 177, 186
조소앙(趙素昻) 196, 197, 321, 322, 342
조약체결권 370
조지, 로이드 155, 186, 195
졸, 제임스(J. Joll) 121
종교 자유 378
종교 조문 141
종교개혁 95
종교와 양심의 자유 206
종교의 자유 141
종교전쟁 69, 95→30년전쟁
종전 조약 267

주권 94, 136, 242; ~국가 33, 77, 80, 86, 87, 90, 92~94, 97, 107, 195, 245, 294, 352, 354, 389; ~ 국가 32, 70, 286; ~ 문제 76; ~ 영역 242; ~국가체제 86, 93, 94, 95, 96, 97; ~국가체제, 배타적 94; ~국가체제, 절대적 94; ~국가체제 확립설 93; ~력 374; ~평등 240; ~평등 원칙 229;
주일미군의 자율성 311
중공군 251, 310; ~ 참전, 28463
중국 49, 89, 185, 209, 233, 244; ~공산당 210; ~대륙 167; ~대륙의 공산화 63; ~ 문제 91; ~의 대독일 선전포고 218
중립국 302
중소우호동맹상호원조조약 280
중소우호동맹조약 250, 251
중유럽 141
중일전쟁 348, 393
중재국 123
중화문명 73
중화민국 249, 250, 252
중화인민공화국 251, 252, 257, 295
증권투자 188
지노비예프, 그리고리(G. Zinoviev) 209
지역 안보의 탄생 311
지역 안보체제 367
지역적 약정 239, 241, 286, 367
지역적 양해 128, 165, 366
지역질서 83, 84, 86
『진단(震檀)』 218
진주만 259
질서 81, 82, 84; ~, 다자적 83; ~, 대립적 83; ~, 반동적 83; ~, 입헌적 82; ~, 제국적 83
집단안보 233, 235, 284; ~체제 116, 125, 127, 128, 131, 135, 164, 175, 213, 234, 237, 239, 366, 375, 379; ~체제의 중요성 307

집단적 자위권 235, 236, 237, 367
집단적 조치 232
집행위원회 229
징벌성 148, 150, 368, 370, 371, 380, 395; ~ 배상 71, 339

차
차르(Tsar) 133
차풀테펙협정 237, 238
채권국 188
채무국 187
처칠, 윈스턴 227~229, 241, 244, 248, 323, 329
1919년 혁명운동의 전환점 210
1815년 질서 105
1815년 평화 103, 106
천황 298; 3천황, 헌법의 상징 298; ~의 전쟁 책임론 297; ~제 191, 259, 260, 265, 381; ~제 보전 정책, 미국의 259, 263, 265; ~제 효용가치 263
청구권 299, 303, 353; ~ 문제, 샌프란시스코평화조약과 54, 55, 339, 350
청나라(淸朝) 73, 77, 123, 250
청일전쟁 76, 187, 188, 220, 250
체코 137, 200; ~슬로바키아주의 137
최고의회, 4개국 187
최남선(崔南善) 205
최린(崔麟) 205
최종문서 78
치안유지 229; ~법 280
7·4 남북공동성명 97
침략주의 345
침략행위 233, 237
칭다오(靑島) 161

카
카(E. H. Carr) 137, 301
카데시 전투 68

카르타고 70; ~식 평화 154
카이로선언 243, 244, 246, 248~250, 255, 262, 289, 330, 347
카이로회담 244, 250, 253, 341
칸트(I. Kant) 77, 123
칼뱅파 69
캅카스 133
캉유웨이(康有爲) 168
캐롤라인 제도 46
캐슬레이(V. Castlereagh) 101, 105
캘더(K. E. Calder) 59
케네디, 폴(P. Kennedy) 239
케렌스키(A. Kerenskii) 133
케인스(J. M. Keynes) 154~156
켈로그-브리앙협정 150
Korean Survey 318
코리아 184, 185, 243, 245, 258, 325, 330, 335~337, 350, 372, 389; ~의 평화와 안전 회복 334
코민테른 207, 209, 212, 214; ~ 가입 조건 207
코민포름 298
코반(A. Cobban) 132, 135
Communist Review 212
쿠릴열도 252, 254, 255, 256, 295
퀴리노(E. Quirino) 306, 307
크래스너(S. Krasner) 94, 98
크레인(C. R. Crane) 193
크로세(Émeric Crucé) 122
크루마이히(G. Krumeic) 158
크림반도 230
클라크(M. W. Clark) 310
클레망소(G. Clemenceau) 147, 153~155, 195, 339, 355
키넌(J. B. Keenan) 265
키신저(H. Kissinger) 72, 102, 103, 105, 131

타

타이완 184, 185, 247, 249, 252, 372; ~ 할양 73, 247
태국 123
태평양 142; ~동맹 결성 306; ~동맹의 필요성 307; ~전쟁 20, 348, 393; ~회의 317
터크먼(B. W. Tuchman) 121
터키 209; ~청년 193
테슈케(B. Teschke) 93
테헤란회담 229, 231, 246
텐진조약 374
토울(P. Towle) 71
토크빌(A. de Tocqueville) 115
통상조약 87, 107, 195
통일독일 147
통일한국의 실현 281
트루먼(H. S. Truman) 230, 248, 265, 334, 335; ~ 독트린 274
트리아농조약 19
틸리(Ch. Tilly) 86

파

파르티잔 258
파리위원부 197
파리조약 71
파리평화회의 42, 43, 44, 89, 90, 128, 137, 138, 146, 154, 155, 164, 168, 178, 184, 189, 193, 201, 203, 205, 219, 296, 320, 355
파시즘 339
패전국 69, 71, 72, 104, 117, 147, 148, 150, 151, 153, 189, 259, 349, 355, 362
평후제도(澎湖諸島) 249, 252
페르시아 209
편무조약(片務條約) 312
평등권 232

평화문제담화회(平和問題談話會) 394
평화선 286→이승만, 이승만 라인
평화원칙 14개조 19, 127, 134, 135, 148, 163, 177, 181, 192
『평화의 경제적 귀결』 154
평화조약 15, 23, 33, 42, 43, 45, 58, 70, 71, 73, 76, 87, 98, 99, 101, 105~108, 118, 122, 145, 221, 301; ~ 내용 75; ~ 수락 연설, 요시다 시게루 295; ~, 최초의 68; ~, 카르타고식 355; ~, 한국 배제된 이유 54, 56; ~, 한국의 참가 54; ~, 한일간의 상이한 법 해석 55; ~의 목적 67; ~의 사전적 의미 67; ~의 성질 272; ~의 중요성 77; ~체제 107; ~ 초안 수정 63
『평화조약 이후의 국제관계』 301
평화체제 15, 17~24, 29, 33, 37, 41, 42, 52, 72, 79, 92, 93, 97, 98, 101, 106~108, 110, 114, 116, 117, 122, 164, 174, 200, 361, 397, 399
포레배상사절보고 347
포로 간수 269
포리스털(J. V. Forrestal) 260
포에니 전쟁 70
포츠담선언 225, 242, 248, 249, 255, 260, 261, 263, 288, 289, 299, 300, 335, 336, 341, 355; ~ 수락 225, 263
포츠담 항복조항 335
포츠담회의 248
포츠머스조약 75, 76, 187, 252, 254, 257, 372, 374
포크(J. Pork) 130
폴란드 200
폴리(E. W. Pauley) 301, 347; ~ 보고서 348; ~ 안 348
풀러(L. L. Fuller) 78
프라하조약(1866) 71

프랑스 69~72, 77, 102, 104, 105, 144, 154, 161, 233; ~어 146, 243; ~혁명 101, 132, 134
프랑크푸르트조약 71, 147, 372
프랭클린(B. Franklin) 129
프로이센 77, 101, 104, 372; ~ 형(型) 48; ~-오스트리아 전쟁 71, 189, 220; ~-프랑스 전쟁 71, 147, 189, 220, 372
프리몬-반즈(G. Fremont-Barnes) 103
피렌(H. Pirenne) 112
피셔(T. Fisher) 103
피아티 46
피압박민족 213
피츠버그 합의서 137
필라델피아 218
필리핀 306
필포트(D. Philpott) 95

하

하라 기미에(原貴美惠) 61
하라 다카시(原敬) 62, 63, 164, 175, 180; ~ 내각 178
하와이 병합 130
하타다 다카시(旗田巍) 394
한국 23, 53, 54, 352, 391; ~, 방위선으로서의 280; ~독립선언 322; ~독립승인안 329' 「~독립승인요구서」 197; 『~독립운동지혈사』 198; ~병합 179; ~병합 정식 인정 269; ~병합조약 165, 195, 295, 341, 347, 372, 374, 398; ~사회당 197; ~의 국제적 승인 346; ~의 배상 논리 341; ~의 전력 보유 금지 281
『한국통사(韓國痛史)』 198→박은식
『한국혼(韓國魂)』 217→신규식
한미동맹 315
한미상호방위조약 286, 310, 311, 314, 316, 317, 330, 384, 385, 386; ~의

의미 314
한반도 62; ~ 평화체제 97, 98, 99; ~의 평화 개념 99
한성정부 196
한용운(韓龍雲) 199~201, 205
한인사회당(韓人社會黨) 209
한일교섭 21, 286, 294, 339; ~ 제3차 회담 339; ~ 제2차 회담 339
한일국교정상화 36
한일기본조약 21, 392
한일합방 341
한일회담 53~55; ~, 미국의 조정 55; ~에서의 법적 논쟁 55
항복문서 225, 288, 289, 335
항일전쟁 251
해군군비제한조약 90
해방민족 291
해방운동 134
해방전쟁 339
헌법 제정 326
헌법기초위원회 343, 344
『헌법해의(憲法解義)』 344→유진오
헐, 코델(C. Hull) 229, 240, 261
헝가리 19, 241
헤이그국제평화회 123, 226
현물배상 369
현상유지(status quo) 213
협조주의 102, 105
호주 138, 145, 316, 365→백호주의

호프만(S. Hoffmann) 88
혼슈(本州) 242
홀스티(K. J. Holsti) 67
홉스봄, 에릭(E. J. E. Hobsbawm) 362 →제국의 시대
홉킨스 245
홋카이도(北海道) 242
홍병기(洪秉箕) 205
화이질서(華夷秩序) 108
환부조약 77
황실전범(皇室典範) 179
황화론(黃禍論) 172
회원국 234, 236, 337
후진제국주의국가 48
후쿠다 도쿠조(福田德三) 182
후퇴성 368
휴전협정 124
흑인 138
희생과 회복 347, 349
히가시쿠니노미야 나루히코(東久邇宮 稔彦) 191
히로시마 원폭 투하 262
히로히토(裕仁) 225, 259, 262~266, 371; ~ 면소 각의 결정 266; ~ 보전 265; ~ 전쟁 책임 면제 결정, 맥아더의 266
히타이트 68; ~-이집트 평화조약 68, 75
히틀러(A. Hitler) 158 | 258; ~ 나치당 267

그물 간행도서 목록

도대체 나는 왜 이럴까 /자기 이해를 위한 심리 이야기//김현옥 지음 /국판 326쪽 /16,000원 //어떻게 마음의 '통로'를 열고 더불어 사는 사회를 함께 풀어가는 방법 제시.

독서광 허균 /17세기 조선문화사의 한 국면//김풍기 지음 /국판 358쪽 /18,000원//제7회 교산학술상 수상//허균의 민얼굴과 그의 학맥을 통해 그의 아픔과 기쁨, 독서 편력을 추적한 허균 평전.

유교를 아십니까 /동아시아인의 마음을 사로잡은 생각의 틀//츠치다 켄지로 지음 /성현창 옮김 /국판 280쪽 /16,000원//유교의 성립, 교리, 정치관과 역사적 의의 등등 유교 구조 해설집.

소통과 설득의 달인 맹자 /조성기의 고전 읽기//조성기 지음 /국판 404쪽 /20,000원//소설가 조성기가 『맹자』를 고전 읽기의 새 전범(典範)을 제시.

한 대사상사전 /진례 엮음 /이연승 옮김/국판 504쪽 /24,000원//한대(漢代) 사람들의 사유 세계를 1,014개 조목으로 분류 서술한 漢代思想 事典.

주희집주 맹자 /최영갑 옮김 /국판 756쪽 /35,000원//성선설, 四端七情, 不動心, 왕도정치 등 맹자의 핵심 사상을 대화체로 풀어가는 경전 이야기.

해군의 탄생과 근대 일본 /메이지유신을 향한 부국강병의 길//2015년 대한민국학술원선정 교육부우수학술도서//박영준 지음 /국판 630쪽 /28,000원 //해군이란 키워드로, 해군체제를 수용, 일본의 근대화를 이룩한 일본근대사 연구서.

남산재 사람들 /이덕주 지음 /국판 416쪽 /20,000원//평양 남산현교회가 기독교를 수용, 복음전도를 통해 평양을 변화시킨 초대교회 이야기.

조선 후기의 전술 /18세기 『兵學通』연구 /노영구 지음 /국판 480쪽 /24,000원/ 2016년도 대한민국학술원선정 교육부우수학술도서 //18세기 세계 전쟁사에서 지니는 보편성과 특수성을 함께 밝힌 조선시대 전술발달사!

이역을 상상하다 // 2019년 세종도서 학술부문 우수도서//거자오광 지음//이연승 옮김//국판 492쪽/ 25,000원//상상이 기억으로 남은 역사와 사실과 역사 사이 괴리가 빚어낸 역사의 진실을 추적한 연구서.

영조윤음 - 신료와 백성에게 직접 글을 스는 국왕의 등장//영조 지음// 김백철 엮고 옮김//국판 552쪽// 값 27,000원//시련 가운데 어렵사리 왕이 된 영조가 깨달은 바를 실천에 옮기는 구체적 정책 모음.

춘향전 ─역사학자의 토론과 해석// 오수창 지음 /국판 440쪽 /24,000원//60년 지속된 「춘향전」에 대한 상반된 평가를 역사학의 시각에서 지양한 새로운 결론.

경계에서 길 찾기─문학과 철학의 만남//장경렬 지음 /국판 354쪽 /1,8000원//인문학이란 '정신의 고산지대'에 이른 사람들의 발걸음이 만들어낸 숲길임을 설파한다.

엄마의 뜰 /최일옥 장편소설 /국판 378쪽 /16,000원 2015년 세종도서 선정, 여름휴가 때 읽을 만한 책 선정//해방, 6 · 25, 그리고 오늘을 살아가는 모녀 3대의 운명적 삶을 그린 사랑과 용서의 이야기.

헌법의 아홉 기둥 /조성기의 헌법 읽기//조성기 지음 /국판 290쪽 /15,000원//헌법의 주요 기둥이 되는 총강 9조를 자유분방하게 사색해본 결과물.

성령 충만과 증인 공동체 ―김덕수 목사의 사도행전 강해1//김덕수 지음/국판 368쪽 /18,000원//교회를 세우고, 복음을 전파하는 성령 사역의 역사적 대기록 해설서.

사도가 사는 방식과 우리가 사는 방식 ―김덕수 목사의 사도행전 강해2//김덕수 지음 /국판 330쪽 /18,000원 //초대교회 사도들의 "사는 방식"에 우리가 사는 방식을 비춰봄으로써 믿음의 문제 해결서.

하나님의 생각, 사람의 생각 ―김덕수 목사의 사도행전 강해3//김덕수 지음/국판 352쪽/ 18,000원//종교화된 기독교를 생명의 길로, 종교생활을 믿음의 삶으로 인도하는 믿음의 생활화 길잡이.

목회의 신학, 목회를 위한 신학//김덕수 지음 /국판 420쪽 / 23,000원 // 한국 교회 개혁을 위한 새로운 패러다임을 시도한 미래 목회의 전범을 제시한 길잡이.

나무의 일생, 사람의 마음 //신준환 지음 /국판 416쪽 /18,000원//현장에서 관찰한 것을 통찰함으로써 얻은 지혜를 풀어낸 나무와 사람에 관한 진솔한 에세이.

숙종 비망기―탕평군주의 글쓰기// 숙종 지음, 김백철 엮고 옮김/국판 400쪽/ 25,000원//예송과 환국을 이용하여왕권을 강화하고 영정조 시대의 기반을 마련한 왕의 정책 모음.

시민의 탄생과 대한민국//2022년도 대한민국학술원 선정 교육부 우수 학술도서 // 이승렬 지음 // 국판 848쪽/ 35,000원//한국사에서 세대 교체를 이루어낸 시민의 탄생과정을 추적하고, 그들이 대한민국을 건국한 과정을 추적한 연구서.

러일전쟁과 대한제국 // 김문자 지음 김흥수 옮김// 국판 520쪽 28,000

원 // 군국주의 일본이 대한제국 침략과정을 문서로 탐구한 연구서.

17세기 군주와 신하 간의 소통 방식: 숙종 비망기와 박세채 사직소 // 김백철 지음 //국판 248쪽 18,000원 // '숙종의 비망기'와 '박세채의 사직소'를 통하여 당대에 군주와 신하가 어떻게 소통하였는가를 팩트로 확인 한 연구서.

18세기 조선이 만난 문명/ 정재훈 엮고 주해/ 국판 480쪽 28,000원/ 연행록의 황금시대를 맞은 18세기 조선이 세계 최강문명을 자랑하는 청을 객관화하여 바라보면서 북벌이 아닌 북학으로의 긴 여정을 만들어나간 과정을 추적한 연구서.

바르세유체제, 샌프란시스코체제 그리고 한일관계 //김숭배 지음 // 국판 무선 478쪽 / 값 29,000원 //세계대전의 전후처리 체제인 '평화체제'를 통하여 오늘의 대한민국이 어떻게 성립되었는지를 고찰하였다.